Brückner

Der Treuhänder in der europäischen Fusionskontrolle

KÖLNER SCHRIFTEN ZUM EUROPARECHT

Vormals herausgegeben von
Professor Dr. Karl Carstens und Professor Dr. Bodo Börner (bis Band 37)
Professor Dr. Jürgen F. Baur und Professor Dr. Bodo Börner (Band 38–42)

Ab Band 43 herausgegeben von
Professor Dr. Ulrich Ehricke LL.M. (London) M.A.,
Richter am OLG Düsseldorf

Band 56

Carl Heymanns Verlag 2012

DER TREUHÄNDER IN DER EUROPÄISCHEN FUSIONSKONTROLLE

Von Jonas S. Brückner

Carl Heymanns Verlag 2012

Bibliografische Information der Deutschen Nationalbibliothek
Die Deutsche Nationalbibliothek verzeichnet diese Publikation in der
Deutschen Nationalbibliografie; detaillierte bibliografische Daten sind
im Internet über http://dnb.d-nb.de abrufbar.

ISBN 978-3-452-27695-7

www.wolterskluwer.de
www.heymanns.com

Alle Rechte vorbehalten.
© 2012 Wolters Kluwer Deutschland GmbH, Luxemburger Str. 449, 50939 Köln.
Carl Heymanns – eine Marke von Wolters Kluwer Deutschland GmbH.

Das Werk einschließlich aller seiner Teile ist urheberrechtlich geschützt. Jede Verwertung außerhalb der engen Grenzen des Urheberrechtsgesetzes ist ohne Zustimmung des Verlages unzulässig und strafbar. Das gilt insbesondere für Vervielfältigungen, Übersetzungen, Mikroverfilmungen und die Einspeicherung und Verarbeitung in elektronischen Systemen.

Verlag, Herausgeber und Autor übernehmen keine Haftung für inhaltliche oder drucktechnische Fehler.

Satz: R. John + W. John GbR, Köln
Druck und Weiterverarbeitung: SDK Systemdruck Köln GmbH & Co KG

Gedruckt auf säurefreiem, alterungsbeständigem und chlorfreiem Papier.

Meinen Eltern

Vorwort

Die vorliegende Arbeit wurde im Sommersemester 2011 von der Juristischen Fakultät der Universität zu Köln als Dissertation angenommen. Literatur und Rechtsprechung sind bis einschließlich August 2011 berücksichtigt. Ich danke insbesondere meinem Doktorvater, Herrn Prof. Dr. *Ulrich Ehricke*, der das Thema vorgeschlagen und mich bei der Ausfertigung der Arbeit stets wohlwollend und mit wertvollen Anregungen unterstützt hat. Außerdem danke ich Herrn Prof. Dr. *Dirk Schroeder*, der innerhalb kürzester Zeit das Zweitgutachten erstellt hat. Schließlich danke ich ganz besonders meinen Eltern, sowie Dr. *Niels Lutzhöft* und *Greta Fitschen* für großartige Unterstützung jeglicher Art.

Brüssel, im Herbst 2011   *Jonas S. Brückner M Jur (Oxon)*

Inhaltsübersicht

Vorwort VII

Inhalt XI

Einleitung 1

1. Kapitel   Allgemeine Grundlagen der fusionskontrollrechtlichen Zusagenentscheidung 7
- I. Rechtliche Rahmenbedingungen 7
- II. Verfahren zur Entstehung von Zusagenentscheidungen 8
- III. Kategorien von Verpflichtungszusagen 19
- IV. Vergleichender Blick auf die Fusionskontrolle in anderen Rechtsordnungen . 23
- V. Zusammenfassung 28

2. Kapitel   Der Treuhänder in der Praxis der europäischen Kommission . . 29
- I. Einführung 29
- II. Quellen für die Betrachtung der Treuhänderpraxis 29
- III. Einsetzungsverfahren 31
- IV. *Anforderungen an den Treuhänder* 37
- V. *Aufgaben und Funktion* 43
- VI. Verhältnis des Treuhänders zu den Zusammenschlussbeteiligten und der Kommission 54
- VII. Verhältnis des Treuhänders gegenüber Dritten 63
- VIII. Vergütung des Treuhänders und weiterer Personen 66
- IX. Haftung 68
- X. Beendigung des Treuhändermandats 69
- XI. Entscheidungen mit alternativen Kontroll- und Überwachungsmechanismen 72
- XII. Vergleichender Blick auf die Treuhänderpraxis in der Bundesrepublik Deutschland, im Vereinigten Königreich und in den Vereinigten Staaten . . . 75
- XIII. Zusammenfassung 98

3. Kapitel   Grenzen der Zulässigkeit für den Einsatz von Treuhändern . . . 101
- I. Einführung 101
- II. Vereinbarkeit des Treuhändereinsatzes mit den Art. 6 Abs. 2 und 8 Abs. 2 FKVO 103
- III. Vereinbarkeit mit Art. 20a DVO in Verbindung mit Art. 23 FKVO 109
- IV. Vereinbarkeit mit der unionsrechtlichen Aufgabenzuweisung an die Kommission 113

Inhaltsübersicht

V.	Vereinbarkeit mit Grundrechten und allgemeinen Rechtsgrundsätzen der Union	138
VI.	Grundsatz der Verhältnismäßigkeit	150
VII.	Zusammenfassung	162

4. Kapitel   Justiziabilität der Treuhänderentscheidung 165
I. Anfechtbarkeit von Zusagenentscheidungen 165
II. Isolierte Anfechtbarkeit von Auflagen und Bedingungen 165

5. Kapitel   Rechtliche Einordnung der Treuhänderpraxis 169
I. Der Treuhändereinsatz als Form der Verwaltungsprivatisierung 169
II. Das Treuhändermandat als Vertrag zugunsten Dritter 179
III. Der Treuhänder im Vergleich zum Insolvenzverwalter nach deutschem Recht 188
IV. Zusammenfassung 199

6. Kapitel   Ergebnisse der Arbeit in 16 Thesen 201

Literatur 205

Sachregister 215

Inhalt

Vorwort VII

Inhaltsübersicht IX

Einleitung 1

1. Kapitel Allgemeine Grundlagen der fusionskontrollrechtlichen
Zusagenentscheidung 7

I. *Rechtliche Rahmenbedingungen* 7
II. *Verfahren zur Entstehung von Zusagenentscheidungen* 8
1. Zusammenwirken von Kommission und beteiligten Unternehmen als Merkmal des Verfahrens 8
2. Feststellung von wettbewerbsrechtlichen Bedenken und Mitteilung gegenüber den beteiligten Unternehmen 8
3. Entscheidung der beteiligten Unternehmen 11
4. Einflussnahme der Kommission auf den Inhalt von Verpflichtungszusagen .. 12
5. Berücksichtigung der Verpflichtungszusagen als Auflagen und Bedingungen 13
    a.) Verbindung zur Gewährleistung der Durchsetzbarkeit der Nebenbestimmungen 13
        aa) Rechtsfolgen bei Verstoß gegen eine Bedingung 14
        bb) Rechtsfolgen bei Verstoß gegen Auflagen 15
        cc) Abgrenzung Auflagen und Bedingungen 15
    b) Materielle Voraussetzungen für Auflagen und Bedingungen ... 16
    c) Exkurs: Auflagen und Bedingungen ohne Zusagen 17

III. *Kategorien von Verpflichtungszusagen* 19
1. Primärverpflichtungen 19
    a) Veräußerungsverpflichtungen 20
    b) Sonstige Primärverpflichtungen 20
2. Sekundärverpflichtungen 21
    a) Sekundärverpflichtungen zur unmittelbaren Umsetzung .. 21
    b) Zusagen zur Überwachung 23

IV. *Vergleichender Blick auf die Fusionskontrolle in anderen Rechtsordnungen* 23
1. Bundesrepublik Deutschland 23
2. Vereinigtes Königreich 24
3. Vereinigte Staaten von Amerika 26

V. *Zusammenfassung* 28

2. Kapitel Der Treuhänder in der Praxis der europäischen Kommission ... 29

I. Einführung 29

II. Quellen für die Betrachtung der Treuhänderpraxis 29

III. Einsetzungsverfahren 31
1. Vorschlag der beteiligten Unternehmen und Bestätigung durch die Kommission 31
2. Zeitrahmen bis zur Einsetzung 32
3. Verfahren bei fehlender Einigung zwischen beteiligten Unternehmen und Kommission 33
4. Sonderfall: Einsatz unter besonderen Voraussetzungen 33
5. Erkenntnisse der Merger Remedies Study 34
6. Stellungnahme 35

IV. Anforderungen an den Treuhänder 37
1. Unabhängigkeit 37
2. Fachliche Eignung 40
3. Erfahrungen der Merger Remedies Study 40
4. Stellungnahme 42

V. Aufgaben und Funktion 43
1. Überwachung, Bewertung und Berichterstattung 43
2. Überwachung vs. Vornahme der Umsetzung 46
   a) Abgrenzung zum Veräußerungstreuhänder 49
   b) Abgrenzung zum »hold-separate manager« 50
3. Erfahrungen der Merger Remedies Study 51
4. Stellungnahme 52

VI. Verhältnis des Treuhänders zu den Zusammenschlussbeteiligten und der Kommission 54
1. Handeln im Namen der Kommission vs. Handeln im Namen der Unternehmen 54
2. Durchsetzungs- vs. Vorschlagsrecht des Treuhänders gegenüber den Parteien 56
3. Anweisungsrecht der Kommission gegenüber dem Treuhänder 57
4. Sonderfall: Die Entscheidung EnBW/EDP/Castajur/Hidrocantabrico 59
5. Pflichten der Parteien gegenüber dem Treuhänder 60
6. Erfahrungen nach der Merger Remedies Study 61
7. Stellungnahme 61

VII. Verhältnis des Treuhänders gegenüber Dritten 63
1. Ansprechpartner und Vermittler 63
2. Gewährleistung ausreichender Information 64
3. Erfahrungen der Merger Remedies Study 64
4. Stellungnahme 65

VIII. Vergütung des Treuhänders und weiterer Personen 66
1. Vergütungsstruktur 66
2. Beschäftigung Dritter 66

3.	Erfahrungen der Merger Remedies Study	67
4.	Stellungnahme	68
IX.	*Haftung*	68
1.	Haftungsfreistellung des Treuhänders	69
2.	Stellungnahme	69
X.	*Beendigung des Treuhändermandats*	69
1.	Ersetzung und Entlassung	69
2.	Erfahrungen der Merger Remedies Study	71
3.	Stellungnahme	71
XI.	*Entscheidungen mit alternativen Kontroll- und Überwachungsmechanismen*	72
1.	Boeing/McDonnell Douglas	72
2.	DaimlerChrysler/Deutsche Telekom (»Toll Collect«)	73
3.	Areva/Urenco	74
XII.	*Vergleichender Blick auf die Treuhänderpraxis in der Bundesrepublik Deutschland, im Vereinigten Königreich und in den Vereinigten Staaten*	75
1.	Bundesrepublik Deutschland	75
2.	Vereinigtes Königreich	81
	a) Office of Fair Trading	81
	b) Competition Commission	83
3.	Vereinigte Staaten	89
	a) Treuhänderpraxis der Federal Trade Commission	89
	b) Einschätzung der Treuhänderpraxis von Kenneth M. Davidson	94
	c) Treuhänderpraxis des US Department of Justice	96
	d) Stellungnahme zur unterschiedlichen Praxis der US-Behörden	97
XIII.	*Zusammenfassung*	98

3. Kapitel	**Grenzen der Zulässigkeit für den Einsatz von Treuhändern**	**101**
I.	*Einführung*	101
II.	*Vereinbarkeit des Treuhändereinsatzes mit den Art. 6 Abs. 2 und 8 Abs. 2 FKVO*	103
1.	Auslegungsmethodik im Unionsrecht	103
2.	Wortlaut von Art. 6 Abs. 2 und Art. 8 Abs. 2 FKVO – Treuhändereinsatz als »Änderung des Zusammenschlusses«?	104
3.	Systematik von Art. 6 Abs. 2 und Art. 8 Abs. 2 FKVO	107
4.	Sinn und Zweck der Art. 6 Abs. 2 und Art. 8 Abs. 2 FKVO	108
5.	Zwischenergebnis	109
III.	*Vereinbarkeit mit Art. 20a DVO in Verbindung mit Art. 23 FKVO*	109
1.	Wortlaut Art. 23 Abs. 1 lit. c FKVO	111
2.	Systematik des Art. 23 FKVO	111
3.	Historie des Art. 23 FKVO	112
4.	Zwischenergebnis	113

Inhalt

IV. Vereinbarkeit mit der unionsrechtlichen Aufgabenzuweisung an die Kommission 113
1. Aufgaben und Befugnisse der Kommission in der Umsetzungsphase 114
   a) Art. 6 Abs. 3 lit. b, Art. 8 Abs. 6 lit. b FKVO (Widerruf) 114
   b) Art. 14 Abs. 2 lit. d) FKVO (Geldbuße) 115
   c) Art. 8 Abs. 4 lit. b FKVO (Entflechtungsanordnung) 116
   d) Art. 8 Abs. 5 FKVO (einstweilige Maßnahmen) 116
   e) Art. 15 Abs. 1 lit. c, d FKVO (Zwangsgeld) 118
   f) Art. 11 FKVO (Auskunftsverlangen) 118
   g) Art. 13 FKVO (Nachprüfung) 119
   h) Abschließende Bewertung 120
2. Vergleich der Kommissionsbefugnisse mit den Aufgaben des Treuhänders .. 121
3. Art. 6 Abs. 2 und Art. 8 Abs. 2 FKVO als offene Delegationsnormen 122
4. Unionsrechtliche Zulässigkeit der Privatisierung öffentlicher Aufgaben 123
5. Konkretisierung der Delegationsschranken – Die Entscheidung Meroni 123
   a) Verbot der Delegation von Ermessensbefugnissen 124
   b) Bewertung der Rechtsprechung in der Literatur 124
   c) Bedeutung für die Treuhänderpraxis 124
6. Delegationsverbot – die Entscheidung Microsoft 127
   a) Gegenstand des Streits 127
   b) Auffassung Microsoft 128
   c) Auffassung Kommission 129
   d) Würdigung des Gerichts 130
   e) Bewertung und Übertragbarkeit der Rechtsprechung auf die Fusionskontrollverordnung 132
      aa) Vergleich Verordnung 17 und Verordnung 1/2003 132
      bb) Vergleich Verordnung 1/2003 und Fusionskontrollverordnung 133
      cc) Bewertung der Aussagen des Gerichts 134
7. Zwischenergebnis 137

V. Vereinbarkeit mit Grundrechten und allgemeinen Rechtsgrundsätzen der Union 138
1. Quellen der Unionsgrundrechte nach dem Vertrag von Lissabon 138
2. Unternehmerische Freiheit und Eigentumsrecht 139
   a) Schutzbereich unternehmerische Freiheit 139
   b) Schutzbereich Eigentumsrecht 140
   c) Treuhändereinsatz als Eingriff 141
   d) Einwilligung 142
3. Recht auf eine gute Verwaltung 142
   a) Schutzbereich 143
      aa) Recht auf Anhörung 143
      bb) Recht auf Entscheidungsbegründung 143
      cc) Schutz vor Selbstbelastung 144
   b) Eingriff 146
   c) Einwilligung 147
4. Recht auf gerichtlichen Rechtsschutz 148
   a) Schutzbereich 148
   b) Eingriff 148
   c) Einwilligung 149

Inhalt

5.	Zwischenergebnis	149
VI.	*Grundsatz der Verhältnismäßigkeit*	150
1.	Inhalt und Funktion	150
2.	Bedeutung des Grundsatzes für die Fusionskontrolle	151
3.	Bedeutung für die Treuhänderzusage	152
	a) Eignung	153
	b) Erforderlichkeit	154
	aa) Umsetzungserfolg ohne Treuhändereinsatz?	154
	(1) Merger Remedies Study zur Erforderlichkeit des Treuhändereinsatzes	154
	(2) Fusionskontrollpraxis anderer Rechtsordnungen	155
	(3) Urteil in der Rechtssache Gencor	156
	(4) Urteil in der Rechtssache ARD	157
	(5) Abschließende Bewertung	158
	bb) Beurteilungsspielraum bei der Entscheidung über die Erforderlichkeit	158
	(1) Urteil in der Rechtssache Cementbouw	158
	(2) Urteil in der Rechtssache EDP	159
	(3) Abschließende Bewertung	160
	c) Angemessenheit	161
4.	Zwischenergebnis	161
VII.	*Zusammenfassung*	162
4. Kapitel	**Justiziabilität der Treuhänderentscheidung**	165
I.	*Anfechtbarkeit von Zusagenentscheidungen*	165
II.	*Isolierte Anfechtbarkeit von Auflagen und Bedingungen*	165
5. Kapitel	**Rechtliche Einordnung der Treuhänderpraxis**	169
I.	*Der Treuhändereinsatz als Form der Verwaltungsprivatisierung*	169
1.	Begriff und Formen der Verwaltungsprivatisierung	170
2.	Funktionale Privatisierung	171
	a) Der Treuhänder als Verwaltungshelfer	172
	b) Treuhänder als Beauftragter einer Indienstnahme	175
	aa) Indienstnahme am Beispiel der betrieblichen Selbstüberwachung	175
	bb) Indienstnahme vs. Treuhändertätigkeit	177
4.	Zwischenergebnis	179
II.	*Das Treuhändermandat als Vertrag zugunsten Dritter*	179
1.	Der Vertrag zugunsten Dritter im europäischen Recht	180
2.	Begünstigung der Kommission im Treuhändermandat	180
3.	Die Kommission als Dritte	182
4.	Begründung eines selbständigen Forderungsrechts	182
	a) Wortlaut des Treuhändermandats	183
	b) Vertragszweck	184
	c) Besondere Umstände des Einzelfalls	184
5.	Rechtsfolgen	185

Inhalt

6.	Zwischenergebnis	187
III.	*Der Treuhänder im Vergleich zum Insolvenzverwalter nach deutschem Recht*	188
1.	Einsetzung und Anforderungen	188
	a) Auswahl	188
	b) Natürliche Person als Insolvenzverwalter	189
	c) Höchstpersönlichkeit	189
	d) Fachkenntnis	190
	e) Unabhängigkeit	190
2.	Aufgaben und Funktion	192
3.	Verhältnis des Insolvenzverwalters zum Gericht, zu Gläubigern und Schuldnern	192
4.	Vergütung	195
5.	Haftung	196
6.	Ersetzung und Entlassung	196
7.	Sonderfall: Haftung für Auswahlverschulden	198
8.	Zwischenergebnis	199
IV.	*Zusammenfassung*	199

6. Kapitel   Ergebnisse der Arbeit in 16 Thesen 201

Literatur 205

Sachregister 215

Einleitung

Mit dem Binnenmarkt ist ein Zusammenschluss von unionsweiter Bedeutung unvereinbar, wenn der Zusammenschluss den wirksamen Wettbewerb oder wesentliche Teile davon behindert, insbesondere indem er eine beherrschende Stellung begründet oder verstärkt.[1] Die Prüfung der Vereinbarkeit eines solchen Zusammenschlusses mit dem Binnenmarkt obliegt der Kommission. Zusammenschlüsse die auf wettbewerbsrechtliche Bedenken der Kommission stoßen, kann diese mit der Maßgabe genehmigen, dass die von ihr festgestellten wettbewerbsrechtlichen Probleme ausgeräumt werden. Die Beseitigung des Wettbewerbsproblems kann etwa dadurch erfolgen, dass Unternehmensteile an ein drittes Unternehmen veräußert werden oder dass Dritten der Zugang zu besonderen Technologien gewährt wird.

Die Maßnahmen, mit denen der Wettbewerb wieder hergestellt werden soll, ordnet die Kommission nicht von Amts wegen an. Vielmehr schlagen die beteiligten Unternehmen der Kommission während des Verwaltungsverfahrens die entsprechenden Maßnahmen vor. Gebräuchlich sind demnach die Formulierungen »Verpflichtungszusagen« oder »Zusagen« sowie – im Englischen – »remedies« oder »commitments«. Die Verpflichtungszusagen werden zum Bestandteil des veränderten Zusammenschlusses. Die Kommission macht sie spiegelbildlich zu Auflagen und Bedingungen ihrer »Zusagenentscheidung«. Von der ordnungsgemäßen Umsetzung der Verpflichtungszusagen hängt ab, ob der Wettbewerb auf dem Binnenmarkt auch tatsächlich aufrechterhalten bleibt. In der Regel erfolgt die naturgemäß mit Unsicherheiten verbundene Umsetzung der Verpflichtungszusagen nicht bevor die Genehmigungsentscheidung der Kommission ergeht. Die Genehmigungsentscheidung beruht auf der Erwartung, dass die Verpflichtungszusagen ordnungsgemäß umgesetzt werden. Ihre Erfüllung tritt oft erst Monate, mitunter Jahre nach der Freigabeentscheidung der Kommission ein. Erfüllen die am Zusammenschluss beteiligten Unternehmen die Verpflichtungszusagen nicht, verstoßen sie zwar gegen Auflagen und Bedingungen und müssen dadurch nachteilige Rechtsfolgen befürchten, doch nimmt die Kommission an, dass die Einhaltung der versprochenen Verpflichtungen

---

1 Art. 2 Abs. 3 der Verordnung (EG) Nr. 139/2004 v. 20.1.2004, ABl. Nr. L 24 S. 1 (FKVO). Das Marktbeherrschungskriterium ist in Abkehr zu der vor dem 1.5.2004 geltenden Rechtslage nur noch ein Beispiel für eine Wettbewerbsbehinderung. Aus den Erwägungsgründen 25 und 26 FKVO folgt jedoch, dass das Marktbeherrschungskriterium mit dem Inhalt, den es durch die vergangene Fallpraxis erlangt hat, weiterhin eine wesentliche Bedeutung haben soll. Zu den Kontrolllücken aufgrund des früheren materiellen Beurteilungsmaßstabes siehe *Ehricke* in: FK, Art. 2 FKVO, Rn. 226; *Immenga/Körber* in: Immenga/Mestmäcker, Art. 2 FKVO, Rn. 188.

Einleitung

zusätzlich überwacht werden muss. Sich selbst sieht die Kommission im Hinblick auf den erforderlichen Aufwand »nicht in der Lage«, eine »tägliche« Überwachung zu leisten.[2] Aus diesem Grund stützt sie sich auf so genannte Überwachungstreuhänder, Sicherungstreuhänder oder einfach Treuhänder. Der Treuhänder ist weder Beschäftigter der am Zusammenschluss beteiligten Unternehmen noch ein Mitarbeiter der Kommission, sondern ein privater Dritter. Die Kommission beauftragt den Treuhänder nicht unmittelbar selbst. Die Beauftragung erfolgt vielmehr durch die Unternehmen, nachdem sie diese neben den übrigen Maßnahmen zur Aufrechterhaltung des Wettbewerbs der Kommission zugesagt haben.

Zum ersten Mal hat die Kommission den Einsatz eines Treuhänders in ihrem Beschluss im Fall *Procter & Gamble/VP Schickedanz (II)*[3] im Jahr 1994 vorgesehen. Seitdem ist der Einsatz von Treuhändern zu einem festen Bestandteil der Verwaltungspraxis der europäischen Kommission geworden. Seit dem genannten Fall sind bis zum 31. August 2011 insgesamt 301 Entscheidungen unter Auflagen und Bedingungen (Zusagenentscheidungen) ergangen.[4] Darunter finden sich nur wenige, die auf den Einsatz eines Treuhänders verzichten.[5] Obwohl damit bereits seit geraumer Zeit Treuhänder zur Überwachung eingesetzt werden, ist die Frage der rechtlichen Zulässigkeit dieses Instruments ebenso ungeklärt wie die rechtliche Einordnung. Eine ausdrückliche Rechtsgrundlage für den Treuhändereinsatz in der Fusionskontrollverordnung fehlt. Es ist unklar, ob die Kommission sich bei der Überwachung der Umsetzung der Verpflichtungszusagen überhaupt Privater bedienen darf, oder ob sie diese Aufgabe nicht unmittelbar selbst erfüllen muss. Sollte sie sich Privater bedienen dürfen, ist offen, unter welchen Voraussetzungen eine Hinzuziehung des Treuhänders zur Überwachung in Betracht kommen kann. Dies betrifft vor allem das derzeit praktizierte Verfahren, den Treuhänder durch die beteiligten Unternehmen einsetzen zu lassen. Völlig ungeklärt ist, wie die Kommission reagieren darf, wenn die Unternehmen von der Verpflichtungszusage, einen Treuhänder einzusetzen, absehen – etwa unter Berufung darauf, dass das materielle Wettbewerbsproblem bereits ausgeräumt sei und sich mit der Treuhänderzusage nur der Überwachungsaufwand der Kommission, nicht aber der Zusammenschluss selbst verändere. Kann und muss die Kommission in einem solchen Fall das Zusammenschlussvorhaben trotz der Veränderungen und der damit unstreitig gegebenen

---

2 Mitteilung der Kommission über nach der Verordnung Nr. 139/2004 des Rates und der Verordnung Nr. 802/2004 der Kommission zulässige Abhilfemaßnahmen, ABl. 2008 Nr. C 267/1, Rn. 117.
3 Komm., ABl. 1994 Nr. L 354/32 – *Procter & Gamble/VP Schickedanz (II)*.
4 Siehe die ständig aktualisierte Statistik der GD Wettbewerb: http://ec.europa.eu/comm/competition.
5 Bsp. für Zusagenentscheidung mit Veräußerungsauflage ohne Treuhändereinsatz: Komm., ABl. 2001 Nr. C 316/13 – *Allianz/Dresdner Bank* (Vollständiger Text verfügbar auf der Seite von Eur-lex: www.eur-lex.europa.eu, CELEX Nr. 32001M2431).

materiellen, wettbewerbsrechtlichen Unbedenklichkeit untersagen? Und können die Unternehmen eine Treuhänderauflage gerichtlich anfechten? Unabhängig von der Frage nach den Grenzen der Zulässigkeit der gegenwärtigen Verwaltungspraxis ist auch die rechtliche Einordnung der Treuhänderpraxis keinesfalls eindeutig. Unklar ist, welche Form der Verwaltungsprivatisierung angenommen werden kann, wenn eine Privatperson für eine Behörde tätig und von ihr angewiesen, gleichzeitig aber von den Unternehmen beauftragt und vergütet wird. *Turnbull/Holmes* haben die Position des Treuhänders im Verhältnis zwischen Kommission und Parteien vor diesem Hintergrund als »schizophren« bezeichnet.[6] Fraglich ist, ob der Treuhänder bei seiner Aufgabenwahrnehmung der Kommission als Behörde zugerechnet werden muss und ob seine Entscheidungen gegenüber den Parteien bindend sind.[7] Fraglich ist auch, wie das Vertragsverhältnis zwischen den Parteien und der Kommission – das Treuhändermandat – zu bewerten ist, insbesondere ob sich daraus unmittelbare Rechte der Kommission gegenüber dem Treuhänder ergeben.

Die Beschlüsse der Kommission sowie ihre zum Treuhänder Stellung nehmenden Veröffentlichungen – die Mitteilungen Abhilfemaßnahmen[8] und die Leitlinien über bewährte Praktiken (»Best Practices«)[9] – sind nicht frei von Widersprüchen. Überdies stellen sie keine rechtsverbindlichen Texte dar. Zum Teil besteht der Eindruck, als werde eine eindeutige rechtliche Festlegung der Rolle des Treuhänders bewusst vermieden.[10]

Mit den hier aufgeworfenen Fragen hat sich das Schrifttum bislang kaum auseinandergesetzt. Während die unmittelbar das Wettbewerbsproblem betreffenden Zusagen wie die Veräußerung von Unternehmensteilen aber auch das Wettbewerbsproblem auflösende Verhaltensauflagen ausführlich diskutiert[11] und

---

6 *Turnbull/Holmes*, ECLR 2002, S. 499, 507.
7 Diese Frage stellte sich selbst ein Unternehmen, das Treuhänderdienste anbietet. Siehe *Alix Partners* anlässlich der Konsultation zum Entwurf der Mitteilung Abhilfemaßnahmen v. 12.6.2007. Verfügbar auf der Seite der GD Wettbewerb: http://ec.europa.eu/comm/competition/mergers/legislation/files_remedies/alix.pdf.
8 Mitteilung Abhilfemaßnahmen, ABl. 2001 Nr. C 68/3 sowie die aktualisierte Mitteilung Abhilfemaßnahmen, ABl. 2008 Nr. C 267/1.
9 Best Practice Guidelines: Commission Model Text for Divestiture Commitments sowie Commission Model Text for Trustee Mandate v. 2.5.2003. Verfügbar auf der Internetseite der Kommission: http://ec.europa.eu/competition/mergers/legislation/commitments.pdf.
10 Siehe etwa die Bezeichnung des Treuhänders als »Auge und Ohr der Kommission« in der Mitteilung Abhilfemaßnahmen, ABl. 2008 Nr. C 267/1, Rn. 118.
11 Vgl. etwa *Berg*, EuZW 2001, S. 362 ff.; *Broberg*, CMLR 1997, S. 845 ff.; *Ersbøll*, ECLR 2001, S. 357 ff.; *Fuchs*, WuW 1996, S. 269 ff.; *Haarmann*, S. 121 ff.; *Leibenath*, S. 65 ff.; *Mülbert*, ZIP 1995, S. 699 ff.; *Staebe*, WRP 2004, S. 66 ff.; *Turnbull/Holmes*, ECLR. 2002, S. 499 ff.; *Winckler*, World Competition 2003, S. 219 ff.: Zur besonderen Problematik verhaltensbedingter materieller Verpflichtungszusagen: *Ezrachi*, World Competition 2006, S. 459 ff.; *Paas*, ECLR 2006, S. 209 ff.; *Went*,

Einleitung

höchstrichterlich geklärt wurden,[12] blieb die begleitende Treuhänderzusage in der rechtswissenschaftlichen Diskussion weitgehend unbeachtet. Auch die Unionsgerichte sind mit dem Treuhändereinsatz in der europäischen Fusionskontrolle bislang noch nicht befasst worden. Ausführlich erörtert und ausdrücklich abgelehnt hat das Europäische Gericht in der Rechtssache *Microsoft*[13] hingegen den Treuhändereinsatz in Kartellverfahren. Zwar erfolgte der Einsatz noch auf der Grundlage einer Kartellverordnung, die Ablehnung begründete das Gericht jedoch mit zum Teil grundlegenden Argumenten, deren Übertragbarkeit auf den Treuhänder in Fusionskontrollverfahren noch nicht untersucht worden ist.

Die folgende Arbeit möchte die Verwaltungspraxis der Kommission zum Einsatz von Treuhändern in der europäischen Fusionskontrolle erstmals umfassend beleuchten und durch die Gegenüberstellung mit der Verwaltungspraxis anderer Rechtsordnungen eine Einordnung dieser Praxis ermöglichen. Sie will auf dieser Grundlage der Frage nach den Grenzen der rechtlichen Zulässigkeit des Treuhänders nachgehen und dabei beantworten, inwieweit der Treuhändereinsatz vereinbar ist mit den Rechtsgrundlagen in der Fusionskontrollverordnung und ihrer Durchführungsverordnung, der Aufgabenzuweisung der Überwachungsaufgabe von Zusagen an die Kommission sowie den Unionsgrundrechten und allgemeinen Rechtsgrundsätzen. Sie will ferner zur rechtlichen Einordnung des Treuhändereinsatzes als einer Form der Verwaltungsprivatisierung beitragen und dabei zur Klarstellung der Rechtsbeziehungen zwischen dem Treuhänder und den übrigen Verfahrensbeteiligten führen.

Gang der Darstellung

Das erste Kapitel stellt zum Verständnis der nachfolgenden Kapitel die allgemeinen Grundlagen der fusionskontrollrechtlichen Zusagenbeschlüsse dar, insbesondere das Verfahren zur Entstehung von Zusagenbeschlüssen und das dabei notwendige Zusammenwirken zwischen Unternehmen und Kommission. Am Ende des Kapitels wird aus Gründen des Zusammenhangs im Vorgriff auf die Gegenüberstellung der Treuhänderpraxis der Kommission mit jener der Bundesrepublik Deutschland, des Vereinigten Königreichs und der Vereinigten Staaten im zweiten Kapitel ein Blick auf die entsprechenden Rahmenbedingungen dieser Rechtsordnungen geworfen.

Das zweite Kapitel untersucht und bewertet die gegenwärtige und bisherige Verwaltungspraxis der Kommission zum Einsatz von Treuhändern, sodass

---

ECLR 2006, 27 (8), S. 455 ff. Zur Verhältnismäßigkeit von materiellen Verpflichtungszusagen *Prümmer*, S. 96 ff.; *Schwarze*, EuZW 2002, S. 741 ff.
12 Vgl. EuG, Slg. 1999, II-753 – *Gencor*; Slg. 2005, II-3745 – *EDP*; Slg. 2006, II-319 – *Cementbouw*.
13 EuG, Slg. 2007, II-3601– *Microsoft/Kommission*.

erstmals ein umfassendes Bild des Treuhänders in der europäischen Fusionskontrolle entsteht. Unter den Rubriken Einsetzungsverfahren, Anforderungen an den Treuhänder, Aufgaben und Funktion, Verhältnis zu den beteiligten Unternehmen, Verhältnis gegenüber Dritten, Vergütung, Haftung sowie Beendigung des Mandats werden die Treuhänderentscheidungen der Kommission, ihre Mitteilungen über Abhilfemaßnahmen, ihre Best Practices sowie schließlich ihre Erfahrungen aus der Merger Remedies Study analysiert, um sämtliche Bereiche des Treuhändereinsatzes erschöpfend zu erfassen. Um die Verwaltungspraxis der Kommission einordnen zu können wird diese anschließend der jeweiligen Praxis in den Fusionskontrollregimen der Vereinigten Staaten, des Vereinigten Königreichs und der Bundesrepublik Deutschland gegenüber gestellt.

Im dritten Kapitel werden die Grenzen der rechtlichen Zulässigkeit der gegenwärtigen Verwaltungspraxis untersucht. Nach der Analyse der von der Kommission herangezogenen Rechtsgrundlagen in der Fusionskontrollverordnung und der Durchführungsverordnung zur Fusionskontrollverordnung werden die Grenzen für eine Auslagerung der Überwachung an private Treuhänder, soweit sich aus der Systematik der Befugnisse der Kommission im Fusionskontrollverfahren ergeben, aufgezeigt. In diesem Zusammenhang erfolgt eine umfassende Auseinandersetzung mit den Aussagen des Europäischen Gerichts im Urteil *Microsoft* im Hinblick auf ihre Übertragbarkeit auf das Fusionskontrollverfahren. Anschließend wird die Verwaltungspraxis auf ihre Vereinbarkeit mit Grundrechten und den anerkannten Rechtsgrundsätzen der Union, insbesondere dem Grundsatz der Verhältnismäßigkeit überprüft.

Nach der materiellen Prüfung im dritten Kapitel wird im vierten Kapitel die Möglichkeit der Überprüfung der Verwaltungspraxis im Rahmen einer gerichtlichen Anfechtung der Treuhänderauflage untersucht.

Das fünfte Kapitel stellt den Treuhänder zum Zweck seiner rechtlichen Einordnung zunächst verschiedenen Arten der Hinzuziehung Privater zur Erfüllung von Verwaltungsaufgaben gegenüber. Dabei wird exemplarisch auf im deutschen Verwaltungsrecht anerkannte Rechtsinstitute zurückgegriffen. Es werden Gemeinsamkeiten und Unterschiede zwischen dem Treuhändereinsatz und der Verwaltungshilfe sowie der Indienstnahme in Form des Einsatzes der im Umweltrecht gesetzlich vorgeschriebenen, der Selbstüberwachung von Unternehmen dienenden, Betriebsbeauftragten aufgezeigt. Der darauf folgende Abschnitt untersucht, ob es sich bei dem zwischen dem Treuhänder und den am Zusammenschluss beteiligten Parteien um ein Vertragsverhältnis zugunsten eines Dritten, namentlich der Kommission, handelt und welche Konsequenzen sich daraus für das Verhältnis der Kommission gegenüber dem Treuhänder ergeben. Schließlich folgt eine vergleichende Gegenüberstellung von Treuhänder und Insolvenzverwalter.

Die Arbeit schließt im sechsten Teil mit einer Zusammenfassung der Ergebnisse in Thesenform.

1. Kapitel Allgemeine Grundlagen der fusionskontrollrechtlichen Zusagenentscheidung

I. Rechtliche Rahmenbedingungen

Gemäß Art. 6 Abs. 2 und Art. 8 Abs. 2 Fusionskontrollverordnung (FKVO) kann die Kommission einen Zusammenschluss nach Änderung durch die beteiligten Unternehmen[14] mit dem Gemeinsamen Markt für vereinbar erklären. Um sicherzustellen, dass die beteiligten Unternehmen den Verpflichtungen nachkommen, die sie gegenüber der Kommission eingegangen sind, kann sie ihre Entscheidung mit Auflagen und Bedingungen verbinden, Art. 6 Abs. 2 UAbs. 2 sowie Art. 8 Abs. 2 UAbs. 2 FKVO. Die Durchführungsverordnung der Fusionskontrollverordnung (DVO-FKVO) ergänzt diese Befugnis der Kommission verfahrensrechtlich insbesondere in den Art. 19 bis 20a. Art. 19 DVO-FKVO bestimmt Fristen für die Vorlage von Verpflichtungszusagen, Art. 20 DVO-FKVO knüpft formale Anforderungen an die Vorlage von Verpflichtungszusagen. Der im Herbst 2008 neu eingefügte Art. 20a DVO-FKVO stellt klar, dass die Einsetzung eines Treuhänders Gegenstand einer Verpflichtungszusage und einer Bedingung oder Auflage sein kann. Die Mitteilung Abhilfemaßnahmen der Kommission[15] erläutert die Vorstellungen der Kommission zum Inhalt, zum Verfahren und zur Umsetzung von Verpflichtungszusagen. Die Leitlinien der Generaldirektion Wettbewerb über bewährte Praktiken bei Fusionskontrollverfahren (»Best Practices on the conduct of EC merger proceedings«)[16] erläutern und spiegeln die Verfahrenspraxis der Kommission im Fall wettbewerbsrechtlicher Bedenken gegenüber dem angemeldeten oder dem zuvor der Kommission informell zur Kenntnis gebrachten Zusammenschluss.

---

14 Die Bezeichnung »beteiligte Unternehmen« umfasst nachfolgend auch jene Fälle mit nur einem Anmelder oder der einseitigen Abgabe von Verpflichtungszusagen.
15 Mitteilung Abhilfemaßnahmen, ABl. 2008 Nr. C 267/1.
16 DG Competition Best Practices on the Conduct of Merger Control Proceedings v. 20.1.2004. Verfügbar auf der Internetseite der GD Wettbewerb: www.europa.eu.int/comm/competition/mergers/legislation.

II. Verfahren zur Entstehung von Zusagenentscheidungen

Der folgende Abschnitt zeigt das Verfahren zur Entstehung von Zusagenentscheidung auf, insbesondere welche Rolle und welchen Einfluss dabei die Kommission einerseits und die beteiligten Unternehmen andererseits haben.

1. Zusammenwirken von Kommission und beteiligten Unternehmen als Merkmal des Verfahrens

Art. 6 Abs. 2 und Art. 8 Abs. 2 FKVO geben zu erkennen, dass einer Zusagenentscheidung der Kommission ein Zusammenwirken zwischen den beteiligten Unternehmen und der Kommission vorausgehen muss. Die Kommission darf einen Zusammenschluss nicht eigenmächtig wettbewerbsrechtlich anpassen. Eine einseitige Verbindung einer Genehmigungsentscheidung mit Auflagen und Bedingungen in Form einer Teilgenehmigung ist rechtlich nicht möglich.[17] Einer Entscheidung der Kommission nach Art. 6 Abs. 2 UAbs. 2 und Art. 8 Abs. 2 UAbs. 2 FKVO haben vielmehr Verpflichtungszusagen der beteiligten Unternehmen vorauszugehen.[18] Über die notwendige reine Mitwirkungshandlung in Form der Zusage von Verpflichtungen entwickelt sich im Verfahren regelmäßig ein reger Austausch zwischen den beteiligten Unternehmen und der Kommission.

2. Feststellung von wettbewerbsrechtlichen Bedenken und Mitteilung gegenüber den beteiligten Unternehmen

Die Kommission prüft den anzumeldenden Zusammenschluss im Hinblick auf seine Vereinbarkeit mit dem Binnenmarkt.[19] Materiell entscheidend ist, ob durch den Zusammenschluss wirksamer Wettbewerb auf dem Binnenmarkt oder in einem wesentlichen Teil desselben erheblich behindert würde, insbesondere durch Begründung einer marktbeherrschenden Stellung, Art. 2 Abs. 2 u. 3 FKVO. Bei der Gründung eines Gemeinschaftsunternehmens, das einen Zusammenschluss im Sinne des Art. 3 FKVO darstellt, sind darüber hinaus die in

---

17 Vgl. dagegen die Befugnis der Kommission zur eigenmächtigen Anordnung von Abhilfemaßnahmen in Kartellverfahren, Art. 7 Abs. 1 S. 2 Verordnung Nr. 1/2003 des Rates v. 16.11.2002 zur Durchführung der in den Artikeln 81 und 82 des Vertrags niedergelegten Wettbewerbsregeln, ABl. 2003 Nr. L 1/1.
18 EuG, Slg. 2005, II-3745, Rn. 105 – *EDP/Kommission*.
19 Genau genommen besteht keine Anmeldungspflicht, sondern allein ein Verbot, den Zusammenschluss zu vollziehen, bevor nicht die Kommission diesem zugestimmt hat, *Mäger*, Europäisches Kartellrecht, Rn. 259 a.E.

II. Verfahren zur Entstehung von Zusagenentscheidungen

Abs. 4 und 5 des Art. 2 FKVO genannten besonderen Anforderungen zu berücksichtigen.

Abweichend vom Wortlaut des Art. 6 Abs. 1 FKVO beginnt die materielle Prüfung des Zusammenschlusses oft bereits vor der Anmeldung.[20] Zur Klärung von Vorfragen und um den engen Zeitvorgaben des formellen Prüfungsverfahrens zu entgehen nehmen die beteiligten Unternehmen vor fast jeder Anmeldung Kontakt mit der Kommission auf (»pre-notification-contacts«). Dabei werden der Kommission ein Memorandum oder eine vorläufige Entwurfsfassung der späteren Anmeldung übersandt.[21] Die Kommission empfiehlt dieses informelle Vorgehen ausdrücklich in ihrer Leitlinie über bewährte Praktiken in Fusionskontrollverfahren (nachfolgend Leitlinien).[22]

Nach der Anmeldung beginnt die Vorprüfungsphase (»Phase I«). Die Kommission hat in dieser grundsätzlich 25 Arbeitstage Zeit, um das Zusammenschlussvorhaben kursorisch zu prüfen.[23] Maßstab der materiellen Prüfung bilden »ernsthafte Bedenken hinsichtlich der Vereinbarkeit mit dem Gemeinsamen Markt«. Die Kommission nimmt insofern keine abschließende rechtliche Bewertung der Vereinbarkeit vor. »Ernsthafte Bedenken« teilt die Kommission den Parteien zum frühestmöglichen Zeitpunkt mit.[24] Die Mitteilung der Bedenken erfolgt dabei formlos, also schriftlich, telefonisch oder im Rahmen sogenannter »State of Play Meetings«, welche die Kommission zur Erörterung der ernsthaften Bedenken gemäß ihren Leitlinien vor Ablauf von 15 Arbeitstagen nach Eingang der Anmeldung anbietet.[25] Bestehen die Bedenken der Kommission am Ende der Vorprüfungsphase fort, leitet die sie das Hauptverfahren ein, Art. 6 Abs. 1 lit. c FKVO. Im Hauptverfahren (»Phase II«) folgt eine eingehende Untersuchung. Der Zeitrahmen beträgt grundsätzlich 90 Tage. Die im Hauptverfahren getroffene Entscheidung über die Vereinbarkeit des Zusammenschlusses mit dem Gemeinsamen Markt ist nach Art. 8 Abs. 1-3 FKVO abschließend. Damit verändert sich grundsätzlich auch der materielle Beurteilungsmaßstab. An die Stelle des Nachweises »ernsthafter Bedenken« tritt der Nachweis der – ohne Zusagen gegebenen – unionsrechtlichen Unvereinbarkeit des Zusammenschlusses. Abweichend hiervon vertritt die Kommission die Auffassung, dass sie, wenn sie einen Zusammenschluss in einem frühen Stadium

---

20 *Bechtold/Bosch/Brinker/Hirsbrunner*, Art. 6 FKVO, Rn. 2.
21 Vgl. DG Competition Best Practices on the conduct of merger control proceedings (o. Fn. 16), Rn. 11 sowie das Formblatt CO zur Anmeldung eines Zusammenschlusses gemäß der Verordnung Nr. 139/2004 des Rates, ABl. 2004, Nr. L 133/9 geändert durch Verordnung Nr. 1033/2008, ABl. 2008 Nr. L 279/3.
22 DG Competition Best Practices on the conduct of merger control proceedings (o. Fn. 16), Rn. 5 u. 26.
23 Zur Verlängerung und Hemmung dieser Frist siehe Art. 10 Abs. 1 u. 4 FKVO.
24 DG Competition Best Practices on the conduct of merger control proceedings (o. Fn. 16), Rn. 29.
25 DG Competition Best Practices on the conduct of merger control proceedings (o. Fn. 16), Rn. 33 a.

des Hauptverfahrens freigibt, den Nachweis darauf beschränken kann, ob die ernsthaften Bedenken ausgeräumt worden sind. Den vollen Nachweis einer Wettbewerbsbeeinträchtigung ohne entsprechende Zusagen müsse sie nicht mehr erbringen.[26] Die Kommission entnimmt diesen alternativen Beurteilungsmaßstab für die Zusagenentscheidung im Hauptverfahren Art. 10 Abs. 2 FKVO.[27] Danach sind Freigabeentscheidungen nach Art. 8 Abs. 2 FKVO zu erlassen, sobald offenkundig ist, dass die ernsthaften Bedenken im Sinne des Art. 6 Abs. 1 lit. c FKVO ausgeräumt sind, spätestens jedoch innerhalb der für das Hauptprüfungsverfahren vorgesehenen Frist von 90 Tagen. Diese für die Praxis erhebliche Veränderung des materiellen Beurteilungsmaßstabes wird im Schrifttum kritisiert: Die Kommissionsauffassung entspreche zwar einem praktischen Anliegen, eine Verkürzung des Ermittlungsverfahrens zu ermöglichen, stehe jedoch im Widerspruch zu Art. 8 Abs. 1 FKVO. Dieser verpflichte die Kommission, einen Zusammenschluss (erst) freizugeben, wenn erwiesen ist, dass er zu keiner erheblichen Wettbewerbsbeeinträchtigung führt.[28] Die Auffassung der Kommission ist konsequent, wenn man annimmt, dass Art. 10 Abs. 2 FKVO für den Fall, dass die Parteien im Hauptverfahren Zusagen anbieten, eine Ausnahmeregelung zu Art. 8 FKVO enthält und insoweit als »lex specialis« aufzufassen wäre.[29] Ein solches Verständnis ließe jedoch keinen Raum mehr für eine im Hauptverfahren erlassene Zusagenentscheidung über deren wettbewerbsrechtliche Zulässigkeit die Kommission abschließend entscheiden müsste. Das Angebot von Verpflichtungszusagen würde stets den materiellen Beurteilungsmaßstab verändern. Dies dürfte von Art. 10 FKVO, einer Norm, die sich gemäß ihrer Überschrift mit den Fristen für die Einleitung des Verfahrens und für Entscheidungen befasst, nicht gewollt sein. Nachvollziehbar, wenn auch dogmatisch unbefriedigend, löst die Kommission den Konflikt der materiellen Beurteilung zwischen Art. 8 Abs. 2 und Art. 10 Abs. 2 FKVO unter Berufung auf ein Verfahrensereignis auf: Bestätigen sich die materiellen Bedenken der Kommission im Verlauf des Hauptverfahrens, muss sie diese den Parteien durch eine Mitteilung der Beschwerdepunkte (»statement of objections«) gemäß Art. 18 Abs. 1, 3 S. 1 FKVO förmlich mitteilen.[30] Die beteiligten Unternehmen erhalten dabei Gelegenheit zur Stellungnahme. Erst nach der Übersendung der Mitteilung der Beschwerdepunkte geht die Kommission davon aus, dass sie

---

26 *Bechtold/Bosch/Brinker/Hirsbrunner*, Art. 10 FKVO, Rn. 5.
27 Mitteilung Abhilfemaßnahmen, ABl. 2008 Nr. 267/1, Rn. 18; aus der Praxis vgl. etwa Komm. Entsch., ABl. 2002 Nr. L 69/50 – *Bombardier/ADtranz*; ABl. 2003 Nr. L 248/51 – *EnBW/ENI/GVS*; ABl. 2003 Nr. L 291/1 – *Siemens/Drägerwerk/JV*.
28 *Bechtold/Bosch/Brinker/Hirsbrunner*, Art. 8 FKVO Rn. 11 f. und 10 FKVO, Rn. 5.
29 In diese Richtung argumentierend *v.Koppenfels* in: MünchKomm EG WettbR, Art. 8 FKVO, Rn. 29.
30 Zu den inhaltlichen Anforderungen an die geäußerten Bedenken im Rahmen der Mitteilung der Beschwerdepunkte vgl. EuG, Slg. 2002, II-4071, Rn. 437 ff. – *Schneider Electric/Kommission*.

abschließend über die Vereinbarkeit des Zusammenschlusses mit dem Gemeinsamen Markt entscheiden muss. Der Beschleunigungsgedanke und der abweichende Beurteilungsmaßstab gemäß Art. 10 Abs. 2 FKVO gelten dann nicht mehr.[31]

3. Entscheidung der beteiligten Unternehmen

In sämtlichen Verfahrensschritten können die beteiligten Unternehmen unter Beachtung der in der DVO-FKVO niedergelegten Fristen[32] der Kommission Maßnahmen vorschlagen, um dadurch deren Bedenken bzw. Einwänden zu begegnen. Die Entscheidung darüber, *wann* sie Verpflichtungszusagen einreichen, obliegt den Unternehmen genauso wie die Entscheidung darüber, *ob* sie ihr überhaupt welche unterbreiten.[33] Beide Entscheidungen bedingen einander. Spätestens nach der förmlichen Mitteilung haben sich die anfänglichen Einwände der Kommission erhärtet. Die Wahrscheinlichkeit ist gering, dass die Kommission ihre Auffassung zu diesem Zeitpunkt noch ändert, ohne dass entsprechende Zusagen abgegeben werden und zu einer uneingeschränkten Freigabeentscheidung gelangt. Ausgeschlossen ist ein solcher Verfahrensausgang allerdings nicht. Im Fall Sony/BMG etwa ist die Kommission von ihrer noch in der Mitteilung der Beschwerdepunkte angenommenen Unvereinbarkeit des Zusammenschlusses mit dem Gemeinsamen Markt abgerückt.[34] Anders sieht es für die beteiligten Unternehmen in früheren Stadien des Verfahrens aus. Anfängliche Bedenken, die zur Eröffnung des Hauptverfahrens geführt haben, können sich auch nach näherer Prüfung als unbegründet oder nur teilweise begründet herausstellen. Zwischen dem 1. Januar 2004 und dem 31. August 2011 sind immerhin 25 Fälle auf der Grundlage von Art. 8 Abs. 1 FVKO, also uneingeschränkt ohne Auflagen und Bedingungen genehmigt worden. Allein auf das Jahr 2008 entfielen davon neun Entscheidungen. Im selben Zeitraum ergingen 113 Entscheidungen auf der Grundlage von Art. 6 Abs. 2 FKVO.[35] Stellen sich die Bedenken nach eingehender Prüfung durch die Kommission hingegen als nur teilweise begründet heraus, können die beteiligten Unternehmen weniger weitreichende Abhilfemaßnahmen anbieten als im informellen Vorverfahren

---

31 Mitteilung Abhilfemaßnahmen (2001), ABl. 2001 Nr. C 68/3, Rn. 11 und – deutlicher – Mitteilung Abhilfemaßnahmen, ABl. 2008 Nr. C 267/1, Rn. 18 a. E.
32 Gemäß Art. 19 Abs. 1 DVO-FKVO sind Verpflichtungszusagen in der Vorprüfungsphase grundsätzlich innerhalb von 20 Arbeitstagen ab dem Datum des Eingangs zu übermitteln. Im Hauptprüfungsverfahren beträgt die Frist ab dem Tag der Einleitung des Hauptverfahrens grundsätzlich 65 Arbeitstage, Art. 19 Abs. 2 S. 1 DVO-FKVO.
33 EuG, Slg. 2006, II-319, Rn. 311 – *Cementbouw/Kommission*.
34 Vgl. EuG, Slg. 2006, II-2289 – *Impala/Kommission* zur Aufhebung der Freigabenentscheidung (ABl. 2005 Nr. L 62/30) Im Ergebnis bestehen somit bis zum Moment der Untersagungsentscheidung Bedenken, die aufgelöst werden können.
35 Siehe die ständig aktualisierte Statistik der GD Wettbewerb (o. Fn. 4).

oder im Vorprüfungsverfahren. Mit der Zusage geeigneter Maßnahmen entfällt die weitere Prüfung, sodass die Kommission zum Ergebnis der teilweisen Vereinbarkeit des ursprünglich angemeldeten Zusammenschlusses nicht mehr gelangen kann. Die beteiligten Unternehmen werden im Einzelfall abwägen zwischen den Vorteilen einer zeitnahen Freigabe und der erwarteten Reduzierung der Bedenken und damit des Abhilfeerfordernisses. Bei rückblickender Betrachtung kann dadurch der Kompromisscharakter einer Entscheidung nach Art. 6 Abs. 2 FKVO besonders deutlich sein.

4. Einflussnahme der Kommission auf den Inhalt von Verpflichtungszusagen

Anders als die Entscheidungen darüber *ob* und *wann* die beteiligten Unternehmen überhaupt Verpflichtungszusagen anbieten, unterliegt die Entscheidung *wie* der Zusammenschluss verändert werden kann, also zu welchen Abhilfemaßnahmen sich die beteiligten Unternehmen gegenüber der Kommission verpflichten, einem erheblichen Einfluss der Kommission. Während des Prüfungsverfahrens tauschen sich Kommission, die beteiligten Unternehmen und gegebenenfalls vom Zusammenschluss betroffene Dritte intensiv aus.[36] Bei diesem Austausch werden mögliche Abhilfemaßnahmen gemeinsam erörtert.[37] Die Kommission lässt klar erkennen, welche Art von Zusagen aus ihrer Sicht im Einzelnen in Betracht kommen.[38] Sie fordert die Unternehmen durchaus zu bestimmten Verpflichtungserklärungen auf.[39] In mehreren Fällen hat die Kommission im Verlauf des Verfahrens mit Dritten neben den Auswirkungen des Zusammenschlusses gleichzeitig erforderliche Abhilfemaßnahmen für die festgestellten Wettbewerbsprobleme erörtert, obwohl zu diesem Zeitpunkt die Unternehmen noch keine Vorschläge an die Kommission gerichtet hatten.[40]

Besonders deutlich ist der Einfluss der Kommission bei den Zusagen, die zur Begleitung der materiellen Hauptzusagen (nachfolgend: Primärzusagen) angeboten werden. Darunter fällt die Interimsverwaltung eines zu veräußernden Geschäftsteils, die Organisation und die Fristenregelung des Veräußerungsvorgangs, vor allem aber der Einsatz des Treuhänders. In ihrer Mitteilung Abhilfemaßnahmen erläutert die Kommission detailliert, welche begleitenden

---

36 DG Competition Best Practices on the conduct of merger control proceedings (o. Fn. 16), Rn. 33; *Immenga/Körber* in: Immenga/Mestmäcker, Art. 8 FKVO, Rn. 100.
37 Mitteilung Abhilfemaßnahmen, ABl. 2008 Nr. C 267/1, Rn. 90, DG Competition Best Practices on the conduct of merger control proceedings (o. Fn. 16), Rn. 40.
38 DG Competition Best Practices on the conduct of merger control proceedings (o. Fn. 16), Rn. 41.
39 *Bechtold/Bosch/Brinker/Hirsbrunner*, Art. 8 FKVO, Rn. 6.
40 Vgl. *v. Koppenfels* in: MünchKomm EG WettbR, Art. 8 FKVO, Rn. 28.

Maßnahmen aus ihrer Sicht erforderlich sind und einen unverzichtbaren Bestandteil des Zusagenpakets bilden.[41]
Mit dem Standardformular für Veräußerungszusagen stellt die Kommission das Format und die Formulierungen für die einzelnen Verpflichtungszusagen.[42] Der sich hieraus ergebende beträchtliche Einfluss der Kommission auf die Ausgestaltung der Verpflichtungszusagen wurde – zumindest hinsichtlich materieller Fragen – durch das europäische Gericht ausdrücklich gebilligt.[43]

5. Berücksichtigung der Verpflichtungszusagen als Auflagen und Bedingungen

Beseitigen die Zusagen die Bedenken der Kommission oder gelangt sie zu dem Ergebnis, dass der Zusammenschluss aufgrund der Änderungen die Kriterien des Art. 2 Abs. 2 FKVO – im Fall eines Gemeinschaftsunternehmens nach Art. 2 Abs. 4 FKVO die Kriterien des Art. 81 Abs. 3 EG – erfüllt, erklärt sie den Zusammenschluss für vereinbar mit dem Binnenmarkt. Über Art. 6 Abs. 2 UAbs. 2 und Art. 8 Abs. 2 UAbs. 2 FVKO werden die Verpflichtungszusagen der beteiligten Unternehmen als Auflagen und Bedingungen Bestandteil der Kommissionsentscheidung.

a.) Verbindung zur Gewährleistung der Durchsetzbarkeit der Nebenbestimmungen

Die Kommission wird die Genehmigungsentscheidung mit den angenommenen Verpflichtungszusagen als Auflagen oder Bedingungen in aller Regel verbinden müssen. Dies gibt der Wortlaut von Art. 6 Abs. 2 UAbs. 2 und Art. 8 Abs. 2 UAbs. 2 FKVO, nach dem beide als »Kann-Vorschriften« formuliert sind, nur unzureichend wieder. Die von den Beteiligten zugesagten Abhilfemaßnahmen stellen rechtlich unverbindliche Absichtserklärungen dar. Erst die Verbindung macht die Verpflichtungen zur Umsetzung der Abhilfemaßnahmen rechtswirksam. Die Kommission darf daher von einer Verbindung der Verpflichtungszusagen mit der Genehmigungsentscheidung nur absehen, wenn die zugesagten Maßnahmen für die wettbewerbsrechtliche Betrachtung unerheblich sind.[44] Die unerheblichen Zusagen finden nach der Praxis der Kommission in der Entschei-

---

41 Mitteilung Abhilfemaßnahmen, ABl. 2008 Nr. C 267/1, Rn. 95 ff.
42 Best Practice Guidelines: Commission Model Text for Divestiture Commitments sowie Commission Model Text for Trustee Mandate, 2.5.2003 (o. Fn. 9).
43 EuG, Slg. 2006, II-319, Rn. 311 – *Cementbouw/Kommission*; *Stoffregen* in: Schröter/Jakob/Mederer, Art. 8 FKVO, Rn. 8; *v. Koppenfels* in: MünchKomm EG WettbR, Art. 8 FKVO, Rn. 28.
44 Vgl. *v. Koppenfels* in: MünchKomm EG WettbR, Art. 8 FKVO, Rn. 71.

dung als so genannte »take-note commitments« Erwähnung.[45] Rechtswirkungen erzeugen sie nicht. Für alle anderen Verpflichtungszusagen ergibt sich die sicherstellende Funktion der Verbindung über Art. 6 Abs. 2 UAbs. 2 und Art. 8 Abs. 2 UAbs. 2 FKVO aus den Rechtsfolgen eines Verstoßes.

aa) Rechtsfolgen bei Verstoß gegen eine Bedingung

Wird eine Bedingung nicht erfüllt, liegen die tatsächlichen Voraussetzungen, unter denen die Vereinbarkeit mit dem Gemeinsamen Markt in der Entscheidung festgestellt wurde, nicht mehr vor. Die den Vollzug des Zusammenschlusses genehmigende Wirkung der Entscheidung entfällt. Der bereits vollzogene Zusammenschluss ist so zu betrachten, als sei er nicht angemeldet und ohne Genehmigung vollzogen worden.[46] In der Terminologie des deutschen Verwaltungsrechts erscheinen die Bedingungen in den Entscheidungen der Kommission damit als auflösend.[47]

Welche weiteren Maßnahmen die Kommission ergreifen kann, hängt vor allem davon ab, ob sie über den Gegenstand der Bedingung bereits abschließend entschieden hat. Wenn im Hauptverfahren die Unvereinbarkeit des Zusammenschlusses ohne die Erfüllung der betroffenen Bedingung abschließend festgestellt wurde – nach der Kommissionspraxis also im Anschluss an die Mitteilung der Beschwerdepunkte – kommen bei einem Verstoß unmittelbar Entflechtungsmaßnahmen nach Art. 8 Abs. 4 lit. b FKVO in Betracht. In allen anderen Fällen, also einer Vorprüfungsentscheidung nach Art. 6 Abs. 2 FKVO oder einer »abgekürzten« Entscheidung im Hauptverfahren nach Art. 8 Abs. 2 i.V.m. Art. 10 Abs. 2 FKVO, kann der Verstoß gegen die Bedingungen nur die ernsthaften Bedenken wieder aufleben lassen, die durch die Erfüllung der bedingten Abhilfemaßnahme ausgeräumt werden sollten. Hier kann der Wettbewerb nur über einstweilige Maßnahmen nach Art. 8 Abs. 5 lit. b FKVO gesichert werden, um dann über den Zusammenschluss abschließend ohne die sonst geltenden Zeitgrenzen zu entscheiden.[48] Unabhängig davon ermächtigen Art. 14 Abs. 2

---

45 *Emberger/Peter* in: Loewenheim/Meessen/Riesenkampff, Art. 6 FKVO, Rn. 48; *v. Koppenfels* in: MünchKomm EG WettbR, Art. 8 FKVO, Rn. 28.
46 Siehe Erwägungsgrund 31 FKVO.
47 So auch *v. Koppenfels* in: MünchKomm EG WettbR, Art. 8 FKVO, Fn. 127; *Wagemann* in: Wiedemann Hdb. KartellR, § 16, Rn. 164.
48 So auch *Bechtold/Bosch/Brinker/Hirsbrunner*, Art. 8 FKVO, Rn. 49 sowie *Emberger/ Westermann* in: Loewenheim/Meessen/Riesenkampff (Vorauf., Bd. I), Art. 8 FKVO, Rn. 63 mit dem Hinweis darauf, dass aus Gründen der Rechtssicherheit sowie aus dem Grundsatz einer effizienten und ordentlichen Verwaltung ein zügiges Verfahren geboten bleibt. Für eine entsprechende Anwendung des Art. 10 Abs. 5 FKVO und damit lediglich für einen Neubeginn und die Geltung der üblichen Fristen dagegen: *Fuchs* EuzW 1996, 263, 266; *Immenga/Körber* in: Immenga/Mestmäcker, Art. 8 FKVO, Rn. 198 sowie *Stoffregen* in: Schröter/Jakob/Mederer, Art. 8 FKVO, Rn. 58.

II. Verfahren zur Entstehung von Zusagenentscheidungen

lit. d und Art. 15 Abs. 1 lit. c FKVO die Kommission, Buß- und Zwangsgelder zu verhängen.

bb) Rechtsfolgen bei Verstoß gegen Auflagen

Bei Verstößen gegen Auflagen kann die Kommission ihre Entscheidung nach Art. 6 Abs. 3 lit. b bzw. Art. 8 Abs. 6 lit. b FKVO widerrufen. Sie kann damit den Zustand herbeiführen, der sich bei einem Verstoß gegen eine Bedingung unmittelbar ergibt. Wie bei einem Verstoß gegen eine Bedingung kann die Kommission auf der Grundlage der genannten Vorschriften Buß- und Zwangsgelder anordnen.

cc) Abgrenzung Auflagen und Bedingungen

Die Abgrenzung zwischen Auflagen und Bedingungen ist bei Betrachtung der von der Fusionskontrollverordnung vorgesehenen Rechtsfolgen in der Theorie klar. Eine Auflage verlangt von den beteiligten Unternehmen ein bestimmtes Tun, Dulden oder Unterlassen – ohne die Entscheidung als solche unmittelbar zu berühren. Mit der Bedingung stellt die Kommission zwischen den genannten Verhaltensvarianten und der Wirksamkeit der Entscheidung hingegen ein Abhängigkeitsverhältnis her. Die Fusionskontrollverordnung enthält keine feste Regel, nach der bestimmte Verpflichtungszusagen in der Entscheidung als Bedingungen und andere als Auflagen zu berücksichtigen sind. Ebenso fehlt es an einer Vermutung, dass Verpflichtungen, die Reichweite und Inhalt der Änderungen am Zusammenschluss festlegen, Bedingungen sind, Verpflichtungen mit begleitendem Charakter hingegen Auflagen.[49] Daraus folgt, dass sich die rechtliche Zuordnung allein aus der Formulierung der Kommission ergibt.[50]

In der Praxis hat die Kommission die erforderliche Abgrenzung vernachlässigt. Insbesondere in den Entscheidungen bis zum Jahr 2000 ging der Tenor allgemein von »Bedingungen und Auflagen«[51], von »Verpflichtungen«[52], »Verpflichtungen und Bedingungen«[53] oder nur von »Bedingungen«[54] aus. In sämtlichen zitierten Entscheidungen war der Einsatz eines Treuhänders zugesagt worden. Es blieb unklar, ob sein Einsatz unmittelbar die Wirksamkeit der

---

49 *Bechtold/Bosch/Brinker/Hirsbrunner*, Art. 8 FKVO, Rn. 7 a.E.
50 *Bechtold/Bosch/Brinker/Hirsbrunner*, Art. 8 FKVO, Rn. 7 a.E; *Fuchs* WuW 1996, 269, 278.
51 Vgl. statt vieler Komm., ABl. 1994 Nr. L 354/32 – *Procter&Gamble/VP Schickedanz (II)*; ABl. 1997 Nr. L 336/16 – *Boeing/McDonnel Douglas*.
52 Komm., ABl. 1997 Nr. L 336/1 – *BT/MCI (II)*.
53 Komm., ABl. 1996 Nr. L 183/1 – *Kimberly-Clark/Scott*.
54 Näher hierzu *Leibenath*, S. 41 ff., der zutreffend darauf hinweist, dass der Begriff »Verpflichtung« im Tenor einer Entscheidung auf der Grundlage von Art. 8 Abs. 2 (und Art. 6 Abs. 2) FKVO systematisch nicht passt.

Entscheidung beeinflussen sollte. Die jüngere Praxis der Kommission unternimmt zwar eine begriffliche Zuordnung, ist aber teilweise uneinheitlich.[55] In ihrer Mitteilung Abhilfemaßnahmen erläutert die Kommission anhand von Beispielen, welche Verpflichtungen sie zur Bedingung und welche zu Auflagen macht: Strukturrelevante Änderungen, wie die Veräußerung eines Geschäfts, werden zur Bedingung, die hierfür erforderlichen Umsetzungsmaßnahmen, wie die Einsetzung eines Treuhänders, in der Regel zur Auflage.[56]

b) Materielle Voraussetzungen für Auflagen und Bedingungen

Voraussetzung dafür, dass die Kommission die angebotenen Verpflichtungszusagen ihrer Entscheidung als Auflagen oder Bedingungen anfügen darf (und muss), sind die andernfalls fortbestehenden Bedenken gegen die Vereinbarkeit des Zusammenschlusses mit dem Binnenmarkt.[57] Die Anforderungen an die Beweisführung der Kommission sind die gleichen wie bei einem unveränderten Zusammenschluss.[58] In ihrer Mitteilung Abhilfemaßnahmen aus dem Jahr 2001 formulierte die Kommission noch, dass die Parteien den Beweis erbringen müssen, dass durch die vorgeschlagenen Abhilfemaßnahmen eine beherrschende Stellung – wie von der Kommission festgestellt –, weder begründet noch verstärkt wird. Sie erweckte damit zumindest den Eindruck, als gehe sie insoweit von einer Beweislastumkehr aus.[59]

Grundsätzlich müssen die Auflagen und Bedingungen als Bestandteil eines Verwaltungsaktes verhältnismäßig, also geeignet und vor allem erforderlich sein. Bieten die Parteien Abhilfemaßnahmen an, die auch aus ihrer Sicht über das Erforderliche hinausgehen[60], ist die Kommission nach der Rechtsprechung allerdings nicht daran gehindert, auch diese in ihrer Entscheidung als Auflage

---

55 Siehe *v.Koppenfels*, Art. 8 FKVO, Rn. 71 unter Verweis auf einerseits Komm., ABl. 2002 Nr. L 69/50 – *Bombardier/Adtranz* (Verpflichtung Bombardiers zur befristeten Kooperation mit Unternehmen als Bedingung) sowie andererseits Komm. ABl. 2005 Nr. C 147/21 – *Apollo/Bakelite* (Paket von Verhaltenszusagen insgesamt als Auflage) (Vollst. Text auf Eur-Lex (o. Fn. 5), CELEX Nr.: 32005M3593).
56 Vgl. Mitteilung Abhilfemaßnahmen, ABl. 2008 Nr. C 267/1, Rn. 19.
57 Kritisch gegenüber an Art. 6 Abs. 1 lit. c FKVO gemessenen Anforderungen an den Nachweis bei abgekürzten Zusagenentscheidungen auf der Grundlage von Art. 8 Abs. 2 iVm Art. 10 Abs. 2: *Bechtold/Brinker/Bosch/Hirsbrunner*, Art. 8 FKVO, Rn. 11.
58 So nunmehr ausdrücklich auch die Kommission in ihrer Mitteilung Abhilfemaßnahmen, ABl. 2008 Nr. C 267/1, Rn. 8; vgl. auch EuG, Slg. 2005, II-3745, Rn. 62 ff. – *EDP/Kommission*.
59 Vgl. hierzu *v. Koppenfels* in: MünchKomm EG-WettbR, Art. 8 FKVO, Rn. 30.
60 Eingehend zum Verhältnismäßigkeitsgrundsatz in der Fusionskontrolle: *Prümmer*, S. 45 ff.; *Schwarze* EuzW 2002, 741 ff.; *ders.* in: Schwarze (Hrsg.), Instrumente zur Durchsetzung des europäischen Wettbewerbsrechts, S. 75 ff.

oder Bedingung zu berücksichtigen.⁶¹ Damit können die Auflagen und Bedingungen einer Entscheidung auf der Grundlage von Art. 6 Abs. 2 bzw. Art. 8 Abs. 2 FKVO die Parteien stärker einschränken, als dies – auch von der Kommission – gemeinschaftsrechtlich für notwendig erachtet wird. Die Vereinbarkeit mit dem Verhältnismäßigkeitsgrundsatz begründet die Rechtsprechung mit dem Wortlaut von Art. 8 Abs. 2 FKVO. Die Kommission dürfe danach alle Verpflichtungen der Beteiligten akzeptieren, die es erlaubten, den Zusammenschluss für vereinbar mit dem Gemeinsamen Markt zu erklären.⁶² Insgesamt steht der Kommission bei der Einschätzung der Verpflichtungen und ihrer Berücksichtigung als Auflagen und Bedingungen – wie beim unveränderten Zusammenschluss – ein weiter Beurteilungsspielraum zu. Beachtlich sind nur offensichtliche Beurteilungsfehler.⁶³

Erkennbar wird an dieser Stelle die Grenze des Kompromisscharakters einer Entscheidung nach Art. 6 Abs. 2 bzw. Art. 8 Abs. 2 FKVO. Auch wenn die Kommission zu ihrer Entscheidung nicht ohne Mitwirkung der Beteiligten gelangen kann, erlässt sie am Ende des Verfahrens einen (mitwirkungsbedürftigen) Verwaltungsakt, für dessen Inhalt sie rechtlich allein verantwortlich ist. Dieser kann von den beteiligten Unternehmen gerichtlich angefochten werden.⁶⁴

c) Exkurs: Auflagen und Bedingungen ohne Zusagen

Ohne inhaltliche Auseinandersetzung wird allgemein angenommen, dass die Kommission nicht dazu berechtigt ist, die Genehmigungsentscheidung mit Auflagen und Bedingungen zu verbinden, sofern sie nicht Gegenstand der Zusagen waren. Begründet wird dies mit dem Wortlaut von Art 6 Abs. 2 UAbs. 2 und Art. 8 Abs. 2 UAbs. 2 FKVO.⁶⁵ Das Wortlautargument überzeugt indes nur teilweise. Art. 8 Abs. 2 UAbs. 2 sowie Art. 6 Abs. 2 UAbs. 2 FKVO bestimmen, dass »die Kommission ihre Entscheidung mit Bedingungen und Auflagen verbinden [kann], um sicherzustellen, dass die beteiligten Unternehmen den Verpflichtungen nachkommen, die sie gegenüber der Kommission eingegangen sind.« Daraus abzuleiten, dass Auflagen und Bedingungen die Zusagen spiegelbildlich abbilden müssen, erscheint nicht zwingend. Mit dem Wortlaut der

---

61 Vgl. EuG, Slg. 2006, II-319 – *Cementbouw/Kommission*. Näher zu der Entscheidung und ihrer Bedeutung für die Treuhänderzusage in 3. Kapitel, VI, 3 (b) (bb).
62 EuG, Slg. 2006, II-319, Rn. 308 – *Cementbouw/Kommission*.
63 EuG, Slg. 2003, II-1433, Rn. 77 f. – *Royal Philips/Kommission*; EuG, Slg. 2005, II-3745, Rn. 63 – *EDP/Kommission*; v. *Koppenfels* in: MünchKomm EG-WettbR, Art. 8 FKVO, Rn. 32.
64 Vgl. EuG, Slg. 2006, Seite II-319 – *Cementbouw/Kommission*.
65 Vgl. *Heukamp*, S. 29; *Leibenath*, S. 39, dessen Begründung sich jedoch auf den im Wortlaut geringfügig anderen Art. 8 Abs. 2 der Verordnung (EWG) Nr. 4064/89 bezieht; v. *Koppenfels* in: MünchKomm EG WettbR, Art. 8 FKVO, Rn. 73, der im Ergebnis aber dennoch begleitende Maßnahmen in Erwägung zieht.

1. Kapitel Allgemeine Grundlagen der fusionskontrollrechtlichen Zusagenentscheidung

Art. 6 Abs. 2 UAbs. 2 und 8 Abs. 2 UAbs. 2 FKVO wäre es nicht unvereinbar, wenn die Kommission in einer Entscheidung außer einer Bedingung, die auf eine Zusage der Beteiligten zurückgeht, von Amts wegen eine Auflage hinzufügt, nach der die Beteiligten in regelmäßigen Abständen einen Bericht über den Umsetzungsfortschritt an die Kommission senden müssen. Hinsichtlich der Bestimmungen, die die Veränderung des Zusammenschlusses im Kern betreffen, wie etwa eine Verpflichtung zur Veräußerung eines Unternehmensteils, dürfte die Begründung allein über den Wortlaut hingegen ausreichen. Die Verwendung der Instrumente »Auflage« oder »Bedingung« zu anderen Zwecken, als die Beteiligten über die Verpflichtung im Grundsatz vorgegeben haben, wäre mit dem Wortlaut nicht mehr vereinbar.

Die Kommission selbst erklärt in ihrer Mitteilung Abhilfemaßnahmen, dass sie eine Genehmigungsentscheidung nicht einseitig mit Bedingungen verbinden kann, sondern nur auf der Grundlage von Verpflichtungen der beteiligten Unternehmen.[66] Da die Mitteilung an anderer Stelle zwischen Auflagen und Bedingungen unterscheidet,[67] könnte bewusst offen gelassen worden sein, ob begleitende Bestimmungen auch als einseitige Auflage der Kommission möglich bleiben sollen. Nach allgemeinen verwaltungsrechtlichen Grundsätzen sind Auflagen von Amts wegen möglich.[68]

Der systematische Vergleich mit Art. 8 Abs. 4 lit. b sowie Art. 7 Abs. 3 S. 3 FKVO deutet jedoch darauf hin, dass die Kommission auch begleitende Maßnahmen nur dann als Auflage oder Bedingung in ihre Entscheidung aufnehmen kann, wenn sie zuvor von den Beteiligten angeboten wurden. Nach Art. 7 Abs. 3 S. 3 FKVO kann die Kommission eine Freistellung mit Bedingungen und Auflagen verbinden, um die Voraussetzungen für einen wirksamen Wettbewerb zu sichern. In den Fällen des Art. 7 Abs. 3 S. 3 sowie Art. 8 Abs. 4 lit. b FKVO muss die Kommission von sich aus die Voraussetzungen für die Vereinbarkeit mit dem Wettbewerb schaffen. Bei den Genehmigungsentscheidungen nach Art. 6 Abs. 2 bzw. Art. 8 Abs. 2 FKVO müssen dies die Beteiligten. Dies folgt aus dem jeweiligen UAbs. 1 der beiden Vorschriften. Art. 8 Abs. 4 lit. b (2. Spiegelstrich) FKVO erlaubt der Kommission »jede andere geeignete Maßnahme anzuordnen, um sicherzustellen, dass die Beteiligten Unternehmen den Zusammenschluss rückgängig machen.« Als eine solche Nebenmaßnahme kommt insbesondere der Einsatz eines Treuhänders zur Überwachung oder Durchführung der Rückabwicklung in Betracht.[69] Aus der Formulierung der Vorschrift wird erkennbar, dass die Kommission unabhängig von den Beteilig-

---

66 Mitteilung Abhilfemaßnahmen, ABl. 2008 Nr. C 267/1, Rn. 6.
67 Mitteilung Abhilfemaßnahmen, ABl. 2008 Nr. C 267/1, Rn. 19.
68 Siehe *v. Koppenfels* in: MünchKomm EG-WettbR, Art. 8 FKVO, Rn. 73.
69 So auch *Baron* in: Langen/Bunte, Art. 8 FKVO, Rn. 123; *Bechtold/Brinker/Bosch/ Hirsbrunner*, Art. 8 FKVO, Rn. 39 a.E.; *Immenga/Körber* in: Immenga/Mestmäcker, Art. 8 FKVO, Rn. 182; (Eine Entscheidung auf der Grundlage von Art. 8 Abs. 4 lit. b 2. Spiegelstrich ist bislang noch nicht ergangen).

ten darüber entscheidet, wie unter bestimmten Umständen der Wettbewerb zu sichern ist. Art. 6 Abs. 2 UAbs. 1 und Art. 8 Abs. 2 UAbs. 1 FKVO weichen hiervon ab. Aus systematischen Gründen erscheint es daher überzeugender, dass die Kommission die Entscheidung auf der Grundlage der Art. 6 Abs. 2 UAbs. 2 oder Art. 8 Abs. 2 UAbs. 2 FKVO nicht selbständig mit Auflagen und Bedingungen verbinden darf.

III. Kategorien von Verpflichtungszusagen

Verpflichtungszusagen lassen sich nach ihrem Inhalt in zwei grobe Kategorien unterteilen. Im Vordergrund stehen jene Verpflichtungen, die unmittelbar das materielle Wettbewerbsproblem betreffen, indem sie Reichweite und Inhalt der Änderungen des Zusammenschlusses bestimmen. Nach diesem Kriterium unterscheidet auch die Kommission in ihrer Mitteilung Abhilfemaßnahmen.[70] *Bechtold/Bosch/Brinker/Hirsbrunner* verwenden hier anschaulich den Begriff Primärverpflichtungen.[71] Die zweite Kategorie bilden Verpflichtungen, die sich mit den Einzelheiten der Durchführung der Primärverpflichtungen befassen. Sie können als Sekundärverpflichtungen bezeichnet werden.[72]

1. Primärverpflichtungen

Primärverpflichtungen können in weitere Kategorien und Unterkategorien unterteilt werden. Unterschieden wird etwa zwischen strukturellen und verhaltensbezogenen[73] Zusagen sowie zwischen Veräußerungszusagen, Entflechtungszusagen, Marktöffnungszusagen und verhaltensbezogenen Zusagen.[74] Einfacher und im Hinblick auf die Überwachungstätigkeit des Treuhänders ausreichend ist die nachfolgende Unterteilung in Veräußerungsverpflichtungen und sonstige Verpflichtungen.[75]

---

70 Mitteilung Abhilfemaßnahmen, ABl. 2008 Nr. C 267/1, Rn. 19.
71 *Bechtold/Brinker/Bosch/Hirsbrunner*, Art. 8 FKVO, Rn. 17.
72 So auch *Bechtold/Brinker/Bosch/Hirsbrunner*, Art. 8 FKVO, Rn. 17.
73 Siehe *v. Koppenfels* in: MünchKomm EG WettbR, Art. 8 FKVO, Rn. 34 ff.
74 *Fuchs* WuW 1996, 296, 272; *Immenga/Körber* in: Immenga/Körber, Art. 8 FKVO, Rn. 10, ähnlich *v. Koppenfels* in: MünchKomm EG-WettbR, Art. 8 FKVO, Rn. 39-61. Einen Überblick über die zahlreichen alternativen Ansätze zur Kategorisierung bietet *Heithecker*, S. 220.
75 Wie hier *Bechtold/Brinker/Bosch/Hirsbrunner*, Art. 8 FKVO, Rn. 18 mit der Begründung, dass bei den übrigen Kategorisierungsansätzen inhalts- und zweckbezogene Unterscheidungskriterien miteinander vermengt würden.

1. Kapitel Allgemeine Grundlagen der fusionskontrollrechtlichen Zusagenentscheidung

a) Veräußerungsverpflichtungen

Die Veräußerung von Marktpositionen ist der mit Abstand am häufigsten anzutreffende Gegenstand einer Primärverpflichtung. Bei dem zu veräußernden Unternehmensgegenstand muss es sich nach der Mitteilung Abhilfemaßnamen um ein »lebensfähiges Geschäft« handeln, welches nach der Übernahme durch den neuen Eigentümer fortbesteht.[76] In Betracht hierfür kommen in erster Linie Aktivitäten, die bereits vor der Veräußerung eine selbstständige Einheit darstellten, wie ein Geschäftsbereich oder ein Unternehmen aus einem Konzernverbund. Es ist möglich, dass der Veräußerungsgegenstand erst noch ausgegliedert werden muss. Ein noch zu bildender Veräußerungsgegenstand kann sich aus Geschäftsbereichen von mehr als nur einem am Zusammenschluss beteiligten Unternehmen zusammensetzen. Die Kommission sieht in solchen Fällen allerdings eine besondere Gefahr für die Lebensfähigkeit des Veräußerungsgegenstandes.[77] Der Veräußerungsgegenstand kann sich in einem Markenrecht einschließlich damit verbundener Produktionskapazität erschöpfen, wenn davon ausgegangen werden kann, dass dies für die Lebens- und Wettbewerbsfähigkeit ausreicht.[78] Zur Auflösung oder Abmilderung struktureller Verbindungen zu einem Wettbewerber kann die Veräußerung einer Minderheitsbeteiligung an einem Gemeinschaftsunternehmen[79] oder unmittelbar an einen Wettbewerber[80] zum Gegenstand der Zusage gemacht werden.[81]

b) Sonstige Primärverpflichtungen

Als weitere Primärverpflichtungen sind in der Praxis vor allem Marktöffnungszusagen von Bedeutung. Die beteiligten Unternehmen verpflichten sich darin, Wettbewerbern oder sonstigen Dritten zu festgelegten Bedingungen Zugang zu Infrastruktureinrichtungen oder Netzwerken wie z.B. Pay-TV Plattformen[82], Rohrleitungen[83], Telekommunikationsnetzen[84] oder ähnlichen Telematiknet-

---

76 Mitteilung Abhilfemaßnahmen, ABl. 2008 Nr. C 267/1, Rn. 23 f.
77 Mitteilung Abhilfemaßnahmen, ABl. 2008 Nr. C 267/1, Rn. 35 f.
78 Vgl. Komm., ABl. 2001 Nr. C 239/8 – *Nestlé/Ralston Purina* (vollt. Text verfügbar auf Eur-lex (o. Fn. 5), CELEX No.: 32001M2337).
79 Vgl. Komm., ABl. 1998 Nr. L 201/102 – *Veba/Degussa*.
80 Vgl. Komm., ABl. 2006 Nr. L 353/19 – *Siemens/VA Tech*.
81 Die Mitteilung Abhilfemaßnahmen, Abl. 2008 Nr. C 267/1 stellt in Rn. 58 die Auflösung oder Abschwächung struktureller Bindungen durch die Veräußerung von Beteiligungen vor dem Hintergrund des besonderen Zwecks als eigenständige Unterkategorie dar.
82 Vgl. Komm., ABl. 2004 Nr. L 110/73 – *Newscorp/Telepiù*.
83 Vgl. Komm., ABl. 2002 Nr. L 276/31 – *BP/E.ON*; ABl. 2003 Nr. L 15/35 – *Shell/DEA*.
84 Vgl. Komm., ABl. 2001 Nr. L 40/1 – *Telia/Telenor*.

zen[85] zu gewähren. Dasselbe gilt für den Zugang zu Schlüsseltechnologien, einschließlich Patenten, Know-how und sonstigen Rechten an geistigem Eigentum. Hierbei werden Lizenzen vergeben oder notwendige Informationen offen gelegt.[86] Weitere den Wettbewerb unmittelbar berührende übliche Primärverpflichtungen sind die Auflösung oder Veränderung vertraglicher Ausschließlichkeitsvereinbarungen.[87] Ziel solcher Maßnahmen ist es, Marktabschottungseffekte zu verhindern und den Marktzutritt für Wettbewerber zu erleichtern, um dadurch den Wettbewerbsdruck auf das aus dem Zusammenschluss hervorgehende Unternehmen aufrecht zu erhalten.

2. Sekundärverpflichtungen

Die Sekundärverpflichtungen regeln als flankierende Maßnahmen der Primärverpflichtungen deren Durchführung. Sie lassen sich unterscheiden nach solchen, die unmittelbar die Umsetzung betreffen und anderen, die sich mit der Überwachung befassen. Diese Unterteilung ist sinnvoll, weil die unmittelbar die Umsetzung betreffenden Maßnahmen regelmäßig ebenso Gegenstand der Überwachung sind wie die Primärverpflichtung. Die Zusagen zur Überwachung betreffen hingegen nicht die zwangsläufig notwendigen Einzelheiten der Umsetzung, sondern berühren den Aufgabenbereich der Kommission.

a) Sekundärverpflichtungen zur unmittelbaren Umsetzung

Im Zusammenhang mit Veräußerungszusagen bestehen immer wiederkehrende Sekundärverpflichtungen, deren Inhalt maßgeblich durch die Best Practices für Veräußerungszusagen geprägt wird.[88] Zu diesen zählt etwa eine Fristenregelung für den Verkauf, die Verpflichtung, Erwerber und Kaufvertrag durch die Kommission bestätigen zu lassen, die Verpflichtung, das zu veräußernde Geschäft in der Übergangszeit getrennt von den bei den beteiligten Unternehmen verbleibenden Aktivitäten zu halten, es mit ausreichenden finanziellen Mitteln auszustatten und seine wirtschaftliche Lebensfähigkeit zu erhalten.[89] Im Allgemeinen wird hierzu der Einsatz eines »hold-separate manager« zugesagt.[90] Seine Aufgabe besteht darin, das zu veräußernde Geschäft so lange unabhängig weiterzu-

---

85 Vgl. Komm., ABl. 2003 Nr. L 300/62 – *DaimlerChrysler/D Telekom/JV*.
86 Mitteilung Abhilfemaßnahmen, ABl. 2008 Nr. C 267/1, Rn. 62 ff. m.w.N. aus der Entscheidungspraxis der Kommission.
87 Komm. Entsch., ABl. 2000 Nr. C 130/11 – *New Holland/Case* (Vollst. Text auf Eurlex (o. Fn. 5), CELEX Nr.: 31999M1571).
88 Best Practice Guidelines: Commission Model Text for Divestiture Commitments v. 2.5.2003 (o. Fn. 9).
89 Vgl. Commission Model Text for Divestiture Commitments (o. Fn. 9), Rn. 5.
90 Vgl. Commission Model Text for Divestiture Commitments (o. Fn. 9), Rn. 7.

1. Kapitel Allgemeine Grundlagen der fusionskontrollrechtlichen Zusagenentscheidung

führen bis ein Käufer gefunden ist. Eine weitere die Umsetzung betreffende Zusage besteht in der »up-front-buyer«-Verpflichtung. Die beteiligten Unternehmen versprechen mit dem Vollzug des Zusammenschlusses erst zu beginnen, nachdem mit einem bestimmten, der Kommission vorab vorgeschlagenen Käufer eine verbindliche Veräußerungsvereinbarung getroffen wurde.[91] Nach den Kategorien des deutschen Verwaltungsrechts handelt es sich damit um eine aufschiebende Bedingung.[92]

In unmittelbarem Zusammenhang mit der Umsetzung steht auch die Verpflichtung zur Einsetzung eines Veräußerungstreuhänders. Die Beteiligten verpflichten sich danach für den Fall, dass sie den Veräußerungsgegenstand nicht innerhalb der vorgesehen Frist veräußert haben sollten, einem unabhängigen Dritten eine entsprechende Vollmacht zu erteilen. Der Veräußerungstreuhänder unternimmt es dann in einer zweiten Veräußerungsperiode, den Gegenstand ohne Bindung an einen Mindestpreis zu veräußern.[93] Die Verpflichtung zur Einsetzung eines Veräußerungstreuhänders ist in fast jeder Entscheidung mit einer Veräußerungsverpflichtung als Hauptzusage enthalten. Die Beteiligten werden dadurch zu einer zügigen Veräußerung angeregt. Zu einem tatsächlichen Einsatz eines Veräußerungstreuhänders ist es, soweit bekannt, bislang noch nicht gekommen. Die Kommission hat in den Fällen, in denen die Veräußerung durch die beteiligten Unternehmen innerhalb des vorgesehenen Zeitraums nicht gelang, eine Fristverlängerung gewährt. Der Veräußerungstreuhänder unterscheidet sich nach der Aufgabenbeschreibung vom Überwachungstreuhänder dadurch, dass er unmittelbar anstelle der beteiligten Unternehmen, eine Verpflichtung umsetzt. Überschneidungen mit dem Überwachungstreuhänder ergeben sich dadurch, dass in früheren Entscheidungen zwischen Veräußerungs- und Überwachungstreuhänder nicht unterschieden wurde.[94] In den Best Practices und der Mitteilung Abhilfemaßnahmen wird zwar deutlich zwischen dem

---

91 Vgl. Komm., ABl. 2007 Nr. L 72/24 – *Omya/Huber* (vollst. Text auf der Seite der GD Wettbewerb: www.europa.eu/competition/mergers/cases, Rs. COMP/M.3796); ABl. 2004 Nr. L 82/73 – *DSM/Roche Vitamins*; ABl. 2002 Nr. C 79/5 – *Materfoods/ Royal Canin* (vollst. Text auf Eur-lex (o.Fn. 5), CELEX Nr.: 32002M2544); ABl. 2001 Nr. C 239/8 – *Nestlé/Ralston Purina* (vollst. Text auf Eur-lex (o. Fn. 5), CELEX Nr.: 32001M2337); ABl. 2004 Nr. L 43/1 – *Bosch/Rexroth*.
92 So auch *v. Koppenfels* in: MünchKomm EG WettbR, Art. 8 FKVO, Fn. 127.
93 Vgl. Mitteilung Abhilfemaßnahmen, ABl. 2008 Nr. C 267/1, Rn. 121.
94 Vgl. z.B. Komm., ABl. 1999 Nr. C 282/3 – *Pakhoed/Van Ommeren (II)* (vollst. Text auf Eur-lex (o. Fn. 5), CELEX Nr.: 31999M1621, Rn. 32); ABl. 1999 Nr. C 277/6 – *AT&T/MediaOne* (vollst. Text auf Eur-lex (o. Fn. 5), CELEX Nr. 31999M1551, Annex Undertakings, Rn. 6); ABl. 1998 Nr. C 165/7 – *Owens-Illinois/BTR Packaging* (vollst. Text auf der Seite der GD Wettbewerb (o. Fn. 91), Rs. COMP/M.1109, Annex, a.E.).

Überwachungs- und dem Veräußerungstreuhänder unterschieden,[95] möglich bleibt aber, dass die Person, die zunächst als Überwachungstreuhänder tätig war, später auch als Veräußerungstreuhänder eingesetzt wird.[96] Im Fall einer sonstigen materiellen Zusage regeln die begleitenden Durchführungszusagen etwa die Laufzeit und weitere Einzelheiten einer Lizenzierung, ein Wettbewerbsverbot oder die Konditionen, unter denen der Zugang zu Netzwerken oder Infrastruktur zu gewähren ist. Häufig sind in solchen Fällen auch Schiedsklauseln enthalten. Danach verpflichten sich die Beteiligten in Streitfällen zu einem Schiedsverfahren mit den durch die Genehmigungsentscheidung begünstigten Dritten.[97]

b) Zusagen zur Überwachung

In einzelnen Fällen sichern die Unternehmen zu, der Kommission in regelmäßigen Abständen über den Stand und die Ordnungsmäßigkeit der eigenen Umsetzung zu berichten,[98] um die Kommission bei ihrer Überwachung zu unterstützen. Die eigentliche Verpflichtung zur Überwachung der Umsetzung besteht aber in der Verpflichtung zur Einsetzung eines unabhängigen Dritten als Überwachungs- oder Sicherungstreuhänder.

IV. Vergleichender Blick auf die Fusionskontrolle in anderen Rechtsordnungen

Nachfolgend werden in einem vergleichenden Überblick die rechtlichen Grundlagen von Zusagenentscheidungen derjenigen Rechtsordnungen dargestellt, auf die im weiteren Verlauf der Arbeit, insbesondere bei der Behandlung der Treuhänderpraxis im zweiten Kapitel, eingegangen wird.

1. Bundesrepublik Deutschland

Die gesetzliche Grundlage für die Prüfung von Unternehmenszusammenschlüssen in der Bundesrepublik Deutschland bilden die §§ 35 ff. Gesetz gegen Wett-

---

95 Vgl. Commission Model Text for Divestiture Commitments (o. Fn. 9), Sec. A; Commission Model Text for Trustee Mandate (o. Fn. 9), Rn. 23 f; Mitteilung Abhilfemaßnahmen, ABl. 2008 C 267/1, Rn. 117 ff.
96 Mitteilung Abhilfemaßnahmen, ABl. 2008 Nr. C 267/1, Rn. 126.
97 Hierzu ausführlich: *Heukamp*, S. 121 ff. m.w.N. aus der Entscheidungspraxis der Kommission.
98 Vgl. z.B. Komm., ABl. 1998 L 145/41, Rn. 109 (7) – *The Coca-Cola Company/ Carlsberg A/S*; ABl. 2001 Nr. L 18/1, Anhang, Rn. 4.1. – *BP Amoco/Arco*.

bewerbsbeschränkungen (GWB).[99] Erfüllt ein Zusammenschluss die Kriterien von § 35 GWB und die Voraussetzungen des Zusammenschlussbegriffs in § 37 GWB, so besteht – wie im europäischem Recht – grundsätzlich ein Vollzugsverbot, § 41 GWB.[100] Im Ergebnis kommt es damit auch im deutschen Recht zu einer Präventivkontrolle und einem Zwang zur Anmeldung, § 39 Abs. 1 GWB. Für die Prüfung ist grundsätzlich das Bundeskartellamt zuständig.[101]

Das Prüfungsverfahren gliedert sich in zwei Phasen. Nach Eingang der vollständigen Anmeldung oder einem von Amts wegen eingeleiteten Verfahrensbeginn eines nicht angemeldeten, aber anmeldepflichtigen Zusammenschlusses[102] erfolgt eine längstens einmonatige Vorprüfung, § 40 Abs. 1 S. 1 GWB. Innerhalb dieser Vorprüfungsphase hat das Bundeskartellamt entweder den Zusammenschluss für unbedenklich zu erklären und freizugeben oder das Hauptverfahren zu eröffnen. Im anschließenden Hauptprüfungsverfahren, das grundsätzlich vier Monate nicht überschreiten darf, aber unter den in § 40 Abs. 2 S. 4 Nr. 1 bis 3 GWB genannten Voraussetzungen verlängert werden kann, muss das Bundeskartellamt abschließend über die wettbewerbsrechtliche Zulässigkeit des Zusammenschlusses entscheiden. Das Bundeskartellamt kann seine Freigabeentscheidungen ebenso wie die Kommission unter Bedingungen und Auflagen erlassen.

2. Vereinigtes Königreich

Den rechtlichen Rahmen für die Kontrolle von Unternehmenszusammenschlüssen bildet im Vereinigten Königreich seit 1965 der »Monopolies and Mergers Act«. 1973 wurde dieser durch den »Fair Trading Act« ersetzt und danach mehrfach geändert, insbesondere durch den »Companies Act 1989« und den »Deregulation and Contracting Out Act«. Seit dem 20. Juni 2003 ist das Recht zur Kontrolle von Unternehmenszusammenschlüssen als Konsequenz der Verordnung 1/2003 im Wesentlichen im dritten Teil des »Enterprise Act 2002« geregelt.[103] Der Enterprise Act (EA) sieht für die Kontrolle von Unternehmens-

---

99 Gesetz gegen Wettbewerbsbeschränkung (Kartellgesetz) in der Fassung der Bekanntmachung vom 26. August 1998 (BGBl. I S. 2546, zuletzt geändert durch Art. 1 Gesetz vom 12. Juli 2005, BGBl. I, S. 1954.
100 Unklar *Emmerich*, S. 423, Rn. 6.
101 Auf die Möglichkeit der Ministererlaubnis bei gesamtwirtschaftlichen Vorteilen oder überragendem öffentlichen Interesse nach § 42 GWB wird hier nicht eingegangen. Siehe dazu etwa *Emmerich*, S. 481, Rn. 1 ff.
102 Bsp. in BKartA WuW/E DEV 947 (aufgehoben durch BGHZ 170, S. 130 = NJW 2007, S. 1820 – *National Geographic* I; WuW/E DEV 1081 – *TW Verlag/ Wochenspiegel.*
103 Regelungen außerhalb des Enterprise Act gelten etwa für Pressefusionen. Section 373 des *Communication Act* verlangt die Berücksichtigung der besonderen Bedeutung der Presse im Rahmen des »public interest«.

zusammenschlüssen grundsätzlich ein zweistufiges Verfahren vor.[104] Ausgangspunkt ist die Prüfung durch das Office of Fair Trading (OFT). Kommt das Office of Fair Trading zu dem Ergebnis, dass ein Zusammenschluss im Sinne des Enterprise Act[105] vorliegt und bestehen Bedenken, dass dieser zu einer substantiellen Verringerung des Wettbewerbs (»substantial lessening of competition«)[106] innerhalb des Vereinigten Königreiches führen wird, ist es verpflichtet, den Fall an die Competition Commission zu verweisen.[107] Diese entscheidet nach eingehender Prüfung abschließend über die wettbewerbsrechtliche Vereinbarkeit des Zusammenschlusses.

Auf beiden Prüfungsebenen können die Parteien die Wettbewerbsbedenken der jeweils prüfenden Behörde durch Verpflichtungszusagen (»undertakings«) ausräumen. Daraus folgt, dass ein Verweis nicht zwingend ist und das Verfahren beim Office of Fair Trading seinen Abschluss finden kann. Rechtlich verbindliche Verpflichtungszusagen, die in der ersten Phase gegenüber dem Office of Fair Trading abgegeben werden, um einen Verweis und eine eingehendere Prüfung durch die Competition Commission zu vermeiden, werden »undertakings in lieu of a reference«[108] genannt. In seiner Zweistufigkeit ist das Verfahren nach dem Enterprise Act an das Verfahren der Fusionskontrollverordnung angelehnt. Der wesentliche Unterschied besteht darin, dass die Prüfung kritischer Fälle durch zwei unterschiedliche Behörden erfolgt.

Ein Zusammenschluss unterliegt nach dem Recht des Vereinigten Königreichs keiner Anmeldepflicht und keinem Vollzugsverbot. Zum Prüfungszeitpunkt kann der Zusammenschluss demnach schon vollzogen sein. Eine Prüfung ist dann nur innerhalb von vier Monaten nach Bekanntwerden möglich. Die Beteiligten können den Zusammenschluss jedoch vor seinem Vollzug freiwillig beim Office of Fair Trading anmelden.[109] In der Praxis suchen die Beteiligten diesen Kontakt zumindest zu Vorgesprächen.[110]

---

104 Auf den Sonderfall einer Entscheidung durch das Department of Trade and Industry bzw. den Secretary of State bei besonderem öffentlichem Interesse infolge einer »intervention notice« nach 42 EA wird an dieser Stelle nicht eingegangen. Siehe dazu näher: *Whish*, Competition Law, S. 951 ff.
105 Sec. 23 EA: »relevant merger situations« sowie Sec. 26 und 27 EA.
106 Bis zur Einführung des Enterprise Act galt als Maßstab der wettbewerblichen Beurteilung der »public interest« in Sec. 78 Fair Trading Act.
107 Siehe Sec. 22 bzw. Sec. 33 EA. Die Rechtsgrundlage richtet sich danach, ob der Zusammenschluss zum Zeitpunkt, in dem er an die Competition Commission verwiesen wird, bereits vollzogen worden ist.
108 Sec. 73 EA i.V.m. Sec. 22 (3) (b) bzw. Sec. 33 (3) (b) EA.
109 Sec. 96 EA.
110 *Whish*, Competition Law, S. 899.

3. Vereinigte Staaten von Amerika

Kernvorschrift des materiellen Rechts ist Section 7 Clayton Act. Danach sind Zusammenschlüsse verboten, die zu einer wesentlichen Verringerung des Wettbewerbs oder zur Entstehung eines Monopols führen. Für die Durchsetzung der Fusionskontrolle sind auf Bundesebene hauptsächlich zwei Behörden verantwortlich, nämlich die Antitrust Division des U.S. Department of Justice (DoJ) und die Federal Trade Commission (FTC). In Einzelfällen können – abhängig vom betroffenen Industriezweig – parallel weitere Regulierungsbehörden zuständig sein. Darüber hinaus können Privatpersonen oder Unternehmen die Kontrolle eines Zusammenschlusses veranlassen, indem sie bei einem Bezirksgericht (district court) Klage einreichen, Sec. 4 Clayton Act. Die Bedeutung der privaten Durchsetzung im Bereich der Fusionskontrolle ist jedoch gering.[111]

Gemäß Section 7 A Clayton Act, eingeführt durch den Hart-Scott-Rodino Antitrust Improvement Act von 1976[112], ist ein Zusammenschlussvorhaben, das die in Section 7 A Clayton Act genannten Schwellenwerte erfüllt, bei beiden Behörden, also DoJ und FTC anzumelden. Die Schwellenwerte knüpfen an den Umsatz oder die Unternehmensgröße, alternativ an das Transaktionsvolumen an.[113] Die Anmeldung beim DoJ und bei der FTC löst eine Prüfungsfrist von 30 Tagen aus, innerhalb derer der Zusammenschluss nicht vollzogen werden darf. DoJ und FTC teilen den angemeldeten Zusammenschluss in dieser Zeit untereinander zu. Die anmeldenden Parteien haben hierauf keinen Einfluss. Die Zuordnung und Arbeitsteilung zwischen DoJ und FTC folgt keinem klaren Muster. Sie richtet sich im Wesentlichen nach der unterschiedlich entwickelten Expertise.[114]

Das DoJ war in den letzten Jahren vor allem mit Verfahren aus dem Bereich Telekommunikation befasst.[115] Daneben traten Fälle verschiedener anderer Industriezweige, wie die Metallindustrie[116], der Bereich Printmedien[117] oder der

---

111 Vgl. auch zu den Ursachen *Harmjanz*, S. 55.
112 In Kraft getreten am 5. September 1978.
113 Siehe Sec. 7 A (a) (2) Clayton Act. Die Werte werten jährlich angepasst.
114 Vgl. *Bergmann/Hahn* in: MünchKomm, EG-WettbR, Fusionskontrolle Drittstaaten, Rn. 67.
115 US vs. *Alltel/Western Wireless*, D.D.C Final Judgment, 6.7.2005; US vs. *SBC/ AT&T*, D.D.C. Final Judgment, 29.3.2007 (sämtliche Entscheidungen des US Department of Justice verfügbar auf der Seite der Antitrust Divsion des US Department of Justice: www.justice.gov/atr).
116 US vs. *Inco /Falconbridge*, D.D.C. 2006; US vs. *Amcor Ltd./Rio Tinto plc/Alcan Corp.*, D.D.C. 2010. (o. Fn. 115).
117 US vs. *The McClatchy Company/Knight Ridder Inc.*, D.D.C. Final Judgment 6.11.2006. (o. Fn. 115).

IV. Vergleichender Blick auf die Fusionskontrolle in anderen Rechtsordnungen

Strommarkt[118]. Die FTC war vor allem in der Prüfung von Zusammenschlüssen im Bereich Pharma und Healthcare aktiv.[119] Ferner wurden sämtliche Verfahren aus den Bereich Flüssig- und Industriegase[120] durch die FTC geprüft.

Herausragendes Merkmal des amerikanischen Fusionskontrollverfahrens ist die Einbindung der Gerichte. Das DoJ ist bei wettbewerbsrechtlichen Bedenken gegen einen Zusammenschluss darauf angewiesen, beim zuständigen U.S. district court, dem erstinstanzlichen Bundesgericht, eine Anordnung (»injunction«) zu beantragen, nach der der Zusammenschluss untersagt wird, Section 15 Clayton Act (15 U.S.C. § 25). Die FTC kann demgegenüber selbstständig eine Entscheidung über die Verletzung von Section 7 Clayton Act treffen und den Zusammenschluss über den Erlass einer »cease and desist order« nach Section 11 (b) Clayton Act (15 U.S.C. § 53 (b)) blockieren. Tatsächlich wählt auch die FTC im Fall einer angenommenen Wettbewerbswidrigkeit regelmäßig den Gerichtsweg. Sie kann zur Unterbindung des Vollzugs vor dem zuständigen Bundesgericht eine einer einstweiligen Unterlassungsverfügung vergleichbaren »preliminary injunction«, § 13 (b) FTC Act (15 U.S.C. § 53 (b)) beantragen.

Wie im europäischen Recht können die beteiligten Unternehmen den wettbewerbsrechtlichen Bedenken der Behörden durch Verpflichtungszusagen begegnen. In sogenannten »consent settlements« vereinbaren die am Zusammenschluss Beteiligten und die jeweils mit dem Fall befasste Behörde die Änderung des geplanten Zusammenschlusses.[121] Der materielle Kern der consent settlements besteht – wie in Genehmigungsentscheidungen nach europäischem Recht – in Verpflichtungszusagen, etwa der Veräußerung von Geschäftsteilen oder der Beendigung personeller Verflechtungen oder Lieferbeziehungen.

---

118 US vs. *Exelon/Public Service Enterprise Group*, D.D.C. Final Judgment 22.6 2006 (o. Fn. 115).
119 Vgl. nur *Teva Pharmaceutical Industries Ltd./Ivax Corp.* (2006), Docket No. C-4155, *DaVita Inc./Gambro Healthcare* (2006), Docket No. C-4152, *Fresenius AG/Renal Care* (2006), Docket No. C-4159; *Watson Pharmaceuticals/Andryx Corp.* (2006), Docket No. C-4172; *Teva Pharmaceutical Industries Ltd./Barr Pharmaceuticals* (2009), Docket No. C-4242; *Schering-Plough Corp./Merck & Co.*, (2009), Docket No.C- 4268 (sämtliche Entscheidungen der Federal Trade Commission verfügbar unter: www.ftc.gov/os/caselist).
120 *Huntsman Corp./Hexion Specialty Chemicals Inc.* (2008), Docket No. C-4235; *Linde AG/BOC Group plc.* (2006), Docket No. C-4163; *Lubrizol Corp./Lockhart Company Corp.* (2009), Docket no. C-4254. (o. Fn. 119).
121 Das DoJ bleibt allerdings auch bei dem einvernehmlich beendeten Fusionskontrollverfahren auf gerichtliche Mitwirkung angewiesen. Es muss die ausgehandelten Maßnahmen dem zuständigen district court zur Bestätigung vorlegen.

V. Zusammenfassung

Die Kommission kann einen Zusammenschluss, der wettbewerbsrechtlichen Bedenken begegnet, im Prüfungsverfahren nicht eigenmächtig ändern. Hat die Kommission wettbewerbsrechtliche Einwände gegen den Zusammenschluss, teilt sie dies den beteiligten Unternehmen mit. Die Unternehmen haben die Möglichkeit der Kommission innerhalb festgelegter Fristen Maßnahmen vorzuschlagen, um dadurch ihren wettbewerbsrechtlichen Bedenken zu begegnen.

Die am weitesten verbreitete Maßnahme zur Auflösung wettbewerbsrechtlicher Bedenken (Primärverpflichtung) besteht in der Veräußerung von Konzernunternehmen oder Unternehmensteilen. Die Primärverpflichtungen werden flankiert durch weitere Verpflichtungen (Sekundärverpflichtungen), die entweder unmittelbar die Einzelheiten der Umsetzung betreffen, wie Fristen, innerhalb derer ein Verkauf abgeschlossen sein muss oder deren Überwachung. Das Versprechen einen Überwachungstreuhänder einzusetzen ist Gegenstand einer Sekundärverpflichtung.

Während des Prüfungsverfahrens kommt es regelmäßig zu einem regen Austausch zwischen der Kommission und den beteiligten Unternehmen über mögliche Abhilfemaßnahmen. Die Kommission nimmt dabei maßgeblichen Einfluss auf Inhalt und Umfang der ihr gegenüber von den Unternehmen angebotenen Verpflichtungen. Dies gilt insbesondere für die begleitenden Sekundärverpflichtungen. In ihrer Mitteilung Abhilfemaßnahmen erläutert die Kommission detailliert, welche begleitenden Verpflichtungen als Bestandteil eines Zusagenpakets in der Praxis unverzichtbar sind. Über ihr Standardformular für Veräußerungszusagen bestimmt die Kommission Format und Formulierungen der entsprechenden Verpflichtungszusagen.

Die Kommission kann und muss die ihr gegenüber gemachten Zusagen mit ihrer Freigabeentscheidung spiegelbildlich verbinden, um die Durchsetzbarkeit zu gewährleisten. Dies ist erforderlich, weil die Umsetzung der Verpflichtungen regelmäßig erst nach der Freigabeentscheidung erfolgt. Zu diesem Zeitpunkt dürfen die Unternehmen den Zusammenschluss bereits vollziehen. Sie hätten keinen Anreiz, an ihren ansonsten unverbindlichen Verpflichtungen gegenüber der Kommission festzuhalten. Die Kommission berücksichtigt die Verpflichtungen in ihrer Freigabeentscheidung als Auflage oder Bedingung. Entsprechend ihrer jüngeren Praxis und gemäß ihrer Mitteilung Abhilfemaßnahmen macht sie strukturelle Zusagen wie Veräußerungen zur Bedingung, Sekundärverpflichtungen wie den Einsatz eines Überwachungstreuhänders zur Auflage.

In ihren wesentlichen Grundzügen entspricht die fusionskontrollrechtliche Zusagenentscheidung der Kommission den entsprechenden Entscheidungen der Kartellbehörden Deutschlands, des Vereinigten Königreichs und der Vereinten Staaten.

2. Kapitel   Der Treuhänder in der Praxis der europäischen Kommission

I. Einführung

Das nachfolgende Kapitel zieht die bisherige Entwicklung und den gegenwärtigen Stand der Verwaltungspraxis der Kommission im Zusammenhang mit dem Einsatz von Überwachungstreuhändern nach und kommentiert diese. Die Darstellung vollzieht sich nach einer kurzen Vorstellung der für die Analyse herangezogenen Quellen entlang der folgenden acht Kategorien: (1) Einsetzungsverfahren, (2) Persönliche Anforderungen, (3) Aufgaben und Funktion, (4) Verhältnis zur Kommission und den beteiligten Unternehmen, (5) Verhältnis gegenüber Dritten, (6) Vergütung, (7) Haftung, (8) Ersetzung und Entlassung. In jeder Kategorie werden neben den Entscheidungen, die weiteren Quellen, die Mitteilungen Abhilfemaßnahmen und Best Practices und die Erfahrungen der Merger Remedy Study berücksichtigt. Für eine kontextuelle Beurteilung der Treuhänderpraxis der Kommission und im Vorgriff auf die im dritten Kapitel erfolgende Prüfung ihrer Verhältnismäßigkeit, erfolgt abschließend ein vergleichender Blick auf die Treuhänderpraxis der Kartellbehörden der Bundesrepublik Deutschland, des Vereinigten Königreichs sowie der Vereinigten Staaten.

II. Quellen für die Betrachtung der Treuhänderpraxis

Der Einsatz des Treuhänders ist wie alle anderen Primär- und Sekundärverpflichtungen durch die Verwaltungspraxis entwickelt und geprägt worden. Als Quellen für die nachfolgende Darstellung und Bewertung der Treuhänderpraxis der Kommission und ihrer Entwicklung dienen neben den Entscheidungen der Kommission vor allem ihre einschlägigen Veröffentlichungen.

Bereits die am 2. März 2001 veröffentlichte erste Mitteilung Abhilfemaßnahmen enthielt unter der Überschrift »Anforderungen an die Durchführung von Verpflichtungszusagen« eine Erläuterung der Vorstellungen der Kommission zur Rolle des Treuhänders.[122] Diese Mitteilung wurde am 22. Oktober 2008 durch eine neue Mitteilung ersetzt, die sich in einem eigenen Abschnitt mit dem Überwachungstreuhänder und dem Veräußerungstreuhänder befasst. In den Mitteilungen erklärt die Kommission in allgemeiner Form, welchen Inhalt die

---

122 Mitteilung Abhilfemaßnahmen (2001), ABl. 2001 Nr. C 68/3, Rn. 26.

Treuhänderverpflichtungen aus ihrer Sicht haben sollten. Beide Mitteilungen sind im Hinblick auf den Treuhänder auf die in der Praxis vorherrschende Primärverpflichtung einer Veräußerung ausgelegt. Die aktuelle Mitteilung Abhilfemaßnahmen erklärt die auf Veräußerungszusagen zugeschnittenen Grundsätze jedoch ausdrücklich für übertragbar auf andere Verpflichtungszusagen.[123]

Ergänzend zur Mitteilung Abhilfemaßnahmen hat die Kommission am 2. Mai 2003 als »Best Practices« ein Standardformular für Veräußerungszusagen[124] sowie ein Standardformular für das Treuhändermandat veröffentlicht.[125] Im Unterschied zu den allgemeinen Grundsätzen der Mitteilungen formuliert die Kommission hier detailliert die Einzelheiten des Einsetzungsverfahrens, der Aufgaben des Treuhänders oder seine Vergütung durch die Parteien und seine Haftung ihnen gegenüber.

Der Abschnitt zum Treuhänder im Standardformular für Verpflichtungszusagen wird abgesehen von den zwangsläufigen Anpassungen regelmäßig ohne Änderungen übernommen und als Annex ihrer jeweiligen Entscheidung angehängt. Dadurch enthält das Formular nicht nur einen möglichen Formulierungsentwurf, sondern ist gleichzeitig repräsentativ für die Verwaltungspraxis der letzten Jahre. Dies gilt grundsätzlich sogar für jene Fälle, bei denen die Primärverpflichtung nicht in einer Veräußerung besteht.[126]

Die Formulierungen des Treuhändermandates sind im Wesentlichen identisch mit denen im Standardformular für Veräußerungsverpflichtungen. Anders als beim letztgenannten lässt sich beim Treuhändermandat allerdings nicht überprüfen, ob die Musterform in der Praxis unverändert Anwendung findet, da die Mandate nicht veröffentlicht werden.

Die Kommission hat im Oktober 2005 die »Merger Remedy Study«, eine Analyse der Abhilfemaßnahmen aus 40 Zusagenentscheidungen, die sie im Zeitraum zwischen 1996 und 2000 erlassen hat, veröffentlicht.[127] Ausgestaltung und Umsetzungserfolg der Abhilfemaßnahmen wurden darin auf der Grundlage von Interviews mit den beteiligten Unternehmen, Treuhändern und Dritten untersucht.

---

123 Vgl. Mitteilung Abhilfemaßnahmen, ABl. 2008 C 267/1, Rn. 129.
124 Best Practice Guidelines: Commission Model Text for Divestiture Commitments v. 2.5.2003 (o. Fn. 9).
125 Best Practice Guidelines: Commission Model Text for Trustee Mandates v. 2.5.2003 (o. Fn. 9).
126 Vgl. etwa: Komm., ABl. 2003 Nr. C 299/19 – *Alcan/Pechiney II* (vollst. Text auf Eur-lex (o. Fn. 5), CELEX Nr. 32003M3225); ABl. 2004 Nr. C 60/6 – *Air France/KLM* (vollst. Text auf Eur-lex (o. Fn. 5), CELEX Nr. 32004M3280); ABl. 2005 Nr. C 154/10 – *Reuters/Telerate* (vollst. Text auf Eur-lex (o. Fn. 5), CELEX Nr. 32005M3692); ABl. 2007 L 316/57 – *SFR/Télé 2 France*.
127 DG COMP Merger Remedies Study, Oktober 2005, verfügbar auf der Internetseite der GD Wettbewerb: http://ec.europa.eu/competition/mergers/studies_reports/remedies_study.pdf.

III. Einsetzungsverfahren

Die Verpflichtung der beteiligten Unternehmen, einen Treuhänder einzusetzen, besteht zunächst abstrakt. Welche Person, zu welchem Zeitpunkt nach welchen Maßgaben tätig wird, ist Gegenstand des Einsetzungsverfahrens.

1. Vorschlag der beteiligten Unternehmen und Bestätigung durch die Kommission

Es war von Anfang an vorgesehen, dass der Treuhänder von den beteiligten Unternehmen eingesetzt wird, nachdem die Kommission hierzu im Voraus ihre Einwilligung erteilt hat. Die Grundlagen des Einsetzungsverfahrens – Zustimmungsvorbehalt der Kommission und anschließende Einsetzung, also Beauftragung durch die beteiligten Unternehmen – haben sich seit der ersten Treuhänderentscheidung nicht geändert. Nur vereinzelt beließen es Entscheidungen lediglich bei der Aussage, *dass* ein Treuhänder einzusetzen ist ohne erkennen zu lassen, ob und unter welchen Voraussetzungen die Kommission eingebunden werden sollte.[128] Die Mitteilung Abhilfemaßnahmen aus dem Jahr 2001 formuliert zum Einsetzungsverfahren: »Die Parteien haben der Kommission einen oder mehrere Treuhänder vorzuschlagen, der von der Kommission genehmigt werden muss. Um der Kommission die Genehmigungsentscheidungen zu ermöglichen, sind ihr alle sachdienlichen Informationen zum Treuhänder zu übermitteln.«[129] Im Hinblick auf die mit dem Vorschlag zu übermittelnden »sachdienlichen Informationen« heißt es ergänzend im Abschnitt »Genehmigung des Treuhänders und des Treuhändermandats« der neuen Mitteilung Abhilfemaßnahmen: »Die beteiligten Unternehmen schlagen der Kommission mehrere mögliche Treuhänder vor, einschließlich der vollständigen Mandatsbedingungen und des Entwurfs eines Arbeitsplans«.[130] An anderer Stelle erklärt die Mitteilung Abhilfemaßnahmen jedoch, dass die beteiligten Unternehmen »nach Erlass der Entscheidung der Kommission *einen* geeigneten Treuhänder vorschlagen«. Insofern dürfte auch nach der Mitteilung Abhilfemaßnahmen davon auszugehen sein, dass der Vorschlag eines Treuhänders ausreicht. Keinen Zweifel lässt an dieser Stelle das Standardformular für Veräußerungszusagen. Es verlangt, dass die Parteien der Kommission eine Liste mit *einer oder mehreren* Personen für die Position des Treuhänders zur Zustimmung vorlegen.
Der Inhalt des Vorschlags wird durch das Standardformular für Veräußerungszusagen weiter konkretisiert. Jedem Vorschlag beizufügen sind:

---

128 Vgl. etwa Komm., ABl. 1998 C 165/7 – *Owens-Illinois/BTR Packaging* (vollst. Text auf der Seite der GD Wettbewerb (o. Fn. 91), Rs. M.1109, Annex (S. 9 a. E.).
129 Vgl. Mitteilung Abhilfemaßnahmen (2001), ABl. 2001 Nr. C 68/3, Rn. 55.
130 Vgl. Mitteilung Abhilfemaßnahmen, ABl. 2008 Nr. C 267/1, 26, Rn. 123.

(a) die vollständige Mandatsvereinbarung, die alle dem Treuhänder zugewiesenen Aufgaben/Pflichten enthält,

(b) der Entwurf eines Arbeitsplans, in dem der vorgeschlagene Treuhänder beschreibt, wie er beabsichtigt, die ihm anvertrauten Aufgaben zu erfüllen,

(c) ein Hinweis darauf, ob der vorgeschlagene Treuhänder sowohl als Überwachungs- als auch als Veräußerungstreuhänder tätig werden soll.[131]

Das Standardformular für Veräußerungszusagen erläutert ferner das weitere Verfahren nach dem Eingang der Vorschläge der Parteien. Es steht im Ermessen der Kommission, den vorgeschlagenen Treuhänder zu genehmigen, abzulehnen und die vorgeschlagene Mandatsvereinbarung vorbehaltlich derjenigen Änderungen, die sie für den Treuhänder als zur Erfüllung seiner Verpflichtungen erforderlich erachtet, zu genehmigen. Wird nur ein Vorschlag genehmigt, ernennt das Unternehmen die als Treuhänder gebilligte Person oder Einrichtung gemäß der von der Kommission genehmigten Mandatsvereinbarung. Wird mehr als ein Vorschlag genehmigt, kann das Unternehmen zwischen den genehmigten Vorschlägen frei wählen.[132]

2. Zeitrahmen bis zur Einsetzung

Einzelne ältere Entscheidungen machen keine Aussage zum Zeitrahmen. Unklar blieb, ab wann bei einer zögerlichen Einsetzung von einem Verstoß gegen die Entscheidung ausgegangen werden konnte.[133]

Einen auslegungsbedürftigen Zeitrahmen enthielt die Entscheidung *Procter & Gamble/Schickedanz VP (II)*.[134] Die beteiligten Unternehmen sicherten zu, nach Erlass der Genehmigungsentscheidung, spätestens aber nach dem dinglichen Vollzug der Übernahme der Anteile von Schickedanz einen unabhängigen Treuhänder einzusetzen.[135] Die Frage, ob ein Einsatz innerhalb weniger Tage oder einer oder mehrerer Wochen[136] nach dem dinglichen Vollzug bereits als ein Verstoß angesehen werden konnte, blieb offen. In der Mitteilung Abhilfemaßnahmen aus dem Jahr 2001 fehlt der Hinweis auf einen Zeitrahmen. Die aktuelle Mitteilung Abhilfemaßnahmen sieht vor, dass Vorschläge »unmittelbar nach Erlass der Entscheidung« vorgelegt werden sollten. Den Begriff Unmittelbarkeit konkretisiert die Mitteilung in einer Fußnote: In der Regel seien die

---

131 Vgl. Commission Model Text for Divestiture Commitments (o. Fn. 9), Rn. 18.
132 Vgl. Commission Model Text for Divestiture Commitments (o. Fn. 9), Rn. 19.
133 Vgl. nur Komm., ABl. 1999 Nr. C 282/3 – *Pakhoed/Van Ommeren (II)* (vollst. Text verfügbar auf Eur-lex (o. Fn. 5), CELEX Nr.: 31999M1621, Rn. 32).
134 Komm., ABl. 1994 L 354/32 – *Procter & Gamble/VP Schickedanz (II)*.
135 Komm., ABl. 1994 L 354/32 – *Procter & Gamble/VP Schickedanz (II)*, Commitments Rn. 186, 1.
136 Zu diesem Zeitrahmen vgl. Komm, ABl. 1996 L 183/1 – *Kimberly-Clark/Scott*.

Vorschläge der Kommission innerhalb von zwei Wochen nach Erlass der Entscheidung zu unterbreiten.[137]
Nach dem Standardformular für Veräußerungszusagen sind der Kommission nicht später als eine Woche nach dem Wirksamwerden der Entscheidung Vorschläge zu unterbreiten. Nahezu alle jüngeren Entscheidungen weichen in diesem Punkt nicht vom Standardtext ab, indem sie sich etwa alternativ an der Frist der Mitteilung Abhilfemaßnahmen 2008 orientieren.[138]

3. Verfahren bei fehlender Einigung zwischen beteiligten Unternehmen und Kommission

Die meisten älteren Entscheidungen als auch beide Mitteilungen lassen offen, wie zu verfahren ist, wenn die Kommission sämtliche Vorschläge der beteiligten Unternehmen ablehnt.[139] Das Standardformular für Veräußerungszusagen stellt hingegen klar: Werden alle vorgeschlagenen Treuhänder abgelehnt, reichen die Unternehmen innerhalb einer Woche nach der Mitteilung der Ablehnung die Namen von mindestens zwei weiteren Personen oder Einrichtungen ein. Sollten auch alle weiteren vorgeschlagenen Treuhänder von der Kommission abgelehnt werden, benennt die Kommission einen Treuhänder, den das Unternehmen gemäß einer von der Kommission genehmigten Mandatsvereinbarung zu bestellen hat.[140]

4. Sonderfall: Einsatz unter besonderen Voraussetzungen

Der Einsatz des Treuhänders wird in Entscheidungen der Kommission grundsätzlich nicht von weiteren Voraussetzungen abhängig gemacht. Auch aus den Mitteilungen Abhilfemaßnahmen und dem Standardtext für Veräußerungszusagen ergibt sich nichts anderes. Eine Ausnahme bildet daher die Treuhänderzusage im Zusammenschlussfall *BP Amoco/Arco*.[141] Der Einsatz eines Treuhänders zur Überwachung des veräußerungsrelevanten Betriebsvermögens war darin nur für den Fall vorgesehen, dass die Kommission zu »irgendeinem Zeitpunkt nach dem Fusionsvollzugstag aus gutem Grund den Verdacht hegen sollte, dass BP Amoco es versäumt hat, die eingegangene Verpflichtung mit aller

---

137 Mitteilung Abhilfemaßnahmen, ABl. 2008 C 267/1, 26, Fn. 1.
138 Vgl. z.B. Komm., ABl. 2001 L 268/28, Rn. 5 – *AOL/Time Warner*.
139 Vgl. z.B. dagegen: Komm., ABl. 2004 L 79/27 – *Promatech/Sulzer*, (Text der Zusagen nicht im ABl. abgedruckt, verfügbar auf der Seite der GD Wettbewerb (o. Fn. 91), Rs. M.2698, Annex 1, Rn. 22 ff.).
140 Vgl. Commission Model Text for Divestiture Commitments (o. Fn. 9), Rn. 20.
141 Komm., ABl. 2001 Nr. L 18/1 – *BP Amoco/Arco*.

Sorgfalt einzuhalten«.[142] Die Kommission sollte unter diesen Voraussetzungen »zur Ernennung eines Treuhänders ermächtigt«[143] sein. Das sich in einem solchen Fall anschließende Einsetzungsverfahren glich allerdings der bereits dargestellten üblichen Praxis. »Ermächtigung zur Ernennung« hieß daher nicht, dass die Kommission nach Feststellung eines Versäumnisses seitens der Parteien den Treuhänder von sich aus im eigenen Namen oder im Namen der Parteien beauftragen konnte. Die Entscheidung sah überdies eine Berechtigung der Kommission vor, den einmal eingesetzten Treuhänder aufzufordern, »zusätzliche Aufgaben zu übernehmen, so dass der Auftrag des Treuhänders als entsprechend erweitert gilt«[144]. Auch die Erweiterung war an den begründeten Verdacht nicht ordnungsgemäßer Erfüllung geknüpft.

Die im Fall *BP Amoco/Arco* vorgesehene Möglichkeit zur Erweiterung des Treuhändermandats war in ähnlicher Form auch in der Treuhänderzusage im Fall *TotalFina/Elf*[145] enthalten. Für den Fall, dass TotalFina es »in erheblichem Maß versäumt, seinen Verpflichtungen nachzukommen«, konnte die Kommission die Aufgabe des Bevollmächtigten erweitern und ihm »alle Möglichkeiten einräumen, die der Einhaltung der Verpflichtung dienen.«[146]

5. *Erkenntnisse der Merger Remedies Study*

Die Merger Remedy Study offenbarte erhebliche Verzögerungen bei der Einsetzung des Treuhänders. Nur in einem Fall erfolgte die Einsetzung sofort, innerhalb von zwei Tagen nach der Entscheidung. In der Mehrheit der untersuchten Fälle wurde der Treuhänder erst später als einen Monat nach der Entscheidung der Kommission eingesetzt, in 18% dieser Fälle zum Teil sogar wesentlich später als zwei Monate.[147] Bei einer typischen Veräußerungsperiode von sechs Monaten fehlte es dadurch in wenigstens einem Drittel der Zeit an einer effektiven Treuhänderüberwachung. Das Überwachungsdefizit betreffe mit der unmittelbaren Zeit nach der Entscheidung überdies jenen Zeitraum, in dem eine Überwachung besonders wichtig sei.[148] Als Gründe für späte Einsetzungen nennt die Studie das Versäumnis der Parteien, der Kommission ausreichende Informationen oder ein den Anforderungen der Kommission genügendes Mandat zu übermitteln. Auch die Zurückweisung der ursprünglichen Vorschläge der Parteien hat nach der Studie das Verfahren verlängert.[149] In der Zeit bis zur Einsetzung

---

142 Komm., ABl. 2001 Nr. L 18/1, 13, Rn. 2.2 – *BP Amoco/Arco*.
143 Komm., ABl. 2001 Nr. L 18/1, 13, Rn. 2.2 – *BP Amoco/Arco*.
144 Komm., ABl. 2001 Nr. L 18/1, 17, Rn. 4 – *BP Amoco/Arco*.
145 Komm., ABl. 2001 Nr. L 143/1 – *TotalFina/Elf*.
146 Komm., ABl. 2001 Nr. L 143/1, 61, Rn. 23 – *TotalFina/Elf*.
147 DG COMP, Merger Remedies Study (o. Fn. 127), S. 88, Rn. 243.
148 Vgl. DG COMP, Merger Remedies Study (o. Fn. 127), S. 89, Rn. 8.
149 Vgl .DG COMP, Merger Remedies Study (o. Fn. 127), S. 89, Rn. 9.

III. Einsetzungsverfahren

des Treuhänders seien die Parteien ungehindert, die Verpflichtungszusagen gemäß ihren Vorstellungen zu interpretieren. Sie seien in der Lage, ihre Interessen unabhängig von den Zielen und Anforderungen der Kommissionsentscheidung zu verfolgen. Es sei ihnen daher möglich, das zu veräußernde Geschäft so zu führen, dass sich daraus Nachteile für die Wettbewerbsposition des Käufers ergeben.[150]

Treuhänder, die erst spät eingesetzt wurden, empfanden es als schwierig, die Folgen eines entsprechenden Verhaltens der Parteien umzukehren. Auch bei Einsatz des Treuhänders innerhalb relativ kurzer Zeit hätten die Komplexität des Verfahrens und knapp bemessene Veräußerungszeiträume in bestimmten Fällen bedeutet, dass eine Aufnahme der Tätigkeit für eine Einflussnahme auf die Umsetzung zu spät kam. Obwohl innerhalb von zwei Wochen nach der Kommissionsentscheidung eingesetzt (nicht nur vorgeschlagen), waren in einem Fall nach Aussagen des Treuhänders bereits wesentliche Vorkehrungen der Parteien getroffen worden, die danach nur schwer von ihm hätten korrigiert werden können. Nach Auffassung eines weiteren Treuhänders hätten Schwierigkeiten bei der Implementierung vermieden werden können, wenn er bereits bei den Verhandlungen über die Verpflichtungszusagen teilgenommen hätte. Dies gelte vor allem für die Einbeziehung notwendiger Vermögensgegenstände in das Veräußerungspaket.[151]

Die Studie gibt unterschiedliche Einschätzungen zur Frage, ob an der Struktur des Einsetzungsverfahrens festgehalten werden sollte.[152] Als Beispiel wird die Erklärung eines Treuhänders genannt, der idealerweise von der Kommission ernannt (und vergütet) wird und nicht von der Verkäuferseite. Selbst wenn der Treuhänder von den beteiligten Unternehmen bezahlt werde, sei es besser, wenn die Kommission eine Liste mit möglichen Kandidaten führe, aus denen die Unternehmen einen Treuhänder auswählen könnten. Ein solches Verfahren würde dem Treuhänder mehr Autorität gegenüber den Unternehmen verleihen.[153] Dagegen argumentierte ein anderer Treuhänder für die Beibehaltung des bestehenden Verfahrens. Die Parteien seien besser in der Lage, qualifizierte Personen/Unternehmen mit der notwendigen Expertise in einem bestimmten Bereich auszuwählen.[154]

6. Stellungnahme

Das Einsetzungsverfahren fällt vor allem dadurch auf, dass es sich nicht verändert hat. Die Einsetzung des Treuhänders war und ist Aufgabe der beteiligten

---

150 Vgl. DG COMP, Merger Remedies Study (o. Fn. 127), S. 89, Rn. 11.
151 Vgl. DG COMP, Merger Remedies Study (o. Fn. 127), S. 89, Rn. 12.
152 Vgl. DG COMP, Merger Remedies Study (o. Fn. 127), S. 95, Rn. 30.
153 Vgl. DG COMP, Merger Remedies Study (o. Fn. 127), S. 95, Rn. 29.
154 Vgl. DG COMP, Merger Remedies Study (o. Fn. 127), S. 95, Rn. 29.

Unternehmen. Rückblickend auf die umfangreiche Entscheidungspraxis erscheint dies selbstverständlich. Die naheliegende, von einzelnen Treuhändern befürwortete Alternative, dass der Treuhänder unmittelbar durch die Kommission berufen wird, ist nicht weiter verfolgt worden.[155]

Das Einsetzungsverfahren lässt erkennen, welchen Einfluss die Kommission auf die Auswahl der Person des Treuhänders hat. Besonders deutlich wird dies bei fehlender Einigung. Es obliegt dann allein der Kommission die Letztentscheidung darüber, wen die Unternehmen beauftragen, um sie – die Kommission – bei der Wahrnehmung der Überwachungsaufgabe zu unterstützen.

Die Ausführlichkeit der Konfliktregelung bestätigt und berücksichtigt die Einigungsschwierigkeiten, die sich nach der Studie und vor Aufnahme der Regelung in den Standardformularen zwischen Kommission und Unternehmen stellten.[156]

Das Problem einer späten Einsetzung und damit der Entstehung eines Überwachungsdefizits ist durch die Festsetzung klarer und kurzer Fristen, innerhalb derer geeignete Kandidaten vorgeschlagen werden müssen, begegnet worden. Darauf dass auch bei einer knapp bemessenen Frist, wie einzelne in der Studie untersuchte Fälle zeigen, unumkehrbare, den Wettbewerb gefährdende Tatsachen geschaffen werden können, ist die Kommission in ihren Best Practices und späteren Entscheidungen nicht eingegangen. Da zunächst eine Vorschlagsfrist und keine Einsetzungsfrist vorgegeben ist, kann sich auch gegenwärtig der tatsächliche Einsatz um Wochen verzögern. Die beteiligten Unternehmen könnten etwa bewusst einen Treuhänder nennen, von dem sie ausgehen, dass er keine Zustimmung der Kommission finden wird, um in der Zwischenzeit Maßnahmen zu ergreifen, die unter der Aufsicht eines Treuhänders nicht mehr möglich wären.

Es ist vorstellbar, dass die Kommission trotz der Erkenntnisse der Studie die mit einer späten Einsetzung verbundenen Gefahren als unwesentlich einstuft. Sie könnte davon ausgehen, dass die Auflagen und Bedingungen in den Entscheidungen klar genug formuliert sind und sich aus den Rechtsfolgen eines Verstoßes ein ausreichender Disziplinierungseffekt ergibt. Ebenso ist denkbar, dass die Kommission zwar eine nicht unbeachtliche potentielle Gefahr sieht, diese aber als Konzession an das bestehende Verfahren hinnimmt, etwa weil ihr kürzere Fristen oder eine Einsetzung mit dem Entscheidungserlass nicht praktikabel erscheinen.

Der Einsatz des Treuhänders unter besonderen Voraussetzungen wie im Fall *BP Amoco/Arco* blieb eine Ausnahme. Es erscheint problematisch, wenn bei »begründetem Verdacht« lediglich ein Treuhänder eingesetzt oder sein Aufgabenbereich erweitert wird, obwohl dies einen Anlass für ein aktives Tätigwerden der Kommission selbst begründet. Bei einem ernsthaften Verdacht kann ein

---

155 Zu einem wohl eher zufälligen Ausnahmefall vgl. Komm., ABl. 1997 Nr. L 336/16 – *Boeing/McDonnel Douglas*.
156 DG COMP, Merger Remedies Study (o. Fn. 127), S. 89, Rn. 9.

Auskunftsverlangen nach Art. 11 FKVO oder die Wahrnehmung der Nachprüfungsbefugnisse nach Art. 13 FKVO geboten sein. Mit der in *BP Amoco/Arco* gewählten Zusage würde unter Umständen zweimal davon abgesehen. In dieselbe Richtung gehen auch die Bedenken gegenüber der Mandatserweiterung im Fall *TotalFina/Elf*. Versäumen es die beteiligten Unternehmen »in *erheblichem Maß*, ihren Verpflichtungen nachzukommen«, sollte die Kommission nicht nur von ihrem Recht Auskunft zu verlangen oder von ihren Nachprüfungsbefugnissen Gebrauch machen, sondern einen Verstoß gegen Auflagen bzw. Bedingungen annehmen.[157] Die Fusionskontrollverordnung nennt für einen solchen Fall ausdrücklich die Rechtsfolgen und Befugnisse der Kommission. Die Erweiterung der Aufgaben des Treuhänders durch die Kommission bei einem Verstoß setzt insofern eine neue außerhalb der Fusionskontrollverordnung stehende Rechtsfolge. Die im Fall *BP Amoco/Arco* gewählte Bindung des Treuhändereinsatzes an den begründeten Verdacht einer ungenügenden Einhaltung der materiellen Zusagen kann andererseits als besonders schonend und damit verhältnismäßig angesehen werden. Geben die Parteien keinen Anlass zu Zweifeln an der ordnungsgemäßen Erfüllung der von ihnen zugesagten Verpflichtungen, entfallen die belastenden Wirkungen des Treuhändereinsatzes. Dies gilt vor allem für den mit seiner Tätigkeit verbundenen Kostenaufwand.[158]

IV. Anforderungen an den Treuhänder

Die Verwaltungspraxis verlangt vom Treuhänder fachliche Eignung und Unabhängigkeit. Zur Frage der Unabhängigkeit äußern sich nicht nur die frühen Entscheidungen und die Mitteilungen Abhilfemaßnahmen sondern auch das Standardformular für Verpflichtungszusagen (und damit ein erheblicher Teil der Entscheidungspraxis) nur oberflächlich. Konkreter ist das Standardformular für das Treuhändermandat, dessen Repräsentativität für die Praxis hier unterstellt wird.

1. Unabhängigkeit

Die ältere Entscheidungspraxis zeichnete sich durch lediglich allgemeine Formulierungen zu den Anforderungen an die Unabhängigkeit des Treuhänders aus. Der Grad der Unabhängigkeit, etwa wie intensiv oder wie lang zurücklie-

---

157 Die Entscheidung der Komm., ABl. 2001 Nr. L 143/1, Rn. 362 – *TotalFina/Elf* differenzierte nicht zwischen Auflage und Bedingung.
158 Vgl. DG COMP, Merger Remedies Study (o. Fn. 127), S. 26 zum Beispiel einer Kostenüberschreitung von 1 Million US-Dollar.

gend geschäftliche oder sonstige Verbindungen zu einem der beteiligten Unternehmen sein durften, blieb offen.

Die Mitteilung Abhilfemaßnahmen aus dem Jahr 2001 erklärte lediglich, dass der Treuhänder unabhängig von den Parteien sein müsse. Er dürfe »nicht in einen Interessenkonflikt geraten«. Damit wurde die Selbstverständlichkeit ausgedrückt, dass die geforderte Unabhängigkeit auch während der Mandatsausübung fortbestehen muss.

Die neue Mitteilung Abhilfemaßnahmen konkretisiert ihre Vorgängerregelung nur unwesentlich: Personen oder Einrichtungen, die gleichzeitig Wirtschaftsprüfer der beteiligten Unternehmen oder ihre Anlageberater bei der Veräußerung sind, werden nicht genehmigt.[159] Beziehungen des Treuhänders zu den beteiligten Unternehmen sind möglich, sofern sie nicht die Objektivität und Unabhängigkeit des Treuhänders beeinträchtigen und zu einem Interessenkonflikt führen.[160] Eine zurückliegende – nach dem Wortlaut auch eine zeitlich parallele –, andersartige (wirtschaftliche) Beziehung des Treuhänders zu den Unternehmen steht danach nicht automatisch der erforderlichen Unabhängigkeit und Objektivität des Treuhänders entgegen.

Das Standardformular für Veräußerungszusagen, das stellvertretend für die Entscheidungspraxis der letzten Jahre ist, entspricht hinsichtlich der Anforderungen an die Unabhängigkeit der Mitteilung Abhilfemaßnahmen aus dem Jahr 2001.

Wesentlich höhere und präzisere Anforderungen stellt das Treuhändermandat. Danach sind die gegenwärtigen Beziehungen des Treuhänders, des Treuhänderteams und der Partnerunternehmen des Treuhänders zu den Parteien sowie zu den mit den Parteien verbundenen Unternehmen im Anhang des Mandats offen zu legen. Der Treuhänder muss bestätigen, dass er und die Mitglieder seines Teams zum Zeitpunkt des Abschlusses des Mandatsvertrags von dem Unternehmen und den mit diesem verbundenen weiteren Unternehmen unabhängig sind. Ebenso muss er bestätigen, dass kein Interessenkonflikt besteht, der die Objektivität und Unabhängigkeit des Treuhänders bei der Erfüllung seines Mandates beeinträchtigen kann.[161] Zugleich hat er sich zu verpflichten, während der Laufzeit in kein Anstellungsverhältnis mit den Parteien oder den mit ihnen verbundenen Unternehmen einzutreten.[162]

Der Treuhänder, die Mitglieder des Treuhänderteams und die Partnerunternehmen des Treuhänders dürfen während der Laufzeit des Mandates nicht Mitglied des Vorstands oder eines anderen Organs der Parteien oder der mit ihnen verbundenen Unternehmen werden. Entsprechende Angebote hierzu müssen abgelehnt werden.[163] Sie dürfen auch nicht über andere Geschäftsbeziehungen

---

159 Vgl. Mitteilung Abhilfemaßnahmen, ABl. 2008 Nr. C 267/1, Rn. 125.
160 Vgl. Mitteilung Abhilfemaßnahmen, ABl. 2008 Nr. C 267/1, Rn. 125.
161 Vgl. Commission Model Text for Trustee Mandate (o. Fn. 9), Rn. 20.
162 Vgl. Commission Model Text for Trustee Mandate (o. Fn. 9), Rn. 21.
163 Vgl. Commission Model Text for Trustee Mandate (o. Fn. 9), Rn. 21 (a).

oder finanzielle Beteiligungen mit den Parteien verbunden sein, wenn dadurch ein Interessenkonflikt entstehen könnte. Davon ausgenommen sind Aufträge, andere Geschäftsbeziehungen oder Beteiligungen des Treuhänders oder am Kapital der Parteien, wenn diese Teil des normalen Geschäftsverkehrs sind und weder für den Treuhänder noch das Unternehmen materielle Bedeutung haben.[164]

Sollte der Treuhänder, ein Mitglied des Treuhänderteams oder ein Partnerunternehmen des Treuhänders eine Geschäftsbeziehung mit den Parteien eingehen oder sich an ihnen beteiligen wollen, ist die vorherige Zustimmung der Kommission einzuholen. Sollte dem Treuhänder ein Interessenkonflikt bekannt werden, ist er gehalten, hierüber unmittelbar die Kommission zu informieren. Der Treuhänder hat dafür zu sorgen, dass ein Interessenkonflikt, der während der Laufzeit des Mandats auftritt, unverzüglich aufgelöst wird. Wird der Interessenkonflikt nicht zeitig gelöst oder kann er nicht gelöst werden, ist der Mandatsvertrag zu beenden.[165]

Der Treuhänder verpflichtet sich und die Mitglieder des Treuhänderteams, während des Mandats sowie für einen Zeitraum von einem Jahr nach Beendigung des Mandats nicht für die Parteien oder mit den Parteien verbundene Unternehmen tätig zu werden, ohne vorher die Zustimmung der Kommission einzuholen. Darüber hinaus hat sich der Treuhänder zu verpflichten, Maßnahmen zu ergreifen, um die Unabhängigkeit und Integrität des Treuhänderteams, der Angestellten des Treuhänders sowie der dem Treuhänderteam zuzurechnenden Personen während der Laufzeit des Mandats und für einen Zeitraum von einem Jahr nach Beendigung des Mandats vor allen Einflussnahmen zu bewahren, durch die die Tätigkeit des Treuhänderteams gestört oder beeinträchtigt werden könnte.[166] Der Zugang zu vertraulichen Informationen soll auf das Treuhänderteam und ihm zuzurechnende Personen beschränkt sein.[167] Ferner ist es dem Treuhänderteam und den ihm zuzurechnenden Personen untersagt, das Mandat betreffende Informationen an andere Mitarbeiter des Treuhänderunternehmens weiterzugeben, die nicht mit dem Fall befasst sind. Davon ausgenommen sind allgemeine Informationen, wie z.B. die Ernennung als solche oder die Vergütung sowie Informationen, deren Offenlegung gesetzlich vorgeschrieben ist.[168]

Nicht geregelt, sondern den Vertragsparteien ausdrücklich vorbehalten, ist die Vereinbarung von passenden Abreden hinsichtlich eines Interessenkonfliktes des Treuhänders und der Partnerfirmen des Treuhänders mit potentiellen Käufern.[169]

---

164 Vgl. Commission Model Text for Trustee Mandate (o. Fn. 9), Rn. 21 (b).
165 Vgl. Commission Model Text for Trustee Mandate (o. Fn. 9), Rn. 21 a.E.
166 Vgl. Commission Model Text for Trustee Mandate (o. Fn. 9), Rn. 23.
167 Vgl. Commission Model Text for Trustee Mandate (o. Fn. 9), Rn. 23 (a).
168 Vgl. Commission Model Text for Trustee Mandate (o. Fn. 9), Rn. 23 (b).
169 Vgl. Commission Model Text for Trustee Mandate (o. Fn. 9), Rn. 22.

2. Fachliche Eignung

Die Anforderungen an die fachliche Qualifikation ergeben sich aus der Mitteilung Abhilfemaßnahmen aus dem Jahr 2001 nur ansatzweise und mittelbar durch die beispielhafte Nennung von Einrichtungen, die aus Sicht der Kommission geeignet sind. In Frage kommen »Investitionsbanken, Managementberatungsfirmen, Wirtschaftsprüfungsunternehmen oder eine ähnliche Einrichtung«. Die Mitteilung schließt nicht aus, dass Überwachungstreuhänder und Veräußerungstreuhänder im Einzelfall identisch sind.[170] Nach der Mitteilung Abhilfemaßnahmen berücksichtigt die Kommission bei der Prüfung der fachlichen Kenntnisse des Treuhänders neben dem betroffenen Sektor auch das geografische Gebiet.[171] Während das Erfordernis sektorspezifischer Kenntnisse nachvollziehbar ist, erschließt sich ein Bezug zum geografischen Gebiet nicht unmittelbar. Als mögliche Treuhänder werden außer Wirtschaftsprüfungs- und Beratungsunternehmen erstmals ausdrücklich auch Einzelpersonen genannt. Sie kommen in Frage, wenn sie in dem betreffenden Wirtschaftszweig tätig waren und über die für die Erfüllung der Aufgabe notwendigen Mittel verfügen.[172] Investmentbanken werden dagegen nur noch im Zusammenhang mit der Funktion des Veräußerungstreuhänders erwähnt.[173]

Das Standardformular für Veräußerungszusagen entspricht der Mitteilung Abhilfemaßnahmen aus dem Jahr 2001, indem es als Beispiele für geeignete Treuhänder Investmentbanken, Beratungs- und Wirtschaftsprüfungsunternehmen nennt.

3. Erfahrungen der Merger Remedies Study

Zweifel an der Unabhängigkeit des Treuhänders ergaben sich nach der Merger Remedies Study in mehreren Fällen bei der gleichzeitigen Wahrnehmung der allgemeinen Transaktionsberatung durch den Treuhänder bzw. das Treuhänderunternehmen.

In einem Fall übernahm eine Abteilung einer Investmentbank die Treuhänderüberwachung, während eine andere Abteilung derselben Bank die Verkäuferseite während der Übernahme begleitete. Der zuständige Treuhänder berichtete, er habe sich bei der Bewertung der wirtschaftlichen Leistung des zu

---

170 Die Mitteilung benutzt den hier zur Abgrenzung verwendeten Begriff Überwachungstreuhänder nicht, sondern spricht ungenau von dem »für die getrennte Vermögensverwaltung zuständigen Treuhänder«.
171 Vgl. Mitteilung Abhilfemaßnahmen, ABl. 2008 Nr. C 267/1, Rn. 125.
172 Stärker verbreitet ist der Einsatz von Einzelpersonen ist in den USA, vgl. *Kenneth M. Davidson*, The FTC Monitor Trustee (Working paper v. 19. Dezember 2005), verfügbar auf der Seite des American Antitrust Institute: www.antitrustinstitute.org.
173 Vgl. Mitteilung Abhilfemaßnahmen, ABl. 2008 Nr. C 267/1, Rn. 125.

veräußernden Geschäfts auf die Informationen der M&A-Abteilung seiner Bank verlassen und keine eigenen, unabhängigen Untersuchungen durchgeführt.[174] In einem anderen Fall fungierte der Treuhänder selbst gleichzeitig als Transaktionsberater der Verkäuferseite. Die gleichzeitige Wahrnehmung beider Aufgaben könne, so die Kommission in ihrer Studie, zu einem Interessenkonflikt führen, wenn der Treuhänder kritisch über das Verhalten der Verkäuferseite (und damit auch über sein eigenes Verhalten) zu berichten hätte. Die Käuferseite habe überdies die Doppelrolle nicht gekannt und sei damit dem Eindruck unterlegen, sie habe es mit einer unabhängigen Person zu tun. Die Verhandlungsposition der Käuferseite könne dadurch geschwächt worden sein.[175] In einem dritten Fall hatte die als Überwachungstreuhänder auftretende Investmentbank die beteiligten Unternehmen zuvor bei der Strukturierung ihres Veräußerungspakets beraten. Überdies war sie aktiv in den Veräußerungsprozess der beteiligten Unternehmen eingebunden. Der Treuhänder sei dadurch teilweise als »Mann der Parteien« empfunden worden, darauf bedacht seine Kundenbeziehung aufrechtzuerhalten, indem er das Teuhändermandat in einem für sie akzeptablen Umfang ausführte. Die Studie vermutet, dass hierin die Ursache dafür liegt, dass in dem Fall – was sonst ungewöhnlich sei – keine Differenzen zwischen den beteiligten Unternehmen und dem Treuhänder aufgetreten sind.[176]

Grundlegende Überlegungen zur Unabhängigkeit zeigt die Studie im Zusammenhang mit dem Einsetzungsverfahren und der damit gewählten Konstruktion. Den Vorzug einer unmittelbaren Einsetzung durch die Kommission begründete ein Treuhänder unter anderem damit, dass er dadurch unabhängiger von den beteiligten Unternehmen sei.[177] Ein anderer ging davon aus, dass er dann mehr Autorität gegenüber den Parteien habe.[178] Demgegenüber sah ein weiterer Treuhänder in der Tatsache, dass er von den Parteien bezahlt wird, kein Problem.[179] Der ehemalige Partner eines Wirtschaftsprüfungsunternehmens, der in dieser Funktion als Treuhänder tätig war und anschließend ein unabhängiges, reines Treuhändergeschäft gründete, wies darauf hin, dass die Treuhändertätigkeit nicht als Grundlage für die Gewinnung neuer Kundenbeziehungen genutzt werden dürfe, wie dies oft der Fall gewesen sei.[180]

Hinsichtlich der fachlichen Anforderungen ergab die Studie, dass auf Seiten des Treuhänders für die Überwachung von Erhaltungs- und Getrennthaltungsmaßnahmen sowie des Veräußerungsverfahrens regelmäßig kumulativ Kompetenzen in den Bereichen Geschäftsführung, Buchhaltung und Bilanzierung, In-

---

174 Vgl. DG COMP, Merger Remedies Study (o. Fn. 127), S. 92, Rn. 20.
175 Vgl. DG COMP, Merger Remedies Study (o. Fn. 127), S. 92, Rn. 20.
176 Vgl. DG COMP, Merger Remedies Study (o. Fn. 127), S. 92, Rn. 20.
177 Vgl. DG COMP, Merger Remedies Study (o. Fn. 127), S. 95, Rn. 29.
178 Vgl. DG COMP, Merger Remedies Study (o. Fn. 127), S. 95, Rn. 29.
179 Vgl. DG COMP, Merger Remedies Study (o. Fn. 127), S. 95, Rn. 29.
180 Vgl. DG COMP, Merger Remedies Study (o. Fn. 127), S. 92, Rn. 18.

formationsmanagement sowie Industriekenntnisse erforderlich sind.[181] Nach Interviews mit der Verkäufer- als auch der Käuferseite sind diese Kompetenzen eher bei Wirtschaftsprüfungsunternehmen, Insolvenzverwaltern und Unternehmensberatern mit entsprechendem Industriefokus anzutreffen als bei Investmentbanken.[182] Die mangelnde Eignung von Investmentbanken für die Ausübung von Überwachungsaufgaben hätten einige Banken selbst bestätigt.[183] Sofern Überwachungstreuhänder über keine Branchenkenntnisse verfügten, hätten sie typischerweise Schwierigkeiten bei der Ausführung ihres Mandates gehabt.[184] Umgekehrt deuteten die Ergebnisse der Studie darauf hin, dass Erfahrungen eines Treuhänders in der Wahrnehmung von Treuhändertätigkeiten ganz erheblich zum Erfolg seiner Mandatserfüllung beitragen können.[185]

4. Stellungnahme

Die Anforderungen an die Unabhängigkeit des Treuhänders sind nach dem Treuhändermandat erheblich gestiegen. Fälle, wie jene, die zum Gegenstand der Merger Remedies Study wurden, bei denen der Treuhänder oder das Unternehmen, dem er angehört, gleichzeitig den Unternehmen beratend zur Seite steht, werden nicht mehr vorkommen. Die der Konstruktion innewohnende eingeschränkte Unabhängigkeit, die sich aus dem Auftragsverhältnis des Treuhänders gegenüber den Unternehmen ergibt, ist hingegen geblieben. Auch die offenbar unter Wirtschaftsprüfungsunternehmen verbreitete Möglichkeit, das Treuhändermandat als Einstieg für eine sich an das Mandat anschließende Kundenbeziehung, etwa für die allgemeine Buchprüfung zu nutzen, besteht weiter. Der Treuhänder verpflichtet sich nach dem Treuhändermandat, die Kommission bei Aufnahme einer Geschäftsbeziehung zu den beteiligten Unternehmen innerhalb eines Jahres um Erlaubnis zu fragen. Diese Verpflichtung dürfte jedoch nur für den Treuhänder als Person und nicht das Unternehmen, dem er angehört, insgesamt gelten. Dies ergibt sich daraus, dass neben dem Treuhänder mit dem Treuhänderteam ausdrücklich ein weiterer Personenkreis angesprochen wird, für den dies ebenfalls gelten soll.[186] Darüber hinaus ist die Verpflichtung im Treuhändermandat zwischen dem Treuhänder und den beteiligten Unternehmen, nicht in der Kommissionsentscheidung niedergelegt. Gebunden sind daher untereinander nur jene Parteien, die gegebenenfalls ein gemeinsames Interesse haben, sich an die Verpflichtung nicht zu halten und insofern keine Konsequenzen befürchten müssten. Wollte die Kommission die Entstehung von anschließenden Ge-

---

181 Vgl. DG COMP, Merger Remedies Study (o. Fn. 127), S. 91, Rn. 13, 14.
182 Vgl. DG COMP, Merger Remedies Study (o. Fn. 127), S. 91, Rn. 14.
183 Vgl. DG COMP, Merger Remedies Study (o. Fn. 127), S. 91, Rn. 19.
184 Vgl. DG COMP, Merger Remedies Study (o. Fn. 127), S. 91, Rn. 15.
185 Vgl. DG COMP, Merger Remedies Study (o. Fn. 127), S. 91, Rn. 18.
186 Vgl. Commission Model Text for Trustee Mandate (o. Fn. 9), Rn. 3.

schäftsbeziehungen verhindern, um eine etwaige Unsicherheit hinsichtlich der Unabhängigkeit des Treuhänder auszuschließen, müsste sie in ihrer Entscheidung das Unternehmen verpflichten, innerhalb eines bestimmten Zeitraumes keinen Kontakt zum Treuhänder und dem hinter ihm stehenden Unternehmen aufzunehmen.

Hinsichtlich der fachlichen Anforderungen an den Treuhänder veranschaulicht der Vergleich zwischen den Mitteilungen Abhilfemaßnahmen der Jahre 2001 und 2008 die aus der Merger Remedies Study gezogenen Schlüsse der Kommission. Sektorspezifische Erfahrungen werden in der jüngeren Mitteilung betont. Die offensichtlich für die Überwachungstätigkeit unzureichend geeigneten Investmentbanken werden als mögliche Treuhänder nicht mehr erwähnt. Nach den Erfahrungen der Studie müssen Treuhänder idealerweise eine beeindruckende Fülle von Fähigkeiten verbinden. Die Vermutung liegt nahe, dass die Aufgabe von einer Einzelperson kaum erfüllt werden kann und daher regelmäßig ein Team aus Personen mit unterschiedlichen Schwerpunktqualifikationen gebildet werden muss.

V. Aufgaben und Funktion

Nach der Definition im Standardformular für Veräußerungszusagen ist der »monitoring trustee eine von den Parteien unabhängige natürliche oder juristische Person, die mit Zustimmung der Kommission vom Unternehmen benannt wird und die Verpflichtung hat, die Erfüllung der Zusagen zu überwachen«.[187] Damit ist der Kern der Aufgabe des Treuhänders benannt. Neben die Kernaufgabe treten die damit regelmäßig zusammenhängenden Aufgaben, vornehmlich die Bewertung des Verkäufers und die Wahrnehmung der Rolle des Ansprechpartners für Dritte sowie schließlich die Berichterstattung an die Kommission.

1. Überwachung, Bewertung und Berichterstattung

In einigen älteren Entscheidungen erfolgte die Beschreibung der Aufgaben des Überwachungstreuhänders in einem Satz. Im Fall *Owens-Illinois/BTR Packaging* aus dem Jahr 1998 etwa hieß es lediglich, der Treuhänder werde die lau-

---

187 Das Original des Mustertextes ist ausschließlich in englischer Sprache verfügbar. Die hier gewählte Übersetzung orientiert sich neben dem englischen Original am deutschen Zusagentext der Entscheidungen Komm., ABl.2003 Nr. L 291/1 – *Siemens/Drägerwerk/JV* (Zusagentext nicht im ABl., verfügbar auf der Seite der GD Wettbewerb (o. Fn. 91), Rs. M.2861) sowie Komm., ABl. 2006 Nr. L 353/7 – *Continental/Phoenix* (Zusagentext nicht im ABl. abgedruckt, verfügbar auf der Seite der GD Wettbewerb (o. Fn. 91), Rs. M.3436).

fende Verwaltung des zu veräußernden Geschäftes überblicken und regelmäßig Berichte an die Kommission senden, um die Lebensfähigkeit, Marktfähigkeit und Wettbewerbsfähigkeit des Veräußerungspakets zu überwachen.[188] Vergleichbar allgemein gehaltene Formulierungen enthielten auch die Entscheidungen *Siemens/Elektrowatt*,[189] *Imetal/English China Clays*,[190] *Vodafone/Airtouch*,[191] *Pakhoed/Van Ommeren (II)*[192] sowie *Linde/Aga*[193] aus den Jahren 1998 bis 2000.

Auch die einschlägigen Veröffentlichungen der Kommission gehen vornehmlich von einer sich auf die Überwachung der Umsetzung beschränkenden Aufgabe des Treuhänders aus. In der Mitteilung Abhilfemaßnahmen aus dem Jahr 2001 erklärt die Kommission, sie stimme der Bestellung eines Treuhänders zu, »der die Konformität des Verhaltens mit den Parteien überwacht«[194]. Zum Mandat des Treuhänders »werden Kontrollaufgaben gehören« und die »Pflicht zur regelmäßigen Berichterstattung«.[195] Die aktuelle Mitteilung Abhilfemaßnahmen unterscheidet fünf Aufgaben des Treuhänders und erläutert diese unterschiedlich ausführlich:

1. Der Treuhänder überwacht die Sicherheitsvorkehrungen, also die Getrennthaltungspflichten der beteiligten Unternehmen für das zu veräußernde Geschäft in der Übergangszeit.

2. Er überwacht in Ausgliederungsfällen (»carve-outs«) die Aufteilung der Vermögenswerte und der Mitarbeiter zwischen dem zu veräußernden Geschäft und Geschäften, die bei den beteiligten Unternehmen verbleiben. Das gilt auch für die Duplizierung der Vermögenswerte und der bisher von den beteiligten Unternehmen erbrachten Leistungen für das zu veräußernde Geschäft.

3. Er überwacht allgemein die Veräußerungsbemühungen (der Parteien). Er hat den Gang des Veräußerungsverfahrens und die an dem Verfahren beteiligten möglichen Erwerber zu überprüfen und sich zu vergewissern, dass mögliche Erwerber ausreichende Informationen über das Geschäft erhalten. In diesem Zusammenhang kontrolliert er insbesondere Informationsbroschüren, den

---

188 Komm., ABl. 1998 Nr. C 165/7 – *Owens-Illinois/BTR Packaging* (vollst. Text auf der Seite der GD Wettbewerb [o. Fn. 91], Annex).
189 Komm., ABl. 1999 Nr. L 88/1, 22 f., Rn. 126, 128 – *Siemens/Elektrowatt*.
190 Komm., ABl. 2001 Nr. C 56/7 – *Imetal/English China Clays* (vollst. Text auf der Seite der GD Wettbewerb (o. Fn. 91), Rs. M1381, Annex: undertakings, Rn. 3.1.3.).
191 Komm., ABl. 1999 Nr. C 295/2 – *Vodafone/Airtouch* (vollst. Text auf Eur-lex (o. Fn. 5), CELEX Nr. 31999M1430, Rn. 32).
192 Komm., ABl. 1999 Nr. C 282/3 – *Pakhoed/Van Ommeren (II)* (vollst. Text Eur-lex (o. Fn. 5), CELEX Nr.: 31999M1621, Rn. 32).
193 Komm., ABl. 2002 L 120/1 – *Linde/AGA* (Zusagentext nicht im ABl. abgedruckt, verfügbar auf der Seite der GD Wettbewerb (o. Fn. 91), Rs. M.1641, S. 30, Rn. 6).
194 Mitteilung Abhilfemaßnahmen (2001), ABl. 2001 C 68/3, 8, Rn. 52.
195 Mitteilung Abhilfemaßnahmen (2001), ABl. 2001 C 68/3, 8, Rn. 52.

Datenraum oder die Due-Diligence-Prüfung. Den vorgeschlagenen Käufer hat er in einer Stellungnahme an die Kommission zu bewerten. Darin ist darzulegen, ob der Käufer den in den Verpflichtungszusagen gestellten Anforderungen genügt und ob das Geschäft im Einklang mit den Verpflichtungen veräußert würde.

4. Er übernimmt die Aufgabe einer Kontaktstelle für Fragen Dritter. Er hat mit diesen und den beteiligten Unternehmen etwaige Meinungsverschiedenheiten hinsichtlich der in den Verpflichtungszusagen behandelten Fragen zu erörtern. Der Kommission erstattet er hierüber Bericht.

5. Der Treuhänder hat der Kommission regelmäßig über die Erfüllung der Verpflichtungen zu berichten und übermittelt ihr auf Verlangen zusätzliche Berichte.

Nach dem Standardformular für Veräußerungszusagen beginnt der Treuhänder seine Tätigkeit damit, dass er nach entsprechender Information der Kommission in einem ersten Bericht einen detaillierten Arbeitsplan vorschlägt. Darin beschreibt er, wie er die Einhaltung der Auflagen und Bedingungen, die mit der Entscheidung einhergehen, zu kontrollieren beabsichtigt.[196] Die weiteren Aufgaben des Treuhänders entsprechen nach dem Standardformular den folgenden Formulierungen: Der Überwachungstreuhänder beaufsichtigt die laufende Geschäftsführung des zu veräußernden Geschäfts darauf, dass die dauerhafte wirtschaftliche Lebensfähigkeit, die Verkäuflichkeit und die Wettbewerbsfähigkeit sichergestellt ist. Er überwacht das Unternehmen bei der Einhaltung der Auflagen und Bedingungen, die in der Entscheidung enthalten sind. Im Einzelnen hat der Treuhänder zu überwachen,

(a) den Erhalt der wirtschaftlichen Lebensfähigkeit, die Verkäuflichkeit und Wettbewerbsfähigkeit des zu veräußernden Geschäfts sowie die Trennung des zu veräußernden Geschäfts von den bei dem Unternehmen verbleibenden Geschäften,

(b) die Führung des zu veräußernden Geschäfts als eigenständige und verkaufsfähige Einheit,

(c) die Aufteilung der Vermögensgegenstände und der Belegschaft zwischen den zu veräußernden Geschäften und dem Unternehmen oder verbundenen Unternehmen.

– Abhängig vom jeweiligen Stadium des Veräußerungsprozesses kontrolliert der Treuhänder,

– dass potentielle Käufer ausreichende Informationen über die zu veräußernden Geschäfte

---

196 Vgl. Commission Model Text for Divestiture Commitments (o. Fn. 9) Rn. 23 (i).

– und die Belegschaft erhalten. Dies geschieht dadurch, dass er – sofern vorhanden – insbesondere die Datenraumdokumentation und das Informationsmemorandum sichtet und bewertet, die »due diligence« begleitet und überprüft, ob Käufern ausreichender Zugang zur Belegschaft gewährt wird, sofern die Belegschaft zu den zu veräußernden Geschäften gehört.

Der Treuhänder erstellt für die Kommission einen monatlichen Bericht, den auch die Unternehmen in einer von vertraulichen Informationen bereinigten Fassung erhalten. Im Bericht sollen der Betrieb und die geschäftliche Führung beschrieben werden, so dass die Kommission beurteilen kann, ob das Geschäft im Einklang mit den Zusagen geführt wird. Die Entwicklung des Veräußerungsprozesses soll nachvollzogen und erklärt werden. Zusätzlich zu diesen Berichten hat der Überwachungstreuhänder die Kommission unverzüglich schriftlich zu informieren, falls er aus wirtschaftlichen Gründen zu dem Ergebnis gelangt, dass das Unternehmen die im Rahmen der Zusagen eingegangene Verpflichtung nicht einhält. Auch hierüber sind die Parteien über eine nicht vertrauliche Kopie zu unterrichten.

Liegt der Kommission ein Vorschlag für einen Käufer vor, hat der Treuhänder für die Kommission innerhalb einer Woche eine Bewertung der Eignung und Unabhängigkeit des vorgeschlagenen Käufers sowie der Lebensfähigkeit des Kaufgegenstandes nach einer Veräußerung vorzunehmen. Zu bewerten ist, ob die zu veräußernden Geschäfte in einer Weise verkauft werden, die mit den Zusagen im Einklang steht. Gegebenenfalls hat der Treuhänder einzuschätzen, ob der Verkauf an den vorgeschlagenen Käufer unter Ausschluss eines oder mehrerer Vermögensgegenstände oder von Teilen der Belegschaft erfolgen kann, ohne dass die Lebensfähigkeit der zu veräußernden Geschäfte nach dem Verkauf beeinträchtigt wird. Das Treuhändermandat wiederholt die vorangegangene Aufgabenbeschreibung des Standardtextes für Verpflichtungszusagen.[197]

2. Überwachung vs. Vornahme der Umsetzung

Der überwiegende Teil auch der älteren Entscheidungen enthält Aufgabenbeschreibungen, bei denen zweifelhaft ist, ob sie sich allein darin erschöpfen sollen, das Verhalten der beteiligten Unternehmen zu kontrollieren. Vielmehr verschwimmen die Grenzen zwischen der Überwachung der Umsetzung und ihrer Selbstvornahme – und damit auch die Grenzen zwischen den Aufgaben des Veräußerungstreuhänders, des Hold-Separate Managements und der Parteien. Nach der Entscheidung *Procter & Gamble/Schickedanz VP (II)* sollte die Geschäftsführung des Veräußerungsgeschäftes der Anleitung und Kontrolle (»guidance and control«) des Treuhänders unterstehen. Auf Anforderung des Treu-

---

197 Vgl. Commission Model Text for Trustee Mandate (o. Fn. 9), Rn. 6 u. 7.

händers sollte Procter & Gamble ausreichend finanzielle Mittel zur Verfügung stellen. Nach dieser Formulierung ist nicht ausgeschlossen, dass der Treuhänder der Geschäftsführung der beteiligten Unternehmen auch konkret zu befolgende Vorgaben macht. Wird der Zufluss finanzieller Mittel an die Aufforderung des Treuhänders geknüpft, bestimmt der Treuhänder im Einzelfall, ob und in welchem Umfang die beteiligten Unternehmen das zu veräußernde Geschäft finanziell versorgen können. Die Zuführung ausreichender finanzieller Mittel ist grundsätzlich Bestandteil der Unternehmenspflicht zur Aufrechterhaltung der Wettbewerbsfähigkeit des zu veräußernden Geschäfts. In späteren Entscheidungen und den Veröffentlichungen der Kommission kommt dies auch zum Ausdruck. Die Aufgabe des Treuhänders beschränkt sich dann darauf, die Erfüllung dieser Pflicht zu überwachen.[198] Im Fall *Kimberly-Clark/Scott*[199] sollte der Treuhänder »im Benehmen«[200] mit den beteiligten Unternehmen die Verwaltungsstruktur des ausgegliederten Geschäftsbereichs festlegen. Nicht ausgeschlossen ist, dass der Treuhänder die Verwaltungsstruktur im Wesentlichen allein bestimmt und das »Benehmen« mit dem zuständigen Personal bei Kimberly-Clark und Scott lediglich als Konsultation zu verstehen ist. Beide Fälle verdeutlichen jedenfalls, dass die Umsetzungspflichten der beteiligten Unternehmen und die entsprechenden Überwachungsaufgaben in einander greifen können und damit die Zuordnung der Aufgaben- und Verantwortungsbereiche erschwert wird. Im Fall *Bosch/Rexroth*[201] war dem Treuhänder hinsichtlich der zu übertragenden sonstigen Vermögensgegenstände sowie der zu erbringenden Unterstützungsleistungen ein Bestimmungsrecht über die Auslegung der vertraglichen Regelungen für den Fall eingeräumt, dass sich Bosch und der Erwerber untereinander nicht einigen können. Bei Ausübung des Bestimmungsrechts musste der Treuhänder zunächst versuchen, einen einvernehmlichen Interessenausgleich herbeizuführen. Für den Fall, dass der Einigungsversuch fehlschlägt, sollte der Treuhänder sein Bestimmungsrecht ausüben. Dabei sollte seine Entscheidung in erster Linie sicherstellen, dass das Geschäft vertragsgemäß auf den Erwerber übergeht.[202] Wesentlich ist hier, dass die gegebenenfalls ersetzende Aufgabenwahrnehmung nicht nur für die Aufrechterhaltung des Wettbewerbs von Bedeutung sein konnte, sondern unmittelbar für den erwerbenden Dritten. Überdies lässt die Entscheidung einen Rückzug der Kommission aus der Lösung von Detailfragen erkennen.

Auch die Mitteilung Abhilfemaßnahmen aus dem Jahr 2001 erweckt in der Aufgabenbeschreibung den Eindruck einer Verantwortung des Treuhänders, die über die bloße Überwachung hinausgeht. Die Mitteilung verwendet den Begriff des Überwachungstreuhänders nicht, sondern unterscheidet stattdessen zwi-

---

198 Vgl. Commission Model Text for Divestiture Commitments (o. Fn. 9), Rn. 5 (b).
199 Vgl. Komm, ABl. 1996 Nr. L 183/1 – *Kimberly-Clark/Scott*.
200 Vgl. Komm, ABl. 1996 L 183/1, Rn. 233 – *Kimberly-Clark/Scott*.
201 Komm., ABl. 2004 Nr. L 43/1 – *Bosch/Rexroth*.
202 Komm., ABl. 2004 Nr. L 43/1, Rn. 88 – *Bosch/Rexroth*.

schen dem für »die getrennte Vermögensverwaltung zuständigen Treuhänder« und dem »Veräußerungstreuhänder«.[203] Der Bestellung des ersten stimmt die Kommission zu, da sie »nicht täglich die Anwendung der einstweiligen Erhaltungsmaßnahmen direkt überwachen könne«.[204] Die Zuständigkeit für die getrennte Vermögensverwaltung liegt jedoch bei den Parteien, nicht beim Treuhänder. Diesem obliegt allein ihre Überwachung. Hiervon geht die Mitteilung auch an anderer Stelle aus, indem sie erklärt, dass die Parteien das Veräußerungspaket als getrenntes, veräußerbares Geschäft mit eigener Geschäftsleitung zu führen und dabei alle Vermögenswerte zu erhalten haben.[205] Aufklärend ist an dieser Stelle die englische Fassung der Mitteilung, in der es heißt:

»The Commission [...] therefore approves the appointment of a trustee to oversee the parties' compliance with such preservation measures (a so called hold-separate trustee).«

Die deutsche Übersetzung hat die zutreffende Beschreibung und die in Klammern gesetzte Bezeichnung miteinander verbunden und dabei vernachlässigt, dass der hold-separate trustee, dessen Bezeichnung als synoym für den Überwachungstreuhänder gelten kann, lediglich für das »overseeing« der Einhaltung der »preservation measures« zuständig ist.

Das Standardformular für Veräußerungszusagen nennt noch einen Aufgabenbereich, der auch auf eine gestaltende Funktion des Treuhänders bei der Umsetzung hinweist: In Absprache mit dem Unternehmen wird der Treuhänder alle notwendigen Maßnahmen festlegen, um sicherzustellen, dass das Unternehmen nach dem Tag der Wirksamkeit der Entscheidung keine Geschäftsgeheimnisse, kein Know-how, keine geschäftlichen Informationen oder andere Informationen vertraulicher oder geschützter Art bezüglich des zu veräußernden Geschäfts erhält. Dazu muss die Einbindung des zu veräußernden Geschäfts in die zentrale IT-Netzwerkstruktur aufgelöst werden, soweit dies ohne Schaden für die selbständige Lebensfähigkeit der zu veräußernden Geschäfte möglich ist. Der Treuhänder hat zu entscheiden, ob solche Informationen gegenüber dem Unternehmen offengelegt werden können, sofern sie für das Unternehmen zur Durchführung der Veräußerung erforderlich sind oder dies gesetzlich verlangt wird.

Das Standardformular für das Treuhändermandat sieht zugleich eine gegebenenfalls über die Überwachung hinausgehende Aufgabenwahrnehmung des Treuhänders vor. Nach dem Text kann der nachfolgende weitere Absatz in das jeweilige Mandat eingefügt werden, wenn die Verpflichtungszusagen vorsehen, dass der Treuhänder Stimmrechte der Unternehmen ausüben kann und/oder Mitglieder des Aufsichtsrates oder des Verwaltungsrates oder Vorstands ersetzen können soll: Der Treuhänder soll die Anteilsrechte des Unternehmens am zu veräußernden Geschäft ausüben. Dabei soll er wie ein unabhängiger Investor eines eigenständigen Geschäfts handeln. Dementsprechend wird das Unterneh-

---

203 Vgl. Mitteilung Abhilfemaßnahmen (2001), ABl. C 68 S. 3 ff. Rn. 52 f.
204 Vgl. Mitteilung Abhilfemaßnahmen (2001), ABl. C 68 S. 3 ff. Rn. 52.
205 Vgl. Mitteilung Abhilfemaßnahmen (2001), ABl. C 68 S. 3 ff. Rn. 51.

men dem Treuhänder eine vollumfängliche und sofort wirksame Vollmacht für die Ausübung der Stimmrechte erteilen. Der Treuhänder soll die Befugnis haben, Mitglieder des Aufsichtsrats oder Mitglieder des Verwaltungsrates des Veräußerungsgeschäfts im Namen des Unternehmens zu ersetzen. Auf Anforderung des Treuhänders wird das Unternehmen als Mitglied des Geschäftsführungsorgans aus diesem ausscheiden. Bei den Vertretern des Treuhänders, die in das Geschäftsführungsorgan bestellt werden sollen, handelt es sich um ein oder mehrere Mitglieder des Treuhänderteams. Für den Fall, dass Personen außerhalb des Treuhänderteams in das Gremium einziehen sollen, ist die Einwilligung der Kommission einzuholen.[206]

a) Abgrenzung zum Veräußerungstreuhänder

Bei der Unterscheidung zwischen Überwachung und Umsetzung ist der Überwachungstreuhänder insbesondere auch vom Veräußerungstreuhänder abzugrenzen. Unter der Überschrift: »Durchführung der Veräußerung – Veräußerungstreuhänder« geht die Mitteilung Abhilfemaßnahmen 2001 davon aus, dass die Funktion des Treuhänders variiert.[207] Im Allgemeinen habe der Treuhänder eine Überwachungsfunktion. Gegebenenfalls habe er zwei Aufgaben zu erfüllen: als erstes die Bemühungen der Parteien zu überwachen, einen potenziellen Käufer zu finden, als zweites, das Geschäft mit der Einwilligung der Kommission innerhalb einer bestimmten Frist ohne Preisuntergrenze zu veräußern. Auch für den Veräußerungstreuhänder geht die Mitteilung Abhilfemaßnahmen 2001 von einer Pflicht zur regelmäßigen Berichterstattung aus. Die Überwachung der Veräußerung des Unternehmensteils stellt lediglich einen Ausschnitt der Tätigkeit des Überwachungstreuhänders dar. Da mit der Suche nach einem Käufer unmittelbar nach Erlass der Entscheidung begonnen werden muss, ergibt sich bei Personenverschiedenheit – abgegrenzt nach den unterschiedlichen Aufgabenbereichen im Rahmen der Überwachung – ein vollständiger Parallellauf des Einsatzes der beiden Treuhänder. Ob sich die »Abwicklung des Veräußerungsvorgangs« – in der englischen Fassung: »*managing the divestment*« – in einer reinen Aufsicht erschöpft oder bis zu einer aktiven Gestaltung gehen kann, bleibt offen.

Die zweite Aufgabe, die selbständige Veräußerung des Geschäfts, ist originäre Aufgabe des Veräußerungstreuhänders. Die deutsche Fassung ist hier ungenau. Unwiderruflich ist das Mandat, also die dem Veräußerungstreuhänder zu erteilende Vollmacht, nicht die Aufgabe.[208]

---

206 Vgl. Commission Model Text for Trustee Mandate (o. Fn. 9), Rn. 6 (d).
207 Die deutsche Fassung der Mitteilung Abhilfemaßnahmen (2001), ABl. C 68 S. 3 ff. Rn. 54 spricht lediglich vom »Treuhänder«, die englische an dieser Stelle vom »divestiture trustee«. Zur Klarstellung wurde hier die englische Fassung übersetzt.
208 Ungenau insoweit wiederum die deutsche Fassung: Mitteilung Abhilfemaßnahmen (2001), ABl. C 68 S.3 ff. Rn. 54.

Die Mitteilung 2008 beschränkt die Funktion des Veräußerungstreuhänders auf die Durchführung der Veräußerung mit Vertretungsmacht der beteiligten Unternehmen. Die Überwachung der Veräußerungsbemühungen und die Bewertung des Käufers werden dagegen vom Überwachungstreuhänder übernommen. Damit wird ein Veräußerungstreuhänder im Sinne der Mitteilung 2008 nicht mehr vor Beginn der zweiten Veräußerungsperiode tätig. Der Standardtext für Verpflichtungszusagen definiert den Veräußerungstreuhänder als von den Parteien unabhängige natürliche oder juristische Person, dessen Ernennung erfolgt, um auf ausschließlicher Basis von den Parteien damit betraut zu werden, das zu veräußernde Geschäft ohne Bindung an einen Mindestpreis an einen Käufer zu übertragen. Der Veräußerungstreuhänder ist zu ernennen, wenn das Unternehmen einen Monat vor Ende der ersten Veräußerungsfrist keinen bindenden Kaufvertrag abgeschlossen hat oder die Kommission zu diesem oder einem späteren Zeitpunkt einen vorgeschlagenen Käufer ablehnt oder abgelehnt hat.

Das Einsetzungsverfahren entspricht dem des Überwachungstreuhänders. Die Ernennung des Veräußerungstreuhänders soll mit Beginn der verlängerten Veräußerungsfrist wirksam werden. Innerhalb der verlängerten Veräußerungsfrist hat der Veräußerungstreuhänder die zu veräußernden Geschäfte ohne Bindung an einen Mindestpreis zu verkaufen, sofern die Kommission dem Käufer und dem Kaufvertrag zugestimmt hat. Der Veräußerungstreuhänder muss in den Veräußerungsvertrag solche Bedingungen und Auflagen aufnehmen, die für einen schnellen Verkauf innerhalb der verlängerten Veräußerungsfrist angemessen sind. Insbesondere kann der Veräußerungstreuhänder die verkehrsüblichen Zusicherungen, Gewährleistungen und Freistellungen einbeziehen, die für den Abschluss des Verkaufs notwendig sind.

Der Veräußerungstreuhänder soll die berechtigten finanziellen Interessen des Unternehmens soweit wie möglich mit der Maßgabe berücksichtigen, dass das Unternehmen der uneingeschränkten Aufgabe unterliegt, ohne Bindung an einen Mindestpreis innerhalb der verlängerten Veräußerungsfrist zu veräußern. Während der verlängerten Veräußerungsfrist oder auf Anfrage der Kommission legt der Veräußerungstreuhänder der Kommission und dem Überwachungstreuhänder monatlich einen umfassenden Bericht über den Verlauf des Veräußerungsprozesses vor. Auch hier erhält das Unternehmen jeweils eine (nicht vertrauliche) Kopie.

b) Abgrenzung zum »hold-separate manager«

Das Standardformular für Veräußerungszusagen definiert den »hold-separate manager« als eine vom Unternehmen für das zu veräußernde Geschäft ernannte Person, die damit befasst ist, die laufenden Geschäfte unter der Aufsicht des Überwachungstreuhänders zu führen. Mit dieser Definition hebt das Standardformular die bislang fehlende begriffliche Trennung dieser drei Personen und die damit verbundene unklare Abgrenzung der Aufgaben- und Verantwortungsbereiche, wie sie sich in der Mitteilung Abhilfemaßnahmen aus dem Jahr 2001 vor allem im Hinblick auf den Hold Separate Manager ergibt, auf.

3. Erfahrungen der Merger Remedies Study

Die Merger Remedies Study offenbarte deutliche Unterschiede wie umfassend und intensiv der Treuhänder Getrennthaltungsverpflichtungen überwachte. In fünf der untersuchten Fälle bestand der Eindruck, der Treuhänder habe seine Überwachungsaufgabe wesentlich weniger aktiv wahrgenommen als dies rückblickend erforderlich gewesen wäre.[209] Auf der anderen Seite soll der Treuhänder nach Auffassung der beteiligten Unternehmen in einem anderen Fall seine Rolle übertrieben und dadurch unnötige Kosten verursacht haben. Der Treuhänder hatte in dem Fall zur Auflösung eines Joint-Ventures 70 Personen beauftragt, um das bestehende IT-System zu trennen.[210] Während der Treuhänder dieses Falles die Bedeutung generischer Formulierungen im Treuhändermandat betonte, weil diese dem Treuhänder Spielraum und Flexibilität zur Intervention geben würden, bemängelten andere Treuhänder, dass das Treuhändermandat und damit die Aufgabenstellung klarer hätte formuliert sein sollen.[211] Die genaue Bedeutung des Begriffs »Getrennthaltung« (»holding separate«) etwa sei nicht verstanden worden. In vielen Fällen hätten Treuhänder somit keine genaue Vorstellung davon gehabt, wie sie eine Getrennthaltungsverpflichtung der beteiligten Unternehmen in der täglichen Praxis zu überwachen hatten.[212] Nach den Erfahrungen der Kommission hatten die Treuhänder hauptsächlich Fragebögen an die beteiligten Unternehmen und/oder das Veräußerungsgeschäft verschickt und die Daten nur selten mit den entsprechenden Personen überprüft. Oft hätten sich die Treuhänder nicht routinemäßig vergewissert, dass Anweisungen zur Einschränkung des Informationsaustauschs auch alle betroffenen Mitarbeiter des Veräußerungsgeschäfts und der verbleibenden Einheit erreicht haben. Auch hätten sie nicht überprüft, ob die Schlüsselpersonen schriftliche Verpflichtungserklärungen zur Umsetzung der Getrennthaltungsverpflichtungen abgeben, Informationsvorschriften einhalten und ihre compliance regelmäßig bestätigten.[213]

Die Kommission musste überdies feststellen, dass kein Treuhänder in ihrem Sinne vollständig über die Lebensfähigkeit, Marktfähigkeit und Wettbewerbsfähigkeit des zu Veräußerungsgeschäfts berichtet hat. Die Kommission sei insofern nicht auf mögliche Probleme aufmerksam gemacht worden und habe des-

---

209 DG COMP, Merger Remedies Study (o. Fn. 127), S. 62, Rn. 24.
210 DG COMP, Merger Remedies Study (o. Fn. 127), S. 62, Rn. 25.
211 DG COMP, Merger Remedies Study (o. Fn. 127), S. 62, Rn. 25.
212 DG COMP, Merger Remedies Study (o. Fn. 127), S. 64, Rn. 30.
213 DG COMP, Merger Remedies Study (o. Fn. 127), S. 64, Rn. 30.

halb auch nicht eingreifen können.[214] Auch seien in den Akten nicht systematisch Abschlussberichte des Treuhänders enthalten.[215]

Die Treuhänder hingegen zeigten mit ihren Aussagen weitere tatsächliche oder empfundene Grenzen ihrer Tätigkeit auf. Es sei etwa extrem schwierig die Einrichtung eines ordnungsmäßigen Mechanismus zur Vermeidung eines Informationsaustauschs (»ring-fencing mechanism«) sicherzustellen und es sei unmöglich, diesen in der täglichen Praxis zu überwachen.[216] Der Treuhänder in einem Ausgliederungsfall (»carve-out«) räumte ein, in Teilen den Überblick über die Unterscheidung zwischen notwendigen und nicht notwendigen Vermögensgegenständen verloren zu haben.[217]

4. Stellungnahme

Das Aufgabenprogramm des Treuhänders hat erheblich an Schärfe gewonnen. Im Vergleich zu frühen Kommissionsentscheidungen wird es im Standardtext für Veräußerungszusagen und in den Grundzügen auch in der Mitteilung Abhilfemaßnahmen ausführlich erläutert. Auch für denjenigen, der zum ersten Mal die Funktion des Treuhänders wahrnimmt, werden die Erwartungen aus den Entscheidungen ersichtlich. Die noch in der Merger Remedies Study zum Ausdruck kommende Unsicherheit und Auslegungsbedürftigkeit der Aufgaben des Treuhänders dürften sich deutlich abgeschwächt haben. Wie aufwändig sich die Kommission die Überwachungstätigkeit des Treuhänders vorstellt, lässt sich neben der vergleichsweise detaillierten Beschreibung der Überwachungsaufgabe aus der Tatsache ableiten, dass sie von einer täglichen Überwachung spricht, die sie selbst meint, nicht leisten zu können.[218] Dass die Übersendung von Fragebögen nicht ausreicht, auch weil dies die Kommission ohne größeren Aufwand selbst erledigen könnte, dürfte für einen Treuhänder, auch unabhängig von einem Gespräch mit der Kommission zu Beginn der Aufgabenwahrnehmung, erkennbar sein. Sofern Unterschiede in der Aufgabenwahrnehmung fortbestehen, dürften die Ursachen dafür eher in der Komplexität des Falles, einer gegebenenfalls unzureichenden Qualifikation oder Unabhängigkeit des Treuhänders liegen als in der Unklarheit des Erwartungshorizontes.

Deutlich ist nunmehr auch die Abgrenzung der Aufgaben des Überwachungstreuhänders gegenüber dem Veräußerungstreuhänder. Die Aufgaben des in der Mitteilung Abhilfemaßnahmen aus dem Jahr 2001 nicht ausdrücklich benannten Überwachungstreuhänders ergaben sich noch mittelbar aus der Pflicht der Un-

---

214 DG COMP, Merger Remedies Study (o. Fn. 127), S. 63, Rn. 28.
215 DG COMP, Merger Remedies Study (o. Fn. 127), S. 65, Rn. 34.
216 DG COMP, Merger Remedies Study (o. Fn. 127), S. 64, Rn. 31.
217 DG COMP, Merger Remedies Study (o. Fn. 127), S. 65, Rn. 32.
218 Vgl. Mitteilung Abhilfemaßnahmen (2001), ABl. 2001 Nr. C 68/3, Rn. 52 sowie DG COMP, Merger Remedies Study (o. Fn. 127), S. 61 Rn. 21.

ternehmen zur getrennten Vermögensverwaltung. Sie mussten in deren Überwachung bestehen. Unter der Überschrift »Durchführung der Veräußerung – Veräußerungstreuhänder« behandelte die Mitteilung demgegenüber nicht nur die Umsetzung des Veräußerungsvorgangs sondern auch dessen Überwachung[219]. Die neue Mitteilung Abhilfemaßnahmen verlangt von den beteiligten Unternehmen dagegen, einen Treuhänder zu bestellen, der die Erfüllung ihrer Verpflichtungen überwacht, »insbesondere ihre Verpflichtungen in der Übergangszeit und im Veräußerungsverfahren (Überwachungstreuhänder).«[220] Konsequent ist daher auch nicht mehr von einem »für die getrennte Vermögensverwaltung zuständigen Treuhänder« bzw. einem »hold-separate trustee« sondern allgemein von einem Überwachungstreuhänder die Rede. Eine Erklärung dieser Entwicklung liefert die Merger Remedy Study: Die Idee eines »hold-separate-manager« als Umsetzungsorgan der Parteien ist danach in dem Zeitraum, den die Untersuchung der Studie erfasst, überhaupt erst entstanden.[221]

Entsprechend den Bezeichnungen ist auch die Abgrenzung zwischen der Umsetzung (als Aufgabe der Unternehmen und ihres »hold separate managers«) und der Überwachung der Umsetzung (als Aufgabe des Überwachungstreuhänders) klarer geworden. Das Aufgabenprogramm im Standardtext für Veräußerungszusagen und die dadurch geprägten Entscheidungen sowie die neue Mitteilung Abhilfemaßnahmen zeichnen den Treuhänder bei seiner Aufgabenwahrnehmung in einer eher reaktiven als in einer die Umsetzung gestaltenden Rolle. Die von der Kommission in der Merger Remedy Study erwähnte Beauftragung von 70 Personen durch den Treuhänder zur Trennung des IT-Systems wäre nach dem gegenwärtigen Standard nicht nur als eine Übertreibung der Überwachungsaufgabe, sondern auch als eine Verkennung der Funktion anzusehen, da Umsetzungsaufgaben von den Parteien zu erfüllen sind.

Gewisse Überschneidungen bleiben aber auch nach den Aufgabenbeschreibungen in den Standardformularen. Nach dem Standardformular für Veräußerungszusagen soll der Treuhänder die Weitergabe von vertraulichen Geschäftsinformationen des zu veräußernden Geschäfts an die beteiligten Unternehmen in Absprache mit diesen festlegen. Die neue Mitteilung Abhilfemaßnahmen spricht demgegenüber nur von »vorschlagen«. Die Getrennthaltung wird damit nicht nur kontrolliert, sondern (mit-)bestimmt. Inwieweit es in tatsächlicher Hinsicht zur unmittelbaren Vornahme von Umsetzungsmaßnahmen durch den Treuhänder kommt und wie dies von der Kommission eingeschätzt wird, lässt sich dagegen nur vermuten.

Der Einfluss des Treuhänders auf den Umsetzungserfolg ist allerdings auch bei einer rein reaktiven Aufgabenwahrnehmung nicht zu unterschätzen. Gerade durch eine intensive Überwachung kann sich ein Vertrauen der Kommission in die Aufgabenerfüllung des Treuhänders und damit in die Vollständigkeit und

---

219 Vgl. Mitteilung Abhilfemaßnahmen (2001), ABl. 2001 Nr. C 68/3, Rn. 53 u. 54.
220 Vgl. Mitteilung Abhilfemaßnahmen, ABl. 2008 Nr. C 267/1, Rn. 117.
221 DG COMP, Merger Remedies Study (o. Fn. 127), S. 66 Rn. 39.

Richtigkeit seiner Berichterstattung über den Stand der Umsetzung ergeben. Dasselbe gilt für die Bewertung potentieller Käufer. Sofern die Kommission nicht auf andere Quellen zurückgreifen kann, wird sie sich kaum veranlasst sehen, die Einschätzung des Treuhänders anzuzweifeln. Vielmehr wird sie seiner Einschätzung folgen, solange diese schlüssig und nachvollziehbar sind. Dass sich die Kommission grundsätzlich (allein) auf die Informationen und Bewertungen des Treuhänders verlässt, lässt sich an ihrer Kritik in der Merger Remedies Study ablesen. Die unzureichenden Treuhänderberichte werden darin als Ursache für das unterbliebene Einschreiten genannt.[222]

VI. Verhältnis des Treuhänders zu den Zusammenschlussbeteiligten und der Kommission

Die Kommission und die beteiligten Unternehmen stehen zueinander in einem Verwaltungsrechtsverhältnis. Der Treuhänder steht zwischen beiden. Er ist durch privatrechtlichen Vertrag unmittelbar einem der beteiligten Unternehmen verbunden. Gleichzeitig nimmt er mit der Überwachung der Umsetzung der Auflagen und Bedingungen eine Aufgabe wahr, an deren ordnungsgemäßer Erfüllung ein von der Kommission vertretenes öffentliches Interesse besteht. Eine Ungewissheit darüber, für wen der Treuhänder handelt, bzw. wem er sich (stärker) verpflichtet fühlt oder fühlen soll, ist der Konstruktion immanent. Die Verwaltungspraxis zeigt, dass eine generelle Festlegung darauf, für wen der Treuhänder mit welchen Rechten tätig ist, nicht immer erkennbar ist.

1. Handeln im Namen der Kommission vs. Handeln im Namen der Unternehmen

Nach der Treuhänderentscheidung im Fall *Procter & Gamble/VP Schickedanz* sollte der Treuhänder im Namen der Kommission (»to act on its behalf«) die weitere Geschäftsführung des zu veräußernden Geschäfts überwachen.[223] Mit geringfügiger Abweichung folgt dieser Formulierung auch die Entscheidung *Coca-Cola/Kar-Tess Group* (»on the Commission's behalf«).[224] Die Entscheidung *Siemens/Elektrowatt* spricht von einer Überwachung »im Auftrag« der Kommission.[225] Demgegenüber sieht die ebenso frühe Treuhänderentscheidung im Fall *Kimberly Clark/Scott* vor, dass der Treuhänder die Erfüllung der Ver-

---

222 Vgl. DG COMP, Merger Remedies Study (o. Fn. 127), S. 63 Rn. 28.
223 Komm., ABl. 1994 Nr. L 354/32, Rn. 186 – *Procter & Gamble/VP Schickedanz (II)*.
224 Komm., ABl. 2002 Nr. C 135/9 – *Coca-Cola/Kar-Tess Group* (Zusagentext nur auf der Seite der GD Wettbewerb (o. Fn. 91), Rs. M.2794, S. 14, Rn. 10).
225 Komm., ABl. 1999 Nr. L 88/1, Rn. 126 – *Siemens/Elektrowatt*.

VI. Verhältnis des Treuhänders zu den Zusammenschlussbeteiligten und der Kommission

pflichtungszusagen »im Namen der Parteien« überwacht.[226] Auch nach der Formulierung in den späteren Entscheidungen *Sara Lee/Courtaulds*[227] oder *Rexam/American National Can*[228] handelt der Treuhänder ausschließlich für das jeweilige Unternehmen. Die Entscheidung *Coca Cola/Carlsberg*[229] verbindet beide Formulierungsalternativen. Während im »Namen der Kommission« die laufende unabhängige und getrennte Geschäftsführung zu überwachen ist,[230] heißt es an anderer Stelle, dass der Treuhänder im »Namen von Carlsberg A/S« die laufenden Geschäfte überwacht.[231] Die sich widersprechenden Formulierungen sind auch nicht dadurch zu erklären, dass es sich um verschiedene Veräußerungsobjekte handelt.

Nach der Mitteilung Abhilfemaßnahmen aus dem Jahr 2001 handelt der für die getrennte Vermögensverwaltung zuständige Treuhänder »im Interesse« des zu veräußernden Geschäfts[232]. Er nimmt jedoch »im Namen der Kommission bestimmte Aufgaben war, um die gewissenhafte Erfüllung der eingegangenen Verpflichtungen zu gewährleisten.«[233] Die Mitteilung spiegelt insoweit einen Teil der Entscheidungspraxis[234] wieder. Die neue Mitteilung Abhilfemaßnahmen erklärt in diesem Zusammenhang, der Überwachungstreuhänder erfülle seine Aufgaben unter der Aufsicht der Kommission. Er sei als ihr »Auge und Ohr« anzusehen.[235] Dem Standardformular für Verpflichtungszusagen lässt sich keine unmittelbar vergleichbare Aussage zum Verhältnis des Treuhänders zur Kommission bzw. den beteiligten Unternehmen entnehmen. Nach der Formulierung des Standardformulars für das Treuhändermandat handelt der Treuhänder – wie in der Mitteilung Abhilfemaßnahmen aus dem Jahr 2001, aber anders als

---

226 Komm., ABl. 1996 Nr. L 183/1, Rn. 233 – *Kimberly Clark/Scott*.
227 Komm., ABl. 2000 Nr. C 164/3 – *Sara Lee/Courtaulds* (Zusagentext nur auf der Seite der GD Wettbewerb (o. Fn. 91), Rs. M.1892, S. 17 Rn. 9).
228 Komm. ABl. 2001 Nr. C 325/11 – *Rexam/American National* (Text auf Eur-lex (o. Fn. 91), CELEX Nr. 32002M1892, Undertakings, Rn. 3.1).
229 Komm., ABl. 1997 Nr. L 145/41 – *The Coca-Cola Company/Carlsberg A/S*.
230 Komm., ABl. 1997 Nr. L 145/41, Rn. 109 – *The Coca-Cola Company/Carlsberg A/S*.
231 Komm., ABl. 1997 Nr. L 145/41, Rn. 110 – *The Coca-Cola Company/Carlsberg A/S*.
232 Mitteilung Abhilfemaßnahmen (2001), ABl. 2001 C 68 S. 3 ff., Rn. 52.
233 Mitteilung Abhilfemaßnahmen (2001), ABl. 2001 Nr. C 68/3, Rn. 56.
234 Vgl. Komm., ABl. 1994 Nr. L 354/32 – *Procter & Gamble/VP Schickedanz (II)*; ABl. 1999 Nr. L 88/1 – *Siemens/Elektrowatt*; ABl. 2002 Nr. C 135/9 – *Coca-Cola/Kar-Tess Group* (vollst. Text auf der Seite der GD Wettbewerb (o. Fn. 91), Rs. M.1683).
235 Vgl. Mitteilung Abhilfemaßnahmen, ABl. 2008 Nr. C 267/1, Rn. 118. Das dort verwendete Bild wurde zuvor bereits im »*Statement of the Federal Trade Commission's Burea of Competition on Negotiating Merger Remedies*« vom 2. April 2003 verwendet (verfügbar auf der Seite der Federal Trade Commission: www.ftc.gov/bc/bestpractices/).

in der neuen Mitteilung Abhilfemaßnahmen – für bzw. im Namen der Kommission.[236]

2. Durchsetzungs- vs. Vorschlagsrecht des Treuhänders gegenüber den Parteien

Neben der Unsicherheit darüber, für wen der Treuhänder tätig werden soll, ergeben sich bei der Bestimmung des Verhältnisses des Treuhänders zu den beteiligten Unternehmen Fragen hinsichtlich der Durchsetzungsmöglichkeit von Maßnahmen.

Im Fall *Bombardier/Adtranz*[237] wird zum ersten Mal in einer Entscheidung von einem Durchsetzungsrecht des Treuhänders gegenüber den beteiligten Unternehmen gesprochen.[238] Der Treuhänder sollte danach das Recht haben, alle erforderlichen Maßnahmen vorzuschlagen und gegebenenfalls durchzusetzen, um die Einhaltung der Verpflichtungszusagen sicherzustellen. Die Formulierung eines Durchsetzungsrechts entsprach der Praxis der Kommission in den Jahren 2001 und 2002. Der Begriff wurde unter anderem in den Entscheidungen *Degussa/Laporte*,[239] *Buhrmann/Samas Office Supplies*,[240] *Pernod Ricard/ Diageo Seagram*,[241] *Industri Kapital/Perstorp II*,[242] *Nestlé/Ralston Purina*,[243] *Gerling/NCM*,[244] *BP/E.ON*,[245] *Masterfoods/Royal Canin*,[246] *Haniel/Ytong*,[247]

236 Vgl. Commission Model Text for Trustee Mandate, Sec. C, Rn. 4.
237 Komm., ABl. 2002 Nr. L 69/50 – *Bombardier/ADtranz* (Zusagen nicht im ABl. abgedruckt, auf der Seite der GD Wettbewerb (o. Fn. 91), Rs. M.2139, S. 38).
238 Insgesamt zum ersten Mal erwähnt wurde das Durchsetzungsrecht in der Mitteilung Abhilfemaßnahmen (2001), ABl. 2001 Nr. C 68/3, Rn. 52.
239 Komm., ABl. 2001 Nr. C 140/11 – *Degussa/Laporte* (vollst. Text bei Eur-lex (o. Fn. 5), CELEX Nr. 32001M2277, Commitments, Rn. 9 (e)).
240 Komm., ABl. 2003 Nr. C 117/5 – *Buhrmann/Samas Office Supplies* (vollst. Text auf der Seite der GD Wettbewerb (o. Fn. 91) Rs. M.2286, S. 28, Rn. 14 (i) (b).
241 Komm., ABl. 2002 Nr. C 16/13 – *Pernod Ricard/Diageo/Seagram Spirits* (Vollst. Text auf der Seite der GD Wettbewerb (o. Fn. 91) Rs. M.2268, S. 25, Rn. 15.).
242 Komm., ABl. 2001 Nr. C 274/14 – *Industri Kapital/Perstorp (II)* (vollst. Text auf der Seite der GD Wettbewerb (o. Fn. 91) Rs. M.2396, S. 18, Rn. 14 (i) (c).
243 Komm., ABl. 2002 Nr. C 239/8 – *Nestlé/Ralston Purina* (vollst. Text auf der Seite der GD Wettbewerb (o. Fn. 91) Rs. M.2237, S. 22, Rn. 22 (a) (iv).
244 Komm., ABl. 2002 Nr. C 35/ 3 – *Gerling/NCM* (vollst. Text auf der Seite der GD Wettbewerb (o. Fn. 91) Rs. M.2602; S. 18, Rn. 30 (i) (b)).
245 Komm., ABl. 2002 Nr. L 276/31 – *BP/E.ON* (Zusagen nicht im ABl. abgedruckt, verfügbar auf der Seite der GD Wettbewerb (o. Fn. 91) Rs. M.2533, S. 47, Rn. 20 (a)).
246 Komm., ABl. 2002 Nr. C 79/10 – *Masterfoods/Royal Canin* (vollst. Text auf der Seite der GD Wettbewerb (o. Fn. 91), Rs. M.2544, Commitments, Rn. 30 (i) (e)).
247 Komm., ABl. 2002 Nr. L 111/1 – *Haniel/Ytong* (Zusagen nicht im ABl. abgedruckt, verfügbar auf der Seite der GD Wettbewerb (o. Fn. 91) Rs. M.2568, Annex Commitments, Rn. 15).

VI. Verhältnis des Treuhänders zu den Zusammenschlussbeteiligten und der Kommission

Barilla/BPL/Kamps[248] und *Promatech/ Sulzer*[249] verwendet. Die Entscheidungen *Industri Kapital/Perstorp II* und *BP/E.ON* schränkten das »Durchsetzungsrecht« allerdings insofern ein, als der Treuhänder es nur »mit Zustimmung der Kommission« ausüben durfte.

Auch nach der Mitteilung Abhilfemaßnahmen aus dem Jahr 2001 gehören zum Mandat des Treuhänders »Kontrollaufgaben, einschließlich des »Rechts, alle Maßnahmen vorzuschlagen und notfalls durchzusetzen«, die der Treuhänder für notwendig erachtet, um die Erfüllung sämtlicher Verpflichtungen zu gewährleisten.«[250]

Demgegenüber geht die neue Mitteilung Abhilfemaßnahmen im Verhältnis des Treuhänders zu den beteiligten Unternehmen davon aus, dass der Treuhänder »Maßnahmen vorschlagen« kann, »die er für die Erfüllung seiner Aufgaben als erforderlich ansieht.« Von einem Recht, Maßnahmen notfalls durchzusetzen – wie in der früheren Mitteilung Abhilfemaßnahmen oder in einer Vielzahl älterer Entscheidungen[251] – ist nicht mehr die Rede. Wie die neue Mitteilung Abhilfemaßnahmen gehen auch das Standardformular für Veräußerungszusagen und das Standardformular für das Treuhändermandat davon aus, dass der Überwachungstreuhänder den beteiligten Unternehmen Maßnahmen, die er für die Sicherstellung der Einhaltung der Auflagen und Bedingungen als notwendig ansieht, lediglich vorschlagen kann.[252]

3. Anweisungsrecht der Kommission gegenüber dem Treuhänder

Im Verhältnis zwischen Kommission und Treuhänder ist zum ersten Mal in der Entscheidung *Hoechst/Rhone-Poulenc*[253] ein Anweisungsrecht der Kommission formuliert worden. Sie kann danach aufgrund eigener Initiative oder der des Treuhänders an diesen (zusätzliche) Anweisungen oder Anordnungen richten, wenn dies notwendig oder angemessen sein sollte, um die Einhaltung der Zusa-

---

248 Komm., ABl. 2002 Nr. C 198/4 – *Barilla/BPL/Kamps* (vollst. Text auf der Seite der GD Wettbewerb (o. Fn. 91), Rs. M.2817, Commitments, Rn. 29 (ii) (e)).
249 Komm., ABl. 2004 Nr. L 79/27 – *Promatech/Sulzer* (Zusagen nicht im ABl. abgedruckt, verfügbar auf der Seite der GD Wettbewerb (o. Fn. 91), Rs. M.2698, Annex 2 (S. 50), Rn. 30 (e))
250 Mitteilung Abhilfemaßnahmen (2001), ABl. 2001 Nr. C 68 S. 3 ff. Rn. 52.
251 Vgl. o. Fn. 239 bis 249.
252 Vgl. Commission Model Text for Divestiture Commitments (o. Fn. 9), Rn. 23 (iv): »*propose to [X] such measures as the Monitoring Trustee considers necessary to ensure [X]'s compliance with the conditions and obligations attached to the Decision [...]*«, sowie fast wortgleich Commission Model Text for Trustee Mandate (o. Fn. 9), Rn. 5.
253 Komm., ABl. 1999 Nr. C 254/5 – *Hoechst/Rhône-Poulenc*.

gen sicherzustellen.[254] Das Verhältnis Kommission/Treuhänder, das sich nach dem Entscheidungsinhalt bis dahin in der Entgegennahme der Berichte des Treuhänders erschöpfte, war damit deutlich erweitert.

Die Formulierung eines Anweisungsrechts hat sich in der Treuhänderpraxis durchgesetzt. Auch die neue Mitteilung Abhilfemaßnahmen,[255] das Standardformular für Veräußerungszusagen[256] und das Standardformular für das Treuhändermandat[257] enthalten die Erklärung, dass die Kommission dem Treuhänder aus eigener Initiative oder auf Anfrage des Unternehmens Anordnungen oder Anweisungen erteilen kann, um die Einhaltung der Auflagen und Bedingungen sicherzustellen. Mit der Formulierung eines Anweisungsrechts der Kommission gegenüber dem Treuhänder wird gleichzeitig das vertragliche Weisungsrecht der Parteien gegenüber dem Treuhänder verdrängt, zumindest aber überlagert. So erklärt der Standardtext des Treuhändermandats, das Unternehmen sei nicht berechtigt, dem Treuhänder Anweisungen zu erteilen.[258] Nach der neuen Mitteilung Abhilfemaßnahmen können die beteiligten Unternehmen dem Treuhänder Weisungen nur erteilen, sofern die Kommission dafür ihre Zustimmung erteilt hat.[259]

Die Verdrängung des vertragsrechtlichen Anweisungsrechts der Parteien wird in einigen Entscheidungen deutlich, in denen für den Treuhänder eine gesellschaftsrechtlich relevante Funktion vorgesehen war. Im Fall *Vodafone Airtouch/Mannesmann*[260] etwa sollte dem Treuhänder eine umfassende Vollmacht eingeräumt werden, als rechtmäßiger Vertreter der Veräußerungsgruppe (Vodafone Airtouch einschließlich Mannesmann und der jeweiligen Tochterunternehmen) ihre Rechte im Hinblick auf die Zusammensetzung, Ernennung und Abberufung von Mitgliedern des Vorstandes des Unternehmens Orange auszuüben. Mit diesem war Mannesmann zum Zeitpunkt der Anmeldung des Zusammenschlusses noch verbunden. Der Treuhänder sollte darauf hinwirken, dass sich Vertreter der Veräußerungsgruppe aus dem Vorstand oder sonstigen Gremien von Orange zurückziehen. Ferner sollte er – unter Wahrung der rechtlichen Anforderungen und Gesellschafterpflichten – bis zur Veräußerung die Stimmrechte der Veräußerungsgruppe insoweit ausüben, als das Unternehmen Orange von der Wahrnehmung unmittelbar betroffen sein würde.[261] Der vollumfänglichen Vertretungsmacht stand das Verbot jeglicher Anweisung seitens der

---

254 Komm., ABl. 1999 Nr. C 254/5 – *Hoechst/Rhône-Poulenc* (Zusagentext auf der Seite der GD Wettbewerb (o. Fn. 91), Rs. M.1378, Annex 4, Rn. 25).
255 Mitteilung Abhilfemaßnahmen, ABl. 2008 Nr. C 267/1, Rn. 118.
256 Commission Model Text for Divestiture Commitments (o. Fn. 9), Rn. 22.
257 Commission Model Text for Trustee Mandate (o. Fn. 9), Rn. 4.
258 Commission Model Text for Trustee Mandate (o. Fn. 9), Rn. 4.
259 Mitteilung Abhilfemaßnahmen, ABl. 2008 Nr. C 267/1, Rn. 118.
260 Komm., ABl. 2000 Nr. C 141/19 – *Vodafone Airtouch/ Mannesmann*.
261 Komm., ABl. 2000 Nr. C 141/19 – *Vodafone Airtouch/ Mannesmann* (vollst. Text auf Eur-lex (o. Fn. 5), CELEX Nr. 32000M1795, Rn. 62 (7.3)).

VI. Verhältnis des Treuhänders zu den Zusammenschlussbeteiligten und der Kommission

Parteien und damit der Veräußerungsgruppe gegenüber. Jede Weisung der Veräußerungsgruppe, die im Widerspruch zu den in der Zusage ausgeführten Funktionen des Treuhänders stand, war als nichtig zu betrachten. Im Ergebnis wurden damit die Rechte der Gesellschafter erheblich beschnitten. Vergleichbare Konstellationen enthielten auch die Treuhänderzusagen der Entscheidungen *Imetal/English China Clays*,[262] *TotalFina/Elf*,[263] *Veba/Viag*,[264] *Mitsui/CVRD/ Caemi*[265].

Das Anleitungsrecht im Verhältnis zwischen Kommission und Treuhänder hat das Durchsetzungsrecht im Verhältnis zwischen Treuhänder und beteiligten Unternehmen in der Verwaltungspraxis abgelöst. Entscheidungen, die ein Durchsetzungsrecht formulieren, ergehen nicht mehr. Vielmehr gehen alle jüngeren Entscheidungen von einem Anweisungsrecht der Kommission aus. Bemerkenswert ist, dass die Formulierung eines Durchsetzungsrechts des Treuhänders gegenüber den Parteien und eines Anweisungsrechts der Kommission gegenüber dem Treuhänder in keiner Zusagenentscheidung zusammen auftreten.

4. Sonderfall: Die Entscheidung EnBW/EDP/Castajur/Hidrocantabrico

Die eindeutigen Rechtsbeziehungen – das Verwaltungsrechtsverhältnis zwischen Kommission und den beteiligten Unternehmen einerseits und das privatrechtliche Verhältnis zwischen Treuhänder und den Unternehmen andererseits – lässt die Kommission nur in Ausnahmefällen unberührt. Die Entscheidung *EnBW/EDP/Castajur/Hidrocantabrico*[266] sieht nicht – wie zwischen 2001 und 2002 üblich – vor, dass der Treuhänder den Parteien gegenüber Maßnahmen zur Umsetzung vorschlägt oder durchsetzt. Auch ist nicht vorgesehen, dass die Kommission den Treuhänder anweist, um sicherzustellen, dass den Auflagen und Bedingungen entsprochen wird. Vielmehr soll der Treuhänder der Kommission lediglich Maßnahmen vorschlagen, die er für notwendig erachtet, um die Einhaltung der Verpflichtungen sicherzustellen. Auf der Grundlage dieser Vorschläge soll die Kommission diejenigen Maßnahmen beschließen können, die sie selbst für notwendig hält.[267]

---

262 Komm., ABl. 2001 Nr. C 56/7 – *Imetal/English China Clays* (vollst. Text auf der Seite der GD Wettbewerb (o. Fn. 91), Rs. M1381, Annex: undertakings, Rn. 5).
263 Komm., ABl. 2001 Nr. L 143/1, Annex, Rn. 21 (c) – *TotalFina/Elf*.
264 Komm., ABl. 2001 Nr. L 188/1, (44 ff.) – *Veba/VIAG*.
265 Komm., ABl. 2004 Nr. L 92/50 (Zusagetext auf der Seite der GD Wettbewerb (o. Fn. 91), Rs. M.2420, Annex (S. 62), Rn. 22).
266 Komm., ABl. 2002 Nr. C 114/23 – *EnBW/EDP/Castajur/Hidrocantabrico*.
267 Komm., ABl. 2002 Nr. C 114/23 – *EnBW/EDP/Castajur/Hidrocantabrico.*, (vollst. Text auf Eur-lex (o.Fn. 5), CELEX Nr. 32002M2684, Annex I, 3. Abs.).

Die Rolle des Treuhänders wird damit von der der Kommission abgegrenzt. Es bestehen weder Anhaltspunkte für die Annahme einer hoheitlichen Befugnis noch einer faktisch gleichen Wirkung seiner Tätigkeit. Der Treuhänder erscheint als unabhängiger Beobachter und – soweit er der Kommission gegenüber Vorschläge macht – Berater. Die Entscheidung über gegebenenfalls erforderliche Maßnahmen bleibt uneingeschränkt bei der Kommission.

5. Pflichten der Parteien gegenüber dem Treuhänder

Lediglich ältere Entscheidungen sowie die Mitteilung Abhilfemaßnahmen aus dem Jahr 2001 verzichten auf die ausführliche Festlegung von besonderen Pflichten der Parteien gegenüber dem Treuhänder.[268] Inwieweit in diesen Fällen besondere, über allgemeine Vertragspflichten hinausgehende Treuhänderpflichten der Parteien in den Treuhänderverträgen aufgenommen wurden, kann mangels öffentlicher Zugänglichkeit nur vermutet werden.

Die neue Mitteilung Abhilfemaßnahmen 2008 formuliert hingegen: »Um seine Aufgabe erfüllen zu können, hat der Treuhänder Zugang zu den Büchern und Aufzeichnungen der beteiligten Unternehmen und des zu veräußernden Geschäfts, soweit und solange dies für die Umsetzung der Verpflichtungen erforderlich ist, kann er die beteiligten Unternehmen um Unterstützung von Seiten der Geschäftsführung und Verwaltung bitten, wird er über mögliche Erwerber und alle Entwicklungen im Veräußerungsverfahren unterrichtet und erhält er die möglichen Erwerbern übermittelten Informationen«.[269]

Das Standardformular für Verpflichtungszusagen und das Standardformular für das Treuhändermandat erweitern und konkretisieren wortgleich die Unterstützungs-, Bereitstellungs- und Gewährungspflichten der Unternehmen im Verhältnis zum Treuhänder: Das Unternehmen lässt dem Treuhänder danach jede Unterstützung und Information zukommen, die dieser zur Erfüllung seiner Aufgaben vernünftigerweise benötigt. Der Treuhänder hat Zugang zu allen Büchern, Aufzeichnungen, Unterlagen, Mitarbeitern, Einrichtungen, Standorten und technischen Informationen, die für die Erfüllung seiner Pflichten erforderlich sind. Er kann Kopien von allen Unterlagen verlangen. Das Unternehmen hat dem Treuhänder ein oder mehrere Büros an seinem Standort zur Verfügung zu stellen. Es bleibt für den Treuhänder für Besprechungen verfügbar, um ihn mit allen notwendigen Informationen für die Erfüllung seiner Aufgaben zu versorgen. Die Geschäftsführung und Verwaltung des Unternehmens sollen dem Treuhänder jede Unterstützung zuteil werden lassen, die dieser für das zu veräußernde Geschäft verlangt. Dies beinhaltet die Unterstützung der Verwaltung hinsichtlich des Veräußerungsgeschäftes, die bislang am Hauptsitz wahrgenommen wurde. Das Unternehmen hat dem Treuhänder auf Nachfrage Zugang

---

268 Vgl. etwa Komm., ABl. 1999 Nr. L 88/1, Rn. 126 ff. – *Siemens/Elektrowatt*.
269 Mitteilung Abhilfemaßnahmen, ABl. 2008 Nr. C 267/1, Rn. 120.

VI. Verhältnis des Treuhänders zu den Zusammenschlussbeteiligten und der Kommission

zu den Informationen zu verschaffen, die an potenzielle Käufer zu übermitteln sind. Dies gilt insbesondere für Datenraum-Dokumentationen und alle anderen Informationen, die potenziellen Käufern im Rahmen der »due diligence« gewährt wurden. Das Unternehmen informiert den Treuhänder über mögliche Käufer, übermittelt eine Liste der potenziellen Käufer und hält den Treuhänder über die Entwicklungen im Veräußerungsprozess auf dem Laufenden.[270]

6. Erfahrungen nach der Merger Remedies Study

Zum Verhältnis des Treuhänders zu den verschiedenen Beteiligten erwähnt die Merger Remedies Study, dass der Treuhänder und die Parteien die Mandate im Hinblick auf die Aufgaben und Verpflichtungen des Treuhänders oft für mehrdeutig hielten.[271] Für den Treuhänder eines Falles ergaben sich Unsicherheiten über seine Befugnisse aus den sprachlichen Unterschieden zwischen seinem Einsetzungsschreiben und den Verpflichtungszusagen.[272] Betont wird, dass in allen untersuchten Fällen das Mandat in einem Vertrag zwischen Treuhänder und den Parteien bestanden habe, der von der Kommission gebilligt worden sei. Die Kommission selbst sei nicht Partei dieses Vertrages gewesen.[273] Aufschlüsse zum Verhältnis zwischen Treuhänder und Kommission ergeben sich teilweise auch aus den von den Treuhändern vorgebrachten weiteren Argumenten zur Bewertung der gewählten Konstruktion. Auf die Ausführungen in diesem Kapitel im Abschnitt III zum Einsetzungsverfahren wird verwiesen.

7. Stellungnahme

Die Formulierungen in den Entscheidungen der Kommission und ihren Veröffentlichungen sowie die gewählte Konstruktion können eine Verunsicherung bei der Bestimmung des Verhältnisses des Treuhänders zur Kommission und zu den Parteien nicht verhindern. Auch wenn Entscheidungen und Veröffentlichungen gegensätzliche Formulierungen enthalten und dadurch die Ambivalenz fördern, dürfte klar sein, dass der Treuhänder – trotz der rechtlichen Konstruktion – allein für die Kommission handeln soll. Aus der Merger Remedies Study lässt sich entnehmen, dass diese Auffassung auch unter den befragten Treuhändern vorherrscht. So verteidigte ein Treuhänder die bestehende Konstruktion damit, dass die Bezahlung durch die Unternehmen während der Tätigkeit für die

---

270 Commission Model Text for Divestiture Commitments (o. Fn. 9), Rn. 26, 27 sowie Commission Model Text for Trustee Mandate (o. Fn. 9), Rn. 17, 18.
271 DG COMP, Merger Remedies Study (o. Fn. 127), S. 94, Rn. 25.
272 DG COMP, Merger Remedies Study (o. Fn. 127), S. 94, Rn. 25.
273 DG COMP, Merger Remedies Study (o. Fn. 127), S. 94, Rn. 28.

Kommission kein Problem darstelle.[274] Die Befürworter einer unmittelbaren Einsetzung des Treuhänders durch die Kommission geben mit der Begründung, ihre Position gegenüber den Unternehmen werde dadurch stärker[275] oder würde mehr Autorität gewinnen[276], zu erkennen, dass sie nicht grundlegend anzweifeln allein für die Kommission tätig zu werden. Ihnen geht es offensichtlich nur um qualitative Verbesserungsmöglichkeiten.

Wenn in der Entscheidungspraxis und in der früheren Mitteilung Abhilfemaßnahmen aber auch im Standardformular für das Treuhändermandat davon ausgegangen wird, der Treuhänder handele »im Namen der Kommission«, dürfte dies nicht im rechtstechnischen Sinn zu verstehen sein. Vielmehr erscheint die Formulierung als Ausdruck der Erwartung der Kommission, dass sich der Treuhänder bei seiner Überwachungsaufgabe in erster Linie ihr gegenüber verpflichtet fühlt und nicht seinem vertraglichen Auftraggeber. Der Treuhänder soll als Vertreter der Kommission auftreten, ohne dies rechtlich zu sein. Dementsprechend formuliert die neue Mitteilung Abhilfemaßnahmen, der Treuhänder sei ihr »Auge und Ohr«. Mit dieser untechnischen Bezeichnung vermeidet die Kommission – möglicherweise bewusst – eine rechtliche Aussage. Zweifel hinsichtlich der rechtlichen Erheblichkeit stellen sich entsprechend bei dem in älteren Entscheidungen und in der Mitteilung Abhilfemaßnahmen 2001 formulierten »Recht des Treuhänders, Maßnahmen gegenüber den Unternehmen durchzusetzen«. Auch hier ist von einem untechnischen Verständnis auszugehen. Die Kommission scheint erkannt zu haben, dass dadurch der Eindruck entstehen konnte, dem Treuhänder stünden gegenüber den Parteien Rechte zu, die grundsätzlich allein der Kommission im Verwaltungsrechtsverhältnis zu den Parteien vorbehalten sind. Sämtliche jüngeren Treuhänderentscheidungen, der Standardtext für Veräußerungszusagen sowie die neue Mitteilung Abhilfemaßnahmen gehen lediglich von einem Recht des Treuhänders aus, den Unternehmen »geeignete Maßnahmen vorzuschlagen«. Sie lassen so die Rechtsfolge offen. Vorschläge kann der Treuhänder seinem Auftraggeber jederzeit auch ohne ausdrückliche Nennung im Vertrag machen. Die besondere Erwähnung erscheint insoweit eher als eine Beschreibung der Aufgabe und nicht des Verhältnisses.

Mehr als nur eine Aufgabenbeschreibung liegt in dem Anweisungsrecht der Kommission. Die rechtliche Grundlage für ein Anweisungsrecht der Kommission gegenüber dem Treuhänder ist nicht selbsterklärend. Eine rechtliche Beziehung zwischen Kommission und Treuhänder ist nicht offensichtlich erkennbar. Das Recht der Kommission wird in einem Verwaltungsakt erwähnt, der nicht an den Treuhänder adressiert ist und ihn schon deshalb nicht binden kann, weil seine Identität zum Zeitpunkt des Erlasses und damit vor dem Einsetzungsverfahren noch nicht bestimmt und unter Umständen noch nicht einmal bekannt ist.

---

274 DG COMP, Merger Remedies Study (o. Fn. 127), S. 95, Rn. 29.
275 DG COMP, Merger Remedies Study (o. Fn. 127), S. 95, Rn. 29.
276 DG COMP, Merger Remedies Study (o. Fn. 127), S. 95, Rn. 29.

Das Recht wird andererseits im Treuhändervertrag erwähnt. Dieser bindet jedoch zunächst allein den Treuhänder und die Parteien. Der Frage nach der Verankerung des Anweisungsrechts der Kommission und der Beschränkung des Anweisungsrechts der Parteien wird in der Gegenüberstellung mit anderen verwaltungs- und privatrechtlichen Rechtsinstituten im 4. Kapitel eingehend nachgegangen. Die mit dem Anweisungsrecht der Kommission stets verbundene Einschränkung des Weisungsrechts der Parteien gegenüber dem Treuhänder findet ihre Grundlage im Treuhändervertrag. Die Vertragsparteien vereinbaren, dass das Anweisungsrecht des Auftraggebers nur noch mit Zustimmung der Kommission ausgeübt werden kann. Damit statuiert das Treuhändermandat Pflichten einer Vertragspartei ohne die dazugehörigen vertragstypischen Rechte.

Die Pflichten der Parteien gegenüber dem Treuhänder, wie die Gewährung von Zugang zu Dokumenten, Büchern, Personal u.a. erscheinen als Pflichten gegenüber der Kommission. Soweit die Pflichten im Treuhändermandat niedergelegt sind, verpflichten sich die Parteien gleichzeitig vertraglich gegenüber dem Treuhänder. Diesem gewährt der Vertrag korrespondierend die erwähnten Zugangs-, Bereitstellungs- und Gewährungsrechte. Dem Unternehmen, das den Treuhändervertrag unterzeichnet, wird deutlich vor Augen geführt, dass der Vertragspartner und Auftragnehmer nicht für das Unternehmen als »Umsetzungshelfer«, sondern als weisungsgebundener Helfer der Kommission tätig wird. Auch wenn der Treuhänder dem Unternehmen vertraglich und durch seinen Einsatz vor Ort nahe steht, ist er nach der Verwaltungspraxis der Sphäre der Kommission zuzuordnen.

VII. Verhältnis des Treuhänders gegenüber Dritten

Ältere Entscheidungen und die Mitteilung Abhilfemaßnahme aus dem Jahr 2001 enthalten keine Ausführungen zum Verhältnis des Treuhänders gegenüber Dritten. Hierzu äußern sich erst die neue Mitteilung Abhilfemaßnahmen und die Standardformulare.

1. Ansprechpartner und Vermittler

Nach der Mitteilung Abhilfemaßnahmen ist der Treuhänder Kontaktstelle für Fragen Dritter, insbesondere möglicher Erwerber. Bei Meinungsverschiedenheiten zwischen den beteiligten Unternehmen und Dritten hinsichtlich Fragen, die in den Verpflichtungen behandelt werden, soll der Treuhänder die Fragen mit beiden Seiten erörtern und der Kommission hierüber Bericht erstatten.[277] Ausdrücklich als Ansprechpartner für Dritte nennt den Treuhänder die Entschei-

---

277 Mitteilung Abhilfemaßnahmen, ABl. 2008 Nr. C 267/1, Rn. 119.

dung *SFR/Télé 2 France*.[278] Als »Mediator« sieht den Treuhänder die Entscheidung *LH/Swiss*.[279] Bei Meinungsverschiedenheiten hinsichtlich einzelner Klauseln so genannter Interline Agreements, die das zusammengeschlossene Unternehmen mit neuen Anbietern für bestimmte Flugrouten gegebenenfalls abschließen müssen, habe der Treuhänder zu schlichten. Dies gilt jedoch nur, wenn die Mediation des Treuhänders mit der jeweiligen Vertragspartei zuvor vereinbart wurde. Über das Ergebnis der Mediation soll der Treuhänder der Kommission berichten.[280]

2. Gewährleistung ausreichender Information

Gemäß den Standardformularen hat sich der Treuhänder, abhängig vom Stadium des Veräußerungsprozesses, darüber zu vergewissern, dass potentielle Käufer ausreichend Informationen bezüglich des zu veräußernden Geschäfts und des Personals haben. Dies gilt insbesondere für den Datenraum, die Informationsbroschüren und den due diligence Prozess. Ferner muss er sich vergewissern, dass potentiellen Käufern Zugang zum Personal gewährt wird.[281]

3. Erfahrungen der Merger Remedies Study

Die Merger Remedies Study offenbarte, dass es kaum Austausch zwischen Treuhänder und Dritten gegeben hat. In zehn der untersuchten Fälle gaben jeweils einer oder mehrere potentielle Käufer an, keinen oder nur einen sehr eingeschränkten Kontakt mit dem Treuhänder gehabt zu haben.[282] Teilweise wussten potentielle Käufer nicht von der Existenz des Treuhänders.[283] In einem Fall erklärte der Käufer, er hätte gerne mit dem Treuhänder Kontakt aufgenommen, habe aber den Eindruck gehabt, dass dies nicht zulässig sei.[284]

Die Studie beurteilt den Kontakt positiv. Der Kontakt mit potentiellen Käufern sei nicht nur für diese von Vorteil, sondern sorge dafür, dass der Treuhänder ein ausgewogeneres Bild über die Compliance-Bemühungen der Parteien

---

278 Komm. ABl. 2007 Nr. L 316/57 – *SFR/Télé France* (Zusagentext in französicher Sprache auf der Seite der GD Wettbewerb (o. Fn. 91), Rs. M.4505, Engagement, Rn. 13).
279 Komm. ABl. 2005 Nr. C 204/3 – *Lufthansa/Swiss* (vollst. Text auf Eur-lex (o. Fn. 5) CELEX Nr. 32005M3770, Rn. 271.
280 Komm. ABl. 2005 Nr. C 204/3 – *Lufthansa/Swiss* (vollst. Text auf Eur-lex (o. Fn. 5) CELEX Nr. 32005M3770), 271.
281 Commission Model Text for Divestiture Commitments, Rn. 23 (v) sowie Commission Model Text for Trustee Mandate, Rn. 7 (b).
282 DG COMP, Merger Remedies Study, S. 96, Rn. 33.
283 DG COMP, Merger Remedies Study, S. 96, Rn. 33.
284 DG COMP, Merger Remedies Study, S. 96, Rn. 33.

erhalte.²⁸⁵ Ohne Kontakt mit den potentiellen Käufern sei er überdies oft nicht in der Lage, eine unabhängige Bewertung des Käufers gegenüber der Kommission abzugeben.²⁸⁶

4. Stellungnahme

Dass eine Kontaktaufnahme in der Annahme der Tatsache unterbleibt, es gäbe keinen Treuhänder oder ein Kontakt mit diesem sei unzulässig, dürfte in der Praxis nicht mehr vorkommen. Dafür ist der Treuhändereinsatz als ein Element in der Umsetzung von Verpflichtungszusagen hinreichend bekannt. Die Kommission wird bei der Kontaktaufnahme behilflich sein, sofern die Identität des Treuhänders nicht bereits bekannt ist. Auf eine zwingende Veröffentlichung seiner Identität zu Beginn des Mandats wird bislang verzichtet.

Sofern der Treuhänder – wie in der Mitteilung Abhilfemaßnahmen vorgesehen – die Meinungsverschiedenheiten zwischen den beteiligten Unternehmen und Dritten lediglich »erörtert« und anschließend darüber der Kommission berichtet, ergeben sich im Verhältnis zu Dritten keine rechtlich erheblichen Besonderheiten. Der Verpflichtung des Treuhänders gegenüber den beteiligten Unternehmen, die Fragen von Dritten zu beantworten und Meinungsverschiedenheiten mit Dritten zu erörtern, steht kein Recht des jeweiligen Dritten im Verhältnis zum Treuhänder gegenüber.

Die Entscheidung *Lufthansa/Swiss*²⁸⁷ legt hingegen nahe, dass am Ende der Vermittlungsbemühungen des Treuhänders ein vom Treuhänder mitbestimmter Kompromiss stehen soll, an den die beteiligten Unternehmen und der Dritte gebunden sind. Keine Bindungswirkung dürfte ein solches Ergebnis für die Kommission haben. Andernfalls wäre ihre Befugnis zur Entscheidung über gegebenenfalls erhebliche Fragen der Umsetzung von Verpflichtungen eingeschränkt.

Bei der Sicherstellung eines ausreichenden Informationsflusses können sich möglicherweise Risiken für eine Haftung des Treuhänders gegenüber Dritten ergeben. Etwa dann, wenn dem Erwerber vor dem Kauf eine Information nicht übermittelt wurde und der Treuhänder hierfür mitverantwortlich gemacht werden kann.

---

285 DG COMP, Merger Remedies Study (o. Fn. 127), S. 96, Rn. 33.
286 DG COMP, Merger Remedies Study (o. Fn. 127), S. 97, Rn. 35.
287 Komm. ABl. 2005 Nr. C 204/3 – *Lufthansa/Swiss* (vollst. Text auf Eur-lex (o. Fn. 5) CELEX Nr. 32005M3770).

VIII. Vergütung des Treuhänders und weiterer Personen

Die beteiligten Unternehmen müssen den Treuhänder und von ihm zur Aufgabenerfüllung zusätzlich herangezogenes Personal vergüten. Dabei sind bestimmte Vergütungsstrukturen zu beachten. Die Beschäftigung von weiterem Personal einschließlich dessen Vergütung kann auch gegen den Willen der beteiligten Unternehmen erfolgen.

1. Vergütungsstruktur

Dass der Treuhänder für seine Tätigkeit eine finanzielle Entschädigung erhält, wurde zum Teil lediglich allgemein in der Entscheidung erwähnt.[288] Einzelne Fälle enthalten gar keinen Hinweis auf die Vergütungsfrage.[289] Anforderungen an die Vergütungsstruktur stellte die Kommission in der Mitteilung Abhilfemaßnahmen aus dem Jahr 2001: Die beteiligten Unternehmen müssen dem Treuhänder für sämtliche im Rahmen seiner Zuständigkeiten erbrachten Dienstleistungen ein Entgelt zahlen. Dieses muss so bemessen sein, dass seine Unabhängigkeit und die Wirksamkeit, mit der er sein Mandat erfüllt, nicht beeinträchtigt werden. Die Einzelheiten überlässt die Mitteilung den Vertragsparteien. Gleiche Formulierungen enthalten auch die neue Mitteilung Abhilfemaßnahmen, das Standardformular für Veräußerungszusagen[290] und das Treuhändermandat.[291] Die im Mandat festgelegte Vergütungsstruktur bedarf der Zustimmung der Kommission.[292]

2. Beschäftigung Dritter

Zur Vergütung im weiteren Sinn zählt auch die Übernahme der Kosten, die dem Treuhänder durch die Beschäftigung von Mitarbeitern entstehen. Ob der Treuhänder überhaupt weitere Mitarbeiter heranziehen durfte, ließen die Zusagen anfangs offen.[293] Auch die Mitteilung Abhilfemaßnahmen aus dem Jahr 2001 schweigt zu der Frage, ob und unter welchen Umständen der Treuhänder Dritte

---

288 Vgl. etwa Komm. ABl. 2001 Nr. L 18/1 – *BP Amoco/Arco*.
289 Vgl. etwa Komm., ABl. 1998 Nr. L 145/41 – *Coca Cola/Carlsberg A/S*; ABl. 1999 Nr. L 88/1 – *Siemens/Elektrowatt*.
290 Commission Model Text for Divestiture Commitments (o. Fn. 9), Rn. 17.
291 Commission Model Text for Trustee Mandate (o. Fn. 9), Rn. 24.
292 Commission Model Text for Trustee Mandate (o. Fn. 9), Rn. 24.
293 Vgl. etwa Komm., ABl. 2001 Nr. C 56/7 – *Imetal/English China Clays* (vollst. Text auf der Seite der GD Wettbewerb (o. Fn. 91), Rs. M1381, Annex: undertakings); ABl. 2000 Nr. C 311/6 – *Unilever/Bestfoods* (vollst. Text auf der Seite der GD Wettbewerb, o. Fn. 91), Rs. M.1990, undertakings).

beschäftigen und hierfür von den beteiligten Unternehmen die Kosten ersetzt verlangen kann. Die neue Mitteilung Abhilfemaßnahmen legt hingegen fest, dass die beteiligten Unternehmen dem Treuhänder gestatten müssen, Berater heranzuziehen, wenn dies für die Erfüllung seiner Aufgaben zweckmäßig ist.[294] Nach den Formulierungen in den Standardformularen gilt dies insbesondere für Rechts- und Finanzberater. Die dabei entstehenden Kosten sind, wenn für die Erfüllung der Aufgaben notwendig und erforderlich, von den beteiligten Unternehmen zu übernehmen. Die Beauftragung steht unter dem Vorbehalt der Zustimmung des Unternehmens. Die Honorarverpflichtungen und sonstigen Ausgaben des Treuhänders müssen angemessen sein, dürfen also vergleichbare übliche Sätze nicht überschreiten. Sollte das Unternehmen seine Zustimmung zur Beauftragung der vorgeschlagenen Berater verweigern, kann der Treuhänder im Einvernehmen mit dem Unternehmen einen anderen Berater beauftragen oder die Kommission benachrichtigen. Die Kommission kann die Zustimmung zur Ernennung gegebenenfalls ersetzen. Das Unternehmen ist in einem solchen Fall zuvor anzuhören.[295]

3. Erfahrungen der Merger Remedies Study

Die Merger Remedies Study gibt Aufschluss darüber, wann eine Vergütungsstruktur die in den einschlägigen Veröffentlichungen der Kommission gestellten Anforderungen an die Wirksamkeit und Unabhängigkeit der Mandatserfüllung nicht erfüllt. Die Vereinbarung eines Fixbetrages hat nach der Studie in der Tendenz dazu geführt, dass der Treuhänder seiner Überwachungstätigkeit weniger Zeit und Aufmerksamkeit widmet.[296] In einem Fall wurde eine (offensichtlich niedrige) »flat fee« vereinbart, weil zum Zeitpunkt der Vertragsverhandlungen noch nicht feststand, wie groß der Überwachungsaufwand sein würde. Dies hat nach der Studie zu einer unzureichenden Überwachung geführt, da der Treuhänder darauf geachtet habe, dass die ihm entstehenden Kosten nicht über die anfänglich vereinbarte Vergütung hinausgingen.[297] Investmentbanken haben demgegenüber – auch für die Überwachungstätigkeit – regelmäßig auf eine an den Verkaufspreis geknüpfte Prämie bestanden. Während die Kommission nicht grundsätzlich gegen eine Erfolgsprämie sei, würde sich bei einer solchen Struktur ein Zielkonflikt zwischen einem im Interesse der Kommission liegenden schnellen Verkauf und dem hinauszögernden Warten auf den höchsten Bieter ergeben.[298] Die Vergütungsstruktur hat nach der Studie überdies keinen Anreiz

---

294 Vgl. Mitteilung Abhilfemaßnahmen, ABl. 2008 Nr. C 267/1, Rn. 120.
295 Vgl. Commission Model Text for Divestiture Commitments (o. Fn. 9), Rn. 30; Commission Model Text for Trustee Mandate (o. Fn. 9), Rn. 19.
296 Vgl. DG COMP, Merger Remedies Study (o. Fn. 127), S. 93, Rn. 21.
297 Vgl. DG COMP, Merger Remedies Study (o. Fn. 127), S. 93, Rn. 21.
298 Vgl. DG COMP, Merger Remedies Study (o. Fn. 127), S. 93, Rn. 22.

für den Treuhänder geschaffen, seine Überwachungsaufgabe in einer (von der Kommission gewünschten) aktiven Weise auszufüllen.[299] Insgesamt bestätigten die Ergebnisse der Studie die Vorzugswürdigkeit einer Vergütung auf Stundenbasis, wie sie auch in der gegenwärtigen Praxis angewandt wird.[300] Die Studie zeigt auch, dass der Treuhändereinsatz für die Unternehmen kostenintensiv sein kann, wenn umfangreiche Aufgaben zu erfüllen sind. In zwei Fällen wurden die »exzessiven Kosten« des Treuhänders gegenüber der Kommission thematisiert. Angeführt werden Treuhänderkosten von über einer Millionen Euro.[301]

4. Stellungnahme

Eine Vergütungsstruktur, die den Anforderungen der Kommission genügen will, wird in jedem Fall einen vom Arbeitsaufwand abhängigen Bestandteil enthalten müssen. Bei einer derartigen Vergütungsstruktur und den darin enthaltenen Anreizen zeigen sich die Interessenunterschiede zwischen der Kommission und den Unternehmen. Da die Kommission für den Treuhändereinsatz nicht aufkommt, muss sie sich um ein Kosten-Nutzen-Verhältnis nicht sorgen. Für sie kommt es darauf an, dass der Treuhänder seine Aufgabe möglichst intensiv und damit regelmäßig mit größerem Zeitaufwand erfüllt. Die Unternehmen dagegen haben jedenfalls ein Interesse daran, die Kosten seines Einsatzes niedrig zu halten. Die Entstehung hoher Kosten liegt besonders nahe, wenn – was angesichts des Aufgabenspektrums regelmäßig kaum vermeidbar erscheint – weitere Berater hinzugezogen werden müssen. Dass die Kommission hier die Zustimmung unter Umständen ersetzen kann, unterstreicht den Einfluss der Kommission auf die Art und Weise der Überwachungstätigkeit des Treuhänders.

IX. Haftung

Ältere Entscheidungen enthalten keine Regelung zur Haftung des Treuhänders. Auch die Mitteilungen Abhilfemaßnahmen äußern sich zur Haftungsfrage nicht. Ebenso fehlen in der Merger Remedies Study Ausführungen zu diesem Thema. Die Standardformulare für Veräußerungszusagen und für das Treuhändermandat formulieren hingegen eine Haftungsfreistellung.

---

299 Vgl. DG COMP, Merger Remedies Study (o. Fn. 127), S. 93, Rn. 22.
300 Vgl. DG COMP, Merger Remedies Study (o. Fn. 127), S. 94, Rn. 24.
301 Vgl. DG COMP, Merger Remedies Study (o. Fn. 127), S. 93, Rn. 23.

1. Haftungsfreistellung des Treuhänders

Nach den Standardformularen stellen die beteiligten Unternehmen den Treuhänder, seine Angestellten und von ihm Beauftragte von der Haftung für Verbindlichkeiten frei, die in Ausführung ihres Auftrages entstehen. Ausgenommen von der Haftungsfreistellung sind Verbindlichkeiten, die aufgrund von vorsätzlichem oder grob fahrlässigem Verhalten des Treuhänders, seiner Angestellten, Beauftragten oder Berater entstehen.[302]

2. Stellungnahme

Die Haftung im Verhältnis des Treuhänders zu den beteiligten Unternehmen dürfte weitgehend unabhängig von der Kommission gelöst worden sein. Die Haftungsfrage blieb in den Entscheidungen anfangs ungeklärt. Dennoch wird in den jeweiligen nicht veröffentlichten Treuhänderverträgen eine Haftungsfreistellung vereinbart worden sein. Denn für den Treuhänder ist diese Frage von erheblicher Bedeutung. Soweit sie erkennbar Eingang in die Genehmigungsentscheidungen gefunden hat, zählt die Regelung der Treuhänderhaftung sowie der vom Treuhänder zur Aufgabenerfüllung beschäftigen Dritten zu den Bereichen, die seit der ersten ausdrücklichen Erwähnung unverändert blieben. Hinweise darauf, dass eine Haftung der Kommission für das Verhalten auch nur in Betracht gezogen wurde, liegen nicht vor. Auch wenn der Treuhänder grundsätzlich nur für die Kommission tätig wird und die beteiligten Unternehmen ihn lediglich beauftragen.

X. Beendigung des Treuhändermandats

Wie das Einsetzungsverfahren unterliegt auch die Ersetzung und Entlassung des Treuhänders wesentlich der Einflussnahme der Kommission.

1. Ersetzung und Entlassung

Der Komplex Ersetzung und Entlassung wurde in den früheren Zusagenentscheidungen bis auf wenige Ausnahmefälle nicht erwähnt. Die Mitteilung Abhilfemaßnahmen aus dem Jahr 2001 befasst sich mit der Entlassung des Treuhänders für den Fall, dass der Treuhänder sämtliche Verpflichtungen aus dem

---

302 Vgl. Commission Model Text for Divestiture Commitments (o. Fn. 9), Rn. 29; Commission Model Text for Trustee Mandate (o. Fn. 9), Rn. 25.

Mandat erfüllt hat, sowie mit seiner möglichen erneuten Einsetzung nach der Entlassung durch die Kommission. Es heißt: »Ist der Treuhänder den besonderen Verpflichtungen, die ihm auferlegt wurden, nachgekommen, ist also das zu veräußernde Geschäft rechtmäßig veräußert worden, und sind auch bestimmte Verpflichtungen im Anschluss an die Veräußerung erfüllt worden, fordert der Treuhänder die Kommission auf, ihn von weiteren Aufgaben zu entlasten. Trotz dieser Entlastung kann die Kommission den Treuhänder erneut bestellen, falls sich herausstellt, dass bestimmte Verpflichtungen nicht vollständig oder ordnungsgemäß erfüllt wurden«.[303] Das Thema Ersetzung verschweigt sie.

Auch die Mitteilung Abhilfemaßnahmen geht davon aus, dass die Tätigkeit des Überwachungstreuhänders mit der rechtlichen und tatsächlichen Übertragung des Geschäfts an den genehmigten Erwerber endet[304] und er unter den entsprechenden Voraussetzungen erneut bestellt werden kann.[305] Eine zwischenzeitliche Ersetzung des Treuhänders durch das unwiderrufliche Treuhändermandat ist nur auf Verlangen der Kommission oder mit ihrer Genehmigung möglich.

Die Vorgaben des Standardformulars für Veräußerungszusagen präzisieren die Vorstellungen in den Mitteilungen: Nimmt ein Treuhänder seine Funktionen im Rahmen der Zusagen nicht wahr, oder liegt sonst ein wichtiger Grund einschließlich der Entstehung eines Interessenkonfliktes vor, kann die Kommission nach Anhörung des Treuhänders dem Unternehmen aufgeben, diesen zu ersetzen. Ebenso kann das Unternehmen mit vorheriger Zustimmung der Kommission den Treuhänder austauschen.[306] Wird ein Treuhänder von seinen Aufgaben entlassen, kann von ihm verlangt werden, seine Aufgaben bis zur Übernahme durch einen neuen Treuhänder weiterzuführen. Dem neuen Treuhänder hat der bisherige Treuhänder alle relevanten Informationen vollständig zu übergeben.[307] Abgesehen von seiner Entlassung hört der Treuhänder erst dann auf als Treuhänder zu handeln, wenn die Kommission ihn nach Erfüllung aller Aufgaben, die vom Auftrag erfasst waren, von seinen Pflichten entbunden hat. Das Treuhändermandat führt zur Ersetzung und Entlassung aus, dass das Mandat automatisch endet, wenn die Kommission schriftlich der Entbindung des Treuhänders von seinen Verpflichtungen zugestimmt hat.[308] Standardmäßig haben die Vertragsparteien anzuerkennen, dass die Kommission zu jeder Zeit die erneute Einsetzung des Treuhänders durch das Unternehmen verlangen kann, wenn sich später herausstellt, dass die Verpflichtungszusagen nicht vollständig oder nicht ordnungsgemäß umgesetzt wurden. Der Treuhänder stimmt einer erneuten Ein-

---

303 Mitteilung Abhilfemaßnahmen (2001), ABl. 2001 Nr. C 68/3, Rn. 57.
304 Mitteilung Abhilfemaßnahmen, ABl. 2008 Nr. C 267/1, Rn. 119.
305 Mitteilung Abhilfemaßnahmen, ABl. 2008 Nr. C 267/1, Rn. 127.
306 Vgl. Commission Model Text for Divestiture Commitments (o. Fn. 9), Rn. 31.
307 Vgl. Commission Model Text for Divestiture Commitments (o. Fn. 9), Rn. 32.
308 Vgl. Commission Model Text for Trustee Mandate (o. Fn. 9), Rn. 28.

setzung zu den Konditionen dieses Mandates zu.[309] Das Unternehmen kann das Mandat nur unter den Voraussetzungen und gemäß dem Verfahren der Verpflichtungszusagen der Entscheidungen kündigen, d.h. im Fall der Nichterfüllung seiner Aufgaben, aus einem sonstigen wichtigen Grund oder bei einem Interessenkonflikt.

Der Treuhänder kann das Mandat nur aus gutem Grund bei schriftlicher Benachrichtigung des Unternehmens, und gleichzeitiger Übersendung einer Kopie an die Kommission, beenden. Er hat seine Aufgaben solange wahrzunehmen, bis er alle relevanten Informationen vollständig an den neuen Treuhänder übergeben hat.[310] Das Mandat kann nur schriftlich mit Einwilligung der Kommission geändert werden. Wünscht die Kommission eine Änderung des Mandates, um die Einhaltung der Verpflichtungszusagen sicherzustellen, sind die Vertragsparteien gehalten, dem Verlangen nach vorheriger Anhörung zuzustimmen.[311]

2. Erfahrungen der Merger Remedies Study

Im Zusammenhang mit der Überwachung von Veräußerungszusagen ergab sich aus der Studie vor allem das Bedürfnis einer Wiedereinsetzung: Käufer hatten beklagt, dass der Treuhänder zu früh entlassen worden sei, um den eigentlichen Übertragungsvorgang der Vermögenswerte und des Personals sowohl vor als auch nach dem Eigentumsübergang (closing) zu überwachen. Ein Käufer forderte, es solle möglich sein, den Treuhänder wieder einzusetzen, wenn sich Schwierigkeiten beim Übertragungsvorgang ergeben sollten, nachdem er bereits entlassen worden ist.[312]

3. Stellungnahme

Auf das offensichtliche Bedürfnis einer nachträglichen erneuten Einsetzung hat die Kommission reagiert. Beide Mitteilungen erklären, dass die Kommission den Treuhänder trotz seiner Entlastung »erneut bestellen kann«, falls sich herausstellt, dass bestimmte Verpflichtungen nicht vollständig oder nicht ordnungsgemäß erfüllt wurden.[313] Da die Mitteilungen zuvor an anderer Stelle von der Zustimmung zur »Bestellung durch die Parteien« sprechen,[314] entsteht der

---

309 Vgl. Commission Model Text for Trustee Mandate (o. Fn. 9), Rn. 29.
310 Vgl. Commission Model Text for Divestiture Commitments (o. Fn. 9), Rn. 30.
311 Vgl. Commission Model Text for Divestiture Commitments (o. Fn. 9), Rn. 32.
312 Vgl. DG COMP, Merger Remedies Study (o. Fn. 131), S. 86, Rn. 20.
313 Siehe Mitteilung Abhilfemaßnahmen (2001), ABl. 2001 Nr. C 68/3, Rn. 57; Mitteilung Abhilfemaßnahmen, ABl. 2008 Nr. C 267/1, Rn. 127.
314 Siehe Mitteilung Abhilfemaßnahmen (2001), ABl. 2001 C Nr. 68/3, Rn. 52; Mitteilung Abhilfemaßnahmen, ABl. 2008 Nr. C 267/1, Rn. 124.

missverständliche Eindruck, die Kommission werde den Treuhänder nachträglich unmittelbar selbst »bestellen«, statt von den Unternehmen die erneute Einsetzung verlangen zu können. Die englische Fassung spricht richtigerweise von der Möglichkeit der Kommission, die erneute Bestellung des Treuhänders zu verlangen.[315] Eine unmittelbare Ersetzung durch die Kommission soll ebenso wenig möglich sein wie der einseitige Austausch durch das Unternehmen. Ohne Zustimmung der Kommission kann sich nach dem Wortlaut der Standardformulare und der Mitteilung Abhilfemaßnahmen das Unternehmen auch bei Erfüllung der Aufgaben nicht vom Treuhänder lösen. Vielmehr muss der Treuhänder um seine Entlassung ersuchen. Wie beim Einsetzungsverfahren zeigt sich auch bei der Ersetzung und Entlassung des Treuhänders deutlich die Möglichkeit der Einflussnahme durch die Kommission.

XI. Entscheidungen mit alternativen Kontroll- und Überwachungsmechanismen

Vereinzelt weicht die Verwaltungspraxis von dem üblichen Muster deutlich ab. Drei Entscheidungen werden nachfolgend dargestellt. Sie begründen Kontroll- und Überwachungsmechanismen, ohne dass der Einsatz eines Treuhänders im herkömmlichen Sinn versprochen wird. Die Entscheidungen sollen veranschaulichen, welche Alternativmodelle die Kommission zugelassen hat, auch wenn die Ursachen dafür, dass sie vom üblichen Muster der Treuhänderüberwachung abweichen, eng mit den besonderen Umständen des jeweiligen Falles verknüpft sind.

1. Boeing/McDonnel Douglas[316]

Die Entscheidung enthält nach der Formulierung keine Treuhänderzusage im dem Sinn, dass ein privater Dritter durch das neu geschaffene Unternehmen eingesetzt werden soll. Stattdessen erklärt die Kommission am Ende ihrer Würdigung der Abhilfen, dass sie selbst die Einhaltung der Verpflichtungen überwachen werde.[317] Boeing habe der Kommission bzw. jedem von der Kommission bestellten Experten Zugang insbesondere zu internen Daten zur Durchsetzung dieser Kontrolle zu geben. Auf Antrag der Kommission sei Boeing jederzeit bereit, Gespräche über die Erfüllung seiner Verpflichtung zu führen.

---

315 Vgl. Mitteilung Abhilfemaßnahmen (2001), ABl. 2001 C 68/3, Rn. 57. »... *the Commission has the discretion to require the reappointment of the trustee*«.
316 Komm., ABl. 1997 Nr. L 336/16 – *Boeing/McDonnel Douglas*.
317 Komm., ABl. 1997 Nr. L 336/16, Rn. 123 a.E. – *Boeing/McDonnel Douglas*.

XI. Entscheidungen mit alternativen Kontroll- und Überwachungsmechanismen

Nach dieser Formulierung ist die Überwachung allein Aufgabe der Kommission. Der hinzugezogene Experte erscheint als ein von der Kommission unmittelbar beauftragter privater Dritter. Von der sonst gewählten Dreieckslösung weicht die Entscheidung insoweit ab. Es steht im Ermessen der Kommission, ob und wann sie einen privaten Dritten hinzuzieht, um sein Wissen oder seine Hilfe bei der Überwachung der Einhaltung der Verpflichtungen zu nutzen. Entscheidend ist, dass die Erklärung der Kommission, die Einhaltung der Verpflichtungen gegebenenfalls mit Hilfe eines von ihr bestellten Experten zu überwachen, nicht auf einer Zusage der Parteien beruht. Die Erklärung ist daher nicht als Auflage oder Bedingung zu werten, sondern als Hinweis auf die allgemeine Wahrnehmung der Befugnisse der Kommission nach der Fusionskontrollverordnung.

2. *DaimlerChrysler/Deutsche Telekom (»Toll Collect«)*

Zur Beseitigung der wettbewerbsrechtlichen Bedenken im Hinblick auf den Markt für Telematiksysteme und Telematikdienste für Transport- und Logistikunternehmen in Deutschland sagten die beteiligten Unternehmen im Fall *DaimlerChrysler/Deutsche Telekom*[318] verschiedene Maßnahmen zu, durch die vor allem der Zugang für Dritte sichergestellt werden sollte. Eine der Zusagen bestand in der Verpflichtung, ein Modul zu entwickeln, welches Teile der für den Mautbetrieb notwendigen Hard- und Software enthält. Damit sollte die Entwicklung und Produktion von Geräten durch Dritte ermöglicht werden. Zur Durchführung der Zusage sollte sich das Konsortium mit Dritten treffen, die innerhalb eines vorgegebenen Zeitrahmens Muster eines entsprechenden mautfähigen Gerätes vorlegen. Bei dem Treffen sollten Vertreter der interessierten Dritten Wahlvorschläge für ein dreiköpfiges Sachverständigengremium unterbreiten, das den Entwicklungsprozess der Geräte begleitet. Nach der Vorstellung der Parteien galten die Mitglieder bestimmter, im Einzelnen genannter Verbände als besonders geeignet. Die Zusammensetzung sollte jedoch aus einer Wahl hervorgehen, bei der anwesende Dritte jeweils eine Stimme haben sollten. Das Sachverständigengremium sollte über den gemeinsamen Entwicklungsprozess sowie sämtliche sonstigen Aktivitäten auf dem Laufenden gehalten werden. Im Fall von Beschwerden über das Verhalten der Beteiligten bei der gemeinsamen Entwicklung war der Sachverständigenrat umgehend zu unterrichten. Dieser sollte dann seinen Standpunkt schriftlich mitteilen. Der Kommission stand das Sachverständigengremium für Rückfragen über Verlauf und Ergebnis der Entwicklung zur Verfügung.

Statt eines einzelnen Treuhänders begleitet hier ein außenstehendes Gremium die Umsetzung der Zusage. Dass diejenigen, die die Umsetzung überwachend begleiten, von dem von der Entscheidung begünstigten Dritten mitbestimmt

---

[318] Komm., ABl. 2003 Nr. L 300 S. 62 – *DaimlerChrysler/Deutsche Telekom/JV*.

werden, wird als Modell nur selten in Betracht kommen. Voraussetzung ist, dass der Dritte oder die Dritten bekannt sind. Dies erscheint bei einer »up-front buyer Zusage« möglich. Die Entscheidung DaimlerChrysler/Deutsche Telekom ist darüber hinaus ein Beispiel für eine Entwicklung zu einer Hauptzusage, die sich von der Kommission im Zweifel auch mit höherem Personalbestand nicht mehr überwachen lässt. Das in dem Fall geforderte Sonderwissen kann in der Regel auf Seiten der Kommission nicht bereitgehalten werden.

3. Areva/Urenco

Der Fall *Areva/Urenco*[319] sieht die Überwachung der ordnungsgemäßen Umsetzung der Zusagen durch eine von der Kommission unabhängige Behörde vor und damit weder durch die Kommission selbst noch durch einen oder mehrere private Dritte. Der Grund dafür, dass kein privater Dritter eingeschaltet werden sollte, wird bei Betrachtung des von dem geplanten Gemeinschaftsunternehmen berührten Marktes verständlich: betroffen war der sachliche Markt für drei verschiedene Typen von angereichertem Uran. Die Zusagen beinhalteten die Abschaffung des jeweiligen Vetorechts der Parteien hinsichtlich Kapazitätserweiterungen, Verstärkung der Informationssperren zur Vermeidung von Informationsflüssen zwischen den Parteien und dem Gemeinschaftsunternehmen und die Übermittlung von Informationen an die Euratom-Versorgungsagentur (ESA). Die ESA sollte dadurch die Preise für die Urananreicherung überwachen. Auf Preiserhöhungen durch die Parteien sollte sie mit Abhilfemaßnahmen im Rahmen ihrer Versorgungspolitik einwirken, etwa indem sie verstärkt Einfuhren außereuropäischen Urans zulässt.

Die Befugnisse der ESA als in die Fusionskontrolle eingeschaltetem Dritten veränderten sich durch die Entscheidung nicht. Die Zuständigkeit wurde nicht erst geschaffen, indem die Kommission oder die Parteien der zur Überwachung berufenen Person die Aufgabe zuweisen. Die Kommission erklärte vielmehr ihre Ansicht damit, dass die ESA bereits über die Befugnis zur Überwachung der Preise verfügte, die in Anreicherungsverträgen vereinbart sind, und dass sie ferner einen Ermessensspielraum habe, ihre Versorgungspolitik entsprechend anzupassen. Die ESA bestätigte, dass sie bereit sei, eine entsprechende Überwachungsfunktion zu übernehmen.

Im Fall *Areva/Urenco* nutzen Kommission und Parteien daher nur die Aufgaben und Befugnisse einer Regulierungsbehörde. Auch wenn die ESA eine Überwachungsfunktion übernimmt, sind vor allem die ipso iure bestehenden Befugnisse der Behörde von Bedeutung. Die Informationen über die Preise erhielt die ESA nach den Zusagen in erster Linie von den Parteien. Sie brauchte sie nicht selbst in Erfahrung bringen.

---

319 Komm., ABl. 2006 Nr. L 61/11 – *Areva/Urenco*.

XII. Vergleichender Blick auf die Treuhänderpraxis in der Bundesrepublik Deutschland, im Vereinigten Königreich und in den Vereinigten Staaten

Um die Verwaltungspraxis der Kommission zum Treuhändereinsatz im Kontext beurteilen zu können wird nachfolgend ein kurzer Blick auf die Rechtsordnungen der Bundesrepublik Deutschland, des Vereinigten Königreichs und der Vereinigten Staaten geworfen. Alle drei Rechtsordnungen kennen den Treuhänder als Institut. In ihrer Praxis weichen die jeweiligen Rechtsordnungen aber zum Teil deutlich von jener der Kommission ab. Dies gilt weniger für das grundsätzliche Muster, sondern betrifft vor allem die Häufigkeit des Einsatzes. Somit dient der Blick auf die drei Rechtsordnungen auch der Überprüfung der Frage nach der Erforderlichkeit des Treuhändereinsatzes, die unten im 3. Kapitel VI, im Zusammenhang mit den Grenzen der rechtlichen Zulässigkeit näher behandelt wird.

1. Bundesrepublik Deutschland

Zwischen dem 1. Januar 1999 – nach Einführung von § 40 Abs. 3 GWB durch die 6. Novellierung 1998 – und dem 31. August 2011 hat das Bundeskartellamt insgesamt 68 Zusammenschlussvorhaben mit Nebenbestimmungen genehmigt. Im Vergleich zum europäischen Recht fällt auf, dass der Anteil der Entscheidungen, deren Nebenbestimmungen den Einsatz eines Überwachungstreuhänders vorsieht, sehr gering ist. Lediglich elf Fälle innerhalb des genannten Zeitraums enthalten Bestimmungen über Treuhänder. Der im europäischen Recht spätestens seit 1996 vorherrschende Automatismus zwischen materieller Zusage und Treuhändereinsatz besteht somit im deutschen Recht nicht. Es ist jedoch denkbar, dass sich die deutsche Praxis der europäischen in Zukunft stärker angleichen wird. Alle vier im Jahr 2008 ergangenen Zusagenentscheidungen sahen den Einsatz eines Überwachungstreuhänders vor. Dagegen ergingen im Zeitraum zwischen dem 1. Januar 1999 und dem 1. Januar 2008 lediglich vier Entscheidungen mit einer Treuhänderauflage. Da bei einem dieser Zusammenschlüsse der wirtschaftliche Schwerpunkt in den Vereinigten Staaten lag und dort gleichzeitig angemeldet wurde, kann der Einsatz eines Treuhänders darauf zurückzuführen sein, dass es in dem US-Verfahren zu einem Treuhändereinsatz kam und widersprüchliche Bestimmungen vermieden werden sollten.[320] Auch

---

320 Vgl. Pressemitteilung Bundeskartellamts vom 19.8.2004 – Freigabe der Fusion *General Electric/InVision* in enger Kooperation mit US-Kartellbehörde: »[...] Das Bundeskartellamt und die FTC haben den jeweiligen Auflageninhalten und dem Fristenlauf auch die Auswahl eines Sicherungstreuhänders zur Überwachung der Auflagenumsetzung durch eine enge Zusammenarbeit zugestimmt, um möglicher-

2. Kapitel Der Treuhänder in der Praxis der europäischen Kommission

im bereits 2000 freigegebenen Zusammenschluss *RWE/VEW*, der in Abstimmung mit dem von der Kommission zu entscheidenden Parallelfall *Veba/VIAG* entschieden wurde, ist nicht auszuschließen, dass sich das Bundeskartellamt an der im Zusammenhang mit Treuhändern erfahrenen Kommission orientiert hat.[321] Lässt man diese Fälle außer Betracht, erscheint mit drei Zusammenschlüssen die Anzahl der Fälle, in denen im genannten Zeitraum der Einsatz eines Überwachungstreuhänders verlangt wurde, sehr gering. Auch in den Jahren 2009 und 2010 wurden in nur zwei von sieben Entscheidungen mit Nebenbestimmungen der Einsatz eines Sicherungstreuhänders verlangt.[322] Dabei beschränkte sich im Fall *Nordzucker AG/Danisco Sugar A/S* die Aufgabe des Treuhänders allein auf die Separierung des IT-Systems.[323] Im Fall *Edeka/ trinkgut-Märkte* erwähnt das Bundeskartellamt den Treuhänder ohne Aufgabenbeschreibung lediglich in knapper, allgemein gehaltener Form.[324]

Die Gründe für den zurückhaltenden Gebrauch lassen sich nicht allgemein auf unterschiedliche Fallgestaltungen zurückführen. Auch aufwändige Veräußerungsauflagen wie in den Verfahren *FIMAG/Strabag*,[325] *Strabag/Deutag*,[326] *Sulo/Cleanaway*,[327] *Werhahn/Basalt*[328] oder *Remondis/RWE*[329] wurden nicht durch den Einsatz eines Überwachungstreuhänders flankiert. Hier und in anderen Fällen blieb es für die Sicherung der Umsetzung überwiegend bei einem Rückgriff auf eine regelmäßige Berichtspflicht der Unternehmen selbst.[330] Die Zurückhaltung kann auf die Möglichkeit, den Zusammenschluss aufschiebend bedingt zu genehmigen, zurückzuführen sein. Bei einer aufschiebenden Bedingung darf der Zusammenschluss auch nach Genehmigung erst dann vollzogen werden, wenn die Bedingung – regelmäßig die Veräußerung – eingetreten ist. Demgegenüber kann bei einer auflösenden Bedingung der Zusammenschluss

---

weise widersprüchliche Bestimmungen von vornherein zu vermeiden […].« (verfügbar auf der Seite des Bundeskartellamts: www.bundeskartellamt.de).
321 Vgl. Pressemitteilung Bundeskartellamt vom 4.7.2000, verfügbar auf der Seite des Bundeskartellamts (o. Fn. 320).
322 BKartA, Beschl. v. 17.2.2009, Az. B 2 – 46/08 – *Nordzucker AG/Danisco Sugar A/S*; Beschl. v. 28.10.2010, Az. B 2 – 52/10 – *Edeka/trinkgut Märkte*.
323 BKartA, Beschl. v. 17.2.2009, Az. B 2 – 46/08 – *Nordzucker AG/Danisco Sugar A/S*, S. 10.
324 BKartA, Beschl. v. 28.10.2010, Az. B 2 – 52/10 – *Edeka/trinkgut Märkte*, S. 152.
325 BKartA, Beschl. v. 29.9.2006, Az. B 1 – 169/05.
326 BKartA, Beschl. v. 19.9.2006, Az. B 1 – 186/06.
327 BKartA, Beschl. v. 6.4.2006, Az. B 10 – 151/05.
328 BKartA, Beschl. v. 22.8.2005, Az. B 1 – 29/05.
329 BKartA, Beschl. v. 23.2.2005, Az. B 10 – 122/04.
330 Vgl. BKartA, Beschluss v. 23.2.2005, Az. B 10 – 122/04 – *Remondis/RWE* (Abschnitt C des Tenors, S. 10); Beschl. v. 6.4.2006, Az. B 10 – 151/05 – *Sulo/ Cleanaway* (Abschnitt C des Tenors, S. 7); Beschl. v. 28.4.2005, Az. B 10 – 161/04 – *Asklepios/Krankenhäuser Hamburg* (Abschnitt C des Tenors, S. 4), Beschl. v. 21.11.2005, Az. B 10 – 141/05 – *Alba RWE* (Abschnitt C des Tenors, S. 5).

XII. Vergleichender Blick auf die Treuhänderpraxis in der Bundesrepublik Deutschland

mit der Genehmigung sofort vollzogen werden. Ohne den Begriff zu verwenden, kennt das europäische Fusionskontrollrecht neben der Auflage allein die zuletzt genannte Alternative als Bedingung (»condition«). Das Bundeskartellamt hat vielfach von der Möglichkeit der aufschiebend bedingten Freigabe Gebrauch gemacht.[331] Es sieht die aufschiebende Bedingung aus ordnungspolitischen und systematischen Gründen als vorzugswürdig an, da sie dem Grundgedanken der Prävention entspricht und keine Durchsetzungsprobleme aufwirft.[332] In der Entscheidung *Weltbild/Hugendubel* erklärte das Bundeskartellamt ausdrücklich, dass wegen der Anordnung einer aufschiebenden Bedingung die Einsetzung eines Sicherungstreuhänders nicht erforderlich sei.[333] Bei einer Auflage hingegen sei ein Sicherungstreuhänder unabdingbar.[334] Weiter stellte die Beschlussabteilung fest, dass die Suche nach einem geeigneten Treuhänder und die damit verbundenen Kosten für die Beteiligten eine stärkere Belastung bedeuten als die Verzögerung des Vollzugs.[335] Ob die in diesem Fall erfolgte Einschätzung repräsentativ für die Position des Bundeskartellamts ist, lässt sich schon aufgrund der Verwaltungsorganisation des Bundeskartellamts nicht mit Sicherheit sagen. Sollte es der Position des Bundeskartellamts entsprochen haben, dass ein Treuhändereinsatz nur im Fall einer Auflage oder auflösenden Bedingung, nicht aber bei einer aufschiebenden Bedingung erforderlich ist, dann wurde diese Auffassung im Jahr 2008 aufgegeben. Während bis dahin Treuhänder nur in Fällen eingesetzt wurden, bei denen die materielle Hauptzusage als auflösende Bedingung oder als Auflage ausgestaltet war, treffen in den vier Entscheidungen mit Nebenbestimmungen des Jahres 2008 aufschiebende Bedingung und Einsatz eines Überwachungstreuhänders zusammen. Die Ausgestaltung der Treuhänderfunktion folgt den im Februar 2008 erstmals veröffentlichten Mustertexten des Bundeskartellamts.[336]

In der frühen Entscheidung *RWE/VEW*[337] war der Aufgabenbereich des Treuhänders allgemein formuliert. Den Unternehmen RWE/VEW wurde aufgegeben, einen unabhängigen und kompetenten Beobachter zu benennen, der den Verkauf der RWE/VEW-Beteiligungen begleitet und RWE/VEW bei der Erfül-

---

331 Vgl. nur BKartA, Beschl. v. 2.6.2005, Az. B 3 – 123/04 – *H&R Gnaschwitz*, Beschl. v. 22.12.2006, Az. B 4 –1002/06 – *Remondis/Schweriner Entsorgungswerke*; Beschl. v. 16.1.2007, Az. B 6 – 510/06 – *Weltbild/Hugendubel*; Beschl. v. 10.5.2007, Az. B 3 – 85110 – Fa-587/06 – *Klinikum Hannover*.
332 Siehe Bundeskartellamt, Tätigkeitsbericht 1999/2000 v. 22.6.2001, S. 23; 2001/2002 v. 27.6.2003, S. 22; 2003/2004 v. 22.6.2005 S. 23.
333 BKartA, Beschl. v. 16.1.2007, Az. B 6 – 510/06 – *Weltbild/Hugendubel*, S. 49.
334 BKartA, Beschl. v. 16.1.2007, Az. B 6 – 510/06 – *Weltbild/Hugendubel*, S. 49.
335 BKartA, Beschl. v. 16.1.2007, Az. B 6 – 510/06 – *Weltbild/Hugendubel*, S. 49.
336 Mustertexte Treuhändervertrag, Bedingungen, Auflagen, verfügbar auf der Seite des Bundeskartellamts: www.bundeskartellamt.de.
337 BKartA, Beschl. v. 3.7.2000, Az. B 8 – 309/99 – *RWE/VEW*.

lung ihrer Verpflichtung zu einer zügigen Veräußerung überwacht.[338] Der Beschlussabteilung sollte hierüber monatlich Bericht erstattet werden. Auswahl und Mandat des Treuhänders bedurften behördlicher Zustimmung.[339] Die Kostentragungspflicht der beteiligten Unternehmen wurde ausdrücklich festgelegt.[340] Auch in der Entscheidung *Smith Group/MedVest* fällt der Abschnitt zum Überwachungstreuhänder im Vergleich zu den Kommissionsentschiedenen desselben Zeitraums knapp aus.[341] Die Aufgabe des Treuhänders wird in der Entscheidung des Bundeskartellamts allgemein zusammengefasst als Überwachung der Übertragung eines Geschäftsbereichs auf eine separate zur Beteiligten gehörende Gesellschaft sowie deren anschließender Verkauf an einen Dritten. Eine Berichtspflicht des Treuhänders gegenüber der Kommission war nicht vorgesehen. In der Entscheidung *GE/InVision* wurden hingegen Einzelfragen zum Treuhändereinsatz geregelt. Die Entscheidung legt fest, dass dem Treuhänder für seine Aufgabenerfüllung notwendige Informations-, Zugangs- und Einsichtsrechte gegenüber den Beteiligten einzuräumen sind[342] und das Bundeskartellamt bei Nicht- oder Schlechterfüllung des Mandats die Ersetzung des Treuhänders verlangen kann.[343] In der Entscheidung *Atlas/Copco*[344] wurde erstmals ausdrücklich erwähnt, dass das Bundeskartellamt dem Sicherungstreuhänder Anweisungen erteilen kann. Die Frequenz, mit der der Treuhänder dem Bundeskartellamt berichten sollte, war mit vier Wochen weiter verkürzt worden. Die Entscheidung betont zudem, dass das Bundeskartellamt nicht für durch den Treuhänder verursachte Schäden haftet.[345] Diese ungewöhnliche Erwähnung gibt Aufschluss über eine mögliche Unsicherheit des Bundeskartellamts über eine etwaige Amtshaftung, wie sie bei Annahme einer Verwaltungshilfe des

---

338 BKartA, Beschl. v. 3.7.2000, Az. B 8 – 309/99 – *RWE/VEW* (Absatz 1.4 des Tenors, S. 5).
339 BKartA, Beschl. v. 3.7.2000, Az. B 8 – 309/99 – *RWE/VEW* (Absatz 1.4 des Tenors, S. 5 f.).
340 BKartA, Beschl. v. 3.7.2000, Az. B 8 – 309/99 – *RWE/VEW* (Absatz 1.4 des Tenors, S. 6).
341 BKartA, Beschl. v. 15.3.2005, Az. B4 – 227/04 (Absatz 3 des Tenors, S. 5 f.), dagegen etwa Komm., ABl. 2006 Nr. L 353/7 – *Continental/Phoenix* (Zusagentext nicht im ABl. abgedruckt, verfügbar auf der Seite der GD Wettbewerb (o. Fn. 91), Rs. M.3436, Anlage A, Rn. 31 ff.); ABl. 2006 Nr. L 353/19 – *Siemens/VA Tech* (Zusagentext nicht im ABl. abgedruckt, verfügbar auf der Seite der GD Wettbewerb (o. Fn. 91), Rs. M.3653, Anhang, Rn. 17 ff.).
342 BKartA, Beschl. v. 17.8.2004, Az. B 7 – 65/04 – *GE/InVision* (Absatz D des Tenors, S. 5).
343 BKartA, Beschl. v. 17.8.2004, Az. B 7 – 65/04 – *GE/InVision* (Absatz D des Tenors, S. 6).
344 BKartA, Beschl. v. 8.2.2007, Az. B 5 – 1003/06 – *Atlas Copco/ABAC*.
345 BKartA, Beschl. v. 8.2.2007, Az. B 5 – 1003/06 – *Atlas Copco/ABAC*, Rn. 22; ebenso: Beschluss v. 25.9.2008, Az. B 1 – 190/08 – *Strabag SE/Kirchner* (Rn. 17 des Tenors); nicht jedoch: Beschluss v. 17.2.2009, Az. B 2 46/08 – *Nordzucker AG/Danisco Sugar A/S*.

Treuhänders gegenüber dem Bundeskartellamt in Betracht gezogen werden kann. In den vier im Jahr 2008 ergangenen Entscheidungen *Tengelmann/ EDEKA*[346], *Stihl/ZAMA*[347], *MEP/Disa*[348] und *Strabag/Kirchner*[349] wird die gegenwärtige Vorstellung des Bundeskartellamtes von der Rolle des Treuhänders erkennbar. Die Formulierungen der Entscheidungen greifen die Mustertexte des Bundeskartellamtes zur Freigabe eines Zusammenschlusses mit Nebenbestimmungen auf.[350] Geregelt sind darin:

1. das Erfordernis der Unabhängigkeit des Treuhänders sowie die Kostentragungspflicht der Parteien.

2. das Verfahren zur Einsetzung des Treuhänders. Kommt es zu keiner Einigung auf eine Person, benennt die Beschlussabteilung einen Treuhänder. Dieser ist unter Verwendung eines vom Bundeskartellamt verfassten Vertrages einzusetzen.

3. die Aufgaben des Treuhänders. Sie bestehen in der Berichtspflicht gegenüber der Beschlussabteilung, der Beaufsichtigung und Unterstützung der laufenden Geschäftsführung, der gemeinsamen Festlegung der notwendigen Maßnahmen mit dem jeweiligen Management, sowie der Unterstützung und Kontrolle des Veräußerungsprozesses. Dem Treuhänder wird das Recht eingeräumt, einen Mitarbeiter des Unternehmens als Sicherungsmanager einzusetzen, dessen Aufgabe insbesondere darin bestehen soll, die übrigen Mitarbeiter über den Veräußerungsprozess und die sich daraus ergebenden Verpflichtungen und Veränderungen zu unterrichten.

4. die Verpflichtung der beteiligten Unternehmen, dem Sicherungstreuhänder jegliche Unterstützung und Informationen zukommen zu lassen und ihm Zugang zu allen Büchern, Aufzeichnungen, Unterlagen, Mitarbeitern, Einrichtungen etc. zu gewähren.

5. der Fall, dass es sich bei dem zu veräußernden Geschäft um eine bereits bestehende rechtlich selbständige Gesellschaft handelt. Dem Treuhänder sollen sämtliche Gesellschafterrechte zur unabhängigen Wahrnehmung übertragen werden, einschließlich der damit verbundenen Kontroll-, Weisungs- und Stimmrechte, jedoch nicht der Anspruch auf Gewinnausschüttung.

6. das Weisungsrecht der Beschlussabteilung gegenüber dem Treuhänder. Von den Parteien kann die Ersetzung eines Treuhänders verlangt werden, wenn

---

346 BKartA, Beschl. v. 30.6.2008, Az. B 2 – 333/07.
347 BKartA, Beschl. v. 18.7.2008, Az. B 5 – 84/05.
348 BKartA, Beschl. v. 21.8.2008, Az. B 5 – 77/08.
349 BKartA, Beschl. v. 25.9.2008, Az. B 1 – 190/08.
350 Mustertext für aufschiebende Bedingungen, auflösende Bedingungen, Auflagen, verfügbar auf der Seite des Bundeskartellamts: www.bundeskartellamt.de.

dieser den Anweisungen nicht nachkommt oder wiederholt die ihm obliegenden Pflichten verletzt.
7. die Haftungsfreizeichnung des Bundeskartellamts für eventuell verursachte Schäden des Treuhänders oder seiner Mitarbeiter.

Die Ausgestaltung der Rolle des Treuhänders ist danach im Wesentlichen identisch mit dem europäischen Vorbild. Anders als bei den europäischen Texten wird der Treuhänder in den Formulierungen des Bundeskartellamtes stets als »Vertreter« der Parteien bezeichnet. Ob der Treuhänder damit zumindest auch von den Unternehmen angewiesen werden kann, ist unklar. Dass der Treuhänder einerseits als Vertreter der Parteien bezeichnet wird, andererseits vor allem dem Bundeskartellamt verpflichtet ist, welches gleichzeitig auch über die Rechtsfolgen im Fall einer Schlechterfüllung entscheidet, entspricht der Stellung des Treuhänders zwischen den Parteien und der Behörde auf europäischer Ebene, wo eine eindeutige Festlegung vermieden wird.

Im dem zwischen den Parteien und dem Treuhänder abzuschließenden Treuhändervertrag, der ebenfalls in standardisierter Form durch das Bundeskartellamt bereitgestellt wird, werden die wesentlichen Nebenbestimmungen wiederholt. Der Treuhändervertrag bedarf zu seiner Wirksamkeit der vorherigen Zustimmung des Bundeskartellamts. Wie im europäischen Recht fehlt eine Regelung, die eine behördlich veranlasste, selbstbelastende Maßnahme wie den Treuhändereinsatz ausdrücklich für zulässig erklärt. Auch hier ist der Treuhändereinsatz allein über die Verwaltungspraxis entwickelt worden. Soweit erkennbar, wurde die Rechtsgrundlage für den Treuhändereinsatz weder gerichtlich angezweifelt noch finden sich im deutschen Schrifttum Stimmen, die die Vereinbarkeit der Treuhänderpraxis mit § 40 Abs. 3 GWB in Frage stellen.

Aus der deutschen Praxis lassen sich teilweise allgemeine Rückschlüsse hinsichtlich der Verhältnismäßigkeit, insbesondere der Erforderlichkeit des Treuhändereinsatzes ziehen. Die die Verwendung von aufschiebenden Bedingungen zur Sicherstellung einer ordnungsgemäßen Durchsetzung von Nebenbestimmungen wurde vom Bundeskartellamt zumindest in einer Entscheidung als Alternative zum Treuhändereinsatz angesehen. Die jüngeren Entscheidungen kombinieren jedoch aufschiebende Bedingung und den Einsatz von Treuhändern. Auch der Mustertext des Bundeskartellamtes für aufschiebende Bedingungen erwähnt den »Sicherungstreuhänder« genauso wie die entsprechenden Mustertexte für auflösende Bedingungen und Auflagen. Es erscheint für das Bundeskartellamt nun selbstverständlich, dass der aufgeschobene Vollzugseintritt keine Auswirkungen auf die Notwendigkeit einer zwischenzeitlichen Überwachung durch den Treuhänder hat. Allerdings zeigt die Praxis des Bundeskartellamtes, dass der Einsatz von Treuhändern von ihr viel seltener für notwendig gehalten wird als von der Kommission. Das Bundeskartellamt hat während der letzten zehn Jahre nur in wenigen Fällen den Einsatz eines Treuhänders verlangt, die Kommission dagegen fast ausnahmslos. Nach der Mitteilung Abhilfemaßnahmen der Kommission aus dem Jahr 2008 »müssen« die beteiligten

XII. Vergleichender Blick auf die Treuhänderpraxis in der Bundesrepublik Deutschland

Unternehmen einen Überwachungstreuhänder vorschlagen. Es ist denkbar, dass die deutsche Zusammenschlusskontrolle im Hinblick auf ihre Nebenbestimmungen an einem Durchsetzungsdefizit gelitten hat. Konkrete Anhaltspunkte hierfür gibt es jedoch nicht. Soweit zahlreiche Auflagen und Bedingungen ohne Treuhändereinsatz erfolgreich umgesetzt wurden, stellt sich die Frage, warum der regelmäßige Einsatz von Treuhändern von der Kommission als notwendig angesehen wird. Die sich für die Unternehmen ergebenden Konsequenzen bei einem Verstoß sind auf europäischer Ebene grundsätzlich vergleichbar. Nennenswerte Unterschiede in der Disziplinierungswirkung der Rechtsfolgen bestehen nicht.

2. Vereinigtes Königreich

Im Vereinigten Königreich zeigen sich hinsichtlich der Frequenz des Treuhändereinsatz Unterschiede zwischen dem »Office of Fair Trading« einerseits und der »Competition Commission« andererseits.

a) Office of Fair Trading

Seit Inkrafttreten des Enterprise Act (EA) hat das Office of Fair Trading (OFT) lediglich in zwei Fällen, die es abschließend entschieden hat, einen reinen Überwachungstreuhänder vorgesehen. Beide Fälle betrafen den Luftfahrtsektor.[351] Neben diesen Fällen wurden Treuhänder nur dann vorgesehen, wenn die Unternehmen ihre Verpflichtungszusagen nicht innerhalb der vorgesehenen Zeit erfüllen.[352] In dieser Funktion entsprechen sie Veräußerungstreuhändern, da ihre Aufgabe vornehmlich in der Umsetzung nicht der Überwachung der zugesagten Maßnahmen besteht. In dem im Jahr 2007 entschiedenen Fall *Flybe/BA Connect* ging es um die Übernahme der regionalen Fluglinie BA Connect durch die Fluggesellschaft Flybe. Den Bedenken des Office of Fair Trading im Hinblick auf die Entstehung einer Monopolstellung auf einer Flugroute begegnete Flybe durch die Zusage, einen Übernachtstellplatz am Flughafen Southampton zu räumen. Die Entscheidung erfolgte auf der Grundlage von Sec. 73 EA. Aufgrund der Annahme der angebotenen Abhilfemaßnahmen wurde auf eine Verweisung des Falles an die Competition Commission verzichtet. Der im Jahr 2008 entschiedene Fall der Übernahme von VLM Airlines durch Air France glich hinsichtlich des Treuhändereinsatzes im Wesentlichen der Entscheidung

---

351 »*Flybe Group/BA Connect/British Airways*«, »*Air France S.A.S/City Jet/VLM Airlines*«; sämtliche Entscheidungen verfügbar auf der Seite des Office of Fair Trading: www.oft.gov.uk (merger cases, undertakings).
352 Vgl. statt vieler »*GB Oils/Brogan*« (undertakings), para. 5.1 ff.; »*Co-operative Group/Fairways Group*« (undertakings), para. 4.1 ff; »*Boots/Alliance UniChem*« (undertakings), para. 5.1 ff.

2. Kapitel Der Treuhänder in der Praxis der europäischen Kommission

Flybe/BA Connect. Anders als bei den Treuhänderabreden in den meisten Entscheidungen der Kommission sehen die Entscheidungen *Flybe/BA Connect* und *Air France/City Jet/VLM* den Treuhändereinsatz nicht zwangsläufig vor. Für das Office of Fair Trading besteht lediglich die Möglichkeit, zu jedem Zeitpunkt den Einsatz eines Überwachungstreuhänders von dem jeweiligen Unternehmen zu verlangen.[353]

Keine grundsätzlichen Unterschiede zu den europäischen Abreden bestehen hinsichtlich der Anforderungen an Unabhängigkeit und Qualifikation des Treuhänders,[354] Regelung der Vergütung,[355] Bindung des Treuhänders an die Anweisungen der Behörde[356] und der Voraussetzungen für das weitere Verfahren der Einsetzung, soweit es einmal durch das Office of Fair Trading veranlasst wurde.[357] Die verwendeten Formulierungen zu den Funktionen des Überwachungstreuhänders weichen hingegen ab. Sie legen nahe, dass sich das Office of Fair Trading den Überwachungstreuhänder in einer besonders aktiven Rolle vorstellt. Der Überwachungstreuhänder darf alle Maßnahme ergreifen, die notwendig sind, um die Zusage herbeizuführen.[358] Zur Erfüllung seiner Aufgabe kann der Überwachungstreuhänder – soweit notwendig – den Vorstand oder die Mitarbeiter des Unternehmens anweisen.[359] Das Anweisungsrecht korrespondiert mit der ausdrücklich festgelegten Pflicht der Unternehmen, den schriftlichen Anweisungen des Treuhänders Folge zu leisten.[360] Das Standardformular für das

---

353 »*Flybe/BA Connect*« (undertakings), para. 4.2.; »*Air France S.A.S/City Jet/VLM Airlines*« (undertakings), para. 5.1.
354 »*Flybe/BA Connect*« (undertakings), para. 4.2, 4.3; »*Air France S.A.S/City Jet/VLM Airlines*« (undertakings), para. 5.2, 5.3.
355 »*Flybe/BA Connect*« (undertakings), para. 6; »*Air France S.A.S/City Jet/VLM Airlines*« (undertakings), para. 7.
356 »*Flybe/BA Connect*« (undertakings), para. 5.3; »*Air France S.A.S/City Jet/VLM Airlines*« (undertakings), para. 6.3.
357 »*Flybe/BA Connect*« (undertakings), para. 4.2–4.5; »*Air France S.A.S/City Jet/VLM Airlines*« (undertakings), para. 5.4, 5.5.
358 »*Flybe/BA Connect*« (undertakings), para. 5.2. »[…] *the Monitoring Trustee may take any measures to the extent such measures may be necessary to effect the vacation of the Flybe Parking Stand in accordance with these undertakings.* Der Fall »*Air France S.A.S/City Jet/VLM Airlines*« enthielt in (undertakings), para. 6.2 die gleiche Formulierung bezogen auf die Bereitstellung von Start- und Landerechten durch Air France.
359 »*Flybe/BA Connect*« (undertakings), para. 5.6 (a): »*In furtherance of the Monitoring Trustee's functions outlined above, the Monitoring shall take such steps as it reasonably considers necessary including: (a) giving such directions to the officers or staff of Flybe, including any person holding such position on a temporary basis, as is reasonably necessary for the fulfilment of the Monitoring Trustee's functions,* […].« vgl. auch: »*Air France S.A.S/City Jet/VLM Airlines*« (undertakings), para. 6.6.
360 »*Flybe/BA Connect*« (undertakings), para. 7.2: »*Flybe shall take all such steps as are reasonably necessary to enable the Monitoring Trustee to carry out the Moni-*

XII. Vergleichender Blick auf die Treuhänderpraxis in der Bundesrepublik Deutschland

Treuhändermandat der Kommission ist demgegenüber zurückhaltender gefasst: Der Überwachungstreuhänder schlägt aus seiner Sicht erforderliche Maßnahmen den Unternehmen nur vor, kann sie aber nicht unmittelbar anweisen.[361]

b) Competition Commission

Die Competition Commission hat zwischen Inkrafttreten des Enterprise Act und November 2008 von insgesamt 46 entschiedenen Fällen in 19 Fällen den Zusammenschluss unter Auflagen genehmigt.[362] Fünf Fälle davon sehen den Einsatz eines Treuhänders vor. Bis zum 31. August 2011 ist in weiteren fünf Fällen der Einsatz eines Treuhänders vorgesehen worden.

Im Fall *Dräger Medical/Air-Shields* ergab sich aus der Übernahme von Unternehmensbereichen von Air-Shields durch Dräger Medical AG (Dräger) eine überragende Stellung auf dem Markt für Geräte zur frühkindlichen Wärmetherapie.[363] Den Wettbewerbsbedenken wurde u.a. durch die Zusage der Firma Dräger begegnet, die im Jahr 2003 gültigen Listenpreise für Produkte, Zubehör, Serviceleistungen etc. bis Ende des Jahres 2007 nicht zu erhöhen.[364] Aufgabe des Treuhänders sollte es sein, diese Preispolitik zu überwachen.

Die Regelungen zum Einsatz des Treuhänders unterscheiden sich im Hinblick auf die Anforderungen, die Vergütung und das Verfahren der Einsetzung nicht von denen der Kommission.[365] Die besonderen Funktionen des Treuhänders ergeben sich im Fall Dräger daraus, dass zur Beseitigung der Bedenken eine reine Verhaltenszusage angeboten wurde. Dräger verpflichtete sich, den Treuhänder mit sämtlichen Informationen über seine Kunden, Produkte, Ersatzteile,

---

toring Trustee Functions, including but not limited to: (a) complying with such written directions as the Monitoring Trustee may from time to time give pursuant to paragraph 5.6 (a) above; [...]« sowie *»Air France S.A.S/City Jet/VLM Airlines«* (undertakings), para. 8.2.

361 Vgl. Commission Model Text for Trustee Mandate (o. Fn. 9), Abs. 23 (iv): *»The Monitoring Trustee shall propose to [X] such measures as the Monitoring Trustee considers necessary to ensure [X] compliance with the conditions and obligations attached to the Decision, [...]«*.

362 In 24 Fällen wurde ohne Einschränkungen genehmigt, in 3 Fällen vollständig untersagt, s. *Peter Freeman:* »Merging Is Such Sweet Sorrow«, para. 7, Redebeitrag für das British Institute of International and Comparative Law (BIICL), verfügbar auf der Internetseite der Competition Commission: www.competitioncommission.org. uk. (publications, speeches).

363 *»Dräger Medical AG/Air-Shields«*, sämtliche Dokumente des Verfahrens verfügbar auf der Seite der Competition Commission: www.competition-commission. org.uk (completed inquiries).

364 *»Dräger Medical AG/Air-Shields«* (acceptance of undertakings, 21.6.2004), para. 5.

365 *»Dräger Medical AG/Air-Shields«* (acceptance of undertakings, 21.6.2004), para. 6.1. – 6.8.

Serviceleistungen und entsprechende Erträge zu versorgen.[366] Die Aufgabe des Überwachungstreuhänders bestand darin, zu überprüfen, ob die zur Verfügung gestellten Informationen den festgelegten Preisgrenzen entsprachen.[367] Über das Ergebnis der Überprüfung war dem Office of Fair Trading – nicht der Competition Commission – jährlich Bericht zu erstatten.[368]

Hier nimmt der Treuhänder eine reine Überwachungsaufgabe wahr, bei der er grundsätzlich allein die durch das Unternehmen an ihn und an das Office of Fair Trading übermittelten Informationen auswertet. Es bestehen keine gesonderten Regelungen zu einer Anweisung des Überwachungstreuhänders seitens des Office of Fair Trading, insbesondere keine Vorschriften zu unmittelbarem Handeln. Das Verhältnis des Treuhänders zum Unternehmen ist beschränkt auf die Datenübermittlung und den Hinweis darauf, dass die Preisgrenzen nicht eingehalten wurden.[369] Im Vergleich zu den Fällen der Kommission ist die Rolle des Treuhänders hier sehr eingeschränkt. Es wird im Wesentlichen Verwaltungsaufwand ausgelagert. Dass die Tätigkeit besonderer Expertise bedarf, ist nicht erkennbar.

Auch der zweite Fall, in dem die Competition Commission Verhaltenszusagen akzeptierte, sieht eine ähnlich beschränkte Rolle für den Überwachungstreuhänder vor. FirstGroup, der führende Anbieter von Busreisen im Vereinigten Königreich, war erfolgreicher Bieter für die durch die Strategic Rail Authority (SRA) vergebene Scottish Rail Franchise, die Konzession zum Betrieb des Schienenverkehrs in Schottland.[370] Die Competition Commission sah den Wettbewerb zwischen Bus und Schiene auf 21 Strecken im Raum Glasgow und Edinburgh erheblich eingeschränkt.[371] Sie befürchtete, dass FirstGroup durch Erhöhung der Buspreise und/oder bewusste Verschlechterung der Servicequalität der Busreisen Fahrgäste zur Benutzung der Bahn bewegen werde, weil dies für FirstGroup profitabler sei.[372] Darüber hinaus ging die Competition Commission davon aus, dass FirstGroup seine Marktstellung durch Einführung eines Kundentreuesystems für Tickets ausschließlich für die eigenen Bahn- und Busverbindungen ausdehnen werde.[373] Die Competition Commission akzeptierte die Zusagen von FirstGroup, die Preise auf bestimmten Busrouten während

---

366 »Dräger Medical AG/Air-Shields« (acceptance of untertakings, 21.6.2004), para. 6.10.
367 »Dräger Medical AG/Air-Shields« (acceptance of untertakings, 21.6.2004), para. 6.11.
368 »Dräger Medical AG/Air-Shields« (acceptance of untertakings, 21.6.2004), para. 6.12.
369 »Dräger Medical AG/Air-Shields« (acceptance of untertakings, 21.6.2004), para. 6.11.2, 6.11.4, 6.11.5.
370 »First Group/Scottish Rail«, sämtliche Dokumente zum Verfahren verfügbar auf der Seite der Competition Commission (Fn. 363).
371 »First Group/Scottish Rail« (report, June 2004) para. 8 (Summary).
372 »First Group/Scottish Rail« (report, June 2004) para. 10 (Summary).
373 »First Group/Scottish Rail« (report, June 2004) para. 12 (Summary).

XII. Vergleichender Blick auf die Treuhänderpraxis in der Bundesrepublik Deutschland

der Hauptverkehrszeit zu begrenzen und die Frequenz der Verbindungen sowie die Anzahl der Haltepunkte nicht einzuschränken. Überdies verpflichtete sich FirstGroup unter anderem, auch andere Anbieter zu vergleichbaren Bedingungen an dem Ticketsystem teilnehmen zu lassen.[374]

Die nach der Abrede vorgesehene Rolle des Treuhänders ist – wie im Fall Dräger/Air-Shields – auf eine Kontrolle in großzügigem zeitlichen Abstand beschränkt. Aufgabe des Treuhänders ist die Übermittlung eines Berichts an das Office of Fair Trading über die Einhaltung der Verhaltenszusagen im Abstand von sechs Monaten.[375] 28 Tage vor Beginn der Anfertigung der Berichte soll der Treuhänder die erforderlichen Informationen von FirstGroup anfordern.[376] Sollte der Treuhänder von FirstGroup Auskünfte verlangen, die aus Sicht von FirstGroup nicht verlangt werden dürfen, entscheidet das Office of Fair Trading, ob die jeweiligen Informationen zu übermitteln sind.[377] Als weitere Überwachungsmaßnahmen sind Ortsbesichtigungen der Busverbindungen und Bahnhöfe durch den Treuhänder vorgesehen.[378] Die Ortsbesichtigungen erfolgen nicht zufällig auf Initiative des Treuhänders, sondern nur nach Aufforderung durch das Office of Fair Trading, wenn Beschwerden oder sonstige dem Office of Fair Trading zugegangene Hinweise Anlass dazu geben.[379] Einer Überprüfung vor Ort soll in jedem Fall eine Kontaktaufnahme des Office of Fair Trading und/oder des Treuhänders mit FirstGroup vorausgehen, um mögliche Probleme unter Vermeidung eines Ortstermins zu lösen.[380]

Die Rolle des Treuhänders beschränkt sich auch hier auf eine Hilfsfunktion. Ob der Einsatz des Treuhänders eine erhebliche Verbesserung der Umsetzung der Abhilfemaßnahmen bewirken kann, erscheint angesichts der beschränkten Funktionen zweifelhaft. Das Office of Fair Trading gewinnt weder besondere Kenntnisse hinzu, noch kann von einer erhöhten Überwachungsintensität ausgegangen werden. Ein »Mehrwert« des Treuhändereinsatzes ist nicht erkennbar.

---

374 »*First Group/Scottish Rail*« (Annex 2: complete undertakings in force from 2 February 2007), p.2 (Tenor (g)).
375 »*First Group/Scottish Rail*« (Annex 2: complete undertakings in force from 2 February 2007), para. 3.8.
376 »*First Group/Scottish Rail*« (Annex 2: complete undertakings in force from 2 February 2007), Rn. 3.9.
377 »*First Group/Scottish Rail*« (Annex 2: complete undertakings in force from 2 February 2007), para. 3.9. a.E.
378 »*First Group/Scottish Rail*« (Annex 2: complete undertakings in force from 2 February 2007), para. 3.10. u. 3.11.
379 »*First Group/Scottish Rail*« (Annex 2: complete undertakings in force from 2 February 2007), para. 3.11.
380 »*First Group/Scottish Rail*« (Annex 2: complete undertakings in force from 2 February 2007), para. 3.11.

2. Kapitel Der Treuhänder in der Praxis der europäischen Kommission

In den Fällen *EWS/Marcroft*,[381] *Thermo/GVI*[382] und *Stonegate/Dean*[383] sowie in den jüngeren Fällen *Long Clawson/Millway*,[384] *Nufarm/AH Marks*,[385] *Capita/IBS*,[386] *Stagecoach/Eastbourne Buses*,[387] *Sports Direct/JJB Sports*[388] entspricht die nach den jeweiligen Abreden für den Treuhänder vorgesehene Rolle strukturell den Vorstellungen der Kommission nach den veröffentlichen Mustertexten. In allen wesentlichen Punkten – von der Ernennung des Treuhänders über die Anforderungen an die für die Competiton Commission zu erstellenden Berichte bis zu den Kooperationspflichten der Parteien – stimmen die Abreden mit dem europäischen Standard im Grundsatz überein. Lediglich im Fall EWS/Marcroft fällt die schon im Fall Flybe/BA Connect verwendete Formulierung auf, nach welcher der Treuhänder das Führungspersonal der beteiligten Unternehmen anweisen kann.[389] Wie im Fall Flybe/BA Connect korrespondiert auch hier das Anweisungsrecht mit der Selbstverpflichtung der Unternehmen, den Anweisungen des Treuhänders Folge zu leisten.[390]

Im weiteren Sinn gehört zur Verwaltungspraxis der Competition Commission zum Einsatz von Treuhändern auch der Fall *Macquarie/National Grid Wire-*

---

381 »*EWS/Marcroft*«, sämtliche Dokumente zum Verfahren (6.2.2006 – 12.9.2006) verfügbar auf der Seite der Competition Commmission (o. Fn. 363) (investigations, completed inquiries).
382 »*Thermo/GVI*«sämtliche Dokumente zum Verfahren (15.12.2006 – 30.5.2007) verfügbar auf der Seite der Competition Commmission (o. Fn. 363) (investigations, completed inquiries).
383 »*Stonegate/Deans*« sämtliche Dokumente zum Verfahren (13.9.2006 –20.4.2007) verfügbar auf der Seite der Competition Commmission (o. Fn. 363) (investigations, completed inquiries).
384 »*Long Clawson Dairy/Millway*«sämtliche Dokumente zum Verfahren (8.10.2008 – 14.1.2009) verfügbar auf der Seite der Competition Commmission (o. Fn. 363) (investigations, completed in quiries).
385 »*Nufarm/AH Marks*«sämtliche Dokumente zum Verfahren (29.8.2008 – 10.2.2009) verfügbar auf der Seite der Competition Commmission (o. Fn. 363) (investigations, completed inquiries).
386 »*Capita/IBS*«sämtliche Dokumente zum Verfahren (19.11.2008 – 4.6.2009) verfügbar auf der Seite der Competition Commmission (o. Fn. 363) (investigations, completed inquiries).
387 »*Stagecoach/Eastbourne Buses*« sämtliche Dokumente zum Verfahren (23.5.2009 – 22.10.2009) verfügbar auf der Seite der Competition Commmission (o. Fn. 363) (investigations, completed inquiries).
388 »*Sports Direct/JJB Sports*« sämtliche Dokumente zum Verfahren (7.8.2009 – 16.3.2010) verfügbar auf der Seite der Competition Commmission (o. Fn. 363) (investigations, completed inquiries).
389 Siehe zum Fall (o. Fn. 388) Notice of directions to appoint monitoring trustees vom 15 November 2006, para. 12 (a).
390 Notice of directions to appoint monitoring trustees vom 15 November 2006, para. 17.

XII. Vergleichender Blick auf die Treuhänderpraxis in der Bundesrepublik Deutschland

less.[391] Beide Unternehmen waren über Tochterunternehmen u.a. als Anbieter für die Infrastruktur von Fernseh- und Radioübertragungen tätig. Der Zusammenschluss führte auf dem Markt für sogenannte Management Transmission Services (MTS) und Network Access (NA) für Fernsehanstalten zur Überführung des bisherigen Duopols in ein Monopol. Auf dem gesondert betrachteten Markt für Radioanstalten entstand ein gemeinsamer Marktanteil von 85%. Trotz dieser offensichtlichen Verringerung des Wettbewerbs hat die Competition Commission den Zusammenschluss weder untersagt noch mit Veräußerungsauflagen genehmigt. Die Competition Commission ging von erheblichen zusammenschlussbedingten Vorteilen für den Verbraucher aus. Der Zusammenschluss wurde daher im Ergebnis mit einem umfangreichen Paket von Verhaltenszusagen genehmigt. Diese richteten sich darauf, die erkannten Verbrauchervorteile abzusichern. Durch die Zusagen sollte sichergestellt werden, dass zusammenschlussbedingte Kostenvorteile an den Endverbraucher weitergereicht werden. Im Hinblick auf bestehende Übertragungsverträge wurden zahlreiche begünstigende Vertragsanpassungen und Sonderleistungen als Angebot an die Vertragspartner festgelegt.[392] Hinsichtlich künftiger Verträge wurden die zulässigen Preise sowie die sonstigen Auflagen und Bedingungen dieser Verträge bestimmt.[393] Weiterer Bestandteil der Zusagen war die Einsetzung eines »adjudicators« als unabhängigen fachkundigen Dritten. Zu den Aufgaben des adjudicators gehörte es, zwischen den beteiligten Unternehmen und seinen gegenwärtigen und zukünftigen Vertragspartnern bestehende vertragsrelevante Konflikte durch eine für beide Parteien verbindliche Entscheidung zu lösen.[394] Vorausgesetzt wurde, dass sich die jeweiligen Vertragspartner dem adjudication scheme unterwerfen.[395] Die zweite wesentliche Aufgabe des adjudicators bestand darin, Leitlinien zur Anwendung der Abhilfemaßnahmen zu erstellen und zu veröffentlichen.[396] Soweit nicht anders mit dem Office of Fair Trading vereinbart,

---

391 »*Macquarie/National Grid Wireless*«, sämtliche Dokumente des Verfahrens (8.8.2007 – 11.8.2008) verfügbar auf der Seite der Competition Commission (o. Fn. 363) (investigations, completed inquiries).
392 »*Macquarie/National Grid Wireless*«, Notice of acceptance of final undertakings vom 1.9.2008 para 2: *Offer to amend existing transmission agreements*, para. 3: *Contract variations*, para 4: *Service level availability*, para. 5: *Super credit arrangements*; para. 6: *Sale of transmitter equipment*, para. 7: *Reduction in charges under existing transmission agreements*; para 8: *Right to renew existing radio agreemens*.
393 »*Macquarie/National Grid Wireless*« (Notice of acceptance of final undertakings vom 1.9.2008) para 10.
394 »*Macquarie/National Grid Wireless*«, (Notice of acceptance of final undertakings vom 1.9.2008) Appendix 1, para. 7 sowie Appendix 2; para. 28.
395 »*Maquarie/National Grid Wireless*«, (Notice of acceptance of final undertakings vom 1.9.2008) Appendix 2, para. 4.
396 »*Maquarie/National Grid Wireless*«, (Notice of acceptance of final undertakings vom 1.9.2008) Appendix 1, para. 8.

sollte der adjudicator im Abstand von drei Monaten schriftlich an das Office of Fair Trading berichten.[397] Der Bericht sollte unter anderem die in der Zwischenzeit erstellten Leitlinien, die Konfliktentscheidungen, eine Einschätzung der Funktion der Abhilfemaßnahmen und eine Einschätzung der beteiligten Unternehmen hinsichtlich der Einhaltung der Verpflichtungszusagen des adjudication schemes und der adjudication rules enthalten.[398] Im Unterschied zu den Treuhänderabreden in den sonstigen Entscheidungen der Competition Commission, des Office of Fair Trading und der Kommission ist in den Abhilfemaßnahmen im Fall Macquarie/National Grid Wireless nicht vorgesehen, dass der adjudicator durch die Behörden angewiesen wird. Der adjudicator ist vielmehr unabhängiger Experte. Seine Entscheidungen sind im Konfliktfall abschließend und bindend.[399] Der adjudicator steht in keinem privatrechtlichen Vertragsverhältnis zu den beteiligten Unternehmen. Das Office of Communication setzt den adjudicator vielmehr nach Rücksprache mit den beteiligten Unternehmen und seinen Kunden selbst ein.[400] Die Behörde bestimmt das dem adjudicator zur Verfügung stehende jährliche Budget. Dieses soll eine angemessene Vergütung sowie alle entstehenden Kosten umfassen.[401] Die Vergütung des Treuhänders und die mit seiner Tätigkeit verbundenen Kosten werden zunächst vom Office of Communication übernommen und anschließend den beteiligten Unternehmen in Rechnung gestellt.[402]

Der Fall Macquarie/National Grid ist außergewöhnlich. Während auch Entscheidungen der Kommission häufig die Einsetzung eines Schiedsrichters zur Konfliktlösung zwischen den beteiligten Unternehmen und Dritten vorsehen, wird der Treuhänder im Fall Macquarie/National Grid zu einer ständigen Einrichtung. Daraus ergibt sich zwangsläufig ein maßgeblicher Einfluss auf die Umsetzung der zugesagten Abhilfemaßnahmen. Durch die umfassende Berichterstattungspflicht gegenüber dem Office of Fair Trading rückt der adjudicator in die Nähe eines Überwachungstreuhänders. Obwohl der Fall von besonderen einzelfallbezogenen Umständen geprägt ist, gibt es Elemente innerhalb der Regelung über den adjudicator, die als Alternative für den Treuhändereinsatz dienen können. Dadurch, dass Vergütung und Kosten zunächst vom Office of Communication getragen werden und erst dann von den Parteien, können keine Zweifel an der Unabhängigkeit entstehen.

---

397 »*Maquarie/National Grid Wireless*«, (Notice of acceptance of final undertakings vom 1.9.2008) Appendix 1, para. 35.
398 »*Maquarie/National Grid Wireless*«, (Notice of acceptance of final undertakings vom 1.9.2008) Appendix 1, para. 35.
399 »*Maquarie/National Grid Wireless*«, (Notice of acceptance of final undertakings vom 1.9.2008) Appendix 2, para. 28.
400 »*Maquarie/National Grid Wireless*«, (Notice of acceptance of final undertakings vom 1.9.2008) Appendix 1, para. 3.
401 »*Maquarie/National Grid Wireless*«, (Notice of acceptance of final undertakings vom 1.9.2008) Appendix 1, para. 17.
402 »*Maquarie/National Grid Wireless*«, (Notice of acceptance of final undertakings vom 1.9.2008) Appendix 1, para. 18.

3. Vereinigte Staaten

Wie im europäischen und deutschen Recht zählt auch in den Vereinigten Staaten die Veräußerung von Unternehmensteilen oder Geschäftsbereichen zu der mit Abstand am häufigsten vereinbarten Abhilfemaßnahme. Die entsprechenden consent settlements erhalten in der Regel eine Verpflichtung der Parteien, den Veräußerungsgegenstand im Wert bis zur Veräußerung zu erhalten und keine Schritte zu unternehmen, die die Werthaltigkeit und Wettbewerbsfähigkeit beeinträchtigen.[403] Während beide Behörden den Parteien eine Verpflichtung zur Getrenntuhaltung abverlangen, unterscheiden sie sich deutlich in ihrer Auffassung zur Rolle und Funktion von Treuhändern bei der Überwachung von Parteiverpflichtungen.[404]

a) Treuhänderpraxis der Federal Trade Commission

Die Federal Trade Commission hat Abreden zum Einsatz von Treuhändern zur Überwachung von Veräußerungsverpflichtungen und/oder zur Kontrolle der Verpflichtung zur Getrenntuhaltung erstmals ab 1995 in mehreren Zusammenschlüssen im Pharmasektor verwendet.[405] Der Einsatz eines Überwachungstreuhänders hat seinen Ursprung nicht in der Initiative der Federal Trade Commission, sondern geht auf die Erfahrungen aus einem Veräußerungsvertrag zurück. Ursprünglich war die Abrede nicht im consent agreement enthalten. Die Parteien benötigten über ein Jahr, um die zu veräußernden Vermögenswerte vom übrigen Geschäft zu trennen. Der bereits feststehende Käufer war besorgt, dass der Verkäufer die Situation ausnutzen und sich der Wert des Veräußerungsgegenstands mindern könnte.[406] Mittlerweile zählt die Treuhänderabrede bei Veräußerungs- und Getrenntuhaltungsverpflichtungen – wie in der Praxis der Kommissi-

---

403 Vgl. statt vieler etwa aus der jüngeren Praxis »*Panasonic Corp./Sanyo Electric Co Ltd.*«, FTC Docket No. C-4247, S. 8 f. (8.1.2010) (sämtliche Entscheidungen der FTC verfügbar auf der Seite der Federal Trade Commission unter: www.ftc.gov/os/caselist).
404 *Michael H. Byowitz/Lori S. Sherman*: »U.S. Antitrust Merger Remedies: FTC v DOJ?«, S. 28 (verfügbar auf der Seite der American Bar Association: www.abanet.org).
405 »*Glaxo plc*«, FTC Docket No. C-3586 (14. Juni 1995); »*Ciba-Geigy Ltd./Sandoz Ltd.*«, FTC Docket No. C-3725 (24.3.1997); »*American Home Products/Solvay*«, FTC Docket No. C-3740 (21.2.1997); »*Roche Holdings Ltd./Corange*«, FTC Docket No. C-3809 (27.5.1998).
406 *Kenneth M. Davidson*: »The FTC Monitor Trustee« (Working paper v. 19.12.2005), S. 7 a.E. (verfügbar auf der Seite des American Antitrust Institute: www.antitrustinstitute.org.).

on – zur Routine der Federal Trade Commission.[407] In ihrer Bekanntmachung zur Verhandlung von Abhilfemaßnahmen begreift die Federal Trade Commission den Überwachungstreuhänder als »Auge und Ohr« der Behörde und seiner Mitarbeiter.[408] Er soll Probleme in dem Moment ansprechen, in dem sie sich stellen.[409] Der Überwachungstreuhänder beobachtet die Einhaltung der Parteiverpflichtungen und verfolgt – bei einer hold-separate order – den Geschäftsgang der getrennt geführten Unternehmungen. Das FTC Statement vergleicht die Rolle des Überwachungstreuhänders in diesem Zusammenhang mit einem »chairman of the board.«[410] Als Überwachungstreuhänder werden Personen mit einschlägigen Erfahrungen in dem betroffenen Industriebereich und entsprechenden Kenntnissen eingesetzt. In der Regel handelt es sich um Personen, die in dem Industriezweig tätig waren oder in diesem Bereich beraten haben. Der Personenkreis umfasst im Ruhestand befindliches Führungspersonal, Wissenschaftler, Berater sowie Rechtsanwälte mit besonderer Erfahrung im Bereich Regulierung.[411] Die Kommission setzt hingegen überwiegend Wirtschaftsprüfungsunternehmen ein. Die Abreden zum Einsatz von Überwachungstreuhändern in den consent agreements der Federal Trade Commission sind in der Regel weniger ausführlich als die Nebenbestimmungen in den Entscheidungen der Kommission.[412] Grundsätzlich werden jedoch die gleichen Fragen geregelt, also im Wesentlichen die Ernennung und Einsetzung des Treuhänders, seine Aufgaben und Pflichten, die entsprechenden Aufgaben und Pflichten der Parteien sowie die Ersetzung des Treuhänders.

---

407 Vgl. statt vieler »*INA-Holding Schaeffler KG/FAG Kugelfischer*«, FTC Docket No. C-4033 (15.2.2002); »*Johnson & Johnson/Pfizer Inc.*«, FTC Docket No. C-4180 (19.1.2007); »*Lubrizol/Lockart*«, FTC Docket No. C-4254 (10.4.2009).
408 *Statement of the Federal Trade Commission's Bureau of Competition on Negotiating Remedies* vom 2.4.2003 (verfügbar auf der Seite der Federal Trade Commission: www.ftc.gov.).
409 *Statement of the Federal Trade Commission's Bureau of Competition on Negotiating Remedies* vom 2.4.2003 (verfügbar auf der Seite der Federal Trade Commission: www.ftc.gov.).
410 *Statement of the Federal Trade Commission's Bureau of Competition on Negotiating Remedies* vom 2.4.2003 (verfügbar auf der Seite der Federal Trade Commission: www.ftc.gov.).
411 *Kenneth M. Davidson*: »The Reports on Divestiture Remedies of the US FTC and DG COMP« (Working paper v. 15.2.2006), S. 10 (Text verfügbar auf der Seite des American Antitrust Institure: www.antitrustinstitute.org.).
412 Vgl. einerseits: »*INA-Holding Schaeffler KG/FAG Kugelfischer*«, FTC Docket No. C-4033 (15.2.2002); »*Johnson & Johnson/Pfizer Inc.*«, FTC Docket No. C-4180 (19.1.2007); »*Lubrizol/Lockart*«, FTC Docket No. C-4254 (10.4.2009), andererseits etwa: Komm., ABl. 2006 Nr. L 353/7 – »*Continental/Phoenix*« (Zusagentext nicht im ABl. abgedruckt, verfügbar auf der Seite der GD Wettbewerb (o. Fn. 91), Rs. M.3436, Anlage A, Rn. 31 ff.); ABl. 2006 Nr. L 353/19 – »*Siemens/VA Tech*« (Zusagentext nicht im ABl. abgedruckt, verfügbar auf der Seite der GD Wettbewerb (o. Fn. 91), Rs. M.3653, Anhang, Rn. 17 ff.).

XII. Vergleichender Blick auf die Treuhänderpraxis in der Bundesrepublik Deutschland

Das Verfahren zur Einsetzung des Überwachungstreuhänders erscheint in den consent agreements der Federal Trade Commission auf den ersten Blick anders geregelt als in der europäischen Fusionskontrolle. Nach der üblichen Formulierung kann die Federal Trade Commission nach Abschluss des consent agreements zu jedem beliebigen Zeitpunkt einen oder mehrere Überwachungstreuhänder ernennen.[413] Die Ernennung bedarf der Zustimmung der Parteien. Die Zustimmung gilt als erteilt, wenn der Auswahl nicht innerhalb einer Frist – üblicherweise zehn Tage[414] – widersprochen wurde. Der Standardtext der Kommission spricht demgegenüber von der Ernennung des Überwachungstreuhänders durch die Parteien.[415] Die Ernennung folgt dabei im Anschluss an die Bestätigung eines zuvor von den Parteien vorgeschlagenen Treuhänders durch die Kommission. Lediglich für den Fall, dass sämtliche Vorschläge der Parteien zurückgewiesen werden, erfolgt die Nominierung durch die Kommission. Der Eindruck, die Federal Trade Commission suche einen geeigneten Überwachungstreuhänder aus und lasse diesen durch die Parteien bestätigen, verfahre also umgekehrt wie die Kommission, trifft in der Praxis nicht uneingeschränkt zu. Die Parteien nehmen im Vorfeld Einfluss auf die Auswahl des Treuhänders.[416] Von der Federal Trade Commission wird dies begrüßt.[417] Die gegenseitige Abstimmung findet daher zuvor auf informellem Weg statt.

Die Aufgaben und Pflichten des Überwachungstreuhänders werden regelmäßig in einem Satz zusammengefasst: Der Überwachungstreuhänder hat die Befugnis die Parteien bei der Einhaltung des consent order zu überwachen.[418] Sei-

---

413 Vgl. statt vieler *Dow Chemical/Union Carbide*, FTC Docket No. C-3999 (15. März 2001), Abschnitt IX, A (S. 35): »*At any time after Respondents sign the Consent Agreement, the Commission may appoint one or more Persones to serve as Monitor Trustee*«.
414 Vgl. etwa »*Dow Chemical/Union Carbide*«, FTC Docket No. C-3999 (15. März 2001), Abschnitt IX, B.1 (S. 36); »*Glaxo/SmtihKline*«, FTC Docket No. C-3990 (26.1.2001), Abschnitt X, B.3 (S.40).
415 Commission Model Text for Divestiture Commitments (o. Fn. 91), Rn. 16.: »*[X] shall appoint a Monitoring Trustee to carry out the functions specified in the Commitments for a Monitoring Trustee*«.
416 Vgl. *Kenneth M. Davidson*: »The FTC Monitor Trustee« (Working paper v.19.12. 2005, verfügbar auf der Seite des American Antitrust Institute: www.antitrustinstitute.org.), S. 5: »*In the normal course the Monitor Trustee is selected by the respondent [...]*.« »*There are additional practical reasons to appoint the Monitor Trustee at the time an order is accepted for public comment. [...], it requires the respondent to focus during the negotiating period on who will be the trustee [...]*«.
417 Vgl. *Statement of the Federal Trade Commission's Bureau of Competition on Negotiating Remedies* vom 2.4.2003 (verfügbar auf der Seite der Federal Trade Commission: www.ftc.gov.).
418 Vgl. *Dow Chemical/Union Carbide*, FTC Docket No. C-3999 (15. März 2001), Abschnitt IX, B. 2 (S. 36): »*The Monitor Trustee shall have the power and authority to monitor Respondents' compliance with the terms of this Order and the Divestiture Agreements [...]*«.

ne Aufgaben und die in seinem Verantwortungsbereich liegenden Pflichten sind vom Überwachungstreuhänder im Einklang mit dem Zweck der order und im Einvernehmen mit der Federal Trade Commission auszuüben.[419] Die Federal Trade Commission stellt sicher, dass dem Treuhänder im Vertrag mit den Parteien alle Rechte eingeräumt werden, die für die Erfüllung seiner Verpflichtungen notwendig sind.[420] Hier bestehen keine wesentlichen Unterschiede zur europäischen und deutschen Praxis. Zugleich wird betont, dass der Treuhänder der Federal Trade Commission gegenüber verantwortlich ist.[421] In den europäischen Entscheidungen wird die Kernaufgabe der Überwachung wesentlich detaillierter erklärt.[422] Eine erstmalig als Treuhänder tätige Person kann allein aufgrund des Entscheidungstextes eine vergleichsweise klare Vorstellung davon gewinnen, wie sich die Behörde die Überwachung vorstellt. Nahezu identisch geregelt ist die Berichtspflicht des Überwachungstreuhänders gegenüber der Federal Trade Commission. Anders als in den Entscheidungen der Kommission wird aus den consent agreements der Federal Trade Commission allerdings nicht deutlich, ob die Parteien eine Kopie der Berichte erhalten sollen und ob eine solche Kopie eine nicht-vertrauliche Version des Berichts an die Federal Trade Commission sein kann oder muss.[423]

Von der Wahrnehmung der Aufgaben und Pflichten hängt die Bestimmung des Verhältnisses zur jeweiligen Behörde ab. In den consent order der Federal Trade Commission findet sich regelmäßig eine Formulierung, nach der sie aufgrund eigener Initiative oder auf Anfrage des Treuhänders zusätzliche Anordnungen oder Anweisungen erlassen kann, wenn dies notwendig oder angemessen ist, um die Einhaltung der sich aus dem Veräußerungsvertrag ergebenden

---

419 Vgl. *Dow Chemical/Union Carbide*, FTC Docket No. C-3999 (15. März 2001), Abschnitt IX, B. 2 (S. 36): » *[...] and shall exercise such power and authority and carry out the duties and responsibilities of the Monitor Trustee in a manner consistent with the purposes of this Order and in consultation with the Commission*«.
420 Vgl. *Statement of the Federal Trade Commission's Bureau of Competition on Negotiating Remedies* vom 2.4.2003 (verfügbar auf der Seite der Federal Trade Commission: www.ftc.gov.): »*The staff will assure that the agreement gives the monitor all the authority necessary to satisfy his or her responsibilities and that the agreement places no limitations on the ability of the monitor to do so*«.
421 *Statement of the Federal Trade Commission's Bureau of Competition on Negotiating Remedies* vom 2.4.2003 (verfügbar auf der Seite der Federal Trade Commission: www.ftc.gov.): »*The obligation of the monitor is to the Commission.*«
422 Vgl. stellvertretend: Commission Model Text for Divestiture Commitments (o. Fn. 9).
423 Siehe die gängige, jeweils identische Formulierung der FTC etwa in den Entscheidungen: »*Dow Chemical/Union Carbide*«, FTC Docket No. C-3999 (15. März 2001), Abschnitt IX, B. 10 (S. 37); »*Glaxo/SmtihKline*«, FTC Docket No. C-3990 (26.1.2001), Abschnitt X, B. 10 (S.41); *Johnson & Johnson/Pfizer Inc.*, FTC Docket No. C-4180 (19.1.2007) Abschnitt IV, 7 (S. 35): »*The Monitor Trustee shall report in writing to the Commission concerning Respondents' compliance with this Order [...]*«.

XII. Vergleichender Blick auf die Treuhänderpraxis in der Bundesrepublik Deutschland

Anforderungen sicherzustellen.[424] Eine fast identische Formulierung prägt die jüngere Entscheidungspraxis der Kommission.[425] Nach der Formulierung in den consent agreements der Federal Trade Commission erscheinen allerdings vor allem die Parteien als Adressaten zusätzlicher »orders or directions«. Zu dieser Einschätzung passt die Vorstellung vom Treuhänder als einem fachlich qualifizierten, beratenden, moderierenden und informierenden Dritten ohne Durchsetzungsbefugnisse. Die europäischen Formulierungen dagegen beziehen allein den Treuhänder ein. Suggeriert wird, dass im Einzelfall »orders or instructions«, also Anordnungen, gegenüber dem Treuhänder erforderlich sind, um die Einhaltung der Nebenbestimmungen zu gewährleisten. Die Sicherstellung der Einhaltung ist jedoch – auch ohne besondere Anordnungen der Kommission – Kernfunktion und Aufgabe des Treuhänders. Es stellt sich daher die Frage, ob es einen qualitativen Unterschied bedeutet, wenn die Aufgabenwahrnehmung auf einer Anordnung der Kommission beruht. Die europäische Formulierung ist nachvollziehbar, wenn die Kommission davon ausgeht, dass über die Anordnungen die Kompetenzen des Treuhänders erweitert werden. Dazu zählt auch die Möglichkeit, eigenständig Vorstellungen durchzusetzen. Andernfalls wäre es naheliegender, die Parteien direkt anzuweisen, wie dies die consent order der Federal Trade Commission voraussetzen. Möglicherweise wird davon ausgegangen, dass der Treuhänder nicht immer weiß, wie er seiner Aufgabe nachkommen soll und ob daher zusätzliche Anordnungen der Kommission erforderlich werden. Die Begriffe sind dann im Sinne einer »Anleitung« zu verstehen. Dazu passt allerdings nicht, dass außer der Kommission auch der Treuhänder selbst Urheber der Anordnung oder Anleitung sein kann. Es bleibt unklar, ob die Kommission ein unterschiedliches Konzept im Sinn hatte als sie den Mustertext in Abweichung vom amerikanischen Vorbild formulierte.

Die in den consent settlements festgehaltenen Pflichten der Parteien gegenüber dem Treuhänder entsprechen im Wesentlichen denen einer Entscheidung der Kommission. Zu den wesentlichen Pflichten gehört es, dem Treuhänder uneingeschränkten Zugang zu den Büchern, Aufzeichnungen, Unterlagen, Mitarbeitern, Einrichtungen, Standorten und technischen Informationen zu gewähren.[426] Der

---

424 Siehe etwa die Formulierung der FTC in den Entscheidungen »*Johnson & Johnson/Pfizer Inc.*«, FTC Docket No. C-4180 (19.1.2007) Abschnitt IV, F (S. 36); *Lubrizol/Lockart*, FTC Docket No. C-4254 (10.4.2009), Abschnitt VI, G (S.9): »*The Commission may on its own initiative or at the request of the Monitor Trustee issue such additional orders or directions as may be necessary or appropriate to assure compliance with the requirements of this Order and the Divestiture Agreement(s)*«.
425 Stellvertretend für die jüngere Praxis: Commission Model Text for Divestiture Commitments (o. Fn. 9), Rn. 22: »*The Commission may, on its own initiative or at the request of the Trustee for [X], give any orders or instructions to the Trustee in order to ensure compliance with the conditions and obligations attached to the Decision*«.
426 Vgl. nur: *Lubrizol/Lockart*, FTC Docket No. C-4254 (10.4.2009), Abschnitt VI, D.4 (S.7): »*The Monitor shall have full and complete access to Respondents' books, records documents […]*«.

Treuhänder und die weiteren, von ihm zur Erfüllung seiner Tätigkeit eingesetzten Personen sind von den Parteien zu vergüten. Sie sind von einer etwaigen Haftung für im Zusammenhang mit der Erfüllung ihrer Aufgaben entstehende Verbindlichkeiten freizustellen, sofern diese nicht auf Vorsatz, grober Fahrlässigkeit oder Bösgläubigkeit beruhen.[427] Die Federal Trade Commission kann einen Überwachungstreuhänder durch die Ernennung eines anderen Treuhänders ersetzen, wenn der Treuhänder seine Tätigkeit einstellt, nicht gewissenhaft arbeitet oder nicht gewillt oder in der Lage ist, seine Aufgabe sachgerecht zu erfüllen.[428] Die europäische Regelung lässt neben der Beendigung der Tätigkeit zusammenfassend und gleichzeitig erweiternd jeden anderen Grund für die Ersetzung zu.[429]

b) Einschätzung der Treuhänderpraxis von Kenneth M. Davidson

Eine aktuelle Einschätzung der Rolle des Überwachungstreuhänders bei der Implementierung der consent settlements der Federal Trade Commission hat der frühere Assistant Director der Behörde und Mitautor der FTC remedy study, Kenneth M. Davidson, in einem Beitrag für das Antitrust Institute vorgenommen.[430] Davidson beschreibt die wesentliche Funktion des Treuhänders sowohl für die am Zusammenschluss beteiligten Unternehmen als auch die behördliche Wett-

427 Vgl. nur: *Lubrizol/Lockart*, FTC Docket No. C-4254 (10.4.2009), Abschnitt VI, D.5 (S.8): »*The Monitor Trustee shall serve, without bond or other security, at the expense of Resondents, on such reasonable and customary terms and conditions as the Commission may set.*« *[...]* »*Respondents shall indemnify the Monitor Trustee and hold the Monitor Trustee harmless against any losses, claims, damages, liabilities or expenses arising out of, or in connnection with, the performance of the Monitor Trustee's duties (including the duties of the Monitor Trustee's employees), including all reasonable fees of counsel and other expenses incurred in connection with the preparation for, or defense of, any claim whether or not resulting in any liability, except to the extent that such losses, claims, damages, liabilities, or expenses result from gross negligence, willful or wanton acts, or bad faith by the Monitor Trustee*«.
428 Vgl. *Dow Chemical/Union Carbide*, FTC Docket No. C-3999 (15. März 2001), Abschnitt IX, B. 8 (S. 37): »*If at any time the Commission determines that the Monitor Trustee has ceased to act or failed to act diligently, or is unwilling or unable to continue to serve, the Commission may appoint a substitute to serve as Monitor Trustee [...].*« sowie mit ähnlicher Formulierung: *Lubrizol/Lockart*, FTC Docket No. C-4254 (10.4.2009), Abschnitt VI, F (S.8).
429 Vgl. Commission Model Text for Divestiture Commitments (o. Fn. 9), Rn. 31: »*If the Trustee ceases to perform its functions under the Commitments or for any other good cause, including the exposure of the Trustee to a conflict of interest: (a) the Commission may, after hearing the Trustee, require [the party] to replace the Trustee; or (b), with the prior approval of the Commission may replace the Trustee*«.
430 *Kenneth M. Davidson*: »The FTC Monitor Trustee« (Working paper v.19.12.2005, verfügbar auf der Seite des American Antitrust Institute: www.antitrustinstitute. org.).

XII. Vergleichender Blick auf die Treuhänderpraxis in der Bundesrepublik Deutschland

bewerbspolitik. Er geht davon aus, dass erst die Existenz des Überwachungstreuhänders es der Federal Trade Commission ermöglicht habe, consent settlements für Zusammenschlüsse abzuschließen, die zu komplex für eine Überwachung allein durch die Behörden gewesen wären. Diese hätten daher mit hoher Wahrscheinlichkeit insgesamt untersagt werden müssen.[431] Der Schlüssel zu einer erfolgreichen Überwachungstätigkeit liegt nach Davidson darin, dass die Parteien dem Treuhänder vertrauen. Ohne entsprechendes Vertrauen sei die Überwachung der Umsetzung mit erheblichen Schwierigkeiten verbunden. Die Rechte des Überwachungstreuhänders müssten dann durch die Federal Trade Commission, gegebenenfalls die Gerichte durchgesetzt werden. Der bürokratische Aufwand, der durch den Einsatz des Treuhänders gerade vermieden werden soll, würde dann erneut entstehen.[432]

Die Einschätzung Davidsons verdeutlicht den konsensualen Charakter des Treuhändereinsatzes. Der Treuhänder ist auf die freiwillige und vertrauensvolle Zusammenarbeit der Parteien angewiesen. Die Rechte des Treuhänders gegenüber den Parteien kann die Federal Trade Commission gegebenenfalls gerichtlich durchsetzen.

Dem Überwachungstreuhänder stehe nicht das Recht zu, Problemlösungen anzuordnen. Dies sei von Mitarbeitern der Federal Trade Commission gegenüber den jeweiligen Treuhändern immer wieder betont worden. Grundsätzlich besteht die Aufgabe des Treuhänders nach Davidson darin, festzustellen, ob ein consent order korrekt und vollständig umgesetzt wird. Die Federal Trade Commission sei zu informieren, sobald dies nicht der Fall ist, damit sie zeitnah entsprechende Maßnahmen veranlassen könne.[433] Im Normalfall kontaktiere der Treuhänder die Federal Trade Commission bei Unstimmigkeiten in der Umsetzung unmittelbar telefonisch. Die regelmäßigen schriftlichen Berichte stellten lediglich eine zusätzliche Dokumentation dar.

Davidson betont daneben die Rolle des Treuhänders im Verhältnis zum Käufer. Nach den Erfahrungen der Federal Trade Commission seien Fachkenntnisse und ungehinderter Zugang des Treuhänders für die Lösung von Konflikten zwischen den Parteien des Zusammenschlusses und dem Käufer bei der Umsetzung eines »carve-outs« entscheidend gewesen. Die Federal Trade Commission suche daher als Treuhänder Personen, die sich durch Industriekenntnisse der vom Zusammenschluss betroffenen Branchen auszeichnen. Sie sollen die Funktionen

---

431 *Kenneth M. Davidson*: »The FTC Monitor Trustee« (Working paper v.19.12.2005, verfügbar auf der Seite des American Antitrust Institute: www.antitrustinstitute.org.), S. 1.
432 *Kenneth M. Davidson*: »The FTC Monitor Trustee« (Working paper v.19.12.2005, verfügbar auf der Seite des American Antitrust Institute: www.antitrustinstitute.org.), S. 5.
433 *Kenneth M. Davidson*: »The FTC Monitor Trustee« (Working paper v.19.12.2005, verfügbar auf der Seite des American Antitrust Institute: www.antitrustinstitute.org.), S. 5.

wahrnehmen, die weder von den Beteiligten noch von der Federal Trade Commission erfüllt werden können. Wichtig für die Erfüllung der Aufgaben des Treuhänders sei, dass dieser Zugang zu den Informationen des Unternehmens erhalte und dass den Parteien weder ein Weisungsrecht gegenüber dem Treuhänder noch ein Recht zur Beschränkung oder Einsicht in die Kommunikation mit der Federal Trade Commission zustehe. Nach der Einschätzung von Davidson sind Treuhänder in der Lage, Umsetzungsprobleme zwischen den beteiligten Unternehmen und dem Käufer zu lösen, die von den Beteiligten selbst nicht gelöst werden können. In der Regel handele es sich beim Käufer um einen unmittelbaren Wettbewerber. Für gegenseitiges Vertrauen im Veräußerungsprozess fehle die ökonomische Grundlage. Der Treuhänder ermögliche damit eine unmittelbare und unparteiliche Bewertung des Problems. Eine Untersuchung und Lösung durch die Federal Trade Commission sei regelmäßig zeitaufwändiger, kostenintensiver und weniger effektiv.[434]

c) Treuhänderpraxis des US Department of Justice

Ausgehend von dieser positiven Einschätzung, die angesichts des häufigen Einsatzes von Treuhändern innerhalb der letzten Jahre als Auffassung der Federal Trade Commission angesehen werden kann, erscheint die Praxis der parallel zuständigen Antitrust Division des Department of Justice (DoJ) überraschend. Das DoJ geht in seinem jüngsten Policy Guide über Abhilfemaßnahmen davon aus, dass der Einsatz eines Treuhänders nur in den (seltenen) Fällen erforderlich ist, in denen die Erfahrung des Treuhänders entscheidend für eine effektive Veräußerung ist.[435] In den meisten Fällen dupliziere der Treuhänder die Anstrengungen der Kartellabteilung lediglich.[436] Der Policy Guide des DoJ betont allerdings auch, dass die Behörde in erheblichem Umfang Ressourcen für die Überwachung von consent decrees bereitstellt, um sicher zu stellen, dass die darin enthaltenen Abhilfemaßnahmen ordnungsgemäß umgesetzt werden.

Consent decrees des DoJ enthalten statt einer Abrede zum Einsatz eines Monitoring Trustees in der Regel einen Abschnitt, in dem sich das Unternehmen einer »compliance inspection« durch das DoJ unterwirft.[437] Zur Überprüfung

---

434 *Kenneth M. Davidson*: »The FTC Monitor Trustee« (Working paper v.19.12.2005, verfügbar auf der Seite des American Antitrust Institute: www.antitrustinstitute.org.), S. 5.
435 Vgl. U.S. Department of Justice, Antitrust Division, Policy Guide to Merger Remedies, Oktober 2004, verfügbar auf der Internetseite des Department of Justice: www.usdoj.gov/atr/public/guidelines/205108.pdf.
436 U.S. DoJ, Antitrust Division, Policy Guide to Merger Remedies: »*The monitoring trustee would simply duplicate the Division's decree enforcement efforts*«.
437 Vgl. US vs. *Ingersoll/Flowserve*, D.D.C. (Final Judgment, 24.1.2001); U.S. vs. *L'Oréal/Carson*, D.D.C. (Final Judgment, 27.11.2000); U.S. vs. *Kimberly Clark-Scott*, D.N.Texas (Final Judgement,12.12.1995), U.S. vs. *Cingular/Bell South/ AT&T Wireless*, D.D.C (Final Judgment, 15.3.2005); US. Vs. *Alcan/Pechiney*,

der Einhaltung des consent decrees ist danach Mitarbeitern des DoJ, einschließlich Beratern und sonstigen staatlich beauftragten Personen, nach vorheriger Mitteilung des Unternehmens zu gestatten, die Geschäftsräume während der Öffnungszeiten aufzusuchen, um alle Bücher, Konten, Aufzeichnungen und Dokumente des Unternehmens einzusehen und gegebenenfalls Kopien anzufertigen. Diesen Personen ist es außerdem gestattet, Mitarbeiter oder andere für das Unternehmen handelnde Personen zu befragen. In beiden Fällen kann das Unternehmen während der Anwesenheit der Mitarbeiter des DoJ einen Anwalt hinzuziehen. Die Unternehmen sind verpflichtet, dem DoJ auf dessen Anforderung zu allen im consent decree behandelten Belangen einen schriftlichen Bericht zu übermitteln. Das DoJ kann verlangen, die Richtigkeit der Angaben eidesstattlich zu versichern.

Soweit das DoJ den Einsatz eines Treuhänders verlangt, ergeben sich hingegen keine wesentlichen Unterschiede zur Federal Trade Commission. Die Ernennung erfolgt durch das DoJ und ist gerichtlich zu bestätigen. Der Treuhänder soll sämtliche Befugnisse haben, die das Gericht für angemessen hält. Er hat – sofern geschützte Geschäftsgeheimnisse nicht entgegenstehen – Zugang zu allen Büchern, Unterlagen und Aufzeichnungen bezüglich des zu veräußernden Geschäfts. Das Unternehmen soll sich den Maßnahmen des Treuhänders, die dieser in Ausführung von Anordnungen des Gerichts vornimmt, nicht widersetzen. Ein Widerspruch gegen eine Maßnahme ist dem DoJ innerhalb von zehn Tagen schriftlich mitzuteilen. Die Kosten der Treuhändertätigkeit übernimmt das Unternehmen. Die Bedingungen, unter denen der Treuhänder seine Tätigkeit aufnimmt, werden durch das DoJ bestätigt.

d) Stellungnahme zur unterschiedlichen Praxis der US-Behörden

Obwohl beide Behörden derselben Jurisdiktion unterliegen und dieselben Vorschriften anwenden, kommen sie in der Treuhänderfrage zu unterschiedlichen Verfahren und Ergebnissen. Das DoJ geht davon aus, dass ein Treuhänder nur selten erforderlich ist, weil er nicht mehr tun kann als die Behörde selbst. Gleichzeitig erkennt es an, eine größere Anzahl von Kräften für die Überwachung bereitstellen zu müssen. Die Federal Trade Commission setzt hingegen auf den Treuhänder. Sie begründet dies jedoch nicht mit dadurch eingespartem Personalaufwand, sondern mit dem Sonderwissen des Treuhänders sowie dessen Rolle als unabhängigem, vertrauenswürdigem Dritten. *Breed* und *Michnal* vermuten, dass der Unterschied zwischen Federal Trade Commission und DoJ beim Treuhändereinsatz weniger auf einer grundsätzlichen Entscheidung als auf praktischen Erwägungen beruht.[438] Die Federal Trade Commission setze Treuhänder regelmäßig in Fällen ein, die einen technisch komplizierten Produktmarkt

---

D.D.C. (Amended Final Judgment, 22.2.2005), US vs. *Imetal/English China Clays*, D.D.C. (Final Judgment, 26.5.2000).
438 *Breed/Michnal*, Antitrust, Spring 2005, S. 37.

betreffen. So sei es im Fall Bayer/Aventis im Jahr 2002 um den Wettbewerb in einem Markt für eine neue Generation von Pestiziden und Herbiziden gegangen. Die Begründung überzeugt nicht. Die Hervorhebung eines Beispiels kann nicht erklären, warum die Federal Trade Commission regelmäßig den Einsatz eines Treuhänders verlangt, während das DoJ hiervon absieht. Überdies begründet die Federal Trade Commission den Treuhändereinsatz mit Erwägungen, die mit der Komplexität eines Falles nicht in unmittelbarem Zusammenhang stehen. Das DoJ erklärt außerdem selbst, in komplexen Fällen gegebenenfalls auf Treuhänder zurückzugreifen. Die Begründung unterstellt, dass die von der Federal Trade Commission nach der informellen Zuständigkeitsverteilung überwiegend bearbeiteten Branchen Pharma und Gesundheit sowie Chemie strukturell schwieriger sind als etwa die Bereiche Telekommunikation, Dienstleistungen und Medien. Die Behörden hätten danach ihre informelle Zuständigkeitsabgrenzung unbewusst nach dem Schwierigkeitsgrad vorgenommen. Selbst wenn man davon ausgeht, dass die Marktabgrenzung in den Produktmärkten bestimmter Branchen schwieriger ist und nicht durch die Expertise einer Behörde aufgefangen werden kann, muss dies nicht zu einer komplexen Entscheidung mit Nebenbestimmungen führen, die zwangsläufig den Einsatz eines Überwachungstreuhänders verlangt. Vermeintlich einfach zu beurteilende Produktmärkte können Entscheidungen mit aufwändigen Nebenbestimmungen nach sich ziehen. Der Zusammenhang zwischen Branchen und dem Einsatz von Treuhändern ist keineswegs zwingend.

XIII. Zusammenfassung

Die Einsetzung von Treuhändern erfolgt nach einem seit der erstmaligen Verwendung eines Treuhänders im Fall *Procter & Gamble/VP Schickedanz (II)*[439] unveränderten Verfahren. Die Unternehmen beauftragen einen von ihnen vorgeschlagenen, von der Kommission genehmigten privaten Dritten. Eine unmittelbare Beauftragung des Treuhänders durch die Kommission ist nach der Praxis offensichtlich nicht erwogen worden. In älteren Fällen erfolgte die Einsetzung des Treuhänders zum Teil sehr spät, sodass die Umsetzung der Verpflichtungszusagen trotz der Vollzugsmöglichkeit des Zusammenschlusses zeitweise nicht überwacht wurde. Ursächlich hierfür waren Verzögerungen bei der Unterbreitung von Vorschlägen und mangelnde Einigkeit zwischen Kommission und Unternehmen über die Person des Treuhänders.

Die Kommission stellt zunehmend erhebliche Anforderungen an die fachliche Qualifikation und die Unabhängigkeit des Treuhänders. Als fachlich geeignet sieht sie Wirtschaftsprüfungs- und Beratungsunternehmen mit einschlägigen Erfahrungen an. Investmentbanken erscheinen ihr zur Überwachung weniger

---

439 Komm. ABl. 1994 Nr. L 354/32.

geeignet. Die Unabhängigkeit des Treuhänders war nicht immer gewährleistet. Der Treuhänder stand Unternehmen in Einzelfällen gleichzeitig in beratender Funktion hinsichtlich ihrer Übernahme zur Seite. Treuhänder und Mitglieder des Treuhänderteams dürfen heute ohne Zustimmung der Kommission bis zu einem Jahr nach der Laufzeit des Treuhändermandates in keinem Geschäftskontakt oder in finanzieller Verbindung zu den Parteien stehen. Unter den Treuhändern, die im Rahmen der Merger Remedies Study der Kommission befragt wurden, bestand Uneinigkeit darüber, ob sich die Tatsache, dass die Unternehmen den Treuhänder beauftragen und bezahlen auf ihre Unabhängigkeit auswirkt.

Die Aufgaben des Treuhänders werden in der aktuellen Mitteilung Abhilfemaßnahmen sowie im Standardformular für Veräußerungszusagen detailliert dargelegt. Der Umfang der Aufgaben des Treuhänders hat deutlich zugenommen. Der Treuhänder überwacht u.a. die Getrennthaltungspflichten der Unternehmen, deren Veräußerungsbemühungen, sowie die Aufteilung der Vermögenswerte. Außerdem ist er für Dritte Ansprechpartner. Über seine Tätigkeit erstattet der Treuhänder der Kommission monatlich sowie zu jeder anderen von der Kommission gewünschten Zeit gegebenenfalls vertraulich Bericht.

Die Abgrenzung zwischen Überwachung und Vornahme der Umsetzung blieb nach der Formulierung einzelner älterer Entscheidungen und der früheren Mitteilung Abhilfemaßnahmen aus dem Jahr 2001 ungenau. In der Überwachungsfunktion grenzt sich die Rolle des Treuhänders vom Veräußerungstreuhänder und vom hold-separate manager ab. Der Veräußerungstreuhänder, der mit dem Treuhänder identisch sein kann und ebenfalls unabhängiger Dritter ist, vollzieht die Veräußerung anstelle der Unternehmen. Der hold-separate manager erfüllt als Mitarbeiter der Unternehmen Getrennthaltungsverpflichtungen. Die aktuellen Entscheidungen und die Veröffentlichungen der Kommission beschränken den Treuhänder nach ihrem Wortlaut zwar auf eine Überwachung, doch ist der Übergang zur Selbstvornahme der Umsetzung und damit in Aufgabenbereiche von Unternehmen und hold-separate manager fließend.

Die Merger Remedies Study offenbarte einige Fälle, in denen der Treuhänder seine Aufgaben nicht in dem Umfang wahrnahm, der aus Sicht der Kommission erforderlich gewesen wäre. Kritisiert wird von der Kommission, dass Berichte der Treuhänder oftmals unzureichend gewesen seien. Die Kommission sei nicht auf Probleme aufmerksam gemacht worden und habe daher auch nicht einschreiten können. Umgekehrt habe ein Treuhänder in einem anderen Fall seine Rolle überzogen und dadurch unnötige Kosten verursacht.

Das Verhältnis des Treuhänders zur Kommission und zu den Unternehmen erscheint nach der Verwaltungspraxis rechtlich unscharf. Ältere Entscheidungen der Kommission enthalten widersprüchliche Formulierungen. Die Überwachung durch den Treuhänder erfolgt danach teilweise im Namen der Unternehmen, teilweise im Namen der Kommission. Jüngere Entscheidungen und die Veröffentlichungen der Kommission gehen davon aus, dass der Treuhänder im Namen der Kommission handelt. Die Kommission bezeichnet den Treuhänder als ihr »Auge und Ohr« und umgeht mit dieser Umschreibung – möglicherweise bewusst –eine eindeutige rechtliche Festlegung. Viele ältere Entscheidungen sowie die Mitteilung Abhilfemaßnahmen aus dem Jahr 2001 sprechen von einem Durchsetzungsrecht des Treuhänders gegenüber den Unternehmen. Die aktuelle Mitteilung Abhilfemaßnahmen und die jüngeren Entscheidungen distanzieren sich hiervon, indem sie nur noch ein Vorschlagsrecht des Treuhänders gegenüber den Parteien erwähnen. Obwohl der Treuhänder von den Unternehmen beauftragt wird, untersteht er nach den Formulierungen der Kommissionsentscheidungen allein den Weisungen der Kommission. Die Parteien können nach den Entscheidungen und dem Treuhändermandat den Treuhänder nur noch mit Zustimmung der Kommission anweisen. Gleichzeitig verpflichten sich die Parteien gegenüber der Kommission und gegenüber dem Treuhänder, diesen bei der Ausübung seiner Tätigkeit zu unterstützen. Dazu zählen die Gewährung des Zugangs zu allen Dokumenten und Büchern sowie die Überlassung eines Büros am Sitz des Unternehmens. Auf das Verhältnis des Treuhänders gegenüber Dritten wird erst in jüngerer Zeit eingegangen. Aufgabe des Treuhänders ist u.a., für interessierte Käufer einen ausreichenden Informationsfluss sicherzustellen oder im Konfliktfall zu vermitteln.

Die Vergütung des Treuhänders muss für diesen einen Anreiz schaffen, sodass er die Aufgabe mit angemessenem Aufwand erfüllt. Eine Vergütungskomponente auf Stundenbasis wird von der Kommission erwartet. Sofern erforderlich darf und soll der Treuhänder weitere Personen auf Kosten der Unternehmen hinzuziehen können. Ein fehlendes Einverständnis der Unternehmen kann im Fall einer solchen Hinzuziehung durch die Kommission ersetzt werden. Der Treuhänder und sein Team werden von der Haftung freigestellt. Die Entbindung des Treuhänders von seinen Aufgaben erfolgt durch die Unternehmen auf Veranlassung der Kommission. Dasselbe gilt für eine nachträgliche Wiedereinsetzung. Eine unmittelbare Entbindung ist der Kommission nicht möglich, den Unternehmen ist sie nicht gestattet.

Der Einsatz von Treuhändern zur Überwachung der Umsetzung von Verpflichtungszusagen ist auch im Fusionskontrollrecht der Bundesrepublik Deutschland, dem Vereinigten Königreichs und der Vereinigten Staaten gebräuchlich. Die grundlegenden Strukturen des Einsatzes stimmen dabei in sämtlichen Rechtsordnungen mit denen der Kommission überein. Zum Teil deutliche Unterschiede zeigen sich in der Frequenz des Einsatzes. Während die Kommission keine Entscheidung mehr ohne Treuhänderauflage erlässt, greift das Bundeskartellamt nur selten auf Treuhänder zurück. Auch die Kartellbehörden des Vereinigten Königreichs, das Office of Fair Trading und die Competition Commission, sind insgesamt zurückhaltender, wobei die Competition Commission, jedenfalls in jüngster Zeit, deutlich häufiger Treuhänder einsetzt als das Office of Fair Trading. In den Vereinigten Staaten zeigen sich grundlegende Auffassungsunterschiede zwischen den beiden parallel zuständigen Behörden. Während die Federal Trade Commission den Einsatz von Treuhändern befürwortet und dementsprechend häufig einsetzt, geht das Antitrust Bureau des Department of Justice davon aus, dass der Treuhänder seine Arbeit lediglich dupliziere.

3. Kapitel Grenzen der Zulässigkeit für den Einsatz von Treuhändern

I. Einführung

Nach der Darstellung der bisherigen Treuhänderpraxis der Kommission und der Gegenüberstellung dieser Praxis mit jener anderer Rechtsordnungen untersucht das folgende Kapitel diese Praxis auf ihre Vereinbarkeit mit dem Unionsrecht. Die im 2. Kapitel behandelten »Mitteilungen Abhilfemaßnahmen« und »Leitlinien« gehen selbstverständlich von der Zulässigkeit der Treuhänderpraxis aus. Sie können die unionsrechtliche Zulässigkeit jedoch nicht begründen. Rechtlich sind sie lediglich »Stellungnahmen« der Kommission im Sinne von Art. 288 AEUV[440] und damit nicht mehr als eine Rechtsauffassung.[441] Soweit den Veröffentlichungen »erhebliche faktische Autorität«[442] oder sogar die praktisch »gleiche Wirkung wie Normen«[443] zugesprochen wird, beschreibt dies anschaulich und zutreffend eine verbreitete Wahrnehmung, ändert aber nichts am Rechtszustand.[444] Unmittelbar verbindliche Rechtstexte des Fusionskontrollrechts stellen allein die Fusionskontrollverordnung und die sie ergänzende Durchführungsverordnung[445] dar. Die Fusionskontrollverordnung enthält jedoch keine Vorschrift, die ausdrücklich regelt, dass und mit welchen Rechten und Pflichten ein Treuhänder die Kommission bei der Überwachung der Umsetzung ihrer Beschlüsse unterstützen kann. Die sich ständig weiter entwickelnde Kommissionspraxis zum Treuhändereinsatz und der dabei ansteigende Aufgabenumfang des Treuhänders haben sich somit innerhalb eines seit Bestehen der Fusionskontrollverordnung im wesentlichen unveränderten Rechtsrahmen vollzogen. Die 1997 erfolgte Einführung des zweiten Absatzes in Art. 6 FKVO durch die Verordnung 1310/97 betrifft lediglich die Ausdehnung des bestehenden Rechts des Hauptprüfverfahrens auf das Vorverfahren. Für die Freigabe eines Zusammenschlusses nach Abänderung bestand bis dahin nur im Hauptprüfverfahren eine ausdrückliche Rechtsgrundlage in Gestalt von Art. 8 Abs. 2 UAbs. 2 FKVO. Auch die ergänzende Durchführungsverordnung zur Fusionskontrollverordnung

---

440 So auch *Koch* in: MünchKomm EG-WettbR, Einl. FKVO, Rn. 139.
441 *Immenga/Körber* in: Immenga/Mestmäcker, Einl. FKVO, Rn. 77.
442 *Koch* in: MünchKomm EG-WettbR, Einl FKVO, Rn. 139.
443 *Baron* in: Langen/Bunte, Art. 2 FKVO, Rn. 28.
444 Kritisch zum »Soft-Law« der Kommission in Gestalt von Mitteilungen und Leitlinien: *Weiß*, EWS 2010, S. 257 sowie zu Vermerken der Kommission: *Ehricke*, EuZW 2004, S. 359.
445 *Koch* in: MünchKomm EG-WettbR, Einl. FKVO, Rn. 139 a.E.

(Durchführungsverordnung) blieb hinsichtlich der Treuhänderfrage lange unverändert. Erst am 22. Oktober 2008 hat die Kommission die Verordnung zur Änderung der Durchführungsverordnung[446] erlassen. Die Änderung beschränkt sich im Wesentlichen auf die Ergänzung um Art. 20a DVO-FKVO mit dem Titel »Treuhänder«. Dass der Treuhänder hier zum ersten Mal in einen verbindlichen Text des Fusionskontrollrechts aufgenommen wurde, kann als Ausdruck eines nunmehr einsetzenden Bewusstseins für einen Regelungsbedarf gesehen werden. Die Durchführungsverordnung hat damit eine den Treuhänder ausdrücklich anerkennende Norm erhalten. Es bestehen jedoch erhebliche Zweifel an der Vereinbarkeit dieser jüngsten Änderung mit der Ermächtigungsgrundlage für die Durchführungsverordnung in Art. 23 FKVO.

Die Unionsgerichte mussten sich mit der Frage nach der Zulässigkeit des Treuhändereinsatzes zumindest in Fusionskontrollverfahren noch nicht explizit auseinandersetzen. In der Urteilsbegründung in der Rechtssache *easyjet*[447] erwähnt das Gericht beiläufig den »Beauftragten, der darüber wacht, dass die fusionierte Einheit die mit den Zusagen eingegangenen Verpflichtungen ordnungsgemäß erfüllt, soweit sie von dem ihm erteilten Auftrag erfasst werden.«[448] Dass Gericht geht damit zumindest nicht von einer offensichtlichen Unzulässigkeit des Treuhändereinsatzes aus. Anders ist dies in der Entscheidung *Microsoft*.[449] Das Gericht nimmt dort umfassend und ablehnend zum Treuhändereinsatz Stellung. Zwar betrifft die Entscheidung den Einsatz eines Treuhänders in einem Kartellverfahren, doch begründet das Gericht mit grundlegenden Erwägungen. Mit der Übertragbarkeit der in dem Urteil aufgestellten Grundsätze auf das Fusionskontrollverfahren wird sich dieses Kapitel daher besonders intensiv auseinandersetzen.

Zunächst ist der Frage nachzugehen, ob der Treuhändereinsatz in der Fusionskontrollverordnung und seiner Durchführungsverordnung eine Rechtsgrundlage findet. Mangels ausdrücklicher Rechtsgrundlage in der Fusionskontrollverordnung kommt es darauf an, ob der Einsatz von Treuhändern ebenso wie materielle Verpflichtungszusagen auf Art. 6 Abs. 2 und die Parallelvorschrift Art. 8 Abs. 2 FKVO gestützt werden kann. Art. 20a DVO-FKVO kommt daneben als ausdrückliche Rechtsgrundlage zwar grundsätzlich in Betracht, doch ist die Vereinbarkeit von Art. 20a DVO-FKVO mit der Ermächtigungsgrundlage in der Fusionskontrollverordnung zu überprüfen. Sodann wird untersucht, welche Grenzen sich für den Treuhändereinsatz aus der unionsrechtlichen Aufgabenzuweisung an die Kommission in der Fusionskontrollverordnung, den

---

446 Verordnung (EG) Nr. 802/2004 der Kommission vom 7.4.2004 zur Durchführung der Verordnung (EG) Nr. 139/2004 des Rates über die Kontrolle von Unternehmenszusammenschlüssen (FKVO), ABl. 2004 L 133/1, geändert durch die VO 1033/2008, ABl. 2008 L 279/3.
447 EuG, Slg. 2006, II-1931 – *easyjet/Kommission*.
448 EuG, Slg. 2006, II-1931, Rn. 187 – *easyjet/Kommission*.
449 EuG, Slg. 2007, II-3601 – *Microsoft/Kommission*.

II. Vereinbarkeit des Treuhändereinsatzes mit den Art. 6 Abs. 2 und 8 Abs. 2 FKVO

Grundrechten sowie den allgemeinen Rechtsgrundsätzen des Unionsrechts, insbesondere des Grundsatzes der Verhältnismäßigkeit ergeben. Das anschließende vierte Kapitel begründet, inwieweit die Grenzen der Zulässigkeit des Treuhändereinsatzes justiziabel sind.

II. Vereinbarkeit des Treuhändereinsatzes mit den Art. 6 Abs. 2 und 8 Abs. 2 FKVO

Die Kommission behandelt den Treuhändereinsatz rechtlich wie jede andere Verpflichtungszusage und stützt den Treuhändereinsatz auf Art. 6 Abs. 2 UAbs. 2 bzw. Art. 8 Abs. 2 UAbs. 2 FKVO. Die Treuhänderzusage wird dabei regelmäßig zur Auflage der Genehmigungsentscheidung.[450]

1. Auslegungsmethodik im Unionsrecht

Die Prüfung der Vereinbarkeit des Treuhändereinsatzes mit Art. 6 Abs. 2 und Art. 8 Abs. 2 FKVO als Befugnisnormen – sowie im Anschluss Art. 20a DVO-FKVO (i.V.m. Art. 23 FKVO) – erfolgt nach Wortlaut, Systematik, Telos, sowie Gesetzeshistorie. Da es sich um unionsrechtliche Normen handelt, sind jeweils die besondere Prägung der Auslegungsmethoden durch das Gericht und den Gerichtshof, insbesondere die Beachtung des »effet utile«, der nützlichen Wirkung einer Gemeinschaftsnorm,[451] zu berücksichtigen.

Der Wortlaut bildet auch für die Unionsgerichte den Ausgangspunkt für die Auslegung einer Norm. Aufgrund der Gleichrangigkeit der unterschiedlichen Sprachfassungen ist die qualitative Bedeutung des Wortlautes jedoch regelmäßig geringer als im nationalen Recht.[452] Der systematischen und der teleologischen Auslegung kommt in der Rechtsprechung der Unionsgerichte dementsprechend eine hervorgehobene Bedeutung zu. Insgesamt stützen sich die Unionsgerichte jedoch auf die Auslegungsmethode, mit der sie die Verwirklichung der Vertragsziele am stärksten fördern.[453] Nach der unionsrechtlichen Ausprägung der teleologischen Auslegung durch den Gedanken des »effet utile« ist jede unionsrechtliche Vorschrift so auszulegen, dass sie ihre volle Wir-

---

450 Vgl. *v. Koppenfels* in: MünchKomm, EG-WettbR, Art. 8 FKVO, Rn. 143.
451 St. Rspr. vgl. nur EuGH, Slg. 1974, S. 1337, Rn. 12 – *Van Duyn*; Slg. 1991, I-5357, Rn. 32 – *Francovich*; näher *Gaitanides* in: von der Groeben/Schwarze, EU/EG-Vertrag, Art. 220, Rn. 55.
452 Zur eingeschränkten Bedeutung des Wortlautes bei der Auslegung insbesondere sekundärrechtlicher Vorschriften des Europäischen Rechts vgl. *Lutter*, JZ 1992, 593, 599; *Wegener* in: Calliess/Ruffert, Art. 220 EG, Rn. 12.
453 *Gaitanides* in: von der Groeben/Schwarze, EUV/EGV, Art. 220, Rn. 52.

kung entfalten kann. Die historische Auslegung hat demgegenüber im Gemeinschaftsrecht nur eine untergeordnete Bedeutung.[454] Ursache hierfür ist in erster Linie der fehlende Zugang der Öffentlichkeit zu den Gesetzesmaterialien. Im Schrifttum wird darüber hinaus auf das durch Auffassungsunterschiede und Kompromisse geprägte Verfahren gemeinschaftsrechtlicher Normgebung hingewiesen. Die Erkennbarkeit eines einheitlichen historischen Willens des Gesetzgebers werde dadurch erschwert.[455] *Wegener* nennt zwar wenigstens drei Entscheidungen, in denen der Gerichtshof zur Auslegung auf die Entstehungsgeschichte einer Norm zu ihrer Auslegung eingegangen ist, sieht darin aber eher eine Hilfsbegründung als einen eigenständigen Argumentationsweg.[456]

2. *Wortlaut von Art. 6 Abs. 2 und Art. 8 Abs. 2 FKVO – Treuhändereinsatz als »Änderung des Zusammenschlusses«?*

Art. 6 Abs. 2 FKVO lautet:

»Stellt die Kommission fest, dass der angemeldete Zusammenschluss nach Änderungen durch die beteiligten Unternehmen keinen Anlass mehr zu ernsthaften Bedenken im Sinne des Absatzes 1 Buchstabe c) gibt, so erklärt sie gemäß Absatz 1 Buchstabe b) den Zusammenschluss für vereinbar mit dem Gemeinsamen Markt.

Die Kommission kann ihre Entscheidung gemäß Absatz 1 Buchstabe b) mit Bedingungen und Auflagen verbinden, um sicherzustellen, dass die beteiligten Unternehmen den Verpflichtungen nachkommen, die sie gegenüber der Kommission hinsichtlich einer mit dem Gemeinsamen Markt zu vereinbarenden Gestaltung des Zusammenschlusses eingegangen sind.«

Der Wortlaut von Art. 8 Abs. 2 FKVO – soweit für die Vereinbarkeit des Treuhändereinsatzes relevant – entspricht im Wesentlichen Art. 6 Abs. 2 FKVO. Der einzige Unterschied besteht im sich im Verlauf des Verfahrens verändernden materiellen Prüfungsmaßstab in Unterabsatz 1. Der Zusammenschluss muss danach nicht nur keinen Anlass zu ernsthaften Bedenken geben, sondern »*nach entsprechenden Änderungen durch die beteiligten Unternehmen dem in Art. 2 Abs. 2 [FKVO] festgelegten Kriterium und – in den in Art. 2 Abs. 4 [FKVO] genannten Fällen – den Kriterien von Art. 81 Abs. 3 EG [entsprechen]*«. Lässt man die bisherige Verwaltungspraxis der Kommission außer Acht, liegt die Annahme nahe, dass der Wortlaut lediglich materielle Änderungen erfassen soll, die unmittelbar das Wettbewerbsproblem berühren. Die Veräußerung einzelner Unternehmensteile etwa stellt zweifellos eine »Änderung des Zusammenschlusses« dar, durch die der Anlass zu ernsthaften Bedenken aufgehoben

---

454 Vgl. auch zur empirisch geringen Bedeutung *Dederichs*, EuR 2004, S. 345, 347 ff.
455 *Gaitanides* in: von der Groeben/Schwarze, EUV/EGV, Art. 220, Rn. 52.; *Wegener* in: Calliess/Ruffert, Art. 220 EG, Rn. 12.
456 *Wegener* in: Calliess/Ruffert, Art. 220 EG, Rn. 12.

II. Vereinbarkeit des Treuhändereinsatzes mit den Art. 6 Abs. 2 und 8 Abs. 2 FKVO

wird. Umfasst wären auch »unmittelbar akzessorische Durchführungszusagen«[457], die der Hauptzusage hinzugefügt werden müssen, um der Kommission eine sinnvolle Durchsetzbarkeit zu ermöglichen. Hierzu zählt etwa, dass die Veräußerung innerhalb einer festgelegten Frist erfolgen muss. Die Zusage zum Einsatz eines Treuhänders bezieht sich jedoch nicht auf das materielle Wettbewerbsproblem, sondern auf die Überwachung der Umsetzung, also auf einen Bereich, der grundsätzlich allein in den Verantwortungsbereich der Kommission fällt. Die Treuhänderzusage verändert die Aufgabenwahrnehmung und den Aufgabenumfang der Kommission, nicht den Zusammenschluss selbst. Deutlich wird dies, wenn bei einer Genehmigungsentscheidung gedanklich der an sich vorgesehene Treuhändereinsatz ausgeblendet und mit dem Ausgangsfall verglichen wird. Das materielle Wettbewerbsproblem wird in beiden Fällen durch die Hauptzusage beseitigt. Im Ausgangsfall überwacht der Treuhänder die beteiligten Unternehmen bei der Erfüllung der materiellen Hauptzusage. Im Verzichtsfall fehlt es zwar an der Überwachung, doch wurde der Zusammenschluss verändert und ist als solcher – die ordnungsgemäße Umsetzung unterstellt – vereinbar mit dem Binnenmarkt. Art. 6 Abs. 2 UAbs. 2 FKVO und – soweit hier relevant wortgleich – Art. 8 Abs. 2 UAbs. 2 FKVO bestimmen weiter, dass die Kommission ihre Entscheidung mit Bedingungen und Auflagen verbinden kann, »um sicherzustellen, dass die beteiligten Unternehmen den Verpflichtungen nachkommen, die sie gegenüber der Kommission hinsichtlich einer mit dem Binnenmarkt zu vereinbarenden Gestaltung eingegangen sind.« Auch hier geht es nach dem Wortlaut um Vereinbarkeit des Zusammenschlusses mit dem Binnenmarkt, nicht um die Gestaltung des Umsetzungsverfahrens. Dieser Argumentation ließe sich entgegenhalten, dass der Wortlaut von Art. 6 Abs. 2 und 8 Abs. 2 FKVO eine Beschränkung auf eine materielle Änderung nicht ausdrücklich verlangt. Zumindest der Begriff »Änderung« in Art. 6 Abs. 2 und Art. 8 Abs. 2 FKVO könnte sich auch auf die Überwachung der Umsetzung beziehen. Der Begriff »Änderung« hat jedoch im Begriff »Zusammenschluss« derselben Norm einen Bezugspunkt. Er ist daher nicht abstrakt und isoliert zu sehen, sondern muss im begrifflichen Zusammenhang betrachtet werden[458]. Voraussetzung dafür, dass vom Begriff der Änderung auch die Überwachung der Umsetzung erfasst werden kann, ist daher ein Verständnis des Begriffs Zusammenschluss, welches nicht nur eine materielle Veränderung, sondern auch die Überwachung seiner eigenen Durchführung als besondere Form der Umsetzung umfasst. Art. 3 FKVO enthält jedoch eine Legaldefinition des Zusammenschlussbegriffs für die Fusionskontrollverordnung. Danach liegt ein Zusammenschluss vor, wenn eine dauerhafte Kontrolle in der Weise erfolgt, dass (a) zwei oder mehrere bisher voneinander unabhängige Unternehmen oder Unternehmensteile fusio-

---

457 Zum Begriff »akzessorische Durchführungsauflagen« ausführlich *Leibenath*, S. 77.
458 Vgl. *Krück* in: von der Groeben/Thiesing/Ehlermann, EUG/EGV Art. 164 EGV, Rn. 57 mit dem Hinweis darauf, dass eine trennscharfe Abgrenzung der Auslegungsansätze nicht möglich ist.

nieren oder (b) eine oder mehrere Personen, die bereits mindestens ein Unternehmen kontrollieren oder ein oder mehrere Unternehmen durch den Erwerb von Anteilsrechten oder Vermögenswerten, durch Vertrag oder in sonstiger Weise die unmittelbare oder mittelbare Kontrolle über die Gesamtheit oder über Teile eines oder mehrerer anderer Unternehmen erwerben. Darunter fällt auch die Gründung eines Gemeinschaftsunternehmens, das auf Dauer alle Funktionen einer selbständigen wirtschaftlichen Einheit erfüllt, Art. 3 Abs. 4 FKVO. Eine von der Legaldefinition losgelöste Auslegung des Zusammenschlussbegriffs erscheint unvereinbar mit der Auslegungsmethodik des Gerichtshof. Es verbietet sich jede weitere Auslegung, wenn der Wortlaut »klar«, »eindeutig« oder »unbedingt« ist.[459] Eine freie Wortlautauslegung kann danach neben einer Legaldefinition nicht in Betracht kommen. Die englische Fassung von Art. 6 Abs. 2 FKVO verknüpft die Begriffe Änderung und Zusammenschluss zwar weniger eng, doch führt dies zu keinem abweichenden Ergebnis. Die englische Fassung lautet:

»Where the Commission finds that, following modification by the undertakings concerned, a notified concentration no longer raises serious doubts within the meaning of paragraph 1 (c) shall declare the concentration compatible with the common market pursuant to paragraph 1 (b).

The Commission may attach to its decision under paragraph 1 (b) conditions and obligations intended to ensure that the undertakings concerned comply with the commitments they have entered into vis-à-vis the Commission with a view to rendering the concentration compatible with the common market.«

Diese Sprachfassung spricht zwar allgemein von »*modification*« der Unternehmen, doch auch hier steht der Begriff in logischer Beziehung zum legal definierten Begriff der »*concentration*«. Die Formulierung: »*Where the Commission finds that, [...] a notified concentration no longer raises serious doubts [...]*« drückt – wie die deutsche Fassung – aus, dass es um den Zusammenschluss als solchen geht. Es geht nicht darum, dass eine *concentration* allein deshalb keine Bedenken mehr hervorruft und genehmigt werden kann, weil die Kommission bei der Überwachung der Umsetzung durch einen privaten Dritten unterstützt wird. Nachdem der Begriff »Änderungen/modification« in Art. 6 Abs. 2 bzw. Art. 8 Abs. 2 FKVO im Zusammenhang mit dem in derselben Norm genannten und in Art. 3 FKVO legal definierten Begriff »Zusammenschluss/concentration« ausgelegt werden muss, erscheint die Treuhänderzusage mit dem Wortlaut der von der Kommission herangezogenen Rechtsgrundlage unvereinbar.

---

459 Vgl. *Dederichsen*, EuR 2004, 345, 354 unter beispielhafter Berufung auf EuGH, Slg. 1999, I-2685, Rn. 62 – *Sürül*.

II. Vereinbarkeit des Treuhändereinsatzes mit den Art. 6 Abs. 2 und 8 Abs. 2 FKVO

3. Systematik von Art. 6 Abs. 2 und Art. 8 Abs. 2 FKVO

Gemäß Art. 8 Abs. 4 lit. b, 2. Spiegelstrich FKVO kann die Kommission »jede andere geeignete Maßnahme anordnen, um sicherzustellen, dass die beteiligten Unternehmen den Zusammenschluss rückgängig machen oder andere Maßnahmen zur Wiederherstellung des früheren Zustandes ergreifen.« Damit existiert innerhalb derselben Norm eine ausdrückliche Befugnis der Kommission zum Erlass sicherstellender flankierender Maßnahmen. Als eine solche »Nebenmaßnahme« wird – neben der Anordnung zu regelmäßiger Berichterstattung, dem Getrennthalten von Unternehmensteilen oder der Beendigung gemeinsamer Kontrolle – auch der Einsatz eines Überwachungstreuhänders in Betracht gezogen.[460] Auf der Grundlage dieser systematischen Auslegung wird im Schrifttum auch die Befugnis der Kommission verneint, auf der Grundlage von Art. 8 Abs. 2 FKVO von Amts wegen einen Treuhändereinsatz zu verlangen.[461] Dieser Schluss ist jedoch selbstverständlich und ergibt sich bereits daraus, dass auf der Grundlage von Art. 8 Abs. 2 und Art. 6 Abs. 2 FKVO Maßnahmen von Amts wegen stets ausgeschlossen sind. Aus der Systematik des Art. 8 FKVO kann vielmehr gefolgert werden, dass Maßnahmen zur Sicherstellung – und damit auch der Treuhändereinsatz – nur dann möglich sein sollen, wenn es um die Flankierung einer Entflechtungsanordnung oder Alternativmaßnahme geht, für die Begleitung der Umsetzung von Zusagen nach Abs. 2 aber ausgeschlossen sind, unabhängig davon, ob sie von der Kommission angeordnet oder den beteiligten Unternehmen angeboten werden. Für eine solche Auslegung spricht, dass eine ähnliche Formulierung wie in Abs. 4 lit. b, 2. Spiegelstrich sonst auch in Abs. 2 vorgesehen worden wäre. Abs. 2 hätte in Anlehnung in Abs. 4 lit. 2. Spiegelstrich etwa lauten können:

»Die Kommission kann jede andere geeignete Maßnahme anordnen, um sicherzustellen, dass die beteiligten Unternehmen den Verpflichtungen nachkommen, die sie gegenüber der Kommission hinsichtlich einer mit dem Gemeinsamen Markt zu vereinbarenden Gestaltung des Zusammenschlusses eingegangen sind.«

Stattdessen heißt es in Abs. 2: »Die Kommission kann ihre Entscheidung mit Bedingungen und Auflagen verbinden, um sicherzustellen, dass ...« Die bewusst unterschiedliche Wahl der Mittel zur Sicherstellung – in einem Fall geeignete Maßnahmen, im anderen die Instrumente Bedingung und Auflage – deutet auf eine abweichende Wertung des Gesetzgebers hin.

---

460 *Immenga/Körber* in: Immenga/Mestmäcker, Art. 8 FKVO, Rn. 182.
461 Vgl. *v. Koppenfels* in: MünchKomm, EG WettbR, Art. 8 FKVO, Rn. 73.

4. Sinn und Zweck der Art. 6 Abs. 2 und Art. 8 Abs. 2 FKVO

Art. 6 Abs. 2 und 8 Abs. 2 FKVO ermöglichen, dass ein angemeldeter, zunächst mit dem Binnenmarkt unvereinbarer Zusammenschluss nicht von der Kommission untersagt oder von den beteiligten Unternehmen zurückgenommen oder aufgegeben werden muss. Der Zusammenschluss kann vielmehr während des Verfahrens durch zukünftig zu erfüllende Verpflichtungszusagen verändert und dadurch genehmigungsfähig gemacht werden. Die Vorschrift hat insofern einen verfahrensökonomischen Zweck. Die beteiligten Unternehmen müssen, um eine Untersagungsentscheidung zu vermeiden, das Zusammenschlussvorhaben nicht zurücknehmen und nach zwischenzeitlich erfolgten Änderungen erneut anmelden und sich den geltenden Prüfungsfristen erneut unterwerfen. Aus der Sicht der beteiligten Unternehmen ist die Norm ferner Ausdruck des Verhältnismäßigkeitsprinzips.[462] Die Erfüllung der Auflagen und Bedingungen ist gegenüber den genannten Optionen zweifellos milder.

Der Treuhändereinsatz dient nicht der Verfahrensökonomie. Er betrifft nicht unmittelbar die notwendige materielle Anpassung des Zusammenschlusses an die Erfordernisse des Wettbewerbs im Binnenmarkt, sondern ermöglicht der Kommission eine effiziente und kostengünstige Überwachung nach dem Erlass ihrer Entscheidung. Auch ist der Treuhändereinsatz nicht Ausdruck des Verhältnismäßigkeitsgrundsatzes. Zwar kann über das Instrument des Treuhändereinsatzes erreicht werden, dass der Zusammenschluss nicht untersagt werden muss oder eine Rücknahme erforderlich würde, weil die Kommission dadurch ein gesteigertes Vertrauen in die ordnungsgemäße Umsetzung hat. Ein solcher Ansatz vernachlässigt jedoch, dass der Gegensatz nicht allein in der Untersagung einerseits und der Freigabe unter Auflagen und Bedingungen mit Treuhändereinsatz andererseits besteht. Vielmehr kommt auch die bedingte Freigabe kommt sowohl mit als auch ohne Treuhändereinsatz in Betracht. Dies hat der Vergleich mit der Treuhänderpraxis der deutschen, britischen und US-amerikanischen Behörden vor Augen geführt.

Ergänzend kann auch auf den Zweck der Verbindung der Entscheidungen mit Auflagen und Bedingungen nach den jeweiligen UAbs. 2 abgestellt werden. Rechtstechnisch sollen Auflagen und Bedingungen als Rechtsinstrumente selbst sicherstellen, dass die Unternehmen die von ihnen versprochenen Zusagen auch tatsächlich einhalten. Dies ergibt sich daraus, dass an ihren Verstoß unmittelbare Rechtsfolgen anknüpfen und sie mit Zwangsmitteln durchsetzbar sind. Die Treuhänderzusage geht über diesen Zweck hinaus, weil sie selbst eine Sicherstellungsfunktion hat, die sich bereits aus dem Rechtsinstrument ergibt.

Vor dem Hintergrund der genannten Zwecke der Normen kann auch der Rückgriff auf den »effet utile« zu einem anderen Ergebnis führen.

---

462 *Immenga/Körber* in: Immenga/Mestmäcker, Art. 8 FKVO, Rn. 93.

5. Zwischenergebnis

Nach dem Wortlaut erscheint der Treuhändereinsatz unvereinbar mit Art. 6 Abs. 2 bzw. Art. 8 Abs. 2 FKVO. Der Treuhändereinsatz verändert die Art und Weise der Aufgabenerfüllung der Kommission, nicht die materielle Beschaffenheit des Zusammenschlusses und die daraus folgende Wettbewerbssituation. Von einer »Änderung des Zusammenschluss« in seiner materiellen Beschaffenheit aber müssen Art. 6 Abs. 2 bzw. Art. 8 Abs. 2 FKVO ausgehen. Der in Art. 3 FKVO legaldefinierte Zusammenschlussbegriff kann in den benachbarten Befugnisnormen nicht anders ausgelegt werden. Grundsätzlich gilt die Aussagekraft der Wortlautauslegung im Unionsrecht als beschränkt.[463] Hier jedoch ist eine Legaldefinition des Zusammenschlussbegriffs gegeben, die auch durch mögliche Ungenauigkeiten in der Übersetzung nicht aufgehoben werden kann und damit sämtlichen Sprachfassungen gemein ist. Der Wortlautauslegung kann daher größere Bedeutung zugemessen werden als dies in anderen Konstellationen im Unionsrecht der Fall wäre.

Der systematische Vergleich von Art. 8 Abs. 2 mit Art. 8 Abs. 4, lit. b, 2. Spiegelstrich FKVO zeigt, dass sicherstellende Maßnahmen wie der Einsatz von Treuhändern nur dann vorgesehen sind, wenn es um die Auflösung eines Zusammenschlusses oder die anderweitige Wiederherstellung des früheren Zustands geht. Diese systematische Wertung umgeht die Kommission, wenn sie den Treuhändereinsatz als sicherstellende Maßnahme schon bei der Umsetzung von Verpflichtungszusagen faktisch anordnet, indem sie auf eine entsprechende Zusage der Parteien besteht.

Der Sinn und Zweck der Norm besteht einerseits in der Eröffnung der Möglichkeit, einen verfahrensökonomischen Ausweg bei einem wettbewerbsrechtlich problematischen Zusammenschluss zu beschreiten. Außerdem stellt sich der unter Auflagen und Bedingungen genehmigte Zusammenschluss für den Adressaten gegenüber der alternativen Untersagungsentscheidung als verhältnismäßige Lösung dar. Beide Zielsetzungen berührt der Einsatz des Treuhänders nicht. Dies gilt auch für den Zweck der Rechtsinstrumente Auflage und Bedingung und der sich daraus ergebenden Möglichkeit der zwangsweisen Durchsetzung.

III. Vereinbarkeit mit Art. 20a DVO in Verbindung mit Art. 23 FKVO

Am 22. Oktober 2008 wurde mit der 5. Änderungsverordnung folgender Art. 20a in die DVO-FKVO eingefügt:

---

463 *Dederichsen*, EuR 2004, 345 m.w.N.

3. Kapitel Grenzen der Zulässigkeit für den Einsatz von Treuhändern

»Die Verpflichtungen, die von den beteiligten Unternehmen nach Art. 6 Abs. 2 oder Art. 8 Abs. 2 der VO (EG) Nr. 139/2004 angeboten werden, können die Bestellung eines unabhängigen Treuhänders auf Kosten der beteiligten Unternehmen umfassen, der der Kommission hilft, die Einhaltung der Verpflichtungen durch die beteiligten Unternehmen zu überwachen, oder der das Mandat hat, die Verpflichtungen umzusetzen; es können auch mehrere Treuhänder bestellt werden. Der Treuhänder kann nach Genehmigung durch die Kommission von den beteiligten Unternehmen oder von der Kommission bestellt werden. Der Treuhänder erfüllt seine Aufgaben unter der Aufsicht der Kommission.«

Art. 20a DVO-FKVO formuliert damit allgemein die Zulässigkeit eines Treuhändereinsatzes. Gleichzeitig gibt Art. 20a DVO-FKVO zu erkennen, von welchem Verständnis des Treuhänders ausgegangen wird. Der Treuhänder »hilft« der Kommission. Wie umfangreich diese Hilfe sein kann und ob sie die Überwachung durch die Kommission faktisch ersetzen kann, bleibt unbestimmt. Es ist anzunehmen, dass bei der Formulierung des Art. 20a DVO-FKVO vom gegenwärtigen Stand und Umfang der Treuhändertätigkeit, wie er sich in den Leitlinien der Kommission darstellt, ausgegangen wurde.

Nach der Formulierung des Art. 20a DVO-FKVO kann der Treuhänder nach Genehmigung durch die Kommission von den beteiligten Unternehmen *oder* von der Kommission bestellt werden. Da im gleichen Satz die Genehmigung durch die Kommission als Einsetzungsvoraussetzung genannt wird, ist zu erwarten, dass mit dem Begriff »Bestellung« die eigentliche vertragliche Beauftragung gemeint ist. Ein solches Verständnis würde eine erhebliche Abweichung von der bisherigen Praxis bedeuten, denn der Treuhänder könnte danach allein vertraglicher Auftragnehmer der Kommission sein. Dies steht im Widerspruch zu allen anderen einschlägigen Veröffentlichungen der Kommission und dürfte vom Gesetzgeber daher nicht gewollt sein. Auch passt dazu nicht die in der Vorschrift erwähnte Kostentragungspflicht der beteiligten Unternehmen. Meint der Begriff »Bestellung« hingegen nicht den vertraglichen Abschluss des Treuhändermandates, so bleibt er neben dem Begriff Genehmigung inhaltlich unklar.

Art. 23 Abs. 1 lit. c) FKVO ermächtigt die Kommission, das Verfahren und die Fristen für das Angebot und die Umsetzung von Verpflichtungszusagen nach Art. 6 Abs. 2 und Art. 8 Abs. 2 FKVO festzulegen. Bislang wurde auf dieser Grundlage in Art. 19 DVO-FKVO für die jeweiligen Verfahrensphasen der Zeitraum in Arbeitstagen festgelegt, innerhalb dessen Vorschläge an die Kommission übermittelt werden müssen. Art. 20 DVO-FKVO regelt das Verfahren für die Vorlage von Verpflichtungsangeboten. Er bestimmt, dass die Vorschläge der Kommission auch in elektronischer Form übermittelt werden müssen, vertrauliche und nicht vertrauliche Fassungen vorzulegen sind und die Kommission die Verpflichtungszusagen an die Wettbewerbsbehörden der Mitgliedstaaten weiterzuleiten hat. Im Vergleich zu diesen für das Verfahren notwendigen und erleichternden Regeln fällt Art. 20a DVO-FKVO aus dem Rahmen. Festgelegt

III. Vereinbarkeit mit Art. 20a DVO in Verbindung mit Art. 23 FKVO

wird der Inhalt der Verpflichtungszusage einschließlich der Kostentragungspflicht der beteiligten Unternehmen.

1. Wortlaut Art. 23 Abs. 1 lit. c FKVO

Art. 23 Abs. 1 lit. c FKVO sieht vor, dass das Verfahren und die Fristen nicht nur für das Angebot, sondern auch für die Umsetzung von Verpflichtungszusagen festgelegt werden dürfen. Nach diesem sehr weit gefassten Wortlaut könnte in der Durchführungsverordnung der vollständige Ablauf der Umsetzung von Verpflichtungszusagen geregelt werden. Als Teil des Verfahrens ließe sich danach auch der Einsatz eines Treuhänders festlegen, sofern man diesen als Bestandteil der Umsetzung ansieht, was nicht zwingend ist. Der Wortlaut lässt sogar zu, wesentliche Teile der »Mitteilungen Abhilfemaßnahmen« und der »Best Practices« in der Durchführungsverordnung zu regeln, soweit es sich um das Verfahren zur Umsetzung von Verpflichtungszusagen handelt. Mit dem Wortlaut von Art. 23 Abs. 1 lit. c FKVO ließe sich Art. 20a DVO-FKVO demnach vereinbaren.

2. Systematik des Art. 23 FKVO

Die Vereinbarkeit von Art. 20a DVO-FKVO mit Art. 23 Abs. 1 lit. c FKVO ist jedoch aus systematischen Gründen zweifelhaft. Auf der Grundlage von Art. 23 Abs. 1 lit. c FKVO darf und soll die Kommission Durchführungsbestimmungen schaffen, die – unabhängig von den Verpflichtungszusagen der Parteien – den Rahmen vorgeben, innerhalb dessen die Unternehmen Verpflichtungszusagen anbieten und umsetzen müssen. Dazu passen die bisherigen Fristenregelungen. Art. 20a DVO-FKVO hingegen legt den Treuhändereinsatz als Teil des Verfahrens für die Umsetzung von Verpflichtungszusagen nicht verbindlich fest, sondern stellt ihn zur Disposition der Beteiligten. Auf der Grundlage von Art. 23 Abs. 1 lit. c FKVO ist es dann systematisch nur vorstellbar, dass Art. 20a DVO-FKVO den Einsatz eines Treuhänders als Bestandteil jedes Umsetzungsverfahrens vorschreibt. Dies allerdings wäre problematisch hinsichtlich der übrigen Befugnisse der Kommission innerhalb der Fusionskontrollverordnung, insbesondere hinsichtlich Art. 8 Abs. 4, lit. b, 2. Spiegelstrich FKVO, der die Anordnung flankierender Maßnahmen nur zur Wiederherstellung eines rechtskonformen Zustands nach einem Verstoß gegen Auflagen und Bedingungen vorsieht: Die Bestimmungen der Durchführungsverordnung, die auf der Grundlage der FKVO ergehen, dürfen keine neuen Kompetenzen oder Zuständigkeiten begründen, die über den Rahmen, den die FKVO vorgibt, hinausgehen. Art. 20a DVO-FKVO trifft eine Aussage zum möglichen Inhalt einer Parteiinitiative. In der Konsequenz dieses Ansatzes müsste jede Regelung auf der Grundlage von Art. 23 Abs. 1 lit. c FKVO, in der das Verfahren für die Umsetzung von Verpflichtungszusagen festgelegt wird, zwangsläufig vorgeben, was die Beteiligten gegenüber der Kommission verpflichtend zusagen dürfen. Art. 23 Abs. 1 lit. c FKVO soll der Kommission jedoch nicht die Möglichkeit geben, den etwaigen Inhalt von Verpflichtungszusagen festzulegen. In Art. 6 Abs. 2 und Art. 8 Abs. 2 FKVO geht der Gesetzgeber davon aus, dass die beteiligten Unternehmen den Inhalt der Verpflichtungszusagen bestimmen. Dies betrifft nicht nur materielle Fragen, sondern auch Verfahrensfragen, soweit diese nicht ihrem Einfluss entzogen sind, weil sie auf der Grundlage von Art. 23 Abs. 1 lit. c in der DVO-FKVO unabänderlich vorgegeben sind. Die Kommission kann auf der Grundlage von Art. 23 Abs. 1 lit. c FKVO nur diese unabänderlichen Vorgaben in der Durchführungsverordnung festlegen.

Auch der Vergleich mit Art. 23 Abs. 2 lit. a FKVO zeigt, dass über Art. 23 Abs. 2 lit. c FKVO der Inhalt von Verpflichtungszusagen nicht vorgegeben werden darf. Art. 23 Abs. 2 lit. a FKVO regelt ausdrücklich, dass die Kommission (nur die) Durchführungsbestimmungen über den Inhalt der Anmeldungen und Anträge festlegen kann – nicht den möglichen Inhalt der Anmeldung selbst. Art. 23 FKVO begrenzt die Kommission somit darauf, durch Rechtsverordnung zwingende Vorschriften zum Verfahren – von der Anmeldung bis zur Umsetzung von Verpflichtungszusagen – zu erlassen. Die übrigen Vorschriften der FKVO müssen davon unberührt bleiben. Art. 20a DVO-FKVO gelingt dies nicht. Er muss Art. 6 Abs. 2 bzw. Art. 8 Abs. 2 FKVO einschränken.

3. Historie des Art. 23 FKVO

Die Kommission legt mit Art. 20a DVO-FKVO in ihrer Durchführungsverordnung indirekt den beteiligten Unternehmen die Kosten für die Überwachung der Umsetzung und damit die Verfahrenskosten auf. Art. 23 FKVO sieht in der gegenwärtigen Fassung – entgegen den ursprünglichen Vorstellungen – hiervon bewusst ab. Das Grünbuch zur Revision der FKVO hatte die Frage aufgeworfen, ob die Kommission in der novellierten Fusionskontrollverordnung auch dazu ermächtigt werden soll, durch Verordnung Anmeldegebühren festzulegen.[464] Die Kommission hatte erwogen, die Kosten des Fusionskontrollverfahrens den beteiligten Unternehmen abhängig vom Prüfungsaufwand oder als Festbetrag aufzuerlegen. Eine entsprechende Regelung wäre nicht ungewöhnlich gewesen. Die Fusionskontrollregime der Bundesrepublik Deutschland, des Vereinigten Königreichs sowie der Vereinigten Staaten sehen eine Gebührenpflicht vor.[465] In den Vereinigten Staaten etwa kann die Gebühr abhängig vom

---

464 Grünbuch über die Revision der Verordnung (EWG) Nr. 4064/89 des Rates, KOM (2001) 745, Rn. 227, 229.
465 Außerdem in der Union: Estland, Griechenland, Irland, Litauen, Österreich, Polen, Slowakische Republik, Slowenien, Spanien, Tschechische Republik, siehe *Bergmann/Hahn* in: MünchKomm, EG-WettbR, Fusionskontrolle Drittstaaten.

Transaktionsvolumen bis zu 280.000 US Dollar betragen.[466] Nachdem bewusst davon Abstand genommen wurde, in Art. 23 FKVO eine Ermächtigungsgrundlage für die Auferlegung von Verfahrenskosten zu schaffen, erscheint Art. 20a DVO-FKVO im Widerspruch zu den Vorstellungen des Unionsgesetzgebers der Union. Die Kosten der nachträglichen Überwachung führen ebenso zu einem erhöhten Prüfungsaufwand der Kommission wie ein Hauptprüfungsverfahren im Vergleich zu einem Vorprüfungsverfahren. Das Verfahren endet nicht mit der Genehmigungsentscheidung, sondern mündet lediglich in die nachträgliche Überwachungsphase. Eine erhöhte Gebühr wäre daher bei einer Genehmigungsentscheidung, die eine aufwändige Überwachung der Kommission in der Umsetzungsphase nach sich zieht, vorstellbar. Dass Art. 20a DVO-FKVO die Kostentragungspflicht nicht anordnet, sondern der Kommission lediglich eröffnet, ein entsprechendes Angebot anzunehmen, ändert daran nichts. Es ist davon auszugehen, dass mit der gegenwärtigen Fassung von Art. 23 FKVO die Kostenfrage abschließend geregelt werden sollte. Zugleich ist davon auszugehen, dass die Kommission ein Angebot der beteiligten Unternehmen zur Einsetzung eines sie überwachenden Treuhänders ohne Übernahme der dabei entstehenden Kosten nicht berücksichtigt.

4. Zwischenergebnis

Nach dem hier zu Grunde gelegten Verständnis ist Art. 20a DVO-FKVO mit Art. 23 Abs. 1 lit. c) FKVO aus systematischen und historischen Gründen nicht vereinbar. Auch wenn der historischen Auslegung im Unionsrecht nur eine untergeordnete Bedeutung zukommt, liefert sie ein deutliches Indiz dafür, dass die in der DVO-FKVO erfolgte Kostenregelung im Gegensatz zu den Wertungen der FKVO steht. Die DVO-FKVO führt ein, was in der Entstehungsgeschichte der FKVO erwogen, im Ergebnis aber verworfen wurde.

IV. Vereinbarkeit mit der unionsrechtlichen Aufgabenzuweisung an die Kommission

Selbst wenn man – entgegen der hier vertretenen Auffassung – den Treuhändereinsatz für grundsätzlich vereinbar mit Art. 8 Abs. 2 bzw. Art. 6 Abs. 2 FKVO hält, wird man Grenzen seines Einsatzes dort bestimmen müssen, wo der Treuhänder eine Aufgabe wahrnimmt, die der Gesetzgeber der Kommission zugewiesen hat und sich aus der Aufgabenzuweisung ergibt, dass eine Delega-

---

466 *Bergmann/Hahn* in: MünchKomm, EG WettbR, Fusionskontrolle Drittstaaten, Rn. 72.

tion dieser Aufgaben an einen privaten Dritten entweder nicht oder nur unter Einschränkungen erfolgen darf.

1. Aufgaben und Befugnisse der Kommission in der Umsetzungsphase

Die Aufgaben und Befugnisse der Kommission in der Umsetzungsphase zeigen, von welchem grundlegenden Rahmen der europäische Gesetzgeber zur Sicherstellung der Einhaltung von Verpflichtungszusagen ausgeht. Einerseits enthält die FKVO Normen mit überwiegend präventivem Charakter (Art. 6 Abs. 3 lit. b, 8 Abs. 6 lit. b; Art. 8 Abs. 4 lit. b; 14 Abs. 2 lit. d FKVO), über die ein Verstoß gegen materielle Verpflichtungszusagen verhindert werden soll. Andererseits ist die Kommission zur Kontrolle der beteiligten Unternehmen (Art. 11 und 13 FKVO) ermächtigt. Die nachfolgenden Vorschriften mit präventivem Charakter zeigen die disziplinierende Wirkung der Instrumente Auflagen und Bedingungen sowie die sich daraus ergebende Funktion zur Sicherstellung der ordnungsgemäßen Umsetzung von Verpflichtungszusagen. Die Kontrollbefugnisse der Kommission lassen erkennen, dass die Aufgaben des Treuhänders den Befugnissen der Kommission nachgebildet wurden.

a) Art. 6 Abs. 3 lit. b, Art. 8 Abs. 6 lit. b FKVO (Widerruf)

Art. 8 Abs. 6 lit. b FKVO ermöglicht es der Kommission, ihre im Hauptverfahren getroffene Genehmigungsentscheidung (Art. 8 Abs. 2 FKVO) zu widerrufen, wenn die Unternehmen gegen eine Auflage verstoßen. Für die Annahme einer »Zuwiderhandlung« im Sinne von Art. 8 Abs. 6 FKVO genügt ein »Nichterfüllen« durch Unterlassen.[467] Auf ein Verschulden des Unternehmens kommt es nicht an.[468] Die Widerrufsbefugnis ist zwar nach pflichtgemäßem Ermessen auszuüben. Da die Genehmigungsentscheidung nach Art. 8 Abs. 1 lit. b (in Verbindung mit Art. 8 Abs. 2) FKVO eine rechtlich gebundene Entscheidung ist, dürfte bei einem Auflagenverstoß, der dazu führt, dass die Vereinbarkeit des Zusammenschlusses mit dem Binnenmarkt aufgehoben wird, der Ermessensspielraum jedoch regelmäßig auf Null reduziert sein.[469] Mit dem Widerruf lebt das Vollzugsverbot des Art. 7 Abs. 1 FKVO wieder auf. Die Kommission wird in die Situation der Hauptprüfung zurückversetzt. Sie hat die Möglichkeit, in einer weiteren Entscheidung den Zusammenschluss erneut unter Auflagen und

---

467 *Fuchs*, EuZW 1996, S. 263, 265; *Immenga/Körber* in: Immenga/Mestmäcker, Art. 6 FKVO, Rn. 74.
468 *Immenga/Körber* in: Immenga/Mestmäcker, Art. 6 FKVO, Rn. 74 und Art. 8 FKVO, Rn. 192; *Stoffregen* in: Schröter/Jakob/Mederer, Art. 8 FKVO, Rn. 55.
469 Vgl. im Zusammenhang mit unrichtigen Angaben, die aufgrund zwischenzeitlicher Änderungen nicht mehr entscheidungserheblich sind: *Fuchs*, EuZW 1996, S. 263, 265; *Immenga/Körber* in: Immenga/Mestmäcker, Art. 6 FKVO, Rn. 78.

IV. Vereinbarkeit mit der unionsrechtlichen Aufgabenzuweisung an die Kommission

Bedingungen freizugeben oder zu untersagen. Im Unterschied zum ursprünglichen Hauptverfahren ist die Kommission beim Erlass einer neuen Entscheidung nach Art. 8 Abs. 7 lit. b FKVO an die Frist in Art. 10 Abs. 3 FKVO nicht mehr gebunden. Umstritten ist, ob der der Kommission zur Entscheidungsfindung zur Verfügung stehende Zeitraum grundsätzlich unbegrenzt ist[470] oder lediglich die Frist des Art. 10 Abs. 3 FKVO neu beginnen soll.[471] Seit der 2. FKVO-Novelle durch die Verordnung (EG) Nr. 1310/97[472] besteht mit Art. 6 Abs. 3 lit. b FKVO die beschriebene Widerrufsbefugnis auch für Auflagenentscheidungen, die im Vorverfahren ergangen sind. Mit Ausübung des Widerrufs wird das Vorverfahren erneut eröffnet.[473] Daher gilt dasselbe wie bei einem Widerruf einer im Hauptverfahren ergangenen Auflagenentscheidung.[474]

b) Art. 14 Abs. 2 lit. d) FKVO (Geldbuße)

Verstöße sowohl gegen Auflagen als auch Bedingungen einer im Vor- oder im Hauptverfahren ergangenen Genehmigungsentscheidung kann die Kommission durch die Festsetzung einer Geldbuße gegen die beteiligten Unternehmen ahnden, Art. 14 Abs. 2 FKVO. Die Höhe des Bußgeldes kann bis zu 10% des von den Unternehmen erzielten Gesamtumsatzes im Sinne von Art. 5 FKVO betragen. Im Unterschied zur Widerrufsbefugnis ist Voraussetzung der Bußgeldfestsetzung, dass der Verstoß gegen die Auflage oder Bedingung der Entscheidung vorsätzlich oder zumindest fahrlässig erfolgt ist und das Verschulden von der Kommission nachgewiesen wurde. Für die Annahme von Fahrlässigkeit genügt, dass die Handelnden die Umstände, aus denen sich der Verstoß ergibt, erkennen konnten.[475] Der Einwand mangelhafter Organisation oder der Hinweis auf interne Kommunikationsschwierigkeiten wirkt nicht entlastend.[476] Die Entscheidung,

---

470 *Stoffregen* in: Schröter/Jakob/Mederer, Art. 8 FKVO, Rn. 57; *Emberger* in: Loewenheim/Meessen/Riesen-kampff, Art. 8 FKVO, Rn. 63.
471 So *Fuchs*, EuZW 1996, S. 263, 267; *Immenga/Körber* in: Immenga/Mestmäcker, Art. 8 FKVO, Rn. 198; *Schröer* in: FK WettbR, Art. 6 Abs. 4 FKVO, Rn 67.
472 ABl. 1997 Nr. L 180/1.
473 *Immenga/Körber* in: Immenga/Mestmäcker, Art. 6 FKVO, Rn. 79.
474 Zum Streit über die Entscheidungsfrist wird ergänzend auf die Möglichkeit einer Analogie zu Art. 10 Abs. 5 UAbs. 4 FKVO verwiesen (*Immenga/Körber* in: Immenga/Mestmäcker, Art. 6 FKVO, Rn. 82; *Schröer* in: FK WettbR, Art. 6 FKVO Rn. 67).
475 Vgl. EuGH, Slg. 1978, S. 207, Rn. 299 – *United Brands*.
476 Vgl. Komm., ABl. 2004 Nr. L 91/40, Rn. 38 – *BP/Erdölchemie*; *Immenga/Körber* in: Immenga/Mestmäcker, Art. 14 FKVO, Rn. 7; *Hecker* in: Loewenheim/Meessen/ Riessenkampff, Art. 14 FKVO, Rn. 4.

ob und in welcher Höhe ein Bußgeld verhängt wird, liegt im pflichtgemäßen Ermessen der Kommission.[477]

c) Art. 8 Abs. 4 lit. b FKVO (Entflechtungsanordnung)

Auf der Grundlage von Art. 8 Abs. 4 lit. b FKVO kann die Kommission verlangen, dass der vollzogene Zusammenschluss rückgängig gemacht wird oder auf andere Weise der frühere Zustand wieder hergestellt wird. Voraussetzung ist, dass

(a) der Zusammenschluss unter Verstoß gegen eine Bedingung vollzogen wurde, unter der eine Entscheidung gemäß Artikel 8 Absatz 2 FKVO ergangen ist,

(b) sich aus der Entscheidung ergibt, dass der Zusammenschluss ohne Einhaltung der Bedingung mit dem Binnenmarkt unvereinbar ist.

Erfasst werden damit nur diejenigen Fälle bedingter Freigaben, in denen die Kommission in der zweiten Phase des Verfahrens die Unvereinbarkeit des ursprünglich angemeldeten Zusammenschlusses mit dem Gemeinsamen Markt in einer Mitteilung der Beschwerdepunkte, gerichtet an die Anmelder, auch tatsächlich festgestellt hat.[478] Ein Ermessen hinsichtlich des Einschreitens besteht trotz des Wortlautes »kann« bei einem Vorliegen der genannten Voraussetzungen nach überwiegender Auffassung nicht.[479] Eröffnet ist das Ermessen nur hinsichtlich der Auswahl der anzuordnenden Maßnahmen. Maßgeblich ist in erster Linie das Ziel, die Wiederherstellung des Zustandes vor Vollzug des Zusammenschlusses.

d) Art. 8 Abs. 5 FKVO (einstweilige Maßnahmen)

Gemäß Art. 8 Abs. 5 lit. b FKVO kann die Kommission bei einem Verstoß gegen eine Bedingung geeignete einstweilige Maßnahmen anordnen, um wirksamen Wettbewerb wiederherzustellen oder aufrecht zu erhalten, bis sie eine Entscheidung in der Hauptsache trifft. Dies betrifft insbesondere bedingte Freigabeentscheidungen der Phase I nach Art. 6 Abs 1 lit. b, Abs. 2. FKVO. Da

---

477 Zu den Kriterien, die bei der Festlegung der Höhe zu brücksichtigen sind, vgl. Komm. Entsch., ABl. 1998 Nr. L 225/12, Rn. 28 – *Samsung/Ast* sowie *Zeise* in: Schulte, Hdb Fusionskontrolle, Rn. 1995.
478 *v. Koppenfels* in: MünchKomm EG-WettbR, Art. 8 FKVO, Rn. 117.
479 S. auch *Immenga/Körber* in: Immenga/Mestmäcker, Art. 8 FKVO, Rn. 178 (mit Kritik zur Entscheidung Komm., ABl. 1996, Nr. L 134/32 – *RTL/Veronica/ Endemol*, in der eine Entflechtungsanordnung lediglich für den Fall angedroht wurde, dass innerhalb einer Frist entsprechende selbst angebotene Maßnahmen nicht umgesetzt sein sollten) A.A. *Stoffregen* in: Schröter/Jakob/Mederer, Art. 8 FKVO, Rn. 48; *Emberger* in: Loewenheim/Meessen/Riesenkampff, Art. 8 FKVO, Rn. 36.

IV. Vereinbarkeit mit der unionsrechtlichen Aufgabenzuweisung an die Kommission

die Bedingungen in Freigabeentscheidungen in der Vorprüfungsphase lediglich dazu dienen, die ernsthaften Bedenken der Kommission auszuräumen und somit die Frage der materiellen Vereinbarkeit noch nicht abschließend geklärt wurde, ist zunächst nur von der formellen Rechtswidrigkeit auszugehen. Für Entscheidungen, die im Hauptverfahren nach Art. 8 Abs. 2 FKVO ergangen sind, darf nicht festgestellt worden sein, dass der Zusammenschluss bei einem Verstoß gegen eine Bedingung unvereinbar mit dem Binnenmarkt ist. In einem solchen Fall wäre die Kommission zu endgültigen Entflechtungsmaßnahmen nach Art. 8 Abs. 4 FKVO nicht nur befugt, sondern aufgrund des dann auf Null reduzierten Entschließungsermessens verpflichtet.

Welche einstweiligen Anordnungen die Kommission erlassen darf, regelt Art. 8 Abs. 5 FKVO nicht. Sie müssen »vorläufig«, ansonsten lediglich »geeignet« sein. Als solche dürften in erster Linie Maßnahmen in Betracht kommen, die eine Sicherungsfunktion haben und eine weitere Ausnutzung der Vollzugsfolgen verhindern.[480] Ob darüber hinausgehende Maßnahmen zulässig sind, die eine teilweise Umkehr des Vollzugs verlangen, ist ungeklärt. Vorgeschlagen wird im Schrifttum eine einzelfallabhängige Interessenabwägung zwischen der möglichen Gefährdung des Wettbewerbs und den Auswirkungen der einstweiligen Maßnahmen auf die beteiligten Unternehmen analog zu Art. 7 Abs. 3 FKVO.[481] Die Entscheidung, ob und welche einstweiligen Maßnahmen angeordnet werden, liegt im Ermessen der Kommission. Die Befugnis zur Anordnung einstweiliger Maßnahmen bei einem Verstoß gegen Auflagen ergibt sich aus Art. 8 Abs. 5 lit. a. FKVO. Nach verbreiteter Auffassung lebt mit dem Widerruf der Entscheidung gemäß Art. 6 Abs. 3 bzw. Art. 8 Abs. 6 FKVO das Vollzugsverbot in Art. 7 Abs. 1 wieder auf.[482] Dies ist zwar konsequent, innerhalb der Systematik von Art. 8 Abs. 5 FKVO aber fragwürdig. Auch bei einem Verstoß gegen eine Bedingung liegt ein Verstoß gegen das Vollzugsverbot des Art. 7 Abs. 1 FKVO vor und damit Art. 8 Abs. 5 lit. a FKVO. Die in Art. 8 Abs. 5 lit. b FKVO gesondert genannte Voraussetzung eines Verstoßes gegen eine Bedingung ist damit überflüssig. Für die Befugnis der Kommission zur Anordnung einstweiliger Maßnahmen auch im Fall eines Auflagenverstoßes spricht allerdings, dass nach einem Widerruf der Genehmigungsentscheidung aus wettbewerbsrechtlicher Sicht kein Unterschied mehr zu einem Bedingungsverstoß besteht.

---

480 *v. Koppenfels* in: MünchKomm EG-WettbR, Art. 8 FKVO, Rn. 127; *Dittert*, WuW 2004, 148, 158 (»sofortige Trennung«, »Einsetzung eines Überwachungstreuhänders«).
481 *v. Koppenfels* in: MünchKomm EG-WettbR, Art. 8 FKVO, Rn. 127.
482 *Immenga/Körber* in: Immenga/Mestmäcker, FKVO, Art. 8, Rn. 194.

e) Art. 15 Abs. 1 lit. c, d FKVO (Zwangsgeld)

Die Auflagen einer Entscheidung nach Art. 6 Abs. 1 lit. b FKVO oder Art. 8 Abs. 2 UAbs. 2 FKVO, die Entflechtungsmaßnahmen oder anderen Maßnahmen auf der Grundlage des Art. 8 Abs. 4 lit. b FKVO sowie die einstweiligen Maßnahmen, die die Kommission auf der Grundlage des Art. 8 Abs. 5 lit. b FKVO zur Wiederherstellung oder Aufrechterhaltung wirksamen Wettbewerbs anordnen kann, können mit einem Zwangsgeld durchgesetzt werden, Art. 15 Abs. 1 lit. c und d FKVO. Während die Befugnis, die Entscheidung zu widerrufen und ein Bußgeld zu verhängen, der Prävention dient, besteht mit dem Zwangsgeld ein Vollstreckungsmittel, mit dem die Kommission die Einhaltung der Auflage erzwingen kann.[483] Die Entscheidung der Kommission darüber, ob sie ein Zwangsgeld nach Art. 15 Abs. 1 FKVO festsetzt, liegt in ihrem Ermessen. Die Höhe des Zwangsgeldes darf 5% des durchschnittlichen täglichen Gesamtumsatzes des Unternehmens für jeden Arbeitstag des Verzuges nicht überschreiten. Eine Höchstsumme ist nicht vorgesehen.[484] Art. 15 FKVO a.F. sah für die Durchsetzung von Auflagen und Entflechtungsmaßnahmen Zwangsgelder von maximal 100.000,- EUR vor.

f) Art. 11 FKVO (Auskunftsverlangen)

Nach Art. 11 FKVO kann die Kommission alle für die Erledigung ihrer Aufgaben erforderlichen Auskünfte einholen. Das Auskunftsrecht ist vor allem für das Gewinnen von Informationen zur wettbewerbsrechtlichen Beurteilung des Zusammenschlusses von Bedeutung.[485] Das Auskunftsrecht endet jedoch nicht mit Abschluss des Genehmigungsverfahrens, sondern besteht auch während der Umsetzungsphase zur Überprüfung der Einhaltung von Auflagen und Bedingungen fort.[486] Beim einfachen Auskunftsverlangen nach Art. 11 Abs. 2 FKVO muss die Kommission den Untersuchungsgegenstand genau bezeichnen. Anzugeben sind außerdem die Rechtsgrundlage, der Zweck des Auskunftsverlangens, die Art der geforderten Auskunft, eine Frist für die Erteilung der Auskünfte sowie der Hinweis darauf, dass bei unrichtiger oder irreführender Auskunft Sanktionen nach Art. 14 FKVO, also Geldbußen, drohen. Die förmliche Auskunftsentscheidung nach Art. 11 Abs. 3 FKVO muss zusätzlich auf die Mög-

---

483 Dasselbe gilt für die Entflechtungsanordnung oder die sonstigen bei einem Auflagen- oder Bedingungsverstoß nach Art. 8 Abs. 4 oder 5 FKVO angeordneten (einstweiligen) Maßnahmen, wenn sie eine Umsetzung durch die beteiligten Unternehmen verlangen. Sie entsprechen im Ergebnis nachträglichen Auflagen.
484 Das Zwangsgeld kann damit in der Summe eine nach Art. 14 FKVO verhängte Geldbuße erheblich übersteigen. Vgl. hierzu Komm., ABl. 2001 Nr. L 4/31 – *Mitsubishi Heavy Industries*.
485 *Immenga/Körber* in: Immenga/Mestmäcker, Art. 11 FKVO, Rn. 1.
486 *Bechtold/Bosch/Brinker/Hirsbrunner* Art. 11 FKVO Rn. 2; *Immenga/Körber* in: Immenga/Mestmäcker, Art. 11 FKVO, Rn. 15.

IV. Vereinbarkeit mit der unionsrechtlichen Aufgabenzuweisung an die Kommission

lichkeit der Verhängung von Buß- und Zwangsgeldern, bereits bei bloßer Nichtbeantwortung, hinweisen sowie eine Rechtsbehelfsbelehrung enthalten. Auf der Grundlage von Abs. 7 kann die Kommission Befragungen auf freiwilliger Basis vornehmen. Auch hier ist die Rechtsgrundlage zu nennen.[487] Die Auskunftspflicht umfasst grundsätzlich eine Mitteilungspflicht hinsichtlich aller relevanten Umstände und Verhältnisse.[488]

g) Art. 13 FKVO (Nachprüfung)

Gemäß Art. 13 FKVO kann die Kommission statt eines Auskunftsverlangen nach Art. 11 FKVO auch selbst Nachprüfungen bei den beteiligten Unternehmen durchführen. Dieser Weg soll nur beschritten werden, wenn besondere Umstände dies rechtfertigen.[489] Stimmen im Schrifttum ziehen Nachprüfungen auf der Grundlage von Art. 13 FKVO insbesondere bei der Verfolgung der Nichterfüllung von Verpflichtungszusagen in Betracht.[490] Abgesehen von der Entscheidung der Kommission, statt des milderen Mittels in Form eines Auskunftersuchens, eine Nachprüfung vorzunehmen, liegt es – vergleichbar mit Art. 11 FKVO – in ihrem Ermessen, ob die Nachprüfung unter freiwilliger Mitwirkung des betroffenen Unternehmens (Art. 13 Abs. 3 FKVO) oder auf der Grundlage einer förmlichen Entscheidung (Art. 13 Abs. 4 FKVO) erfolgen soll. Bei einer förmlichen Entscheidung besteht neben der Duldungspflicht, die Möglichkeit, die Entscheidung mit Buß- und Zwangsgeldern durchzusetzen, Art. 14 Abs. 1 lit. d und e, 3. Spiegelstrich bzw. Art. 15 Abs. 1 lit. b FKVO. Die förmliche Nachprüfungsentscheidung kann nach Art. 263 Abs. 4 EG beim Gerichtshof angefochten werden.

Art. 13 Abs. 2 FKVO führt die Nachprüfungsbefugnisse der Kommission abschließend auf. Die mit den Nachprüfungen beauftragten Bediensteten der Kommission und die weiteren von ihr ermächtigten Personen (z.B. Rechtsanwälte, Wirtschaftsprüfer oder Sachverständige)[491] dürfen die Geschäftsräume betreten (Art. 13 Abs. 2 lit. a FKVO), Bücher und Geschäftsunterlagen prüfen (Art. 13 Abs. 2 lit. b FKVO), von den Büchern und Geschäftsunterlagen Kopien verlangen oder anfertigen (Art. 13 Abs. 2 lit. c FKVO), die Geschäftsräume und Unterlagen für die Dauer der Nachprüfung versiegeln (Art. 13 Abs. 2 lit. d FKVO), Vertreter und Beschäftigte des Unternehmens zu Sachverhalten und

---

487 *Immenga/Körber* in: Immenga/Mestmäcker, Art. 11 FKVO, Rn. 27.
488 *Völcker* in: FK WettbR, Art. 11 FKVO, Rn. 9; *Hecker* in: Loewenheim/Meessen/Riesenkampff, Art. 11 FKVO, Rn. 7; *Immenga/Körber* in: Immenga/Mestmäcker, Art. 11 FKVO, Rn. 4.
489 Erklärung für das Ratsprotokoll vom 19.12.1989 zu Art. 12 und 13 FKVO, abgedruckt in WuW 1989, S. 242.
490 Vgl. *Dittert*, WuW 2004, 148, 153; *Immenga/Körber* in: Immenga/Mestmäcker, Art. 13 FKVO, Rn. 5.
491 *Immenga/Körber* in: Immenga/Mestmäcker, Art. 13 FKVO, Rn. 10.

Unterlagen befragen und die Antworten aufzeichnen (Art. 13 Abs. 2 lit. e FKVO). Art. 12 FKVO ermöglicht es der Kommission, die nationalen Wettbewerbsbehörden mit der Durchführung der Nachprüfungen zu beauftragen. Maßstab ist primär die Zweckmäßigkeit. Ein Subsidiaritäts- oder Alternativverhältnis zwischen Art. 12 und Art. 13 besteht nicht.[492]

h) Abschließende Bewertung

Die Vorschriften zeigen den gesetzlichen Rahmen und die – umfangreichen – Handlungsmöglichkeiten, die die FKVO der Kommission in der Umsetzungsphase eröffnet. Verstöße gegen sicherstellende Auflagen und Bedingungen unterliegen strengen Rechtsfolgen. Über Art. 11 und 13 räumt die FKVO der Kommission umfassende, abgestufte Kontrollrechte ein. Aus den Befugnissen der Kommission in der Umsetzungsphase folgt, dass die Überwachung von Verpflichtungszusagen eine der Kommission zugewiesene öffentliche Aufgabe ist. Bemerkenswert ist, dass keine der Vorschriften in der Umsetzungsphase praktische Bedeutung erlangt hat. Verstöße gegen Auflagen oder Bedingungen sind nicht dokumentiert. Somit fehlen auch Beispiele für einen Widerruf.[493] Die bisher ergangenen Bußgeldentscheidungen beruhten auf den anderen Tatbeständen in Art. 14 FKVO.[494] Die wenigen Entflechtungsentscheidungen der Kommission – *RTL/Veronica/Endemol*[495], *Blokker/Toys R Us*[496] und *Tetra Laval/ Sidel*[497] – beruhten ebenfalls nicht auf einem Verstoß gegen Bedingungen.[498] Das einzige Verfahren, in dem die Kommission auf der Grundlage von Art. 15 FKVO ein Zwangsgeld verhängte, betraf ein am Zusammenschluss unbeteiligtes Unternehmen. Das Verfahren richtete sich darauf, die vollständige Beant-

---

492 Bechtold/Bosch/Brinker/Hirsbrunner, Art. 12 FKVO, Rn. 1.
493 Die bislang einzige Widerrufsentscheidung erging auf der Grundlage des Art. 6 Abs. 3 lit. a FKVO und betraf eine unvollständige und damit irreführende Anmeldung der Parteien. (Komm., ABl. 2000 Nr. L 95/34 – *Sanofi/Synthélabo*).
494 Komm., ABl. 1999 Nr. L 225/12 – *Samsung/Ast*; ABl. 1999 Nr. L 183/29 – *A.P. Møller*; ABl. 2000 Nr. L 95/34 – *Sanofi/Synthélabo*; Komm. Entsch. v. 14.12.1999 – *KLM/Martinair III*, nicht im ABl. veröffentlicht, verfügbar auf der Seite der GD Wettbewerb (o. Fn. 91) Rs. 1608; ABl. 2001 Nr. L 97/1 – *Deutsche Post/Trans-oflex*; ABl. 2001 Nr. L 4/31 – *Mitsubishi Heavy Industries*; ABl. 2004 Nr. L 91/40 – *BP/Erdölchemie*; ABl. 2005 Nr. L 98/27 – *Tetra Laval/Sidel*.
495 Komm., ABl. 1996, Nr. L 134/32 – *RTL/Veronica/Endemol*.
496 Komm., ABl. 1998 Nr. L 316/1 – *Blokker/Toys »R« Us*.
497 Komm., ABl. 2004 Nr. L 38/1 – *Tetra Laval/Sidel*.
498 Die Kommission hat in ihrer bisherigen Praxis zu Art. 8 Abs. 4 FKVO die Unternehmen bei der Rückabwicklung eingebunden, indem sie ihre Vorschläge zur Rückabwicklung akzeptierte. Zur Kritik hinsichtlich der Berücksichtigung der Anliegen der Parteien: *Immenga/Körber* in: Immenga/Mestmäcker, Art. 8 FKVO, Rn. 178.

IV. Vereinbarkeit mit der unionsrechtlichen Aufgabenzuweisung an die Kommission

wortung eines förmlichen Auskunftsersuchens zu erzwingen.[499] Auch von der Befugnis eines einfachen oder förmlichen Auskunftsverlangens nach Art. 11 FKVO hat die Kommission in der Umsetzungsphase bislang keinen Gebrauch gemacht. Dasselbe gilt für Nachprüfungsbefugnisse nach Art. 13 FKVO.[500]

2. Vergleich der Kommissionsbefugnisse mit den Aufgaben des Treuhänders

Der Vergleich der Befugnisnormen mit den Aufgaben des Treuhänders zeigt, dass die Kommission den Kerngehalt wesentlicher, ihr von der Fusionskontrollverordnung eingeräumter Befugnisse – vor allem die Nachprüfungs- und Auskunftsrechte – über Art. 8 Abs. 2 und Art. 6 Abs. 2 FKVO auf den Treuhänder überführt hat. Die Befugnisse werden dadurch in veränderter Form und außerhalb der von der Systematik der FKVO vorgesehenen Weise durch den Treuhänder verwirklicht. Dies führt dazu, dass der Einsatz eines Treuhänders, der von der Kommission nach Art. 8 Abs. 4 lit. b, 2. Spiegelstrich FKVO sonst nur als geeignete Maßnahme im Fall einer Entflechtungsanordnung in Betracht kommt, über die Zusagenentscheidung zum Regelfall wird. Die für die Umsetzung relevanten Informationen, die von der Kommission nach der Systematik über das Auskunftsverlangen nach Art. 11 FKVO angefordert werden können, erhält die Kommission nun über den Treuhänder. Dadurch wird nicht nur ein ständiger Informationsfluss hergestellt, vielmehr entfallen auch die für das Auskunftsverlangen geltenden strengen Voraussetzungen. Ein Auskunftsverlangen der Kommission ist nur dann zulässig, wenn die Kommission ihre Aufgabe – die Überwachung der Umsetzung – nicht durchführen und erforderliche Information auf andere Weise nicht beschaffen kann.[501] Der Treuhänder hingegen erhält nach dem Treuhändermandat Zugang zu allen wesentlichen Informationen.[502] In der Weitergabe dieser Informationen an die Kommission ist der Treuhänder als ihr »Auge und Ohr« nicht beschränkt. Eine genaue Bezeichnung des Untersuchungsgegenstandes muss ebenso wenig erfolgen wie die Angabe der Rechtsgrundlage und des Zwecks des Auskunftsverlangens. Aus Art. 11 FKVO folgt überdies, dass die Informationsversorgung der Kommission über die Unternehmen grundsätzlich nicht ohne Einschränkungen besteht, sondern jeweils zu rechtfertigen ist. Zwar kann die Kommission auf der Grundlage von Art. 11 Abs. 7 FKVO Befragungen auch auf freiwilliger Basis vornehmen, doch ist auch hier die Rechtsgrundlage zu nennen. Am deutlichsten wird die Verlagerung der Aufgaben beim Vergleich des Treuhändermandates mit Art. 13 Abs. 2, lit. a, b, c, e FKVO. Die Informationsbefugnisse des Treuhänders entsprechen in

---

499 Komm. Entsch., ABl. 2001 Nr. L 4/31 – *Mitsubishi Heavy Industries*.
500 *Immenga/Körber* in: Immenga/Mestmäcker, Art. 12 FKVO, Rn. 3 und Art. 13 FKVO, Rn. 1 f.; *Zeise* in: Schulte, Hdb Fusionskontrolle, Rn. 1971.
501 Vgl. *Bechtold/Bosch/Brinker/Hirsbrunner*, Art. 13 FKVO, Rn. 1.
502 Vgl. Commission Model Text for Trustee Mandate (o. Fn. 9), Rn. 17.

Art Umfang im Wesentlichen, zum Teil sogar wortgleich, den Befugnissen der Kommission in Art. 13 Abs. 2 FKVO. Der uneingeschränkte Zugang zu den Geschäftsräumen (Art. 13 Abs. 2 lit. a FKVO) wird dem Treuhänder ebenso zugesichert wie die Einsicht in alle relevanten Bücher und Unterlagen (Art. 13 Abs. 2 lit. b FKVO). Der Treuhänder kann Kopien von Unterlagen anfertigen oder verlangen (Art. 13 Abs. 2 lit. c FKVO). Er darf jederzeit Befragungen der Unternehmensvertreter und Mitarbeiter vornehmen (Art. 13 Abs. 2 lit. e FKVO). Während die Nachprüfung durch die Kommission eine Ausnahme darstellt und nur im Einzelfall verhältnismäßig sein kann, gehört die Ausübung dieser Rechte auf der Grundlage des Treuhändermandats zur Regel. Eine Abwägung zwischen einem Vorgehen über ein Auskunftsersuchen nach Art. 11 FKVO als milderem Mittel und Nachforschungen nach Art. 13 oder 12 FKVO muss nicht mehr getroffen werden. Ebenso entfallen Ermessenserwägungen zur Frage, ob die Nachprüfung in Form eines einfachen Prüfungsauftrages nach Art. 13 Abs. 3 FKVO oder aufgrund förmlicher Entscheidung gemäß Art. 13 Abs. 4 FKVO erfolgen soll. Schließlich wird die Prüfung nicht an konkrete Anhaltspunkte für einen Anfangsverdacht geknüpft.[503]

3. Art. 6 Abs. 2 und Art. 8 Abs. 2 FKVO als offene Delegationsnormen

Die Notwendigkeit einer Grenzziehung hinsichtlich des Treuhändereinsatzes und der ihm überlassenen Aufgaben offenbart die Betrachtung von Art. 6 Abs. 2 bzw. Art. 8 Abs. 2 FKVO. Die Vorschriften, auf die bisher die Kommission ihre gesamte Praxis stützt, sind als Rechtsgrundlage unbestimmt und ergebnisoffen. Nicht die Norm gibt den Rahmen und den Umfang der Aufgabenwahrnehmung durch Private vor, sondern die – von der Kommission beeinflusste – Verpflichtungszusage der beteiligten Unternehmen. Im Ergebnis eröffnen die beteiligten Unternehmen der Kommission damit die Befugnis zur Delegation ihrer Aufgaben. Indem die Kommission den Treuhändereinsatz auf Art. 6 Abs. 2 bzw. 8 Abs. 2 FKVO stützt, entscheidet sie auf der Grundlage dieser Norm, ob und in welchem Umfang sie eine öffentliche Aufgabe von einem Privaten hilfsweise erfüllen lässt. Sie bestimmt in ihrer Entscheidung, dass der Adressat einen Dritten mit der Wahrnehmung bestimmter Aufgaben und Befugnisse beauftragen soll. Der zwischen den beteiligten Unternehmen und dem Treuhänder geschlossene Treuhändervertrag stellt hinsichtlich der Delegation der Aufgabe lediglich ihre Erfüllung dar.

Aus den für die Umsetzung relevanten Befugnissen der Kommission und der vorgegebenen öffentlichen Aufgabenzuweisung ergibt sich, dass die Kommissi-

---

503 Eine ausforschende »fishing expedition« ist dagegen unzulässig, siehe *Bechtold/Bosch/Brinker/Hirsbrunner*, Art. 13 FKVO, Rn. 5; *Hecker* in: Loewenheim/Meessen/Riesenkampff, Art. 12 FKVO, Rn. 5; *Immenga/Körber* in: Immenga/Mestmäcker, Art. 13 FKVO, Rn. 7.

IV. Vereinbarkeit mit der unionsrechtlichen Aufgabenzuweisung an die Kommission

on ihre Befugnisse und Aufgaben nicht uneingeschränkt an einen privaten Dritten auslagern kann. Dies gilt unabhängig davon, ob die beteiligten Unternehmen ihr dies anbieten. Die Entscheidung darüber, ob und in welchem Umfang eine öffentliche Aufgabe von der Verwaltung wahrgenommen werden muss, obliegt weder der Verwaltung selbst noch den Adressaten des Verwaltungshandelns. Der Treuhändereinsatz unterliegt – unabhängig vom Willen der Beteiligten und der Kommission – rechtlichen Grenzen.

4. Unionsrechtliche Zulässigkeit der Privatisierung öffentlicher Aufgaben

Die (unterstützende) Wahrnehmung einer öffentlichen Aufgabe durch einen privaten Dritten überschreitet als solche die Grenzen des unionsrechtlich Zulässigen noch nicht. Das Unionsrecht schließt die Einbindung Privater in eine öffentliche Aufgabenwahrnehmung nicht grundsätzlich aus. Dies gilt unabhängig davon, welche Form der Privatisierung angenommen wird. Das Gemeinschaftsrecht steht einer Zusammenarbeit mit Privaten und einer Privatisierung von Verwaltungsangelegenheiten offen gegenüber.[504] Anhaltspunkte dafür, dass die FKVO hiervon eine grundlegende Ausnahme macht, bestehen nicht. Privatisierungsschranken im Sinne einer Privatisierungsunfähigkeit werden nur vereinzelt angenommen.[505]

5. Konkretisierung der Delegationsschranken – Die Entscheidung Meroni

Einen grundlegenden Maßstab für die Grenzen der Delegation von Aufgaben der Kommission hat der Gerichtshof in der Entscheidung *Meroni*[506] entwickelt. Gegenstand der Entscheidung war die Übertragung von der Hohen Behörde[507] zugewiesenen Durchführungsbefugnissen auf eine juristische Person des Privatrechts.

---

504 *Wolf/Bachof/Stober*, VerwR Bd. 3, Vor § 90, Rn. 4.
505 Vgl. *v. Danwitz*, S. 200 ff.; *Weiß*, S. 348 ff.; *Wolf/Bachof/Stober*, VerwR Bd. 3, Vor § 90, Rn. 4.
506 EuGH, Slg. 1958, S. 53 – *Meroni*.
507 Die Höhe Behörde der Europäischen Gemeinschaft für Kohle und Stahl (EGKS) war das Exekutivorgan der Gemeinschaft. Mit Inkrafttreten der Fusion von Europäischer Wirtschaftsgemeinschaft, EGKS, und Europäische Atomgemeinschaft im Jahr 1967 ging die Höhe Behörde in der Kommission der Europäischen Gemeinschaft auf.

a) Verbot der Delegation von Ermessensbefugnissen

Der Gerichtshof entschied, dass jegliche Übertragung von Durchführungsbefugnissen, die einen Ermessensspielraum voraussetzen und nach freiem Ermessen auszuüben sind, ausgeschlossen ist.[508] Zulässig sei lediglich die Übertragung von genau umgrenzten Ausführungsbefugnissen, wenn diese vollumfänglich von der delegierenden Behörde beaufsichtigt werden.[509] Mit einer Delegation von Befugnissen mit Ermessensspielraum verlagere sich – anders als bei genau umgrenzten Ausführungsbefugnissen – die tatsächliche Verantwortung. Das Ermessen der Einrichtung trete an die Stelle der delegierenden Behörde. Aus Art. 3 EKGS – dem Art. 7 Abs. 1 UAbs. 2 EG im Wesentlichen entspricht – folge, dass die Organe der Gemeinschaft im Rahmen der ihnen zugewiesenen Aufgaben und im gemeinsamen Interesse handeln. Das für den organisatorischen Aufbau der Gemeinschaft kennzeichnende institutionelle Gleichgewicht sei durch die Delegation von Befugnissen mit Ermessensspielraum auf selbständige Einrichtungen verletzt.[510]

b) Bewertung der Rechtsprechung in der Literatur

Kühling kritisiert, dass bei enger Auslegung dieser Rechtsprechung die Gemeinschaft erheblich darin beschränkt sei, ihre vielfältigen Aufgaben zu erfüllen. Da die Ausführungen des Gerichtshofs generellen Charakter hätten und sich nicht aus dem besonderen Kontext der EGKS ergeben, müsse die Entscheidung dringend relativiert werden.[511] *Schwartz* geht demgegenüber davon aus, dass der Gerichtshof seine Rechtsauffassung bereits in seinem Gutachten zum Stilllegungsfonds[512] für die Binnenschifffahrt abgeschwächt habe, weil er darin »angemessene Entscheidungsbefugnisse« der vorgeschlagenen Einrichtung nicht beanstandet habe.[513] Zu berücksichtigen ist allerdings, dass das Urteil *Meroni* die Frage dessen was »angemessen« ist, am ehesten beantwortet.

c) Bedeutung für die Treuhänderpraxis

Mit dem in der Rechtsprechung des Gerichtshofs zum Ausdruck kommenden Gedanken vom institutionellen Gleichgewicht wäre es somit nicht vereinbar, wenn der Treuhänder durch eine Entscheidung wichtige Teile der Fusionskontrollverordnung durchführt. Verbindliche Rechtsakte, also auch Entscheidungen, die für die Durchführung des vom Rat erlassenen sekundären Gemein-

---

508 EuGH, Slg. 1958, S. 53, 81 – *Meroni*.
509 EuGH, Slg. 1958, S. 53, 81 – *Meroni*.
510 EuGH, Slg. 1958, S. 53, 81 f. – *Meroni*.
511 *Kühling*, EuZW 2008, 129.
512 EuGH (Gutachten 1/76), Slg. 1977, S. 741, Rn. 15, 16 – *Stilllegungsfonds*.
513 *Schwartz* in: *von der Groeben/Schwarze*, EU-/EG-Vertrag, Art. 308, Rn. 221.

IV. Vereinbarkeit mit der unionsrechtlichen Aufgabenzuweisung an die Kommission

schaftsrechts gelten, können und dürfen nicht delegiert werden.[514] Der Gerichtshof steht nach seiner Rechtsprechung in der Sache *Meroni* einer Unterstützung durch einen Treuhänder solange nicht entgegen, wie die Kommission die Überwachung nicht aus der Hand gibt, der Treuhänder also lediglich eine unterstützende Funktion ausübt. Die Verantwortung für eine Entscheidung in der Umsetzungsphase muss danach in jedem Fall bei der Kommission bleiben. Die gegenwärtige Treuhänderpraxis stellt dies nicht grundlegend in Frage. Von einer Übertragung von Befugnissen in dem Sinne, dass der Treuhänder hoheitlich tätig werden kann, ist nicht auszugehen. Das in der Mitteilung Abhilfemaßnahmen aus dem Jahr 2001[515] sowie einigen Entscheidungen aus den Jahren 2001 und 2002 angenommene Recht des Treuhänders, gegebenenfalls alle erforderlichen Maßnahmen durchzusetzen, um die Einhaltung der Verpflichtungszusagen sicherzustellen, legt hoheitliches Handeln nahe.[516] Es ist – wie oben dargelegt – jedoch nicht davon auszugehen, dass die Formulierungen in einem rechtstechnischen Sinn zu verstehen sind.[517] Darüber hinaus wird die vorherrschende Praxis durch die Formulierungen der Best Practices und der neuen Mitteilung Abhilfemaßnahmen wiedergegeben. Beide Texte haben sprachlich von einem »Recht zur Durchsetzung« Abstand genommen. Problematisch erscheint jedoch die deutliche Anlehnung der Aufgaben des Treuhänders an die Befugnisse der Kommission. Stellt man allein darauf ab, dass die Kommission ihre Durchführungsbefugnisse nicht verliert und der Treuhänder rechtlich keine Entscheidung der Kommission ersetzt und sie insofern auch nicht in ihrem Ermessen beschneidet, so wäre die Treuhänderpraxis mit dem Urteil in der Rechtssache *Meroni* vereinbar. Der Gerichtshof betont jedoch in seiner Begründung, dass das Organ bei einer eigenständigen Ausübung der ihm zugewiesenen Befugnisse die Vorschriften des Vertrages beachten muss. Beispielhaft nimmt der Gerichtshof unter anderem Bezug auf das Begründungserfordernis und die Möglichkeit, Entscheidungen der Organe gerichtlich überprüfen zu lassen.[518]

Durch die Aufgabenwahrnehmung des Treuhänders lassen sich von der Kommission beeinflusste Entscheidungen unter Umgehung der sonst geltenden Anforderungen vollziehen. Würde die Kommission die Überwachung allein mit dem eigenen Personal durchführen oder sich Dritter durch unmittelbare Beauftragung bedienen, müsste sich eine vergleichbare Überwachungsintensität an den Handlungsvoraussetzungen von Art. 11, 12, und 13 FKVO messen lassen. Die tatsächlichen Befugnisse der Kommission werden somit über den Treuhändereinsatz erweitert. Eine Ausweitung der Befugnisse dadurch, dass Anforde-

---

514 So unter Berufung auf Rechtsprechung den EuGH in »*Meroni*«, »*Stilllegungsfonds*« und »*Köster*« (Slg. 1970, S. 1161) Schwartz in: *von der Groeben/Schwarze*, EU-/EG-Vertrag, Art. 308, Rn. 240.
515 Mitteilung Abhilfemaßnahmen (2001), ABl. 2001 Nr. C 68/3, Rn. 52.
516 Siehe die Entsch. (o. Fn. 239–248).
517 Siehe o. 2. Kapitel, V. 7.
518 EuGH, Slg. 1958, S. 53, 79 – *Meroni*.

rungen und Bedingungen entfallen, hat der Gerichtshof jedoch ausdrücklich kritisiert.[519]

Auch wenn die Verantwortung, auf die es dem Gerichtshof ankommt, im Ergebnis bei der Kommission verbleibt, ist zweifelhaft, inwieweit diese Verantwortung durch die Treuhänderpraxis ausgehöhlt wird. Als zulässig erachtet wird eine Einrichtung, die die Kommission durch Erstattung wissenschaftlicher Gutachten[520] und in wissenschaftlich-technischer Hinsicht unterstützt.[521] Beides soll die Grundlage für den Erlass einschlägiger Rechtsakte bilden. Die Grenzen zwischen Unterstützung und faktisch ersetzender Wahrnehmung werden in der Praxis jedoch fließend und damit kaum erkennbar sein.

Die Kommission darf grundsätzlich keine Befugnisse delegieren, die mit der Ausübung von Ermessen verbunden sind. In der täglichen Ausübung der Überwachungstätigkeit kann allerdings von einer Überlassung einer ermessensgleichen Einschätzungsprärogative ausgegangen werden. Überwacht etwa der Treuhänder den von den Unternehmen mit der unmittelbaren Umsetzung der Verpflichtungszusagen beauftragten hold-separate manager bei der Aufteilung des Personals zwischen dem zu veräußernden und dem bei den Parteien verbleibenden Geschäft, liegt es in seinem Ermessen zu bestimmen, ob die vorgenommene Aufteilung der Erfüllung der Aufgaben entspricht. Dasselbe gilt für andere Maßnahmen im Rahmen des hold-separate managements.

Deutlich wird das Ermessen des Überwachungstreuhänders auch bei Verhaltensauflagen, z.B. im Fall der ausreichenden Gewährung von Zugangsrechten. Sämtliche Maßnahmen, bei denen die Einzelheiten der Umsetzung erst im unmittelbaren Anwendungsfall offenbar werden und bei denen unbestimmte Rechtsbegriffe ausgefüllt werden müssen, werden vom Überwachungstreuhänder maßgeblich bestimmt. Die sich hierbei ergebende Notwendigkeit zur Abwägung bei der Entscheidung entspricht materiell einer Ermessensausübung.

Wird die eigentliche Überwachungsleistung nicht mehr von der Kommission, sondern vom Treuhänder erbracht, nimmt die Kommission ihre Verantwortung in dem ihr durch Vertrag und Sekundärrecht zugewiesenen Umfang nicht mehr wahr. Die Anlehnung der Aufgaben des Treuhänders an die Befugnisse der Kommission bei gleichzeitiger Nichtanwendung durch die Kommission ist hierfür ein starkes Indiz. In der Merger Remedies Study beklagt die Kommission, dass sie von Treuhändern vielfach nicht in genügendem Umfang auf mögliche Probleme aufmerksam gemacht worden ist und deshalb nicht habe eingreifen können.[522] Sie räumt damit ein, dass sie sich auf die Überwachung durch den Treuhänder verlässt und sich ihre Überwachung primär in einer Kontrolle des

---

519 EuGH, Slg. 1958, S. 53, 79 – *Meroni*.
520 Siehe Begründungserwägungen 33 und 45 sowie Art. 62 Abs. 1 VO (EG) Nr. 178/2002 vom 28.12.2002 zur Errichtung der Europäischen Behörde für Lebensmittelsicherheit, ABl. 2002 Nr. L 31/1.
521 *Schwartz* in: von der Groeben/Schwarze, EU-/EG-Vertrag, Art. 308, Rn. 228.
522 DG COMP, Merger Remedies Study (o. Fn. 131), S. 63, Rn. 28.

IV. Vereinbarkeit mit der unionsrechtlichen Aufgabenzuweisung an die Kommission

Treuhänders und der Plausibilität und Vollständigkeit seiner Angaben erschöpft. Werden die Bewertungen des Treuhänders zum Stand der Umsetzung oder der Eignung eines potentiellen Käufers nur noch auf ihre Plausibilität und Vollständigkeit überprüft, kann die Kommission das ihr dann noch verbleibende Ermessen nur auf einer erheblich fremd- und vorbestimmten Grundlage ausüben. Vor dem Hintergrund der Rechtsausführungen des Gerichtshofs im Fall *Meroni* begegnet die Praxis daher erheblichen Bedenken.

6. *Delegationsverbot – die Entscheidung Microsoft*

Die bislang deutlichsten Aussagen zu den Grenzen der rechtlichen Zulässigkeit des Treuhänders im europäischen Wettbewerbsrecht enthält das Urteil des Europäischen Gerichts vom 17. September 2007 in der Rechtssache *Microsoft/ Kommission*.[523]

a) Gegenstand des Streits

Gegenstand des aufsehenerregenden gerichtlichen Verfahrens war eine Entscheidung der Kommission vom 24. März 2004. Die Kommission hatte Microsoft verpflichtet, das von ihr festgestellte missbräuchliche Verhalten zu beenden und jedes Verhalten zu unterlassen, welches in Zweck oder Wirkung dem festgestellten Verhalten gleicht oder vergleichbar ist.[524] Als Abhilfemaßnahme wurde Microsoft aufgegeben, interessierten Unternehmen Informationen zu seinem Betriebssystem offenzulegen und ihnen die Nutzung dieser Informationen für die Entwicklung und den Vertrieb von Betriebssystemen für Arbeitsgruppenserver zu gestatten. Zusätzlich sollte Microsoft eine Version seines Windows Betriebssystems ohne integrierten Windows Media Player anbieten. Art. 7 der Entscheidung verlangt von Microsoft die Einrichtung eines geeigneten Mechanismus zur Unterstützung der Kommission bei der Überwachung dieser Abhilfemaßnahmen, darunter die Einsetzung eines Treuhänders. Microsoft sollte der Kommission innerhalb von 30 Tagen nach Zugang der Entscheidung einen entsprechenden Vorschlag unterbreiten. Dabei behielt sich die Kommission vor, die Mittel der Überwachung selbst vorzuschreiben, wenn sie den vorgeschlagenen Mechanismus für nicht geeignet halten sollte. Die inhaltlichen Anforderungen für den Vorschlag zur Einsetzung des Überwachungstreuhänders gab die Kommission vor.[525] Eine der Hauptaufgaben des Treuhänders sollte darin bestehen, sich auf Anfrage Dritter, der Kommission oder aufgrund eigener Initiative zu der Frage zu äußern, ob Microsoft seinen Verpflichtungen

---

523 EuG, Slg. 2007 II-3601 – *Microsoft/Kommission*.
524 Komm., ABl. 2007 Nr. L 32/23 – *Microsoft* (vollst. Text auf der Seite der GD Wettbewerb (o. Fn. 91).
525 Komm. Entsch. v. 24.3.2004, COMP/C-3/37.792 – *Microsoft*, Rn. 1043 – 1048.

aus der Entscheidung nachgekommen ist.[526] In einer Fußnote zu dieser Feststellung heißt es, der Überwachungstreuhänder solle nicht nur eine reaktive, sondern eine proaktive Rolle bei der Überwachung Microsofts bei der Einhaltung der Entscheidung einnehmen.[527] In Randnummer 1048 legte die Kommission weitere Grundsätze fest, die Microsoft bei seinem Vorschlag zum Einsatz des Überwachungstreuhänders zu beachten hatte. Danach sollte Microsoft eine Liste aufstellen, aus der die Kommission einen Überwachungstreuhänder auswählt. Für den Fall, dass die Kommission keinen der vorgeschlagenen Treuhänder für geeignet halten sollte, müsse ein Verfahren vorgesehen werden, nach welchem die Kommission einen Überwachungstreuhänder ihrer Wahl benennen könne. Der Überwachungstreuhänder müsse von Microsoft unabhängig sein. Ferner müsse er zur Ausführung seines Auftrags qualifiziert und befugt sein, weitere Sachverständige beizuziehen, die bestimmte Aufgaben für ihn erfüllten. Daneben müsse sichergestellt werden, dass der Treuhänder Zugang zu denjenigen Informationen, Unterlagen, Geschäftsräumen und Mitarbeitern von Microsoft erhalte, die für die angemessene Ausführung seines Auftrages erforderlich sind. Zu gewährleisten sei insbesondere der uneingeschränkte Zugang zum Quellcode der einschlägigen Microsoft-Produkte. Schließlich seien sämtliche mit der Einsetzung des Treuhänders verbundenen Kosten, einschließlich einer angemessenen Vergütung seiner Tätigkeit, von Microsoft zu tragen.

b) Auffassung Microsoft

Microsoft hielt die ihr in Art. 7 der Entscheidung auferlegte Verpflichtung, einen unabhängigen Treuhänder einzusetzen, für rechtswidrig.[528] Die Kommission sei weder befugt, die ihr aufgrund der Verordnung (EWG) Nr. 17/62 (Verordnung 17)[529] verliehenen Durchführungsbefugnisse auf eine Privatperson zu übertragen, noch sei sie berechtigt, Microsoft die Kosten für die Überwachung der Einhaltung der angefochtenen Entscheidung, zu denen die Vergütung des unabhängigen Überwachungstreuhänders gehöre, aufzuerlegen. Bei den Befugnissen, die auf den unabhängigen Überwachungstreuhänder übertragen würden, handele es sich um Ermittlungs- und Durchführungsbefugnisse, die normalerweise der Kommission zustünden. Der Überwachungstreuhänder habe zwar in erster Linie die Aufgabe, Stellungnahmen zur Einhaltung der angefochtenen Entscheidung abzugeben, sei aber auch befugt, die Maßnahmen zu prüfen, die Microsoft ergreife, um den Pflichten aus der Entscheidung zu entsprechen. Die Entscheidung sehe nicht nur reaktives Verhalten, sondern Eigeninitiative des Überwachungstreuhänders bei der Erfüllung seiner Aufgaben vor. Durch die

---

526 Komm. Entsch. v. 24.3.2004, COMP/C-3/37.792 – *Microsoft*, Rn. 1045.
527 Komm. Entsch. v. 24.3.2004, COMP/C-3/37.792 – *Microsoft*, Fn. 1317.
528 EuG, Slg. 2007, II-3601, Rn. 1238 – *Microsoft/Kommission*.
529 Verordnung (EWG) Nr. 17 des Rates vom 21.2.1962: Erste Verordnung zur Durchführung der Artikel 85 und 86 des Vertrages, ABl. 1962 Nr. 13/204.

IV. Vereinbarkeit mit der unionsrechtlichen Aufgabenzuweisung an die Kommission

Entscheidung werde daher eine unabhängige Quelle für Ermittlungs- und Durchführungsmaßnahmen geschaffen.[530] Nach Art. 11 und 14 VO Nr. 17 und Art. 18 bis 21 Verordnung (EG) Nr. 1/2003 (Verordnung 1/2003)[531] stünden die Ermittlungs- und Durchführungsbefugnisse ausschließlich den Wettbewerbsbehörden zu. Keine der beiden Verordnungen gebe der Kommission das Recht, diese Befugnisse auf Dritte oder gar auf Privatpersonen zu übertragen.[532] Durch die Übertragung auf einen Treuhänder werde den Unternehmen der durch die Rechtsprechung garantierte Schutz ihrer Verteidigungsrechte entzogen.[533]

Zur Kostentragungspflicht vertrat Microsoft die Auffassung, die Kommission sei bei Anwendung der Wettbewerbsregeln nicht befugt, einem Unternehmen andere finanzielle Belastungen als Geldbußen und Zwangsgelder aufzuerlegen.[534] Die der Kommission eingeräumte Befugnis, einem Unternehmen die Beendigung einer Zuwiderhandlung aufzugeben, könne nicht als Rechtfertigung dafür angeführt werden, dem Unternehmen die für den Überwachungstreuhänder anfallenden Kosten aufzubürden.[535]

c) Auffassung Kommission

Die Kommission hielt die Auffassung von Microsoft für unbegründet. Aus der Entscheidung ergebe sich nicht, dass sie Ermittlungs- und Durchführungsbefugnisse, die ihr für die Anwendung von Art. 81 EG und 82 EG eingeräumt worden seien, auf eine Privatperson übertragen habe.[536] Die Entscheidung sehe im Hinblick auf die Informationsbeschaffung lediglich einen auf beiderseitigem Einverständnis beruhenden Mechanismus vor. Hinsichtlich des Zugangs zu Dokumenten und zum Quellcode und der Möglichkeit, Fragen an Microsoft zu richten, sei das Unternehmen nicht gehindert, im Vorschlag an die Kommission einschränkend anzugeben, dass sie die Herausgabe von Informationen und die Beantwortung von Fragen verweigern könne. Die Kommission werde dann prüfen, ob ein Eingreifen nach Kapitel V der Verordnung 1/2003 zweckmäßig sei. Sie behalte damit ein unbeschränktes Ermessen bei der Ausübung ihrer Ermittlungstätigkeit.[537] Art. 3 VO 17 bilde eine ausreichende Rechtsgrundlage dafür, dass Microsoft die Vergütung des Überwachungstreuhänders zu tragen habe. Eine Entscheidung auf der Grundlage dieses Artikels könne sowohl die Anord-

---

530 EuG, Slg. 2007, II-3601, Rn. 1240 – *Microsoft/Kommission*.
531 Verordnung (EG) Nr. 1/2003 des Rates vom 16. Dezember 2003, Nr. ABl. 2003, L 1/1, zur Durchführung der in den Artikeln 81 (EG) und 82 (EG) niedergelegten Wettbewerbsregeln.
532 EuG, Slg. 2007, II-3601, Rn. 1241 – *Microsoft/Kommission*.
533 EuG, Slg. 2007, II-3601, Rn. 1242 – *Microsoft/Kommission*.
534 EuG, Slg. 2007, II-3601, Rn. 1244 – *Microsoft/Kommission*.
535 EuG, Slg. 2007, II-3601, Rn. 1245 – *Microsoft/Kommission*.
536 EuG, Slg. 2007, II-3601, Rn. 1248 – *Microsoft/Kommission*.
537 EuG, Slg. 2007, II-3601, Rn. 1248 – *Microsoft/Kommission*.

nung zur Vornahme bestimmter unrechtmäßig unterbliebener Tätigkeiten, Praktiken oder Leistungen umfassen als auch das Verbot, bestimmte Tätigkeiten, Praktiken oder Sachverhalte, die dem Vertrag widersprächen, fortbestehen zu lassen. Auch sei die Entscheidung für ihren Adressaten mit gewissen Kosten verbunden.[538] Die Durchführung der Abhilfemaßnahmen setze voraus, dass die Einhaltung der Verpflichtungen wirksam überwacht werde.

d) Würdigung des Gerichts

Vor der rechtlichen Würdigung, ob es für Art. 7 der angefochtenen Entscheidung eine Rechtsgrundlage in der Verordnung 17 gibt, fasst das Gericht die Aufgaben des unabhängigen Treuhänders und die von Microsoft bei der Unterbreitung des Vorschlags zu beachtenden Grundsätze zunächst gemäß seinem Verständnis zusammen.[539] Es geht davon aus, dass die Kommission die Aufgabe des unabhängigen Überwachungsbeauftragten darin sieht, dass dieser die Durchführung der Abhilfemaßnahmen überwacht und bewertet, indem er sich gegebenenfalls Zugang zu Unterlagen, zu den Geschäftsräumen und zu den Mitarbeitern von Microsoft sowie dem Quellcode der einschlägigen Microsoft-Produkte verschafft.[540] Die Kommission dürfe – wie Microsoft anerkennt – überwachen, ob ein Unternehmen die in einem Beschluss angeordneten Abhilfemaßnahmen durchführt. Zu diesem Zweck sei die Kommission berechtigt, von den Untersuchungsbefugnissen nach Art. 14 VO 17 Gebrauch zu machen und gegebenenfalls einen externen Sachverständigen hinzuzuziehen, um unter anderem Aufschluss über technische Fragen zu erhalten.[541] Diesem dürften auch die Informationen und Dokumente übermittelt werden, die die Kommission im Rahmen der Ausübung ihrer Untersuchungsbefugnisse nach Art. 14 VO 17 erlangt hat.[542] Nach Art. 11 Abs. 4 und 14 Abs. 3 VO 17 seien die Unternehmen verpflichtet, Auskunftsverlangen der Kommission nachzukommen und die von ihr angeordneten Nachprüfungen zu dulden. Solche Auskunftsverlangen und Nachprüfungen unterlägen der Kontrolle durch die Gemeinschaftsgerichte.[543]

Mit der Schaffung eines unabhängigen Überwachungstreuhänders, dem unter anderem die erwähnten Zugangsrechte übertragen wurden, sei die Kommission jedoch weiter gegangen, als wenn sie einen eigenen externen Sachverständigen eingesetzt hätte, um sich bei einer Überprüfung der Umsetzung der Abhilfemaßnahmen von ihm beraten zu lassen.[544] Verlangt werde die Einsetzung einer Person, die nicht nur von Microsoft, sondern auch von der Kommission selbst

---

538 EuG, Slg. 2007, II-3601, Rn. 1250 – *Microsoft/Kommission*.
539 EuG, Slg. 2007, II-3601, Rn. 1260–1262 – *Microsoft/Kommission*.
540 EuG, Slg. 2007, II-3601, Rn. 1263 – *Microsoft/Kommission*.
541 EuG, Slg. 2007, II-3601, Rn. 1265 – *Microsoft/Kommission*.
542 EuG, Slg. 2007, II-3601, Rn. 1266 – *Microsoft/Kommission*.
543 EuG, Slg. 2007, II-3601, Rn. 1267 – *Microsoft/Kommission*.
544 EuG, Slg. 2007, II-3601, Rn. 1268 – *Microsoft/Kommission*.

IV. Vereinbarkeit mit der unionsrechtlichen Aufgabenzuweisung an die Kommission

unabhängig ist.[545] Die für den unabhängigen Überwachungsbeauftragten vorgesehene Rolle sei nicht darauf beschränkt, Microsoft Fragen zu stellen und der Kommission über Antworten zu berichten, verbunden mit Ratschlägen zur Durchführung der Abhilfemaßnahmen.[546] Die Kommission sei nicht befugt, Microsoft in Ausübung ihrer Befugnisse nach Art. 3 VO 17 zu verpflichten, einem unabhängigen Überwachungstreuhänder Befugnisse einzuräumen, die sie selbst nicht auf einen Dritten übertragen darf.[547] Für die Übertragung von Untersuchungsbefugnissen, die nur die Kommission im Rahmen der Verordnung 17 ausüben darf, auf den unabhängigen Überwachungstreuhänder, fehle es an einer Rechtsgrundlage.[548] Sollte es – wie die Kommission geltend macht – ihre Absicht gewesen sein, einen allein auf beiderseitigem Einverständnis beruhenden Mechanismus zu schaffen, wäre es nicht erforderlich gewesen, dies in einer Entscheidung anzuordnen.[549]

Zur Kostentragung führt das Gericht aus, dass die Verordnung 17 keine Bestimmung enthält, den Unternehmen die Kosten aufzuerlegen, die der Kommission selbst durch die Überwachung der Umsetzung von Abhilfemaßnahmen entstehen.[550] Als mit der Anwendung der Wettbewerbsregeln der Gemeinschaft betraute Behörde habe die Kommission in unabhängiger, objektiver und unparteiischer Weise für die Umsetzung der Entscheidungen zu sorgen, mit denen eine Zuwiderhandlung festgestellt wird. Mit dieser Verantwortung sei es unvereinbar, wenn die wirksame Umsetzung des Gemeinschaftsrechts davon abhängig gemacht oder beeinflusst werde, ob das Unternehmen zur Tragung solcher Kosten gewillt und fähig ist.[551] Aus der bisherigen Rechtsprechung ergebe sich, dass das Ermessen der Kommission bei der Entscheidung über Abhilfemaßnahmen zur Beendigung von Zuwiderhandlungen nicht unbegrenzt sei. Nach dem Grundsatz der Verhältnismäßigkeit dürften die Grenzen dessen nicht überschritten werden, was zur Erreichung des angestrebten Ziels angemessen und erforderlich sei.[552] Da die Kommission schon nicht befugt sei, einem Unternehmen Abhilfemaßnahmen samt der damit verbundene Kosten aufzuerlegen, wenn diese über das angemessene und erforderliche Maß hinausgehen, sei sie erst recht nicht befugt, dem Unternehmen Kosten aufzuerlegen, die bei der Wahrnehmung ihrer eigenen Untersuchungs- und Durchführungsaufgaben entstünden.[553]

---

545 EuG, Slg. 2007, II-3601, Rn. 1269 – *Microsoft/Kommission*.
546 EuG, Slg. 2007, II-3601, Rn. 1270 – *Microsoft/Kommission*.
547 EuG, Slg. 2007, II-3601, Rn. 1271 – *Microsoft/Kommission*.
548 EuG, Slg. 2007, II-3601, Rn. 1271 – *Microsoft/Kommission*.
549 EuG, Slg. 2007, II-3601, Rn. 1272 – *Microsoft/Kommission*.
550 EuG, Slg. 2007, II-3601, Rn. 1274 – *Microsoft/Kommission*.
551 EuG, Slg. 2007, II-3601, Rn. 1275 – *Microsoft/Kommission*.
552 EuG, Slg. 2007, II-3601, Rn. 1276 – *Microsoft/Kommission*.
553 EuG, Slg. 2007, II-3601, Rn. 1277 – *Microsoft/Kommission*.

e) Bewertung und Übertragbarkeit der Rechtsprechung auf die Fusionskontrollverordnung

Das für sich betrachtet unmissverständliche Urteil betrifft den Einsatz in einem Kartellverfahren und unter einer Rechtslage, die bereits kurz nach der Entscheidung der Kommission abgelöst wurde. Am 1. Mai 2004 ersetzte die Verordnung 1/2003 die Verordnung 17. In Randnummer 1253 des Urteils stellt das Gericht klar, dass die Rechtmäßigkeit der angefochtenen Entscheidung anhand der Sach- und Rechtslage im Zeitpunkt des Erlasses der Entscheidung am 24. März 2004 zu beurteilen sei. Die Bedeutung des Urteils für die Bewertung des Treuhänders in der Fusionskontrolle hängt daher davon ab, ob die Ausführungen des Gerichts allein auf der Rechtslage unter der Verordnung 17 beruhen oder ihnen eine grundlegende Aussage zur Einbeziehung von Treuhändern entnommen werden kann. Nachfolgend werden daher zunächst die Unterschiede zwischen der Rechtslage zum Entscheidungszeitpunkt zur aktuellen Kartellverfahrensordnung sowie der Fusionskontrollverordnung dargestellt.

aa) Vergleich Verordnung 17 und Verordnung 1/2003

Vom Gericht wurde Art. 3 VO 17 als ungenügende Rechtsgrundlage der Entscheidung der Kommission angesehen. Nach Art. 3 Abs. 1 VO 17 war es der Kommission erlaubt, nach Feststellung einer Zuwiderhandlung gegen Art. 101 oder 102 EUV die beteiligten Unternehmen zu verpflichten, die festgestellte Zuwiderhandlung abzustellen. Vor Erlass einer Entscheidung konnte sie darüber hinaus Empfehlungen zur Beendigung der Zuwiderhandlung an die beteiligten Unternehmen richten. Mit Art. 7 VO 1/2003 existiert eine Nachfolgevorschrift, die dem dargestellten Art. 3 VO 17 im Wesentlichen entspricht, in Teilen sogar im Wortlaut folgt.[554] Art. 7 Abs. 1 S. 2 VO 1/2003 regelt nunmehr ausdrücklich, dass die Kommission in der Entscheidung alle erforderlichen Abhilfemaßnahmen verhaltensorientierter oder struktureller Art vorschreiben kann, die gegenüber der festgestellten Zuwiderhandlung verhältnismäßig und zur wirksamen Abstellung der Zuwiderhandlung erforderlich sind. Eine materielle Veränderung gegenüber Art. 3 VO 17 ist damit nicht verbunden. Dass die Kommission bereits nach der früheren Rechtslage erforderliche Abhilfemaßnahmen anordnen konnte, zeigen neben dem Fall Microsoft zahlreiche weitere Beispiele aus der Verwaltungspraxis und die sie bestätigende Rechtsprechung.[555] Auch die Er-

---

554 Vgl. Art. 7 Abs. 1 S. 1, 2. Hs. Verordnung (EG) Nr. 1/2003, ABl. 2004 Nr. L 1/1 und Art. 3 Abs. 1, 2. Hs. Verordnung (EWG) Nr. 17, ABl. 1962 Nr. L 13/204.
555 Vgl. Komm., ABl. 1989 L 78/43 – *Magill*, bestätigt durch EuGH, Slg. 1995, I-743; ABl. 1998 Nr. L 246/1 – *Van den Bergh Foods Limited*, bestätigt durch EuG, Slg. 2005, II-4653; ABl. 2002 Nr. L 134/1 – *Michelin II*, bestätigt durch EuG, Slg. 2003, II-4071; ABl. 2002 Nr. L 30/1 – *Virgin/British Airways*; ABl. 2004 Nr. L 362/17 – *Air France/Alitalia*.

IV. Vereinbarkeit mit der unionsrechtlichen Aufgabenzuweisung an die Kommission

mittlungs- und Durchführungsbefugnisse der Kommission in Art. 11 und 14 der VO 17 blieben im Kern unverändert. Der Inhalt von Art. 11 VO 17 findet sich mit kleineren sprachlichen Änderungen und Umstellungen in Art. 18 VO 1/2003 wieder. Darin enthaltene Neuerungen spiegeln die bisherige Kommissionspraxis und stellen diese auf eine eindeutige Rechtsgrundlage.[556] Art. 14 VO 17 besteht mit angepasstem Wortlaut sowie einigen Erweiterungen in Art. 20 VO 1/2003 fort.[557] Im Grundsatz unverändert geblieben ist auch die Befugnis der Kommission, die Befolgung ihrer Anordnungen durch Zwangsgelder zu erzwingen.[558]

Der wesentliche Unterschied besteht in der Einführung von Art. 9 VO 1/2003. Danach kann die Kommission, wenn sie beabsichtigt, eine Entscheidung nach Art. 7 VO 1/2003 zu erlassen und die beteiligten Unternehmen anbieten, Verpflichtungen einzugehen, die geeignet sind, die von der Kommission nach vorläufiger Beurteilung mitgeteilten Bedenken auszuräumen, diese Verpflichtungszusagen im Wege einer Entscheidung für bindend für die Unternehmen erklären. Zwar enthielt die Verordnung 17 keine Vorgängerregelung zu Art. 9 VO 1/2003, doch bestand auch hier ohne ausdrückliche Rechtsgrundlage eine entsprechende Praxis der Kommission. Es war anerkannt, dass aus Gründen der Verhältnismäßigkeit eine drohende Verbotsentscheidung nach Art. 3 VO 17 durch Verpflichtungszusagen abgewendet werden konnte.[559] Im Unterschied zur früheren Praxis ist es der Kommission über Art. 9 VO 1/2003 nun möglich, die Zusagen der Parteien für verbindlich zu erklären. Bei einem Verstoß gegen Verpflichtungszusagen können nach Art. 23 Abs. 2 lit. c VO 1/2003 Bußgelder verhängt werden. Unter der Verordnung 17 bestand lediglich die Möglichkeit, das Verfahren wieder aufzunehmen.[560] Es liegt daher insgesamt keine grundsätzliche Veränderung vor, sondern lediglich eine Fortschreibung der Inhalte in einem »neuen rechtlichen Gewand«.[561]

bb) Vergleich Verordnung 1/2003 und Fusionskontrollverordnung

Art. 9 VO 1/2003 entspricht Art. 6 Abs. 2 FKVO. Um die wettbewerbsrechtlichen Bedenken der Kommission auszuräumen, können Verpflichtungen angeboten werden. Sowohl nach der Verordnung 1/2003 (und der Verordnung 17) als auch der Fusionskontrollverordnung ist es der Kommission möglich, nach

---

556 So *Burrichter* in: Immenga/Mestmäcker, Art. 18 VO 1/2003, Rn. 2.
557 *Burrichter* in: Immenga/Mestmäcker, Art. 20 VO 1/2003, Rn. 2.
558 Vgl. Art. 16 Verordnung Nr. 17 und Art. 24 VO 1/2003.
559 EuGH, Slg. 1993, I-1307 – *Ahlström*; *Bauer* in: MünchKomm EG-WettbR, Art. 9 VO 1/2003, Rn. 1.
560 *Bauer* in: MünchKomm EG-WettbR, Art. 9 VO 1/2003, Rn. 1; *Klees*, § 6 Rn. 111; (Die Möglichkeit der Wiederaufnahme des Verfahrens besteht auch unter Art. 9 Abs. 2 lit. a-c VO 1/2003).
561 *Ritter* in: Immenga/Mestmäcker, Art. 9 VO 1/2003, Überschrift zu I.

Entgegennahme von Verpflichtungszusagen eine entsprechend veränderte Entscheidung zu erlassen. Die rechtlichen Rahmenbedingungen sind – soweit für die Beurteilung der Entscheidung *Microsoft* relevant – vergleichbar.

cc) Bewertung der Aussagen des Gerichts

Ursächlich für den Streit über den Treuhändereinsatz im Fall Microsoft war, dass die Kommission einen Überwachungsmechanismus angeordnet hat, ohne dass die beteiligten Unternehmen zuvor ein entsprechendes Angebot an die Kommission gerichtet hatten. Ohne entsprechendes Angebot eines Unternehmens war auch unter den Kartellverordnungen und der Fusionskontrollverordnung die Einsetzung eines Treuhänders unzulässig. Eine Diskussion über rechtliche Grenzen erübrigt sich, weil es sich um einen belastenden Verwaltungsakt handelt und es hierfür in den genannten Verordnungen offensichtlich an einer Rechtsgrundlage fehlt. Es bestehen jedoch Zweifel, dass das Gericht den Treuhändereinsatz allein deshalb für unzulässig erklärt hat, weil ein entsprechender Vorschlag nicht vorlag. Nachdem das Gericht darlegt, dass die Kommission nicht befugt sei, einem unabhängigen Überwachungstreuhänder Befugnisse einzuräumen, die sie selbst nicht auf einen Dritten übertragen dürfe, weil sie diese nach der Verordnung nur selbst ausüben dürfe, führt es aus:

»Sollte es die Absicht der Kommission gewesen sein, einen auf beiderseitigem Einverständnis beruhenden Mechanismus zu schaffen, wäre es nicht erforderlich gewesen, einen solchen in der Entscheidung anzuordnen.«[562]

Während das Gericht damit grundsätzlich die Zulässigkeit eines einvernehmlichen Überwachungsmechanismus neben den bestehenden Ermittlungs-, Überwachungs- und Durchführungsbefugnissen der Kommission anerkennt, bleibt unklar, ob das Gericht damit auch die streitgegenständlichen Befugnisse zur Disposition von Kommission und Unternehmen stellt. Dagegen spricht, dass lediglich von einem auf beiderseitigem Einverständnis beruhenden Mechanismus die Rede ist. Dagegen spricht außerdem der Begründungsweg des Gerichts. Sollte es aus Sicht des Gerichts allein problematisch sein, dass das Unternehmen keine entsprechende Zusage angeboten hat, der streitgegenständliche Überwachungsmechanismus im Übrigen aber nicht zu beanstanden sollte, hätte der Hinweis hierauf genügt. Die überaus ausführliche Auseinandersetzung mit den einzelnen Befugnissen des Treuhänders wäre nicht erforderlich gewesen. Das Gericht spricht vielmehr von »unübertragbaren Befugnissen der Kommission«. Dabei geht es von einer Übertragung von Befugnissen auch dann aus, wenn es sich lediglich um die Wahrnehmung von Aufgaben der Kommission ohne die dazugehörigen hoheitlichen Rechte handelt.[563]

---

562 EuG, Slg. 2007, II-3601, Rn. 1272 – *Microsoft/Kommission*.
563 EuG, Slg. 2007, II-3601, Rn. 1271 – *Microsoft/Kommission*.

IV. Vereinbarkeit mit der unionsrechtlichen Aufgabenzuweisung an die Kommission

Das Gericht betont, dass es der Kommission für die Übertragung ihrer Befugnisse an einer Rechtsgrundlage fehlt. Eine eindeutige Rechtsgrundlage für die Übertragung von Befugnissen der Kommission enthält auch die FKVO nicht. Die Rechtsgrundlage »entsteht« – wie oben unter IV.3 ausgeführt – erst durch die Zusage der Unternehmen. Ob dies ausreicht, um Untersuchungsbefugnisse zu übertragen, die nur der Kommission zustehen, erscheint fraglich.

Das Gericht geht davon aus, dass die Kommission überwachen darf, ob die angeordneten Abhilfemaßnahmen durchgeführt werden. Zu diesem Zweck sei sie berechtigt, von den Untersuchungsbefugnissen nach Art. 14 VO 17 Gebrauch zu machen und gegebenenfalls einen externen Sachverständigen heranzuziehen, um unter anderem Aufschluss über technische Fragen zu erhalten. Weiter heißt es in Randnummer 1266, dass die Kommission bei Unterstützung durch einen Sachverständigen diesem die Informationen und Dokumente übermitteln kann, die sie im Rahmen der Ausübung ihrer Untersuchungsbefugnisse nach Art. 14 VO 17 erlangt. Das Gericht beschreibt damit die für die Kommission grundsätzlich zulässigen Möglichkeiten zur Beschaffung und Bewertung von Informationen bei der Überwachung von Abhilfemaßnahmen. Da die Kommission auch ohne Zustimmung berechtigt ist, einen Sachverständigen zu beauftragen, beschränken sich Randnummer 1265 und 1266 auf eine Darstellung derjenigen Möglichkeiten, die die Kommission – auch unter der FKVO – aus eigener Befugnis und ohne Zustimmung der Unternehmen hat.

In Randnummer 1267 stellt das Gericht fest, dass Unternehmen nach Art. 11 Abs. 4 und 14 Abs. 3 VO 17 verpflichtet sind, den Auskunftsverlangen der Kommission nachzukommen und die von ihr angeordneten Nachprüfungen zu dulden. Solche Auskunftsverlangen und Nachprüfungen unterliegen gegebenenfalls der Kontrolle durch die Gemeinschaftsgerichte. Die Ausführungen machen deutlich, dass bei Einsatz eines Überwachungstreuhänders, dessen »Rolle nicht darauf beschränkt ist, Fragen zu stellen und der Kommission über die Antworten zu berichten, verbunden mit Ratschlägen zur Durchführung der Abhilfemaßnahmen«[564] die Kontrolle durch die Gemeinschaftsgerichte umgangen würde. Dies ist bei einem aufgrund einer Verpflichtungszusage eingesetzten Treuhänder mit entsprechenden Befugnissen nicht anders. In beiden Fällen werden durch einen privaten Dritten Überwachungs- und Ermittlungstätigkeiten ausgeübt, die die Kommission selbst nur unter den Voraussetzungen von Art. 11 und 14 VO 17 bzw. nunmehr Art. 18 und 20 VO 1/2003 in Kartellverfahren sowie Art. 11 und 13 FKVO in Fusionskontrollverfahren wahrnehmen könnte. Bei einem entsprechenden Zusagenangebot ist allerdings von einem Verzicht auf mögliche gerichtliche Nachprüfung auszugehen.

In Randnummer 1274 stellt das Gericht fest, dass die VO 17 keine Bestimmung enthält, die die Kommission berechtigt, Unternehmen die Kosten aufzuerlegen, die ihr durch die Überwachung der Umsetzung von Abhilfemaßnahmen entstehen. In Randnummer 1277 heißt es ergänzend, die Kommission sei schon

---

564 EuG, Slg. 2007, II-3601, Rn. 1270 – *Microsoft/Kommission*.

aus Gründen der Verhältnismäßigkeit nicht berechtigt, Abhilfemaßnahmen aufzuerlegen, wenn die damit verbundenen Kosten über ein angemessenes und erforderliches Maß hinausgehen. Erst recht sei es unzulässig, dem Unternehmen Kosten aufzuerlegen, die die Kommission bei der Wahrnehmung ihrer eigenen Untersuchungs- und Durchführungsaufgaben zu tragen habe. Das Gericht unterscheidet zunächst zwischen den Kosten für die Umsetzung einer Abhilfemaßnahme und den Kosten für die Überwachung. Während die Kosten für die Umsetzung einer Abhilfemaßnahme als notwendiger Bestandteil dem Unternehmen auferlegt werden können, sind die mit der Überwachung der Umsetzung der Abhilfemaßnahmen verbundenen Kosten Sache der Kommission. Es stellt damit insbesondere klar, dass die Überwachung der Umsetzung nicht Teil der Umsetzung selbst ist. Die vom Überwachungstreuhänder wahrzunehmenden Funktionen werden vielmehr als kommissionseigene Untersuchungs- und Durchführungsaufgabe angesehen. Als Konsequenz sind sämtliche im Zusammenhang mit der Überwachung von Abhilfemaßnahmen entstehenden Kosten daher grundsätzlich von der Kommission zu tragen. Allein aufgrund der Bereitschaft der Unternehmen, diese Kosten anstelle der Kommission zu tragen, könnte eine Übernahme dieser Kosten zulässig sein. Nach den Ausführungen des Gerichts in Randnummer 1275 hat die Kommission allerdings in ihrer Eigenschaft als mit der Anwendung der Wettbewerbsregeln der Gemeinschaft betraute Behörde unabhängig, objektiv und unparteiisch für die Umsetzung der Entscheidungen zu sorgen, in denen eine Zuwiderhandlung festgestellt wird. Mit dieser Verantwortung ist es nach Auffassung des Gerichts unvereinbar, wenn die wirksame Umsetzung des Gemeinschaftsrechts davon abhängig gemacht oder beeinflusst wird, ob das Unternehmen solche Kosten tragen will oder kann.

Aus den Anforderungen Unabhängigkeit, Objektivität und Überparteilichkeit ergeben sich somit Grenzen für die Einbindung Dritter in die Aufgabenerfüllung. Die Begründung hingegen überrascht. Die Fähigkeit und Bereitschaft zur Vergütung des Treuhänders ist bei den betroffenen Unternehmen regelmäßig gegeben. Auch die unmittelbar mit den Abhilfemaßnahmen verbundenen Kosten werden durch das Unternehmen getragen, ohne dass die Frage nach der Bereitschaft oder Fähigkeit des Unternehmens aufgeworfen wird. Zweifelhaft ist, ob aus der Begründung der Umkehrschluss gezogen werden kann, dass dann, wenn die Kostentragung des Treuhänders sichergestellt ist, dessen Einsatz mit der Verantwortung der Kommission vereinbar ist.

Das Gericht hat sich in der Entscheidung *Microsoft* gegen den Einsatz eines Treuhänders ausgesprochen, der Funktionen wahrnimmt, die in den unmittelbaren Verantwortungsbereich der Kommission fallen. Den Ausführungen ist zu entnehmen, dass das Gericht einem vergleichbaren Treuhändereinsatz auf einvernehmlicher Grundlage kritisch gegenüber stehen würde. Die geäußerten Bedenken gegenüber der Durchführung von Befugnissen der Kommission durch Private lösen sich nicht dadurch auf, dass die beteiligten Unternehmen der Kommission die Durchführung anbieten. Die in der Entscheidung betonte Verantwortung der Kommission für die wirksame Umsetzung des Gemeinschafts-

IV. Vereinbarkeit mit der unionsrechtlichen Aufgabenzuweisung an die Kommission

rechts gilt unabhängig davon, ob die Kommission von Amts wegen handelt oder auf ein Angebot reagiert. Überdies ist nach den Ausführungen zu erwarten, dass Unternehmen kein Nachteil daraus entstehen darf, wenn sie sich nicht bereit erklären sollten, einen einvernehmlichen Überwachungsmechanismus mit der Kommission zu vereinbaren. Dies gilt insbesondere für die Weigerung, die bei der Überwachung entstehenden Kosten zu übernehmen. Das Urteil macht deutlich, dass es unabhängig von der Zusage der Parteien Grenzen für den Treuhändereinsatz gibt und das Gericht Befugnisse und Aufgaben allein bei der Kommission angesiedelt sehen will. Eine unmissverständliche Grenzziehung vollzieht das Gericht in der Entscheidung allerdings nicht. Selbst wenn man die Ausführungen des Gerichts so restriktiv auslegt, dass der einzige Kritikpunkt im fehlenden Einvernehmen mit dem Adressaten liegt, bliebe als Konsequenz, dass sich ohne ein entsprechendes Angebot keine Nachteile ergeben dürfen. Wäre dies anders, wäre die Treuhänderzusage also ein faktisch zwingender Mitwirkungsakt, würde man der Kommission im Ergebnis eine Befugnis zusprechen, die sie nach den Ausführungen im Fall *Microsoft* gerade nicht hat.

7. Zwischenergebnis

Das Unionsrecht weist der Kommission die Aufgabe zu, die Umsetzung von Verpflichtungsmaßnahmen zu überwachen. Hierzu wurden der Kommission zahlreiche Befugnisse eingeräumt, die sie bislang nicht genutzt hat. Zwar steht das Unionsrecht einer Aufgabendelegation an Private nicht grundsätzlich entgegen, doch muss sich die Übertragung nach der Rechtsprechung des Gerichtshofs auf genau umgrenzte Ausführungsbefugnisse ohne Ermessensspielraum beschränken. Die Aufgabenwahrnehmung muss vollumfänglich von der delegierenden Behörde beaufsichtigt werden. Der Treuhändereinsatz in seiner bislang praktizierten Form ist mit diesen Vorgaben in der Regel nicht vereinbar. Der Treuhänder ersetzt faktisch die Kommission bei der Durchführung der Überwachung. Diese zieht sich auf eine Plausibilitäts- und Vollständigkeitsprüfung der Aussagen und Berichte des Treuhänders zurück. Damit überlässt die Kommission dem Treuhänder für den Umsetzungserfolg relevante, im Ermessen stehende Entscheidungen. Ermessensentscheidungen, die bei der Kommission verbleiben, kann sie auf einer erheblich fremd- und vorbestimmten Grundlage treffen. Die Entscheidung *Microsoft* zeigt eine Ablehnung des Gerichts gegenüber dem Einsatz eines Treuhänders, der Funktionen wahrnimmt, die in den unmittelbaren Verantwortungsbereich der Kommission fallen. Diese Ablehnung gilt unabhängig davon, ob die Wahrnehmung einvernehmlich erfolgt. Die Kosten des Treuhänders sieht das Gericht als Teil der Kosten an, die die Kommission bei der Wahrnehmung ihrer Untersuchungs- und Durchführungsbefugnisse zu tragen hat, nicht als Bestandteil der von den Unternehmen zu tragenden Kosten der Umsetzung des Zusammenschlusses.

V. Vereinbarkeit mit Grundrechten und allgemeinen Rechtsgrundsätzen der Union

Grenzen für den Einsatz des Treuhänders können sich abgesehen von dem Vorangegangenen auch aus den Grundrechten und allgemeinen Rechtsgrundsätzen der Union ergeben. Ebenso wie die unionsrechtliche Aufgabenzuordnung binden die allgemeinen Rechtsgrundsätze und Unionsgrundrechte die Kommission und beeinflussen damit die Reichweite der Zulässigkeit des Treuhändereinsatzes.

1. Quellen der Unionsgrundrechte nach dem Vertrag von Lissabon

Mit der Unterzeichnung des Vertrags von Lissabon am 1. Dezember 2009 wurde mit der Europäischen Grundrechtecharta[565] ein ausformulierter Grundrechtekatalog rechtsverbindlich in das europäische Primärrecht integriert. Außerdem hat der Vertrag von Lissabon die Voraussetzung dafür geschaffen, dass die Union der Europäischen Menschenrechtskonvention beitritt. Die Änderungen wurden im neuen Art. 6 EUV aufgenommen, der gleichzeitig die Fortgeltung der bisherigen Gemeinschaftsgrundrechte als allgemeine Rechtsgrundsätze primärrechtlich bestätigt.[566]

Materiellrechtlich ergeben sich durch den Vertrag von Lissabon keine für die Bewertung des Treuhändereinsatzes relevanten Änderungen. Seit der Entscheidung *Stauder*[567] aus dem Jahr 1969 leitet der Gerichtshof aus den gemeinsamen Verfassungstraditionen der Mitgliedstaaten[568] sowie ihren gemeinsamen internationalen Verpflichtungen[569], darunter auch der Europäischen Menschenrechtskonvention, die inhaltlich mittlerweile in Art. 52 Abs. 3 Gegenstand der Grundrechtecharta (GRC) geworden ist, allgemein gültige Prinzipien in Gestalt allgemeiner Rechtsgrundsätze her. Zu den wichtigsten allgemeinen Rechtsgrundsätzen, die nachfolgend als Maßstab herangezogen werden und in Art. 16 bzw. 17 GRC lediglich eine Kodifizierung erfahren haben, zählen anerkannte Grundrechte, wie die Freiheit wirtschaftlicher Betätigung und die Eigentumsfreiheit.[570] Außerdem zählen dazu das Recht auf ein faires Verwaltungsverfahren als Ausprägung des Rechtes auf eine gute Verwaltung,[571] welches in Art. 41

---

565 ABl. 2000 Nr. C 364/1 sowie in 2007 neu verkündeter Fassung: ABl. 2007 Nr. C 303/1.
566 *Pache/Rösch*, EuR 2009, S. 769, 772 f.
567 EuGH, Slg. 1969, I-419 – *Stauder*.
568 EuGH, Slg. 1970, I-1125, Rn. 3 f. – *Internationale Handelsgesellschaft*.
569 EuGH, Slg. 1974, I-49, Rn. 13 – *Nold*.
570 Vgl. *Bernsdorff* in: Meyer, GR-Charta, Art. 16, Rn. 1 ff. und Art. 17, Rn. 1 f. jeweils m.w.N.
571 *Galetta/Grzeszick* in: Tettinger/Stern, GRC, Art. 41, Rn. 2.

V. Vereinbarkeit mit Grundrechten und allgemeinen Rechtsgrundsätzen der Union

GRC ausdrücklich erwähnt wird, sowie das Recht auf Zugang zu den Unionsgerichten zur justiziellen Überprüfung von Verwaltungshandlungen,[572] Art. 47 GRC. Schließlich zählt dazu der Grundsatz der Verhältnismäßigkeit, der gemäß Art. 52 Abs. 1 GRC bei der Einschränkung von Grundrechten zu beachten ist. Nach ständiger Rechtsprechung des Gerichtshofs stellt das Verhältnismäßigkeitsprinzip einen eigenständigen, allgemeinen Rechtsgrundsatz des Unionsrechts dar.[573] In Ergänzung zum geschriebenen Recht stellen die genannten und positiv in der Charta niedergelegten Rechtsgrundsätze neben dem Primärrecht der Europäischen Union europäisches Verfassungsrecht dar, welches die Organe der Gemeinschaft bindet.[574] Da mit der Grundrechtecharta ein ausformulierter rechtsverbindlicher Grundrechtekatalog vorliegt, der die weiter geltenden allgemeinen Rechtsgrundsätze, soweit hier relevant, abbildet, orientiert sich die nachfolgende Prüfung – abgesehen vom Verhältnismäßigkeitsgrundsatz – in erster Linie an den jeweiligen Vorschriften der Charta.

2. Unternehmerische Freiheit und Eigentumsrecht

Ein Unternehmenszusammenschluss stellt sich als Ausübung der unternehmerischen Freiheit und des Eigentumsrechts dar. Beide Rechte sind neben der Grundrechtecharta auch in der Europäischen Menschenrechtskonvention enthalten und durch die Unionsgerichte wiederholt bestätigt worden.[575]

a) Schutzbereich unternehmerische Freiheit

Gemäß Art. 16 GRC wird die unternehmerische Freiheit »nach dem Unionsrecht und den einzelstaatlichen Rechtsvorschriften und Gepflogenheiten anerkannt.« Sie stützt sich nach den Erläuterungen des Präsidiums zum Europäischen Verfassungskonvent auf die Vertragsfreiheit sowie auf die Freiheit, eine Wirtschafts- und Geschäftstätigkeit auszuüben.[576] Als ein Teilbereich der Be-

---

572 *Gaitanides* in: von der Groeben/Schwarze, EUV/EGV, Art. 220, Rn. 23; *Nettesheim* in: Grabitz/Hilf, EUV/EGV, Art. 249, Rn. 98.
573 EuGH, Slg. 1994, S. I-4836, Rn. 420; Slg. 1996, S. I-795, Rn. 30; *Pernice/Mayer*, in Grabitz/Hilf, EGV nach Art. 6 EU, Rn. 295; *Jarass*, EU-GrundR, § 7, Rn. 51.
574 *Nettesheim* in: Grabitz/Hilf, EUV/EGV, Art. 249, Rn. 97.
575 Zum Grundrecht »wirtschaftlicher Betätigung« etwa EuGH, Slg. 1991, S. I-415, Rn. 76; Slg. 2000, S. I-6983, Rn. 41; Slg. 2000, S. I-9541, Rn. 57; zum Eigentumsrecht EuGH, Slg. 1999, S. I-2603, Rn. 54; Slg. 2000, S. I-9541, Rn. 57.
576 ABl. 2004 Nr. C 310/436. Für die Ausübung einer Wirtschafts- und Geschäftstätigkeit siehe auch EuGH, Slg. 1974, S. I-491, Rn. 14 Slg. 1979, S. I-2749, Rn. 20, 31; für die Vertragsfreiheit siehe EuGH, Slg. 1979, S. I-1 Rn. 19; Slg. 1999, S. I-6571, Rn. 99.

rufsfreiheit (Art. 15 GRC) ist die unternehmerische Freiheit in ihrem Anwendungsbereich lex specialis.[577]

Träger des unternehmerischen Freiheitsrechts sind neben natürlichen Personen auch juristische Personen des Privatrechts.[578] Dies ergibt sich nicht ausdrücklich aus dem Text der Norm. Auch enthält die Grundrechtecharta keine Art. 19 Abs. 3 GG entsprechende Bestimmung, wonach Grundrechte auch für juristische Personen gelten. Der Gerichtshof hat juristische Personen jedoch in zahlreichen Entscheidungen ohne weiteres als Träger von Gemeinschaftsgrundrechten angesehen.[579] Dem Wesen nach ist die unternehmerische Freiheit nicht auf natürliche Personen beschränkt.[580] Insbesondere garantiert Art. 16 GRC kein höchstpersönliches Recht.[581] Das Grundrecht der unternehmerischen Freiheit schließt daher Personen- und Kapitalgesellschaften nicht aus dem persönlichen Schutzbereich aus.[582] Auch der Rat nimmt keine Beschränkung auf private Personen an. Die Bezugnahme auf die Grundrechte-Charta im 36. Erwägungsgrund zur FKVO wäre angesichts der Tatsache, dass Rechtssubjekte der Fusionskontrollverfahren regelmäßig juristische Personen sind, anders nicht sinnvoll.

Der sachliche Schutzbereich umfasst neben der Aufnahme und Beendigung unternehmerischer Tätigkeit alle Bereiche ihrer Durchführung.[583] Geschützt wird darüber hinaus die Vertragsfreiheit der Unternehmen,[584] insbesondere die freie Wahl des Vertragspartners[585] und der Gestaltung und Änderung von Vertragsinhalten.[586] Erfasst ist auch der Schutz vor einer Verpflichtung zur Offenlegung von Geschäftsunterlagen.[587]

b) Schutzbereich Eigentumsrecht

Das Eigentumsrecht in Art. 17 GRC stützt sich auf Art. 1 EMRK-Zusatzprotokoll, die Eigentumsgarantie in der Gestalt, wie sie durch die Rechtsprechung des Gerichtshofs entwickelt wurde, sowie die Eigentumsgarantien der Mitglied-

---

577 So *Jarass*, EU-GrundR, § 21, Rn. 4.; für Idealkonkurrenz dagegen *Rengeling/ Szczekalla*, Grundrechte der EU, § 20, Rn. 780.
578 Vgl. *Bernsdorff* in: Meyer, GR-Charta, Art. 16, Rn. 16.; *Jarass*, EU-GrundR, § 21, Rn. 9.; *Schwarze*, EuZW 2001, 517, 518.
579 *Bernsdorff* in: Meyer, GR-Charta, Art. 16, Rn. 16.
580 So *Ehlers* in: Ehlers, Europ. GrundR, § 14 III 2, Rn. 30.
581 Vgl. *Puttler* in: Calliess/Ruffert, EU-/EG-Vertrag, Art. 6 EU, Rn. 53.
582 So für die Berufsfreiheit und unter Berufung auf die Rspr. des EuGH *Ruffert* in: Ehlers, Europ. GrundR, § 16 I 3, Rn. 25; a.A. *Däubler*, AuR 2001, 380, 383.
583 *Jarass*, EU-GrundR, § 21, Rn. 7.
584 *Bernsdorff* in: Meyer, GR-Charta, Art. 16, Rn. 12, *Jarass*, EU-GrundR, § 21, Rn. 7.
585 EuGH, Slg. 1991, S. I-3617, Rn. 13; *Jarass*, EU-GrundR, § 21, Rn. 7, *Ruffert* in: Ehlers, Europ. GrundR, § 16 I 2, Rn. 12.
586 EuGH, Slg. 1999, I-6571, Rn. 99.; *Jarass*, EU-GrundR, § 21, Rn. 7.
587 *Jarass*, EU-GrundR, § 21, Rn. 7.

staaten.[588] Im Verhältnis zu Art. 16 GRC steht Art. 17 GRC in Idealkonkurrenz, wobei sich Art. 17 GRC dann auf das Erworbene beschränkt.[589] Die Geltung des Eigentumsgrundrechts für juristische Personen des Privatrechts ist – auch ohne ausdrückliche Erwähnung in der Charta – anerkannt.[590] Der sachliche Schutzbereich erfasst unter anderem den Besitz, die Nutzung und die Möglichkeit der Verfügung über rechtmäßig erworbenes Eigentum, Art. 17 Abs. 1 S. 1 GRC. Der Schutz des Vermögens als solches erscheint vor dem Hintergrund der Rechtsprechung des Gerichtshofs zweifelhaft, zumindest jedoch unklar.[591] Sanktionsmaßnahmen hat der Gerichtshof hingegen als Einschränkung des Eigentumsrechts angesehen.[592]

c) Treuhändereinsatz als Eingriff

Die Auflage, einen Treuhänder einzusetzen, stellt eine Belastung für die beteiligten Unternehmen dar. Der Treuhändereinsatz erfordert eine Anpassung betriebsinterner Organisationsstrukturen und die Ausgestaltung bestimmter Arbeitsabläufe, insbesondere hinsichtlich der Beschäftigten, die dem Treuhänder als Ansprechpartner oder zur Informationsbeschaffung zur Verfügung stehen. Die Durchführung der unternehmerischen Tätigkeit des Unternehmens wird dadurch eingeschränkt. Betroffen ist außerdem die Vertragsfreiheit. Die Treuhänderauflage verlangt einen Vertragsabschluss mit vorgegebenem Vertragsinhalt und einen Vertragspartner, der den Anforderungen der Kommission genügen muss. Das Weisungsrecht gegenüber dem Auftragnehmer ist aufzugeben. Dasselbe gilt für die Möglichkeit, den Vertrag frei zu gestalten und abzuändern. Weil auch die Vereinbarungen über die Vergütung nicht frei wählbar sind, stellt auch hier die Treuhänderauflage eine Einschränkung dar. Soweit Büroräume des Unternehmens für den Treuhänder und seine Mitarbeiter freigehalten werden müssen, liegt ein potentieller Eingriff in das Eigentumsrecht vor, weil das Eigentum nur noch eingeschränkt genutzt werden kann. Ob die Übernahme der Kosten des Treuhändereinsatzes sich als Eingriff in die Eigentumsfreiheit dar-

---

588 Vgl. *Jarass*, EU-GrundR, § 22, Rn. 1 unter Verweis auf die Erläuterungen des Präsidiums des Europäischen Konvents, ABl. 2004 Nr. C 310/436, 437, 457.
589 *Jarass*, EU-GrundR, § 22, Rn. 4.
590 *Depenheuer* in: Tettinger/Stern Europäische Grundrechtecharta, Art. 17, Rn. 42; *Jarass*, EU-GrundR, § 22, Rn. 16 unter Berufung auf Art. Art. 1 Abs. 1 S. 1 EMRK-Zusatzprotokoll.
591 Ablehnend EuGH, Rs. 143/88, Slg. 1991, S. I-415, Rn. 74.; undeutlich EuGH, Slg. 1989, S. I-2237, Rn. 15 ff.; Slg. 1997, S. I-4475, Rn. 73-75. *Callies* in: Ehlers, Europ. GrundR, § 16, Rn. 12.; *Jarass*, EU-GrundR, § 22, Rn. 12.
592 EuGH, Slg. 1996, S. I-3953, Rn. 22; Slg. 2000, S. I-9541, Rn. 59.

stellen kann, weil sein Schutzbereich auch das Vermögen als solches erfasst, ist nach der Rechtsprechung des Gerichtshofs ungeklärt.[593]

d) Einwilligung

Indem die beteiligten Unternehmen den Treuhänder zum Gegenstand ihrer Verpflichtungszusage machen, erklären sie ihr Einverständnis mit dem Inhalt der späteren Auflage. Ein wirksames Einverständnis schließt einen Eingriff in der Regel aus. Voraussetzung einer wirksamen Einwilligung sind Freiwilligkeit sowie vollständige Kenntnis der Sachlage.[594] Während grundsätzlich von einer Kenntnis der Sachlage ausgegangen werden kann, ist das Ausmaß der möglichen Belastung nur grob einschätzbar. Zum Zeitpunkt der Abgabe der Verpflichtungserklärung ist oft nicht absehbar, wie intensiv der Treuhänder seine Arbeit erfüllen wird, in welchem Umfang er Mitarbeiter beschäftigt und welche Kosten dabei entstehen. Einen Anhaltpunkt bietet allenfalls die Komplexität der materiellen Zusagen. Im Regelfall dürfte die Unsicherheit jedoch nicht so weit reichen, dass eine Kenntnis der Sachlage verneint werden kann. Auch von Freiwilligkeit ist jedenfalls grundsätzlich auszugehen. Dass die beteiligten Unternehmen es vorziehen, aus Kostengründen auf den Einsatz eines Treuhänders zu verzichten, ist unerheblich. Dies gilt auch für materielle Zusagen. Eine uneingeschränkte Freigabeentscheidung ist aus Unternehmenssicht stets vorteilhafter, schließt die Freiwilligkeit bei der Verständigung auf eine Kompromisslösung nicht aus. Gleichwohl kann nicht ausgeschlossen werden, dass der Druck der Kommission zur Abgabe einer Treuhänderzusage erheblich ist, etwa wenn die Genehmigungsentscheidung von einer entsprechenden Zusage abhängig gemacht wird. Jedenfalls im deutschen Recht kann die Freiwilligkeit verneint werden, wenn ohne die Zustimmung gewichtige Nachteile entstehen.[595] Für das europäische Recht erscheint diese Frage ungeklärt. Davon auszugehen ist, dass für das Merkmal der Freiwilligkeit die Annahme einer vis compulsiva ausreicht. Danach ist eine rechtfertigende Einwilligung gegeben.

3. *Recht auf eine gute Verwaltung*

Durch den Einsatz von Treuhändern vollzieht sich ein Teil des Verwaltungsverfahrens über einen privaten Dritten. Die Rechte der Unternehmen im Verwaltungsverfahren sind hiervon unmittelbar betroffen.

---

593 EuGH, Slg. 1991, S. I-415, Rn. 73 ff.; Slg. 1997, S. I-4475, Rn. 73 ff., ablehnend etwa *Depenheuer* in: Tettinger/Stern Europäische Grundrechtecharta, Art. 17, Rn. 37 f.
594 EuGH, Slg. 1980, S. I-1979, Rn. 19.
595 BVerwGE 119, 123/127; zustimmend *Jarass* in Jarass/Pieroth, Vorb. Art. 1, Rn. 36a.

V. Vereinbarkeit mit Grundrechten und allgemeinen Rechtsgrundsätzen der Union

a) Schutzbereich

Art. 41 GRC gewährleistet allen natürlichen und juristischen Personen[596] das »Recht auf eine gute Verwaltung«. Das Recht umfasst unter anderen die in der Norm selbst beispielhaft genannten Rechte auf Anhörung und Entscheidungsbegründung. Nicht explizit angesprochen und ungeklärt ist, ob der Schutzbereich das Recht, sich nicht selbst belasten zu müssen, miterfasst. Ebenfalls ungeklärt ist, ob dem Grundsatz das Recht entnommen werden kann, dass die Kommission das Verwaltungsverfahren ohne (einvernehmliche) Hinzuziehung Dritter vollzieht.

aa) Recht auf Anhörung

Bevor Organe, Einrichtungen und sonstige Stellen der Union gegenüber einer Person eine für sie nachteilige individuelle Maßnahme treffen, ist diese zu hören, Art. 41 Abs. 2, 1. Var. GRC. Unter Bezugnahme auf die Rechtsordnungen der Mitgliedstaaten ist das rechtliche Gehör als allgemeiner Grundsatz des Gemeinschaftsrechts durch den Gerichtshof frühzeitig anerkannt und wiederholt bestätigt worden.[597] Das Recht umfasst den Anspruch auf Unterrichtung durch die Verwaltungsbehörde. Dieser wird ausgelöst, wenn die Interessen des Betroffenen durch die Entscheidung spürbar beeinträchtigt werden können.[598] Das Recht gewährleistet dem Betroffenen einen Anspruch auf Stellungnahme zu den von der Verwaltungsbehörde angeführten Tatsachen und Umständen und damit auch zur Berücksichtigung bei der zu treffenden Entscheidung.[599]

bb) Recht auf Entscheidungsbegründung

Die dem Recht gegenüberstehende Pflicht der Verwaltung zur Entscheidungsgründung ist neben Art. 41 Abs. 2, 3. Spiegelstrich GRC zugleich primärrechtlich in Art. 296 AEUV verankert.[600] Die Begründungspflicht soll dem Betroffenen ermöglichen, seine Rechte gegenüber einer verpflichtenden Entscheidung

---

596 Gegenüber noch abweichenden Vorschlägen im Grundrechtskonvent hatte sich die weite Ausdehnung durchgesetzt, *Magiera* in: Meyer, Charta der Grundrechte der EU, Art. 41, Rn. 8.
597 *Magiera* in: Meyer (Hrsg.), Charta der Grundrechte der EU, Art. 41 Rn. 11; EuGH, Slg. 1979, S. I-461 Rn. 9 – *Hoffmann-La Roche/Kommission*.
598 *Magiera* in: Meyer (Hrsg.), Charta der Grundrechte der EU, Art. 41, Rn. 12; EuGH, Slg. 1974, S. I-1063 Rn. 15 – *Transocean Marine Paint/Kommission*.
599 *Magiera* in: Meyer (Hrsg.), Charta der Grundrechte der EU, Art. 41, Rn. 12, EuGH, Slg. 1979, S. I-461 Rn. 9 – *Hoffmann-La Roche/Kommission*; EuGH, Slg. 1983, S. I-3461 Rn. 7 – *Michelin/Kommission*.
600 *Galetta/Grzeszick* in: Tettinger/Stern, Europäische Grundrechtecharta, Art. 41, Rn. 60.

zu wahren.⁶⁰¹ Die Anforderungen an den Umfang der Begründung sind von der Rechtsprechung der europäischen Gerichtsbarkeit konkretisiert worden. Danach ist grundsätzlich auf die Umstände des Einzelfalls abzustellen.⁶⁰² Eine besonders genaue Begründung verlangt die Rechtsprechung, wenn die Entscheidung den Betroffenen erheblich belastet.⁶⁰³ Allerdings wird davon ausgegangen, dass im Fall der Beteiligung des Einzelnen an dem Verfahren bis zum Erlass der Entscheidung die im Rahmen des Verfahrens dem Betroffenen bereits bekannten Erwägungen nicht mehr erneut dargelegt werden müssen.⁶⁰⁴ Dies ist insbesondere in Wettbewerbsverfahren von Bedeutung, da diese weitgehend auf der Mitarbeit der beteiligten Unternehmen basieren.⁶⁰⁵

cc) Schutz vor Selbstbelastung

Unklar ist, ob das Recht sich nicht selbst belasten zu müssen in jedem Verwaltungsverfahren gilt⁶⁰⁶ und damit als Teil des Rechts auf ein faires Verwaltungsverfahrens angesehen werden kann, Art. 41 i.V.m. Art. 48 GRC. Das Recht, sich nicht selbst beschuldigen zu müssen (»nemo tenetur«), steht in engem Zusammenhang mit den in Art. 48 GRC normierten Verteidigungsrechten sowie der Unschuldsvermutung,⁶⁰⁷ auch wenn das Recht auch dort nicht ausdrücklich angesprochen wird. Der Gerichtshof sieht in dem Recht einen allgemeinen – über strafprozessuale Verfahren hinausgehenden Grundsatz des Unionsrechts.⁶⁰⁸ Anerkannt ist die Ausdehnung des Grundsatzes auf Verwaltungsverfahren mit sanktionsähnlichem Charakter, insbesondere Kartellverfahren.⁶⁰⁹ Im Schrifttum wird die Geltung des Grundsatzes darüber hinaus für sämtliche Verwaltungsverfahren angenommen.⁶¹⁰ Außerhalb des strafprozessualen Verfahrens ist die Reichweite des Schutzes vor Selbstbelastung allerdings umstritten.⁶¹¹ Ungeklärt ist etwa, ob eine Auskunft mit dem Hinweis auf eine mögliche Selbstbelastung

---

601 *Magiera* in: Meyer (Hrsg.), Charta der Grundrechte der EU, Art. 41, Rn. 15.
602 *Galetta/Grzezick* in: Tettinger/Stern, Europäische Grundrechtecharta, Art. 41, Rn. 62 m.w.N.; EuG, Slg. 1996, S. II-1827 Rn. 44.
603 Vgl. EuGH, Slg. 1980, S. I-1677 Rn. 14.
604 Vgl. EuG, Slg. 1994, S. II-1039 Rn. 20.
605 So *Galetta/Grzezick* in: Tettinger/Stern, Europäische Grundrechtecharta, Art. 41, Rn. 62 a.E.
606 *Jarass*, EU-GrundR, § 36, Rn. 32 und 41, Rn. 32 f; *Kanska*, ELJ 2004, 296, 316.
607 *Jarass*, EU-GrundR, § 41, Rn. 32.
608 Vgl. *Jarass*, EU-GrundR, § 41, Rn. 32.
609 Vgl. EuG, Slg. 2001, S. II-729 – *Mannesmannröhren-Werke*, *Eser* in: Meyer (Hrsg.) Charta der Grundrechte der EU, Art. 48 Rn. 11.
610 So wohl *Kanska*, ELJ 2004, 316; vgl. auch *Jarass*, EU-GrundR, § 41, Rn. 32, der dann aber von besonders weit reichenden Einschränkungsmöglichkeiten ausgeht.
611 Umfassend hierzu *Willis*, ECLR 2001, 313 ff.

V. Vereinbarkeit mit Grundrechten und allgemeinen Rechtsgrundsätzen der Union

verweigert werden kann.[612] Eine allgemeine sekundärrechtliche Regelung, nach der Unternehmen vor einer Selbstbelastung geschützt sind, sehen unmittelbar weder die Fusionskontrollverordnung noch die Kartellverordnung (Verordnung 1/2003) vor. Beide Verordnungen erklären in ihren Erwägungsgründen, dass Unternehmen nicht dazu gezwungen werden können, Zuwiderhandlungen einzugestehen. Sie seien jedoch in jedem Fall verpflichtet, Sachfragen und Unterlagen beizubringen, auch wenn diese Informationen gegen sie verwendet werden können.[613] Beide Verordnungen zitieren damit die Grundsätze der Rechtsprechung der Gemeinschaftsgerichte in den Rechtssachen *Mannesmann-Röhrenwerke*[614] und *Orkem*[615]. Nach diesen Entscheidungen ergibt sich für sanktionsähnliche Verfahren kein Aussageverweigerungsrecht. Die Verordnungen verweisen in ihren Erwägungsgründen[616] jedoch ebenso und ohne Einschränkungen auf die gemeinschaftsrechtlich anerkannten Grundsätze, insbesondere die Grundrechtecharta. Sie erklären, dass die Verordnungen in Übereinstimmung mit diesen Rechten auszulegen und anzuwenden sind. Aus Art. 48 Abs. i.V.m. Art. 52 Abs. 3 GRC folgt, dass das Schutzniveau der Grundrechte nicht hinter das der Europäischen Menschenrechtskonvention zurückfallen darf. Da das Aussageverweigerungsrecht zu den anerkannten Verteidigungsrechten der Europäischen Menschenrechtskonvention gehört, führen die Verweisungen zu einem uneinheitlichen Ergebnis. Zugunsten eines Aussageverweigerungsrechtes wird angeführt, dass die in Bezug genommene Rechtsprechung aus der Zeit vor Verabschiedung der Grundrechte-Charta stammt.[617] Berücksichtigung finden müsse daher das neuere Recht, nicht die Rechtsprechung.[618]

Auch wenn man ein vollständiges Aussageverweigerungsrecht ablehnt, folgt aus der Rechtsprechung, dass die Unternehmen jedenfalls nicht dazu gezwungen werden können, auf ihre Verteidigungsrechte zu verzichten. Sie sind nicht verpflichtet, Zuwiderhandlungen – etwa einen Verstoß gegen Auflagen oder Bedingungen – zuzugeben oder eine Bewertung des eigenen Verhaltens abzugeben, besonders dann nicht, wenn dies auf eine Selbstbelastung hinausliefe.[619] Dies gilt nicht nur für Verstöße, die unmittelbar über ein Bußgeld geahn-

---

612 Siehe *Immenga/Körber* in Immenga/Mestmäcker, WettbR EG Teil 2, Art. 11 FKVO Rn. 7.
613 23. Erwägungsgrund Verordnung 1/2003 (ABl. 2003 Nr. L 1/1) sowie 41. Erwägungsgrund FKVO (ABl. 2004 L Nr. 24/1).
614 EuG, Slg. 2001, S. II-729 – *Mannesmannröhren-Werke*.
615 EuGH, Slg. 1989, S. I-3283 – *Orkem*.
616 Vgl. 37. Erwägungsgrund Verordnung 1/2003 (ABl. 2003 Nr. L 1/1) sowie 36. Erwägungsgrund FKVO (ABl. 2004 L Nr. 24/1).
617 *Bechtold/Bosch/Brinker/Hirsbrunner*, Art. 18 VO 1/2003, Rn. 12.
618 So im Ergebnis: *Bechtold/Bosch/Brinker/Hirsbrunner*, Art. 18 VO 1/2003, Rn. 12.
619 EuG, Slg. 2001, S. II-729, Rn. 70 ff . – *Mannesmannröhren-Werke*; *Miersch*, Art. 11 FKVO Anm. I (S. 149). *Bechtold/Bosch/Brinker/Hirsbrunner*, Art. 11 FKVO, Rn. 15 *Immenga/Körber* in: Immenga/Mestmäcker, WettbR EG Teil 2, Art. 11 FKVO, Rn. 7.

det werden können,[620] sondern auch Selbstauskünfte, anhand derer ermittelt werden soll, ob sich Verdachtsmomente erhärten.[621] Handelt es sich um konkrete Vorwürfe und Sachfragen zu tatsächlichen Umständen, besteht nach der Rechtsprechung eine Auskunftspflicht auch dann, wenn mit der Auskunft verbundene Informationen als Beweis für eine Zuwiderhandlung verwertet werden können.[622] Ein entsprechendes Auskunftsverlangen muss erforderlich sein. Es ist daher nur dann zulässig, wenn die Kommission ihre Aufgaben ohne die entsprechende Informationen nicht durchführen und diese auf andere Weise nicht beschaffen kann.[623]

b) Eingriff

Der oben unter IV.2 erfolgte Vergleich zwischen den Aufgaben des Treuhänders und den Kommissionsbefugnissen zeigt, dass durch den Treuhändereinsatz wesentliche Aufgaben an den Befugnissen der Kommission vorbei verwirklicht werden. Die für die Umsetzung relevanten Informationen, die von der Kommission sonst über das Auskunftsverlangen nach Art. 11 FKVO angefordert werden müssen, erhält die Kommission über den Treuhänder. Dasselbe gilt in noch deutlicherer Form für die Informationsbefugnisse. Der uneingeschränkte Zugang zu den Geschäftsräumen (Art. 13 Abs. 2 lit. a FKVO), die Einsicht in alle relevanten Bücher und Unterlagen (Art. 13 Abs. 2 lit. b FKVO), das Verlangen von Kopien von Unterlagen (Art. 13 Abs. 2 lit. c FKVO) sowie die Befragung der Unternehmensvertreter (Art. 13 Abs. 2 lit. e FKVO) zählen zu den üblichen Befugnissen des Treuhänders. Neben den übrigen – strengen – Voraussetzungen entfallen dadurch Anhörung und Begründung, die die Unternehmen sonst zur Wahrung ihrer Rechte nutzen können. Anhörung und Begründung fehlen, weil die Kommission keine Entscheidung mehr erlassen muss.

Bei rein formaler Betrachtung kann damit ein Eingriff in den Schutzbereich verneint werden. Liegt keine Entscheidung eines Organs der Union vor, so kann auch ein Eingriff in das Recht auf Anhörung oder Begründung nicht gegeben sein. Da die Kommission über den Treuhänder als ihr »Auge und Ohr« bewusst – und im Einverständnis mit den von ihren Entscheidungen betroffenen Unternehmen – mögliche belastende Entscheidungen und entsprechende Anhörungen und Begründungen vermeidet, auf diesem Weg aber zu vergleichbaren Ergeb-

---

620 Vgl. *Bechtold/Bosch/Brinker/Hirsbrunner*, Art. 11 FKVO, Rn. 18; *Immenga/Körber* in: Immenga/Mestmäcker, WettbR EG Teil 2, Art. 11 FKVO, Rn. 7.
621 Vgl. *Bechtold/Bosch/Brinker/Hirsbrunner*, Art. 11 FKVO, Rn. 2; *Immenga/Körber* in: Immenga/Mestmäcker, WettbR EG Teil 2, Art. 11 FKVO, Rn. 7.
622 EuGH, Slg. 1989, S. I-3283, Rn. 27 – *Orkem*; EuG, Slg. 2001, S. II-729, Rn. 67 – *»Mannesmannröhren-Werke*; ebenso *Immenga/Körber* in Immenga/Mestmäcker, Art. 11, Rn. 7.
623 *Immenga/Körber* in: Immenga/Mestmäcker, Art. 11, Rn. 5.

V. Vereinbarkeit mit Grundrechten und allgemeinen Rechtsgrundsätzen der Union

nissen gelangt, erscheint es sachgerechter, von einem materiellen Eingriff auszugehen. Es ist dann auf die Einwilligung der Parteien abzustellen.

Durch die dem Treuhänder zugedachten Informations- und Zugangsrechte eröffnen die Unternehmen der Kommission ein hohes Maß an Selbstauskunft. Der Treuhänder informiert die Kommission über das Verhalten der Unternehmen und bewertet dieses unabhängig davon, ob die Unternehmen dadurch belastet werden. Eine Differenzierung zwischen konkreten Sachfragen und sich gegebenenfalls im Lauf des Verfahrens ergebenden Verdachtsmomenten findet nicht statt. Abgesehen davon, dass der Treuhänder zu jedem Zeitpunkt Belastendes an die Kommission herantragen kann und soll, ist im Mandat ausdrücklich vorgesehen, dass die Unternehmen von dem monatlichen Berichten des Treuhänders lediglich eine nicht-vertrauliche Kopie erhalten.[624] Vertrauliche Informationen, die das Unternehmen andernfalls unter Berufung auf das Recht, sich selbst nicht belasten zu müssen, gegenüber der Kommission zurückhalten könnte, können ihm nun umgekehrt in der Korrespondenz zwischen Treuhänder und Kommission vorenthalten werden. Der Schutz des Geheimhaltungsinteresses, dem teilweise ausdrücklich durch Art. 17, 18 Abs. 3 S. 3 und 20 Abs. 2 FKVO i.V.m. Art. 18 DVO-FKVO Rechnung getragen wird,[625] entfällt.

Es besteht kein Anlass, die Reichweite des Schutzes vor Selbstbelastung in der Umsetzungsphase des Fusionskontrollverfahrens anders zu beurteilen als in Kartellverfahren. Die zugunsten einer Beschränkung angeführte Begründung, nach der das Fusionskontrollverfahren – anders als das Kartellverfahren – nicht auf die Aufklärung einer Zuwiderhandlung abzielt,[626] greift für die Umsetzungsphase des Fusionskontrollverfahrens nicht. Der Kommission stehen in beiden Fällen die gleichen Ermittlungsbefugnisse zu.

c) Einwilligung

Sofern nicht bereits der Eingriff in den Schutzbereich der Rechte auf Anhörung und Begründung abgelehnt wird, weil es an einer Entscheidung der Kommission fehlt, ist mit der Treuhänderzusage jedenfalls von einer Einwilligung der Unternehmen auszugehen. Die Unternehmen erklären sich einverstanden damit, dass sie in der Umsetzungsphase von einem Dritten überwacht werden, der gegebenenfalls erforderliche Entscheidungen der Kommission ersetzt und somit auch die Anhörung und Begründung entfallen lässt.

Soweit über den Treuhänder Informationen an die Kommission gelangen, die die beteiligten Unternehmen nicht offen legen müssten, weil sie sich damit selbst belasten, verzichten die Unternehmen durch den Treuhändereinsatz auf ihre Verteidigungsrechte. Der Verzicht bezieht sich vor allem auf die Kontrolle der Preisgabe von Informationen. Über die Treuhänderzusage erlassen die Un-

---

[624] Comission Model Text for Trustee Mandate (o. Fn. 9), Rn. 14.
[625] Vgl. *Völcker* in: FK WettbR, Art. 11 FKVO Rn. 10.
[626] *Bechtold/Bosch/Brinker/Hirsbrunner*, Art. 11 FKVO, Rn. 18.

ternehmen der Kommission, etwaige Ermittlungen auf Grundlage von Art. 11 und Art. 13 FKVO durchführen zu müssen. Wenn der Kommission aufgrund des durch den Treuhänder hergestellten Informationsflusses der Nachweis möglicher Verstöße leichter gelingt, so muss davon ausgegangen werden, dass auch dies vom Einverständnis der Unternehmen umfasst ist. Da der Treuhänder die Aufgabe als privater Dritter wahrnimmt, werden die Rechte der beteiligten Unternehmen aus Art. 17, 18 Abs. 3 S. 3 und 20 Abs. 2 FKVO i.V.m. Art. 18 DVO-FKVO relativiert.

4. Recht auf gerichtlichen Rechtsschutz

Durch den Treuhändereinsatz verändern sich für die Unternehmen die Rechtsschutzmöglichkeiten in der Umsetzungsphase des Fusionskontrollverfahrens. Der gerichtliche Rechtsschutz erscheint verkürzt.

a) Schutzbereich

Art. 47 Abs. 1 GRC gewährleistet jeder Person ein Recht auf gerichtlichen Rechtsschutz gegenüber dem Verwaltungshandeln von Organen der Gemeinschaft. Die Rechtsprechung des Gerichtshofs, auf die sich Art. 47 GRC unter anderem stützt,[627] hat mehrfach das Recht auf einen wirksamen gerichtlichen Rechtsbehelf als allgemeinen Rechtsgrundsatz festgeschrieben.[628] Das Grundrecht beeinflusst auch das Verwaltungsverfahren. Seine Ausgestaltung darf den Rechtsschutz nicht praktisch unmöglich machen oder übermäßig erschweren.[629]

b) Eingriff

Erlangt die Kommission im Falle des Treuhändereinsatzes Informationen nicht über das Auskunftsverlagen nach Art. 11 FKVO und die Nachprüfung nach Art. 13 FKVO, wird der nachträgliche gerichtliche Rechtsschutz eingeschränkt. Eine förmliche Auskunftsentscheidung kann als selbständige Belastung, unabhängig von der Hauptsache mit einer Nichtigkeitsklage nach Art. 263 Abs. 4 EUV angefochten werden, Art. 11 Abs. 3 S. 3 FKVO. Gegen ein einfaches Auskunftsverlangen nach Art. 11 Abs. 2 FKVO ist zwar unmittelbar keine Klage möglich, doch können die Unternehmen das Begehren sanktionslos unbeantwortet lassen. Gegen das sich dann gegebenenfalls anschließende förmliche

---

627 *Jarass*, EU-GrundR, § 40, Rn. 1 mit Verweis auf die Erläuterungen des Präsidiums des Europ. Konvents, ABl. Nr. C 310/450.
628 EuGH, Slg. 1986, S. I-1651, Rn. 18; Slg. 1992, S. I-6313, Rn. 13 f.; Slg. 2001, S. I-9285, Rn. 45.
629 EuGH, Slg. 1999, S. I-579, Rn. 25, Slg. 1998, S. I-5025, Rn. 27.; *Jarass*, EU-GrundR, § 40, Rn. 47; *Meyer-Ladewig*, EMRK, Art. 13, Rn. 10.

V. Vereinbarkeit mit Grundrechten und allgemeinen Rechtsgrundsätzen der Union

Auskunftsersuchen kann mit einer Klage vorgegangen werden. Auch die Entscheidungen der Kommission zur Duldung einer Nachprüfung auf der Grundlage von Art 13 Abs. 4 FKVO können selbständig mit der Nichtigkeitsklage überprüft werden. Wie im Fall des einfachen Auskunftsverlangens nach Art. 11 Abs. 2 FKVO gilt auch für den schlichten Prüfungsauftrag nach Art. 13 Abs. 3 FKVO, dass dieser folgenlos ignoriert werden kann.

Vergleichbare Rechtsschutzmöglichkeiten gegenüber den Maßnahmen des Treuhänders bestehen dagegen nicht. Wenn die beteiligten Unternehmen einer Maßnahme des Treuhänders im Auftrag der Kommission, die in ihrer Wirkung einem Auskunftsersuchen oder einer Nachprüfung entspricht, widersprechen, müssen sie befürchten, gegen eine Auflage zu verstoßen. Eine nachträgliche gerichtliche Überprüfung der von der Kommission veranlassten und geduldeten Maßnahmen des Treuhänders ist nicht vorgesehen. Die Rechtsschutzmöglichkeiten der beteiligten Unternehmen bleiben damit hinter denen zurück, die bei einer unmittelbaren Wahrnehmung durch die Kommission bestehen. Angesichts der Möglichkeit der Kommission, den Treuhänder anzuweisen und damit Maßnahmen gegenüber den beteiligten Unternehmen zu veranlassen, kann nicht überzeugend darauf abgestellt werden, dass Rechtsschutz nicht notwendig sei, weil keine hoheitlichen Befugnisse gegenüber den beteiligten Unternehmen ausgeübt werden.

c) Einwilligung

Auch hier kann die Rechtsverkürzung allerdings durch die Einwilligung der beteiligten Unternehmen gerechtfertigt werden.

5. Zwischenergebnis

Der Treuhändereinsatz stellt materiell einen Eingriff in die unternehmerische Freiheit im Sinne des Art. 16 GRC dar. Der Einsatz des Treuhänders zwingt die Unternehmen zur Anpassung ihrer Organisationsstrukturen und Arbeitsabläufe. Er erfordert den Abschluss eines Vertrages, dessen Inhalt die Unternehmen nicht frei bestimmen können. Soweit Büroräume des Unternehmens für den Treuhänder und seine Mitarbeiter bereit gestellt gehalten werden müssen, greift der Treuhändereinsatz in das Eigentumsrecht ein. Das betroffene Unternehmen kann sein Eigentum bezogen auf die Räume nur noch eingeschränkt nutzen. Aufgrund des Treuhändereinsatzes entfallen Anhörungsrechte und Begründungspflichten, die sich im Fall einer Überwachung unmittelbar durch die Kommission ergeben. Sein Einsatz führt zu einem weitgehend ungehinderten Zugang zu möglicherweise selbstbelastenden Informationen und ihrer Weitergabe an die Kommission. Durch den Einsatz von Treuhändern wird in das Recht auf Anhörung (Art. 41 Abs. 2, Var. 1 GRC), das Recht auf Entscheidungsbegründung (Art. 41 Abs. 2, 3. Spiegelstrich GRC) und das Recht auf Schutz vor

Selbstbelastung (Art. 41 iVm. Art. 48 GRC) als Ausprägung des Rechts auf gute Verwaltung eingegriffen. Schließlich wirkt sich der Treuhändereinsatz auch als Eingriff in das Recht auf gerichtlichen Rechtsschutz im Sinne von Art. 48 GRC aus, denn bei der Aufgabenwahrnehmung durch den Treuhänder fehlt es an einer hoheitlichen Maßnahme, gegen die ansonsten Rechtsschutz eröffnet ist.

In sämtliche Beschränkungen der betroffenen Rechte willigen die Unternehmen mit ihrer Treuhänderzusage ein. Die Einwilligung steht unter einem maßgeblichen Einfluss der Kommission sowie dem Sachzwang, ohne eine Treuhänderzusage eine Untersagung befürchten zu müssen. Allein dieser faktische Zwang reicht jedoch grundsätzlich nicht aus, um der Treuhänderzusage die legitimierende Wirkung abzusprechen und von einer Grundrechtsverletzung auszugehen.

VI. Grundsatz der Verhältnismäßigkeit

In Abschnitt V. wurde dargelegt, dass, soweit sich über den Treuhändereinsatz ein Eingriff in die Rechte der beteiligten Unternehmen erfolgt, dieser mit deren Einwilligung erfolgt. Fehlt eine Einwilligung, kann die Kommission keinen Treuhänder einsetzen. Die Kommission kann den angemeldeten Zusammenschluss in einem solchen Fall nur untersagen. Die Untersagungsentscheidung müsste die Kommission dann im Ergebnis allein darauf stützen, dass die beteiligten Unternehmen keine Treuhänderzusage angeboten und damit einer Einschränkung ihrer Rechte nicht zugestimmt haben. Eine solche Entscheidung kann gegen den Grundsatz der Verhältnismäßigkeit verstoßen. Fraglich ist daher, ob die Kommission Zusammenschlüsse aus Gründen der Verhältnismäßigkeit bereits deshalb genehmigen muss, weil die beteiligten Unternehmen in ausreichendem Maß materielle, auf Wettbewerbsprobleme bezogene Zusagen angeboten haben.

1. Inhalt und Funktion

Der Grundsatz der Verhältnismäßigkeit ist als ungeschriebener allgemeiner Grundsatz fester Bestandteil des Unionsrechts. Deutlich gemacht hat der Gerichtshof dies erstmals in seiner Entscheidung *Internationale Handelsgesellschaft*.[630] Die Konkretisierung des Rechtsgrundsatzes unter Ausprägung der aus dem deutschen Verwaltungsrecht bekannten Voraussetzungen vollzog der Gerichtshof mit der Entscheidung *Schräder*.[631] In der Entscheidung stellt er fest,

---
630 EuGH, Slg. 1970, S. I-1125 – *Internationale Handelsgesellschaft*.
631 EuGH, Slg. 1989, S. I- 2237 – *Schräder*.

dass »Maßnahmen, durch die den Wirtschaftsteilnehmern finanzielle Belastungen auferlegt werden, nur rechtmäßig sind, wenn sie zur Erreichung der zulässigerweise mit der fraglichen Regelung verfolgten Ziele geeignet und erforderlich sind. Ferner müssen die auferlegten Belastungen in angemessenem Verhältnis zu den angestrebten Zielen stehen.«[632] Die Elemente der Verhältnismäßigkeit – Geeignetheit, Erforderlichkeit und Angemessenheit – sind in ständiger Rechtsprechung bestätigt worden.[633] Geeignetheit ist gegeben, wenn das Ziel mit der Maßnahme erreicht werden kann. Das Prinzip der Erforderlichkeit verlangt, dass bei mehreren geeigneten Maßnahmen die am wenigsten belastende zu wählen ist.[634] Im Rahmen der Angemessenheit erfolgt eine Abwägung zwischen dem Nutzen der Maßnahme für das öffentliche Interesse und den sich für den oder die Betroffenen ergebenden Nachteilen.[635]

2. Bedeutung des Grundsatzes für die Fusionskontrolle

Für Genehmigungsentscheidungen auf der Grundlage der FKVO bedeutet der Verhältnismäßigkeitsgrundsatz, dass ein Unternehmenszusammenschluss nicht untersagt werden darf, wenn ein milderes Mittel in Betracht kommt, um die Ziele der Fusionskontrolle zu erreichen.[636] Der Gedanke spiegelt sich unmittelbar in der Systematik der FKVO wieder.[637] Ausgehend von einer bedingungslosen Genehmigung besteht durchgängig die Rechtspflicht der Kommission, einen Zusammenschluss zu genehmigen, wenn dieser die Voraussetzungen von Art. 2 Abs. 2 FKVO erfüllt.[638] Werden geeignete Zusagen angeboten, muss die Kommission diese akzeptieren. Sie darf das Zusammenschlussvorhaben dann nicht

---

632 EuGH, Slg. 1989, S. I-2237 – *Schräder*.
633 Vgl. etwa EuGH, Slg. 1990, S. I-4023 – *Queen/Fedesa*; EuG, Slg. 1997, S. II-997 – *Air Inter/Kommission*; EuG, Slg. 2001, S. II-3367 – *Mitteldeutsche Erdölraffinerie/ Kommission*; weitere Nachweise bei *Schwarze*, Europäisches Verwaltungsrecht, LXXVI.
634 EuGH, Slg. 1990, S. I-4023 – *Queen/Fedesa*; EuG, Slg. 1997, S. II-997 – *Air Inter/ Kommission*.
635 *Schwarze*, Eur VerwR, S. 836 ; EuGH, Slg. 1979, S. I-3727 – *Hauer*; *Borchardt*, § 4 Rn. 171.
636 *Harmjanz*, S. 115; *Immenga/Körber* in: Immenga/Mestmäcker, Art. 8 FKVO, Rn. 11.
637 *Schütz* in: FK WettbR, Art. 6 VO 4064/89, Rn. 2; *Grabbe*, S. 117 ff.; *Leibenath*, S. 30; *Stoffregen* in: v. d. Groeben/Thiesing/Ehlermann, Art. 6 FKVO, Rn. 13; *Schwarze* in: Schwarze (Hrsg.), Instrumente zur Durchsetzung des europäischen Wettbewerbsrechts, S. 84.
638 *Schwarze* in: Schwarze (Hrsg.), Instrumente zur Durchsetzung des europäischen Wettbewerbsrechts, S. 84.

untersagen.[639] Der Grundsatz gilt gleichfalls im Verhältnis der angebotenen Maßnahmen zueinander. Die Kommission darf nicht mehr verlangen als erforderlich ist, um den Wettbewerb im Gemeinsamen Markt aufrecht zu erhalten.[640] Dies bedeutet nicht, dass die bisher ergangenen Zusagenentscheidungen nicht auch mit Verpflichtungszusagen von geringerem Ausmaß genehmigungsfähig gewesen wären. Dies ergibt sich aus den unterschiedlichen materiellen Anforderungen der beiden Prüfungsphasen. Unabhängig vom Verfahrensstadium ist es denkbar, dass Unternehmen umfangreichere Zusagen anbieten, als aus Sicht der Kommission für die wettbewerbsrechtliche Vereinbarkeit erforderlich ist. Dies kann verschiedene Gründe haben. Im Fall einer Veräußerungszusage kann der Veräußerungsgegenstand bewusst umfangreicher als gefordert sein. Er kann etwa mit dem Ziel attraktiver gemacht werden, einen höheren Kaufpreis zu erzielen als dies möglich wäre, wenn er sich auf das Wettbewerbsproblem einschließlich etwaiger für die Lebensfähigkeit erforderlicher Teile beschränkte. Der wesentliche Unterschied besteht hier darin, dass die Kommission die Zusagen nicht verlangt. Sie genügt dem Grundsatz der Verhältnismäßigkeit dadurch, dass sie den Parteien einräumt, Zusagen, die sie nicht für notwendig hält, zurückzuziehen. Für die wettbewerbsrechtliche Beurteilung werden die nicht erforderlichen Zusagen außer Acht gelassen. Die Kommission stellt in ihrer Entscheidung lediglich klar, dass sie Kenntnis von den Zusagen genommen hat. Sie kennzeichnet diese in ihrer Entscheidung als sogenannte »take-note commitments«.[641] Die Grenzen, die sich aus dem Erfordernis der Vereinbarkeit mit dem Binnenmarkt ergeben, wurden im Schrifttum für materielle Zusagen umfassend analysiert.[642] Auch die europäische Gerichtsbarkeit hat zur Frage Stellung genommen, inwieweit die Kommission materielle Abhilfemaßnahmen verlangen kann.[643] Nicht geklärt ist dagegen, welche Grenzen sich aus dem Verhältnismäßigkeitsgrundsatz für den Einsatz von Treuhändern ergeben.

3. Bedeutung für die Treuhänderzusage

Für die Treuhänderzusage muss der Grundsatz der Verhältnismäßigkeit bedeuten, dass sie sich ebenso wie materielle Zusagen daran messen lassen muss, ob

---

639 Vgl. Mitteilung Abhilfemaßnahmen, ABl. 2008 C 267/1, Rn. 18 (unter Verweis auf Art. 10 Abs. 2 FKVO).
640 S. *Heithecker*, S. 206; *Strehle*, S. 60.
641 *Immenga/Körber* in: Immenga/Mestmäcker, WettbR EG Teil 2, Art. 8 FKVO, Rn. 162.
642 Siehe etwa zur Verhältnismäßigkeit von materiellen Verpflichtungszusagen *Prümmer*, S. 96 ff.; *Schwarze*, EuZW 2002, S. 741 ff. Zur besonderen Problematik verhaltensbedingter materieller Verpflichtungszusagen: *Ezrachi*, World Competition 2006, S. 459 ff.; *Paas*, ECLR 2006, S. 209 ff.; *Went*, ECLR 2006, 27 (8), S. 455.
643 EuG, Slg. 2006, S. II-319 – *Cementbouw/Kommission*.

VI. Grundsatz der Verhältnismäßigkeit

sie über das hinausgeht, was für die Vereinbarkeit des Zusammenschlusses mit dem gemeinsamen Markt erforderlich und geboten ist. Für die Kommission bedeutet dies, dass sie einen Zusammenschluss auch ohne Treuhänderzusage nicht einfach untersagen darf, für die beteiligten Unternehmen, dass sie auf eine Treuhänderzusage verzichten können, ohne eine Untersagung fürchten zu müssen.

a) Eignung

Bei einem sachkundigen und unabhängigen Treuhänder, der einzelne Prozesse der Umsetzung überwacht, dadurch begleitet und dokumentiert und hierüber der Kommission berichtet, ist die Eignung, die ordnungsgemäße Umsetzung materieller Maßnahmen zu überwachen, regelmäßig gegeben. Zweifel an der Eignung können sich allenfalls daraus ergeben, dass es dem Treuhänder an Sachkunde und Unabhängigkeit fehlt. Das Ziel einer Überwachung zur Sicherstellung ordnungsgemäßer Umsetzung, würde verfehlt, wenn der Treuhänder nicht in der Lage ist, die Vorgänge zu verstehen und richtig einzuschätzen oder bewusst seine Überwachung zugunsten der Unternehmen ausrichtet. Sowohl Sachkunde als auch Unabhängigkeit lassen sich jedoch kaum losgelöst vom Einzelfall beurteilen. Eine Einzelfallbeurteilung kommt bei der Treuhänderzusage als Instrument des Verwaltungsverfahrens nicht in Betracht. Zum Zeitpunkt der Entscheidung über die Treuhänderzusage ist die Person in der Regel noch nicht bekannt. Zu beurteilen ist daher der Einsatz *eines* noch zu bestimmenden fachkundigen unabhängigen Dritten im Hinblick auf darauf, ob er geeignet ist, die Überwachung der Umsetzung wirkungsvoll für die Kommission vorzunehmen. Eine Eignung im Entscheidungszeitpunkt wäre demnach nur dann nicht gegeben, wenn man davon ausgeht, dass der Treuhändereinsatz, wie er sich nach der gegenwärtigen Kommissionspraxis darstellt, einer objektiven oder sachkundigen Überwachung entgegensteht. Es müsste unterstellt werden, dass aufgrund der Vergütung durch die beteiligten Unternehmen oder der sich aus der täglichen Überwachung und Zusammenarbeit ergebenden Nähe zu den Parteien ein ausreichendes Maß an Unabhängigkeit und Objektivität nicht hergestellt oder gewährleistet werden kann. Die bisherige Praxis hat, soweit erkennbar, keinen Anlass für grundlegende Bedenken gegeben. Zwar berichtet die Merger Remedies Study von vereinzelten Fällen, in denen Interessenkonflikte sichtbar wurden[644] und eine Vergütung des Treuhänders durch die Kommission befürwortet wurde, weil sie für mehr Unabhängigkeit gegenüber den Parteien sorgen würde,[645] doch reicht dies für die Ablehnung der generellen Eignung nicht aus. Die wenigen Fälle, in denen Zweifel an der Objektivität des Treuhänders bestanden, traten in Konstellationen auf, die sich gegenwärtig nicht wiederholen dürften. Investmentbanken, die in den entsprechenden Fällen gleich-

---

644 DG COMP, Merger Remedies Study (o. Fn. 131), S. 92, Rn. 20.
645 DG COMP, Merger Remedies Study (o. Fn. 131), S. 95, Rn. 29.

zeitig als Übernahmeberater auftraten, sind nach der Mitteilung Abhilfemaßnahmen grundsätzlich ungeeignet für die Treuhänderaufgaben.[646] Auch für Wirtschaftsprüfer, Unternehmensberater oder andere als Treuhänder arbeitende Personen gilt, dass sie oder das hinter ihnen stehende Unternehmen grundsätzlich keine gleichzeitigen Geschäftsbeziehungen zu den Parteien unterhalten dürfen.

b) Erforderlichkeit

Der Verhältnismäßigkeitsgrundsatz verpflichtet ferner dazu, Zusagen nur in dem Umfang zu verlangen, in dem sie tatsächlich erforderlich sind. Stehen mehrere geeignete Maßnahmen zur Auswahl, ist die am wenigsten belastende zu wählen. Da der Treuhänder die Kompetenzen der Kommission rechtlich nicht ersetzt, sondern zusätzlich tätig wird, geht es vor allem darum, ob bereits die Überwachung durch die Kommission und das Rechtsfolgensystem der FKVO ausreichen, um die ordnungsgemäße Umsetzung der zugesagten Abhilfemaßnahmen sicherzustellen.

aa) Umsetzungserfolg ohne Treuhändereinsatz?

Dem Gesetzeszweck von Art. 6 Abs. 2 UAbs. 2 und Art. 8 Abs. 2 UAbs. 2 FKVO entsprechend sollen Auflagen und Bedingungen bzw. die sich daran anknüpfenden Rechtsfolgen sicherstellen, dass die beteiligten Unternehmen ihren Pflichten nachkommen.[647] Schon die Disziplinierungswirkung der Rechtsfolgen kommt als geeignetes und ausreichendes Mittel in Betracht. Grundsätzlich muss davon ausgegangen werden, dass die beteiligten Unternehmen den zugesagten Maßnahmen unter der allgemeinen Aufsicht der Kommission in vollem Umfang nachkommen. Von den Sanktionsbefugnissen der Kommission geht eine disziplinierende und fusionskontrollrechtlich relevante, sicherstellende Wirkung aus. Dies gilt insbesondere für einen Bedingungsverstoß.

(1) Merger Remedies Study zur Erforderlichkeit des Treuhändereinsatzes

Die Ergebnisse der Merger Remedy Study lassen allerdings Zweifel daran aufkommen, dass allein durch die Überwachung der Kommission und die disziplinierende Wirkung der Rechtsfolgen die Umsetzung in ausreichendem Umfang gesichert ist. Die Studie geht davon aus, dass in Fällen, in denen kein Treuhänder ernannt wurde, sein Einsatz die Gefahr einer ineffektiven Implementierung der Zusagen erheblich reduziert hätte.[648] Es habe nur wenige Fälle gegeben, in denen die Dienste des Treuhänders nicht notwendig für die Überwachung von

---

646 Mitteilung Abhilfemaßnahmen, ABl. 2008 Nr. C 267/1, Rn. 125.
647 *Broberg*, CMLR 1997, 845, 860 f.
648 DG COMP Merger Remedies Study (o. Fn. 127), S. 87, Rn. 4 u. S. 155, Rn. 79.

VI. Grundsatz der Verhältnismäßigkeit

einstweiligen Erhaltungs- und Getrennthaltungsverpflichtungen gewesen seien.[649] Zu berücksichtigen ist bei der zuerst genannten Aussage der Studie allerdings auch, dass die Kommissionsbefugnisse seit der Zeit der Untersuchung[650] erweitert wurden. So war etwa das Zwangsgeld zur Durchsetzung von Auflagen und Erhaltungsmaßnahmen bis zur Revision der FKVO im Jahr 2004 auf maximal 100.000,- EUR beschränkt. Heute darf es bis zu 10% des im vergangenen Geschäftsjahr erzielten Gesamtumsatzes des Unternehmens betragen. Aus der zweitgenannten Aussage der Studie – in nur wenigen Fällen sei der Einsatz eines Treuhänders nicht notwendig gewesen – folgt im Umkehrschluss, dass sein Einsatz jedenfalls nicht immer erforderlich war. Man kann schließlich die Reichweite der Aussagekraft der Studie insgesamt anzweifeln, indem die unzureichende Umsetzung den Besonderheiten der jeweiligen Einzelfälle zugeschrieben wird. Da die Kommission praktisch keine Zusagenentscheidungen ohne Treuhänderauflage erlässt, lassen sich vor allem keine Vergleichsfälle mehr bilden. Für Vergleichsfälle kann nur auf die Treuhänderpraxis anderer Kartellrechtsordnungen zurückgegriffen werden.

(2) Fusionskontrollpraxis anderer Rechtsordnungen

Im Fusionskontrollrecht des Vereinigten Königreichs, der Bundesrepublik Deutschland und nach der Praxis des Department of Justice in den Vereinigten Staaten ist der Einsatz von Treuhändern weitaus weniger stark verbreitet. Erhebliche Umsetzungsdefizite sind dort, soweit ersichtlich, nicht dokumentiert. Dies legt den Schluss nahe, dass eine Treuhänderüberwachung nicht immer erforderlich ist. Weder das Department of Justice noch das Bundeskartellamt noch die Kartellbehörden des Vereinigten Königreichs haben ihre Zusagenpraxis allerdings einer vergleichbaren ex-post Betrachtung unterzogen. Außer der Kommission hat allein die Federal Trade Commission, die zweite gleichberechtigte US-Kartellbehörde auf Bundesebene, ihre eigene Praxis evaluiert.[651] Da die Federal Trade Commission mit vergleichbarer Regelmäßigkeit wie die Kommission auf Treuhänder zurückgreift, besteht keine Möglichkeit zu einem Vergleich von ex-post-Analysen grundsätzlich unterschiedlicher Verwaltungspraktiken. Aus dem Vergleich der unterschiedlichen Praktiken müssen daher auch ohne entsprechende Analysen Rückschlüsse auf die Erforderlichkeit des Treuhändereinsatzes in der Praxis der Kommission gezogen werden. Auffällig sind vor allem die im zweiten Kapitel unter XII.3 erläuterten Unterschiede in der Treuhänderpraxis innerhalb derselben Rechtsordnung zwischen der Federal Trade Commission und dem Department of Justice. Die Federal Trade Commission hat eine mit der Kommission vergleichbare Vorstellung von der Funktion

---

649 DG COMP Merger Remedies Study, S. 61, Rn. 22.
650 Analysiert wurden 40 Entscheidungen aus den Jahren 1996 – 2000; siehe DG COMP Merger Remedies Study, S. 11.
651 Vgl. »A Study of the Commission's Divestiture Process« FTC Merger Remedy Study (verfügbar auf der Seite der FTC: http://www.ftc.gov).

des Treuhänders. Sie beschreibt ihn ebenfalls als »Auge und Ohr« der Behörde. Der frühere Assistant Director der Federal Trade Commission unterstreicht deutlich die Bedeutung des Treuhänders für das Verfahren. Demgegenüber vertritt das Department of Justice, dass der Treuhänder die Anstrengungen der Kartellabteilung lediglich dupliziere[652] – und deshalb kaum auf den Einsatz von Treuhändern zurückgegriffen werde.

(3) Urteil in der Rechtssache *Gencor*

Die Rechtsprechung lässt nur in Ansätzen erkennen, ob sie das System der FKVO für die Überwachung von Verpflichtungszusagen für ausreichend hält. Im Fall *Gencor* beantragte die Klägerin, das in Südafrika im Metall- und Mineralienbereich tätige Unternehmen Gencor Ltd., die Untersagungsentscheidung der Kommission für nichtig zu erklären. Die Kommission hatte die Übernahme der gemeinsamen Kontrolle eines im Minenbereich tätigen Unternehmens durch Gencor und das ebenfalls vornehmlich in diesem Bereich aktive Unternehmen Lonrho plc. untersagt.[653] Begründet wurde die Klage unter anderem damit, dass die von den am Zusammenschluss beteiligten Unternehmen angebotenen Verpflichtungszusagen unzulässigerweise abgelehnt wurden. Hierin liege ein Verstoß gegen Art. 8 Abs. 2 VO (EWG) Nr. 4064/89.[654] Nach Auffassung der Klägerin sei es möglich gewesen, die Einhaltung der angebotenen Verpflichtungen zu überwachen.[655] Die materielle Zusage – das Versprechen, das Produktionsniveau aufrechtzuerhalten – hätte durch die Verpflichtung zur Übermittlung von Produktionszahlen in vierteljährlichem Abstand überprüft werden können.[656] Bezogen auf eine weitere materielle Verpflichtungszusage zur Entwicklung eines Vorhabens wurde geltend gemacht, diese habe leicht anhand geprüfter Fortschrittsberichte und jährlicher Kontrollen vor Ort überwacht werden können.[657] Die Kommission dürfe sich nicht darauf berufen, dass eine Kontrolle schwieriger sei, weil die betroffenen Infrastrukturen in Südafrika liegen.[658] Nach Auffassung des Gerichts hatte die Kommission die Hauptverpflichtungszusagen der Parteien zu Recht zurückgewiesen. Im Urteil erfolgt daher keine ausführliche Würdigung des Parteivorbringens zur Überwachung. Vielmehr wurden die Argumente angesichts der als rechtmäßig angesehenen Zurückweisung der Kernzusagen als irrelevant angesehen. Gleichwohl lässt das Gericht die Frage der Überwachung nicht offen: Die die Überwachung betreffenden

---

652 U.S. Department of Justice, Antitrust Division: »Policy Guide to Merger Remedies«, Oktober 2004, S. 40 (verfügbar auf der Seite des U.S. Department of Justice: www.justice/gov/atr/).
653 Komm., ABl. 1997 Nr. L 11/30 – *Gencor/Lonrho*.
654 EuG, Slg. 1999, II-753, Rn. 298 – *Gencor*.
655 EuG, Slg. 1999, II-753, Rn. 308 – *Gencor*.
656 EuG, Slg. 1999, II-753, Rn. 308 – *Gencor*.
657 EuG, Slg. 1999, II-753, Rn. 308 – *Gencor*.
658 EuG, Slg. 1999, II-753, Rn. 309 – *Gencor*.

Zusagen durften zurückgewiesen werden, weil die Verpflichtungen insgesamt ungeeignet erschienen, um die Beeinträchtigung des Wettbewerbs zu beseitigen, »auch wenn die Überprüfung ihrer Einhaltung keine besonderen Schwierigkeiten aufgeworfen hätte«. Zwar wird die Kommission nicht ausdrücklich genannt, sie ist aber offensichtlich gemeint. Vor dem Hintergrund der Ausführungen der Parteien schließt das Gericht somit die Übermittlung von Unternehmensinformationen, Berichten über den Fortgang in regelmäßigen Abständen sowie wiederkehrende Überprüfung vor Ort, als ausreichende Alternative zum Treuhändereinsatz nicht aus.

(4) Urteil in der Rechtssache *ARD*

Eine Stellungnahme zur disziplinierenden Wirkung von Auflagen und Bedingungen enthält auch das Urteil in der Rechtssache *ARD*.[659] Die Klage der Arbeitsgemeinschaft der öffentlich-rechtlichen Rundfunkanstalten der Bundesrepublik Deutschland (ARD) richtete sich gegen die Genehmigung der Beteiligung der britischen BSkyB an Kirch Pay TV, einem Unternehmen für Bezahlfernsehen der Kirch-Gruppe. Gerügt wurde vor allem die Unzulänglichkeit der im Fusionskontrollverfahren gegenüber der Kommission gemachten Zusagen.[660]

In seiner Urteilsbegründung geht das Gericht auf die disziplinierende Wirkung von Zusagen mit verhaltensbezogener Natur im Vergleich zu Art. 82 EG ein.[661] Zusagen bieten danach gegenüber der allgemeinen Aufsicht im Hinblick auf Art. 82 EG einen »Mehrwert«.[662] Indem die Zusagen als Bedingung Teil der Genehmigungsentscheidung werden, gehe die Beweislast für die Einhaltung auf die am Zusammenschluss beteiligten Unternehmen über.[663] Die Einhaltung werde zudem durch ein »wirksames und bindendes Schiedsverfahren sichergestellt«, bei dem wiederum das beteiligte Unternehmen – hier die Kirch-Gruppe – die Beweislast trage.[664] Bei Verpflichtungen im Rahmen von Zusagen sei die Ahndung bei Nichteinhaltung wirksamer als bei gesetzlichen Pflichten aufgrund von Art. 82 EG. Aus Art. 8 Abs. 5 FKVO gehe nämlich hervor, dass die Kommission die getroffene Entscheidung widerrufen könne, wenn die beteiligten Unternehmen einer dort vorgesehenen Auflage zuwiderhandelten. Das Gericht geht somit davon aus, dass Beweislastverschiebung und Sanktionsmöglichkeit in Art. 8 Abs. 5 FKVO einen erheblichen Beitrag leisten, um die Einhaltung der Verpflichtungszusagen sicherzustellen.

---

659 EuG, Slg 2003, S. II-3825 – *ARD/Kommission*.
660 EuG, Slg. 2003, S. II-3825, Rn. 17, 182 – *ARD/Kommission*.
661 EuG, Slg. 2003, S. II-3825, Rn. 202 ff. – *ARD/Kommission*.
662 EuG, Slg. 2003, S. II-3825, Rn. 202 ff. – *ARD/Kommission*.
663 EuG, Slg. 2003, S. II-3825, Rn. 202 – *ARD/Kommission*.
664 EuG, Slg. 2003, S. II-3825, Rn. 203 – *ARD/Kommission*.

(5) Abschließende Bewertung

Die Eignung der Überwachung durch die Kommission ohne den Einsatz eines Treuhänders lässt sich nicht allgemein beurteilen. Es ist nicht ausgeschlossen, dass die Kommission in Ausübung der ihr in der FKVO eingeräumten Befugnisse eine ordnungsgemäße Erfüllung der Verpflichtungszusagen in einem ausreichenden Maß sicherstellt. Im Einzelfall kann bei einer Verpflichtungszusage offensichtlich sein, wann ein Verstoß gegen sie vorliegt. Ebenso können Wettbewerber oder Kunden von der Auflage oder Bedingung begünstigt werden und die ordnungsgemäße Einhaltung mindestens so stark einfordern wie dies von einem Treuhänder zu erwarten ist. Die zusätzliche Treuhänderüberwachung wäre dann nicht mehr erforderlich. Gleichwohl dürfte in einer Vielzahl von Fällen nur durch eine intensive Überwachung unter regelmäßigem Erscheinen vor Ort eine ordnungsgemäße Umsetzung sicherzustellen sein. So kann die Erfüllung von Auflagen und Bedingungen, die nicht den Vorstellungen der Kommission entspricht, jedoch keinen Verstoß darstellt, von der Kommission weder ohne Weiteres erkannt noch nach Bekanntwerden mit den ihr zur Verfügung stehenden rechtlichen Möglichkeiten erreicht werden. Grund dafür sind die in den Auflagen und Bedingungen verwendeten unbestimmten Rechtsbegriffe. Diese werden erst im Moment der Umsetzung konkretisiert. Es können sich bei der Umsetzung Fragestellungen ergeben, die vom Inhalt des Entscheidungstextes nicht oder nur unzureichend berücksichtigt worden sind. Hier kann die Kommission für den Fall der Schlechterfüllung nur eingeschränkt auf die Fusionskontrollverordnung zurückgreifen. Auch die besonderen Kenntnisse des Treuhänders, etwa allgemeine Erfahrungen mit Ausgliederungen oder bestimmte Branchenkenntnisse, kann eine erhebliche Rolle spielen und die Einsetzung rechtfertigen.

bb) Beurteilungsspielraum bei der Entscheidung über die Erforderlichkeit

Nach den vorangegangenen Ausführungen ist zu erwarten, dass die Kommission in ihrer Entscheidung die Erforderlichkeit des Treuhändereinsatzes abwägt. Aus der Rechtsprechung ergibt sich, welche materiellen Anforderungen hier an die Kommission gestellt werden.

(1) Urteil in der Rechtssache *Cementbouw*

Das Gericht hat der Kommission in der Rechtssache *Cementbouw*[665] für ihre Verhältnismäßigkeitsprüfung viel Freiraum gelassen. Die beteiligten Unternehmen Franz Haniel & Cie. GmbH (Haniel) und Cementbouw Handel & Industrie BV (Cementbouw) hatten sich zur Abwendung einer Untersagungsentscheidung und Entflechtungsanordnung verpflichtet, das Gemeinschaftsunternehmen CVK aufzugeben. Die bedingte Genehmigungsentscheidung wurde anschließend von

---

665 EuG, Slg. 2006, S. II-319 – *Cementbouw/Kommission*.

Cementbouw u.a. mit der Begründung angefochten, sie sei unter Verstoß gegen Art. 8 Abs. 2 VO Nr. 4064/89 sowie den Grundsatz der Verhältnismäßigkeit ergangen.[666] Das Gericht stellte hierzu fest, dass »Verpflichtungen der Beteiligten, um von der Kommission im Hinblick auf den Erlass einer Entscheidung gemäß Artikel 8 Abs. 2 der VO Nr. 4064/89 akzeptiert werden zu können, nicht nur dem von der Kommission in ihrer Entscheidung festgestellten Wettbewerbsproblem gerecht werden, sondern es vollständig beheben müssen.«[667] Weiter erklärt das Gericht, dass die Kommission »nach Art. 8 Abs. 2 der VO 4064/89 alle Verpflichtungen der Beteiligten akzeptieren darf, die es ihr erlauben, eine Entscheidung zu erlassen, um den Zusammenschluss für mit dem Gemeinsamen Markt vereinbar zu erklären.«[668]

Die Auffassung des Gerichts, die Kommission dürfe alle Verpflichtungen akzeptieren, relativiert den Grundsatz der Verhältnismäßigkeit. Ist es nicht ausgeschlossen, den Zusammenschluss aufgrund der angebotenen Zusagen für vereinbar mit dem Binnenmarkt zu erklären, kann die Kommission dies tun. Sie muss die Verpflichtungszusagen nicht auf das aus ihrer Sicht erforderliche Maß beschränken. Insbesondere ist keine ausdrückliche Trennung zwischen einem erforderlichen und einem aus wettbewerbsrechtlicher Sicht überflüssigen Teil notwendig.[669] Mittelbar werden damit auch die Begründungsanforderungen an die Kommission herabgesetzt. Für den Fall, dass die Unternehmen jedoch gerade keine Treuhänderzusage anbieten, die Kommission also entscheiden muss, ob sie den Zusammenschluss auch allein auf der Grundlage materiellen Zusagen genehmigen muss, dürfte sich für die Kommission der weite Beurteilungsspielraum nicht eröffnen.

(2) Urteil in der Rechtssache *EDP*

Unterbleibt eine Verpflichtungszusage, so sind die Begründungsanforderungen nach Auffassung des Gerichts in der Rechtssache *EDP/Kommission*[670] ungleich höher. Das portugiesische Energieunternehmen Energias de Portugal SA (EDP) klagte gegen die Untersagung des gemeinsamen Kontrollerwerbs von EDP und Eni Portugal Investment SA über die Gas de Portugal SGPS durch die Kommission.[671] EDP warf der Kommission vor, fehlerhaft davon ausgegangen zu sein, dass die Partien nachzuweisen haben, dass ihre Verpflichtungszusagen die wettbewerbsrechtlichen Bedenken der Kommission ausräumen.[672] Das Gericht stellte fest, dass ein durch Verpflichtungszusagen geänderter Zusammenschluss den gleichen Beweislastregeln unterliegt wie ein nicht geänderter Zusammen-

---

666 EuG, Slg. 2006, S. II-319, Rn. 22 – *Cementbouw/Kommission*.
667 EuG, Slg. 2006, S. II-319, Rn. 307 – *Cementbouw/Kommission*.
668 EuG, Slg. 2006, S. II-319, Rn. 308 – *Cementbouw/Kommission*.
669 v. *Koppenfels* in: MünchKomm, EuWettbR, Art. 8 FKVO, Rn. 31.
670 EuG, Slg. 2005, S. II-3745 – *EDP/Kommission*.
671 Komm., ABl. 2005 Nr. L 302/69 – *EDP/ENI/GDP*.
672 EuG, Slg. 2005, S. II-3745, Rn. 60 – *EDP/Kommission*.

schluss.[673] In jedem Fall sei es Sache der Kommission, nachzuweisen, dass ein Zusammenschluss nicht mit dem Gemeinsamen Markt vereinbar ist.[674] Werden Zusagen gemacht und will die Kommission den Zusammenschluss untersagen, habe sie nachzuweisen, dass der Zusammenschluss trotz der Zusagen eine beherrschende Stellung begründet oder verstärkt und einen wirksamen Wettbewerb erheblich behindert.[675] Zweifel kämen den am Zusammenschluss Beteiligten zugute, deren Vorhaben genehmigt werden müsse.[676] Abschnitt Nr. 6 der Mitteilung Abhilfemaßnahmen, wonach die Parteien »den Beweis, dass durch die vorgeschlagenen Abhilfemaßnahmen eine beherrschende Stellung weder begründet noch verstärkt wird, erbringen [müssen]«, ändere nichts an dieser Beweislastverteilung. Die Kommission müsste danach nachweisen, aus welchen Gründen ein Zusammenschluss trotz erschöpfender materieller Zusagen ohne entsprechende Durchführungszusagen nicht genehmigt werden kann. Fehlt eine Treuhänderzusage, müsste dargelegt werden, warum die Vereinbarkeit des Zusammenschlusses mit dem Gemeinsamen Markt nur mit Hilfe der Überwachungstätigkeit eines Treuhänders erreicht werden kann. Ist zweifelhaft, ob die ordnungsgemäße Erfüllung nicht auch ohne Treuhänder sichergestellt werden kann – etwa weil eine Nichteinhaltung durch andere Marktteilnehmer intensiv überwacht wird, bereits die drohenden Rechtsfolgen zur Erfüllung zwingen oder andere angebotene Durchführungszusagen vorliegen – müsste sich dies zugunsten der am Zusammenschluss beteiligten Unternehmen auswirken. Es ist fraglich, ob die europäischen Gerichte der Kommission bei dieser Frage einen ebenso weiten Beurteilungsspielraum einräumen wie bei der Einschätzung materieller Zusagen.

(3) Abschließende Bewertung

Den Entscheidungen der Kommission ist nicht zu entnehmen, dass Erwägungen zur Erforderlichkeit des Einsatzes stattfinden. Sofern sich die Kommission in ihren Entscheidungen zur Erforderlichkeit äußert, beziehen sich ihre Ausführungen auf die materiellen Zusagen, nicht die Durchführung und ihre Überwachung. Die Kommission hat das ihr eingeräumte Ermessen bei der Frage, ob sie den angebotenen Treuhändereinsatz zur Auflage macht, nach außen erkennbar auszuüben. Andernfalls liegt ein Ermessensfehlgebrauch wegen Ermessensunterschreitung vor. Sie muss begründen, warum sie sich in einer bestimmten Weise entschieden hat.[677] Die Gesetzmäßigkeit der Verwaltung verlangt, dass Ermessensnormen anders wahrgenommen werden als gebundene Befugnisnormen und die Erwägungen nachvollziehbar sind.

---

673 EuG, Slg. 2005, S. II-3745, Rn. 62 – *EDP/Kommission*.
674 Vgl. EuG, Slg. 2005, S. II-3745, Rn. 61 – *EDP/Kommission*.
675 EuG, Slg. 2005, S. II-3745, Rn. 64 – *EDP/Kommission*.
676 EuG, Slg. 2005, S. II-3745, Rn. 69 – *EDP/Kommission*.
677 *Schwarze*, Europäisches Verwaltungsrecht, S. 285.

c) Angemessenheit

Die Maßnahme darf nicht außer Verhältnis zum angestrebten Zweck, der Aufrechterhaltung des Wettbewerbs auf dem Gemeinsamen Markt, stehen. Die Treuhändertätigkeit beeinträchtigt regelmäßig die unternehmerische Freiheit und die Eigentumsrechte der beteiligten Unternehmen. Ebenso betroffen ist der Grundsatz, sich nicht selbst belasten zu müssen sowie die Garantie, Verwaltungshandeln gerichtlich überprüfen zu können.

Der Zweck, die Aufrechterhaltung wirksamer Wettbewerbsbedingungen im Gemeinsamen Markt, verlangt demgegenüber von der Kommission, geeignete und erforderliche Maßnahmen zu ergreifen, um die Einhaltung und Durchsetzung von Verpflichtungszusagen sicherzustellen. Dem Ziel, den Gemeinsamen Markt vor Verfälschungen zu schützen, kommt dabei eine hervorgehobene Bedeutung zu.[678] Erforderlich ist daher ein auffälliges Missverhältnis zwischen der Belastung der Parteien durch die Treuhänderbestellung und dem Zweck, der wirksamen Sicherstellung der Wettbewerbsbedingungen im Gemeinsamen Markt. Kann die Erforderlichkeit begründet und bejaht werden, kann ein solches auffälliges Missverhältnis kaum angenommen werden.

4. Zwischenergebnis

Treuhänder sind, wenn sie gemäß ihrer Bestimmung in den einschlägigen Dokumenten der Kommission fachkundig und unabhängig sind, grundsätzlich geeignet, die materiellen Verpflichtungszusagen der am Zusammenschluss beteiligten Unternehmen für die Kommission zu überwachen. Die Erforderlichkeit des Treuhänders für die Umsetzung der Verpflichtungszusagen kann generalisierend nicht beantwortet werden. Allgemeine Zweifel an der Erforderlichkeit können damit begründet werden, dass andere Rechtsordnungen wesentlich seltener auf den Einsatz von Treuhändern zurückgreifen, obwohl dies rechtlich möglich wäre. Es wird davon ausgegangen, dass auf nationaler Ebene kein Umsetzungsdefizit herrscht. Für die Erforderlichkeit im Regelfall spricht, dass sich viele Umsetzungsschwächen erst durch den Einsatz von Treuhändern offenbaren. Ferner muss davon ausgegangen werden, dass jedenfalls in der ganz überwiegenden Zahl der Fälle der Einsatz eines Treuhänders einen Mehrwert darstellt weil die Umsetzung ohne Treuhänder nicht ebenso gut erfolgen könnte, wie im Fall seines Einsatzes. Der Treuhändereinsatz ist angemessen, wenn er erforderlich ist. Die Erforderlichkeit des Treuhänders muss einzelfallabhängig entschieden und begründet werden. Sie unterscheidet sich nicht von der Erforderlichkeit einer materiellen Auflage oder Bedingung.

---

678 Vgl. *Ehricke* in: Loewenheim/Meessen/Riesenkampff, Art. 86 EG, Rn. 149.

VII. Zusammenfassung

Bei der Betrachtung des Wortlauts von Art. 6 Abs. 2 und Art. 8 Abs. 2 FKVO bestehen Zweifel, ob der Treuhändereinsatz eine »Veränderung des Zusammenschlusses« darstellt. Der Treuhändereinsatz verändert primär die Art und Weise der Aufgabenerfüllung der Kommission, nicht die materielle Beschaffenheit des Zusammenschlusses und die daraus folgende Wettbewerbssituation. Die Aussagekraft von Wortlautauslegungen ist im Unionsrecht grundsätzlich begrenzt. Es ist allerdings zu beachten, dass jede Sprachfassung in Art. 3 FKVO eine Legaldefinition des Zusammenschlussbegriffs enthält und dieser in einer benachbarten Norm nicht ohne weiteres anders ausgelegt werden kann. Der Auslegung des Wortlauts kann vor diesem Hintergrund ein höherer Stellenwert zugemessen werden als dies in anderen Konstellationen im Unionsrecht der Fall wäre.

Der systematische Vergleich von Art. 8 Abs. 2 mit Art. 8 Abs. 4, lit. b, 2. Spiegelstrich FKVO zeigt, dass sicherstellende Maßnahmen wie der Einsatz von Treuhändern nur dann vorgesehen sind, wenn es um die Auflösung eines Zusammenschlusses oder die anderweitige Wiederherstellung des früheren Zustands geht. Diese systematische Wertung des Gesetzgebers umgeht die Kommission, wenn sie den Treuhändereinsatz als sicherstellende Maßnahme schon bei der Umsetzung von Verpflichtungszusagen faktisch anordnet, indem sie auf eine entsprechende Zusage der Parteien besteht.

Der Sinn und Zweck der Norm besteht einerseits in der Eröffnung der Möglichkeit, einen verfahrensökonomischen Ausweg bei einem wettbewerbsrechtlich problematischen Zusammenschluss zu beschreiten; andererseits stellt sich der unter Auflagen und Bedingungen genehmigte Zusammenschluss für den Adressaten gegenüber einer Untersagungsentscheidung als verhältnismäßige Lösung dar. Der Treuhändereinsatz berührt beide Zielsetzungen nicht. Dasselbe gilt für den Zweck der Instrumente Auflage und Bedingung und der sich daraus ergebenden Möglichkeit der zwangsweisen Durchsetzung. Der Rückgriff auf den »effet utile« kann angesichts dieser Zielvorstellungen der Norm zu keinem anderen Ergebnis führen.

Art. 20a DVO-FKVO normiert, dass Unternehmen der Kommission vorschlagen können, sich auf ihre Kosten von einem Treuhänder überwachen zu lassen. Die Vorschrift erscheint aus systematischen und historischen Gründen mit Art. 23 Abs. 1 lit. c) FKVO nicht vereinbar. Art. 23 FKVO ermächtigt die Kommission zum Erlass von Durchführungsbestimmungen, nicht zur Vorgabe des Inhalts von Verpflichtungszusagen. Nur der zwingende Einsatz von Treuhändern könnte als Durchführungsbestimmung angesehen werden. Dies stellt aber eine Kompetenzerweiterung dar und geht über das hinaus, was die Kommission selbst auf der Grundlage des Art. 23 FKVO regeln darf. Historisch ist die Regelung problematisch, weil über Art. 20a DVO-FKVO eine Kostenbelastung erfolgt, die im Widerspruch zu den Vorstellungen der FKVO steht. In der

Entstehungsgeschichte von Art. 23 FKVO wurde eine Kostentragungspflicht der Parteien erwogen, im Ergebnis aber verworfen.

Das Unionsrecht weist der Kommission die Aufgabe zu, die Umsetzung von Verpflichtungsmaßnahmen zu überwachen. Hierzu sind der Kommission zahlreiche Befugnisse eingeräumt, von denen sie bislang in der Umsetzungsphase keinen Gebrauch gemacht hat. Zwar steht das Unionsrecht einer Aufgabendelegation an Private nicht grundsätzlich entgegen, doch muss sich diese nach der Rechtsprechung des Gerichtshofs auf genau umgrenzte Ausführungsbefugnisse ohne Ermessensspielraum beschränken. Die Aufgabenwahrnehmung muss vollumfänglich von der delegierenden Behörde beaufsichtigt werden.

Der Treuhändereinsatz in seiner gegenwärtig praktizierten Form ist mit diesen Vorgaben in der Regel nicht vereinbar. Der Treuhänder ersetzt faktisch die Kommission bei der Durchführung der Überwachung. Die Kommission beschränkt sich auf eine Plausibilitäts- und Vollständigkeitsprüfung der Aussagen und Berichte des Treuhänders. Damit überlässt sie dem Treuhänder für den Umsetzungserfolg relevante im Ermessen stehende Entscheidungen. Ermessensentscheidungen, die bei der Kommission verbleiben, können nur auf einer fremd- und vorbestimmten Grundlage getroffen werden.

Die Entscheidung *Microsoft* zeigt eine Ablehnung des Gerichts gegenüber dem Einsatz eines Treuhänders, der Funktionen wahrnimmt, die in den unmittelbaren Verantwortungsbereich der Kommission fallen. Diese Ablehnung gilt unabhängig davon, ob die Wahrnehmung einvernehmlich erfolgt.

Die Kosten des Treuhänders sieht das Gericht als Teil der Kosten an, die die Kommission bei der Wahrnehmung ihrer Untersuchungs- und Durchführungsbefugnisse zu tragen hat, nicht als Bestandteil der von den Unternehmen zu tragenden Kosten der Umsetzung des Zusammenschlusses.

Der Treuhändereinsatz stellt sich als Eingriff in die unternehmerische Freiheit im Sinne des Art. 16 GRC dar. Der Einsatz zwingt die Unternehmen zur Anpassung ihrer Organisationsstrukturen und Arbeitsabläufe und erfordert einen Vertragsabschluss, dessen Inhalt die Unternehmen nicht frei bestimmen können. Soweit Büroräume des Unternehmens für den Treuhänder und seine Mitarbeiter bereitgehalten werden müssen, greift der Treuhändereinsatz in das Eigentumsrecht ein. Infolge des Treuhändereinsatzes entfallen Anhörungsrechte und Begründungspflichten, die sich im Fall einer Überwachung unmittelbar durch die Kommission ergeben würden. Der Treuhändereinsatz führt zu einem weitgehend ungehinderten Zugang zu möglicherweise selbstbelastenden Informationen und ihrer Weitergabe an die Kommission. In das Recht auf Anhörung (Art. 41 Abs. 2, 1. Var. GRC), das Recht auf Entscheidungsbegründung (Art. 41 Abs. 2, 3. Spiegelstrich GRC) und das Recht auf Schutz vor Selbstbelastung (Art. 41 iVm. Art. 48 GRC) jeweils als Ausprägung des Rechts auf gute Verwaltung, wird durch den Einsatz von Treuhändern eingegriffen. Der Treuhändereinsatz bedeutet schließlich auch einen Eingriff in das Recht auf gerichtlichen Rechtsschutz im Sinne von Art. 48 GRC, da es bei Aufgabenwahrnehmung durch den

Treuhänder an einer hoheitlichen Maßnahme, gegen die Rechtsschutz ohne weiteres eröffnet ist, fehlt.

In sämtliche Beschränkungen der betroffenen Rechte willigen die Unternehmen jedoch mit ihrer Treuhänderzusage grundsätzlich ein. Die Einwilligung unterliegt zwar einem maßgeblichen Einfluss der Kommission sowie dem Sachzwang, ohne eine Treuhänderzusage eine Untersagungsentscheidung befürchten zu müssen, dennoch muss von einer freiwilligen Entscheidung ausgegangen werden. Wird die Rechtswidrigkeit des Treuhändereinsatzes nicht aufgrund der Unvereinbarkeit mit den Rechtsgrundlagen und der Aufgabenzuweisung an die Kommission angenommen, hat die Treuhänderzusage daher legitimierende Wirkung. Von einer Grundrechtsverletzung ist daher nicht auszugehen.

Treuhänder sind, wenn sie gemäß den Voraussetzungen in den einschlägigen Dokumenten der Kommission fachkundig und unabhängig sind (und die Vereinbarkeit mit Rechtsgrundlagen und Aufgabenzuweisung angenommen wird), grundsätzlich geeignet, die materiellen Verpflichtungszusagen der am Zusammenschluss beteiligten Unternehmen für die Kommission zu überwachen. Die Erforderlichkeit des Einsatzes eines Treuhänders für die Umsetzung der Verpflichtungszusagen kann generalisierend nicht beantwortet werden. Zweifel an der Erforderlichkeit können damit begründet werden, dass andere Rechtsordnungen wesentlich seltener auf den Einsatz von Treuhändern zurückgreifen. Für die Erforderlichkeit im Regelfall spricht, dass viele Umsetzungsschwächen erst durch den Einsatz von Treuhändern offenbar werden. Jedenfalls in der ganz überwiegenden Zahl der Fälle stellt der Einsatz eines Treuhänders einen Mehrwert dar. Die Erforderlichkeit des Einsatzes von Treuhändern muss ebenso wie eine materielle Auflage oder Bedingung einzelfallabhängig entschieden und begründet werden. Derartige Erwägungen sind in der bisherigen Verwaltungspraxis der Kommission nicht erkennbar.

4. Kapitel Justiziabilität der Treuhänderentscheidung

Die Verfahrensbeteiligten werden, auch wenn sie von der Unvereinbarkeit des Treuhändereinsatzes mit der FKVO, der DVO-FKVO, der unionsrechtlichen Aufgabenzuweisung und dem Grundsatz der Verhältnismäßigkeit überzeugt sein sollten, von einer Treuhänderzusage nicht absehen, wenn sie davon ausgehen müssen, dass die Kommission andernfalls eine Untersagungsentscheidung gegen sie erlässt. Der wirtschaftliche Schaden einer Untersagung ist in der Regel so erheblich, dass diese Option nicht in Betracht kommt. Zu klären ist daher, ob ein Unternehmen seine Bedenken im Rahmen einer Anfechtung ausschließlich der Treuhänderauflage vorbringen kann, ohne den Bestand der ansonsten günstigen bedingten Freigabeentscheidung zu riskieren.

I. Anfechtbarkeit von Zusagenentscheidungen

Genehmigungsentscheidungen unter Bedingungen und Auflagen können durch den Adressaten mit einer Nichtigkeitsklage nach Art. 263 EUV angefochten werden. Ausgehend von der begehrten uneingeschränkten Freigabe stellt jede Einschränkung durch eine Bedingung oder Auflage grundsätzlich eine Beschwer dar. Die europäische Gerichtsbarkeit hat die Anfechtung einer Zusagenentscheidung zugelassen. Im Fall *Cementbouw*[679], dem bislang einzigen seiner Art, hatte das am Verfahren beteiligte Unternehmen gegen die Auflagen und Bedingungen einer gegen das Unternehmen ergangenen Freigabeentscheidung geklagt. Ohne sich mit der Klagebefugnis auseinanderzusetzen hat das Gericht die Klage als unbegründet abgewiesen. Die Zulässigkeit wurde damit offensichtlich vorausgesetzt.

II. Isolierte Anfechtbarkeit von Auflagen und Bedingungen

Nach überwiegender Ansicht ist eine isolierte Anfechtung der Auflagen und Bedingungen zulässig.[680] Dieser Ansicht ist zu folgen. Dass die Bedingungen

---

679 EuG, Slg. 2006, S. I-319 – *Cementbouw/Kommission*.
680 Vgl. *Baron* in: Langen/Bunte, Art. 8 FKVO, Rn. 28.; *Immenga/Körber* in: Immenga/ Mestmäcker, WettbR EG Teil 2, Art. 8 FKVO, Rn. 166; grds. auch *Emberger/ Peter* in: Loewenheim/Meessen/Riesenkampff, Art. 6 FKVO, Rn. 22 sowie *Bechtold/Brinker/Bosch/Hirsbrunner*, Art. 8 FKVO, Rn. 9, die jedoch erwägen, die spä-

und Auflagen auf Verpflichtungszusagen der beteiligten Unternehmen zurückgehen, ändert daran nichts. Zusagen werden angeboten, um den ungünstigeren Ausgang des Prüfungsverfahrens, also Untersagung, zu vermeiden. Die Abgabe von Zusagen erfolgt aus pragmatischen Erwägungen. Die Rechtsauffassung der Kommission muss weder geteilt werden noch wird dies erwartet.[681] Die häufig verwendeten Begriffe »Freiwilligkeit« und »Kompromiss« dürfen nicht darüber hinwegtäuschen, dass am Ende allein die Kommission entscheidet. Die Beteiligten bieten die Abhilfemaßnahmen in der Regel nur nach Anordnung der Kommission an. Mit dem Verfahren wird lediglich die Möglichkeit eröffnet, unter der Voraussetzung bestimmter Änderungen anders zu entscheiden. Die Mitwirkung der Unternehmen ist Folge eines gesetzlich vorgegebenen und ökonomisch sinnvollen Verfahrens. Den beteiligten Unternehmen darf aus ihrer freiwilligen – erheblichen Sachzwängen unterliegenden – Mitwirkung nicht der Nachteil einer eingeschränkten Klagebefugnis entstehen.[682]

Ob die Klage begründet ist, hängt unter anderem davon ab, ob die angegriffene Auflage oder Bedingung von der übrigen Entscheidung trennbar ist, ohne diese im Kern zu verändern.[683] Dies wird zum Teil mit der Begründung ausgeschlossen, dass Auflagen und Bedingungen mit der Genehmigungsentscheidung stets eine untrennbare Einheit bilden.[684] Bei einem Klageerfolg würde die Kommission danach gemäß Art. 266 Abs. 1 EUV den Zusammenschluss insgesamt erneut prüfen.[685] Die Zulässigkeit einer isolierten Anfechtung wäre damit aus Rechtsschutzerwägungen irrelevant. Aus der zutreffenden Begründung folgt jedoch, dass das angenommene Ergebnis nicht immer gelten kann.[686] Während bei Veränderungen des Zusammenschlusses aufgrund materieller Verpflichtungszusagen einzelne Auflagen und Bedingungen sich regelmäßig kaum aus dem Zusammenhang herauslösen lassen dürften, ist dies bei der Treuhänderzusage grundlegend anders. Sie betrifft nicht den Zusammenschluss als Entschei-

---

tere Anfechtung von Entscheidungen nach Art. 8 Abs. 2 iVm Art. 10 Abs. 2 (und damit wohl auch nach Art. 6 Abs. 2) als rechtsmissbräuchlich anzusehen (Rn. 11 a.E.). Skeptisch auch *Weitbrecht* in: Schwarze (Hrsg.) Instrumente zur Durchsetzung des europäischen Wettbewerbsrechts, der Treuwidrigkeit in Betracht zieht (S. 72).

681 Vgl. *v. Koppenfels* in: Münchener Kommentar zum EG-WettbR, Art. 8 FKVO, Rn. 143, der damit jedoch nur das Rechtsschutzbedürfnis für die Anfechtung der Gesamtentscheidung begründet.
682 *Langeheine/Dittert* in: Schröter/Jakob/Mederer, Art 21 FKVO, Rn. 4.
683 EuGH, Slg. 1999, S. I-1375, Rn. 256 ff. – *Frankreich/ Kommission (Kali+Salz)*; *Bechtold/Brinker/Bosch/Hirsbrunner*, Art. 8 FKVO, Rn. 9; *Immenga/Körber* in: Immenga/Mestmäcker, Art. 8 FKVO, Rn. 166; *Koch* in: Schulte, Hdb Fusionskontrolle, Rn. 2144.
684 *v. Koppenfels* in: Münchener Kommentar zum EG-WettbR, Art. 8 FKVO, Rn. 143.
685 *Koch*, in: Schulte, Hdb Fusionskontrolle, Rn. 2144 ff.; *v. Koppenfels* in: Münchener Kommentar zum EG-WettbR, Art. 8 FKVO, Rn. 143.
686 So im Ergebnis auch *Bechtold/Brinker/Bosch/Hirsbrunner*, Art. 8 FKVO Rn. 9.

II. Isolierte Anfechtbarkeit von Auflagen und Bedingungen

dung über die zukünftige Wettbewerbsstruktur, sondern lediglich die Überwachung der Umsetzung, also einen Teil des Verwaltungsverfahrens. Im Fall der begründeten isolierten Anfechtung bliebe die Wettbewerbsentscheidung der Kommission unangetastet. Sofern sich die Kommission nicht auf die Disziplinierungswirkung der ihr von der FKVO zur Verfügung gestellten Instrumente verlassen möchte, müsste sie auf andere Weise die Überwachung der Umsetzung ihrer Auflagen und Bedingungen sicherstellen, etwa durch intensiveren Personaleinsatz oder die Hinzuziehung Dritter durch unmittelbare Beauftragung. Dem Erfordernis der Trennbarkeit entsprechend, ist es daher konsequent, die Auflage, einen Treuhänder einzusetzen, isoliert anzufechten und überprüfen zu können. Ist die Anfechtung begründet, kann eine isolierte Aufhebung erfolgen.

Auch aus Gründen des Rechtsschutzes ist die isolierte Anfechtbarkeit geboten. Die Treuhänderzusage zählt zu den Zusagen, die am stärksten durch die Kommission fremdbestimmt ist. Trotz ihrer Belastung wird sie – für sich betrachtet – kein Unternehmen dazu veranlassen, die Entscheidung insgesamt anzufechten. Ohne isolierte Anfechtbarkeit ist der Rechtsschutz gegen Treuhänderauflagen praktisch ausgeschlossen.

5. Kapitel Rechtliche Einordnung der Treuhänderpraxis

Unabhängig von der im 3. Kapitel aufgeworfenen Frage nach der rechtlichen Zulässigkeit ist die rechtssystematische Einordnung des Treuhänders in der gegenwärtigen Praxis ungeklärt. Der Treuhänder steht im Mittelpunkt des Verwaltungsrechtsverhältnisses zwischen der Kommission und den beteiligten Unternehmen. Er ist offensichtlich nicht Teil der öffentlichen Verwaltung, obgleich er nach eigenem Verständnis, dem der Kommission und der Parteien (allein) für sie tätig wird.[687] Der Treuhänder ist privatrechtlich gegenüber seinem Vertragspartner, d.h. dem oder den Unternehmen, verpflichtet. Der Vertragspartner kann ihn jedoch nicht anweisen. Er unterstützt die Kommission in der Wahrnehmung ihrer Aufgaben bzw. wird an ihrer Stelle tätig. Zugleich erfüllt er dadurch die Pflichten aus seinem Vertrag.

Zur rechtlichen Einordnung und Abgrenzung wird die Treuhänderpraxis nachfolgend zunächst mit verwaltungsrechtlichen Rechtsinstituten der Verwaltungsprivatisierung verglichen. Anschließend wird das Treuhändermandat darauf untersucht, ob es als Vertrag zugunsten Dritter – der Kommission – ausgelegt werden kann. Schließlich folgt eine Gegenüberstellung mit den Rechten und Pflichten eines Insolvenzverwalters nach deutschem Insolvenzrecht, einer Rechtsfigur, die ebenfalls in einem ambivalenten und nicht unstreitigen Rechtsverhältnis zu den am Verfahren beteiligten Personen steht.

I. Der Treuhändereinsatz als Form der Verwaltungsprivatisierung

Der Treuhänder wird, wenn er die ordnungsgemäße Umsetzung der Verpflichtungszusagen und damit die Einhaltung der Auflagen und Bedingungen überwacht, in einem Bereich tätig, der nach der gesetzlichen Aufgabenzuweisung grundsätzlich der Kommission zufällt.[688] Dass die am Zusammenschluss beteiligten Unternehmen ein Eigeninteresse an der Einhaltung der materiellen Auflagen und Bedingungen haben, ändert daran nichts. Privates und öffentliches Interesse mögen bei der Einhaltung und Überwachung zusammen fallen. Die Aufgabenzuweisung lässt dies jedoch unberührt.[689]

---

687 Siehe o. 2. Kapitel, VI.
688 Siehe o. 3. Kapitel, IV.
689 Vgl. *Hoffmann-Riem*: Verfahrensprivatisierung als Modernisierung in: Hoffmann-Riem/Schneider (Hrsg.) Verfahrensprivatisierung im Umweltrecht, S. 9, 15, mit dem Hinweis, dass Privatinteresse und öffentliches Überwachungsinteresse in vielen Bereichen mit öffentlich-rechtlichen Pflichten zusammenfallen.

Die Treuhänderpraxis erscheint damit als Aufgabenprivatisierung. Diese erscheint allein deshalb weniger offensichtlich, weil der Treuhänder nicht unmittelbar von der Kommission, sondern den Parteien beauftragt wird. Es stellt sich die Frage, ob die als Aufgabenprivatisierung erscheinende Verwaltungspraxis tatsächlich als Verwaltungsprivatisierung zu beurteilen ist und welche Rechtsfolgen sich daran anschließen.

1. Begriff und Formen der Verwaltungsprivatisierung

Für die Bestimmung des Privatisierungsbegriffs und der Privatisierungsformen als Maßstab für die Bewertung der Treuhändertätigkeit kann nur eingeschränkt auf das Unionsrecht zurückgegriffen werden. Die unmittelbare Verwaltung durch Organe der Union bildet nach wie vor die Ausnahme. Damit fehlt es auf der Ebene des Unionsrechts weitgehend an dem, was auf nationaler Ebene den Ausgangspunkt für die Einordnung der Kooperation zwischen Behörden und Privaten bildet: ein allgemeines und besonderes Verwaltungsrecht, eine weitgreifende, die unterschiedlichen Lebensbereiche und Sachverhalte umfassende Verwaltungspraxis sowie eine entsprechende Rechtsprechung. Der Vollzug von Unionsrecht durch Private ist bislang nur in wenigen Ausnahmefällen – wie etwa bei den sogenannten »Benannten Stellen« im Produktsicherheitsrecht – angenommen und diskutiert worden.[690] Exemplarisch muss daher nachfolgend auf die aus dem deutschen Verwaltungsrecht bekannten Privatisierungsformen und Rechtsinstitute sowie den dazu bestehenden wissenschaftlichen Meinungsstand zurückgegriffen werden. Auch im deutschen Recht ist allerdings ein unstreitiger Maßstab, an dem der Treuhändereinsatz gemessen werden kann, nicht vorzufinden. Privatisierungsbegriff und Privatisierungsregeln sind nicht durch klare Definitionen festgeschrieben.[691] Teilweise wird bezweifelt, dass dem Privatisierungsbegriff überhaupt juristische und verwaltungsrechtliche Relevanz beigemessen werden kann.[692] Literatur, Rechtsprechung, Gesetzgebung und Verwaltungspraxis unterscheiden zahlreiche Privatisierungsvarianten, ohne dabei eine einheitliche Begriffsbildung zu Grunde zu legen. Differenziert wird nach verschiedenartigen Kriterien, die zum Teil kombiniert werden und als Mischformen in Erscheinung treten.[693] Während eine abschließende Typisierung und verwaltungsrechtliche Systematisierung nach dem gegenwärtigen For-

---

690 Vgl. *Ehlers* in: Erichsen/Ehlers, Allg VerwR, § 5 VIII; Rn. 65; *Merten*, DVBl. 2004, S. 1211 ff.; *Scheel*, DVBl. 1999, S. 442 ff.
691 Vgl. *Wolf/Bachof/Stober* VerwR Bd. 3, Vor 90 III 1, Rn. 6.
692 Siehe *Bauer*, VVDStRL 54 (1995), 243, 251: »lediglich heuristische Funktion«; *Kämmerer*, S. 36.
693 *Bauer*, VVDStRL 54 (1995), S. 243, 252; *Wolf/Bachof/Stober*, VerwR Band 3 Vor § 90 III 1, Rn. 10.

I. Der Treuhändereinsatz als Form der Verwaltungsprivatisierung

schungsstand als nicht möglich angesehen wird[694] haben sich jedoch einige, weitgehend anerkannte Erscheinungsformen der Kooperation zwischen Verwaltung und Privaten herausgebildet. Sie werden im Folgenden als Maßstab herangezogen.

2. *Funktionale Privatisierung*

Eine der anerkannten und damit abgrenzbaren Privatisierungsformen stellt die funktionale Privatisierung dar. Funktionale Privatisierung beschreibt die Übertragung der zur öffentlich-rechtlichen Aufgabenerfüllung notwendigen Realhandlungen, ohne dass die Aufgabenträgerschaft und die Erfüllungsverantwortung wechseln.[695] Der Private erbringt einen ausgelagerten vorbereitenden oder durchführenden Teilbeitrag, der in funktionalem Bezug zu einer öffentlich-rechtlichen Aufgabe steht.[696] Demzufolge ist auch von Teilprivatisierung,[697] Durchführungs- oder Erfüllungsprivatisierung, Dienstleistungsprivatisierung oder »contracting out«[698] sowie »outsourcing«[699] die Rede.[700] Betrifft die Beteiligung des Privaten Schritte in einem Verwaltungsverfahren, wird anschaulich auch der Begriff Verfahrensprivatisierung verwendet.[701] Der Verfahrensbegriff wird dabei weit verstanden. Er ist nicht auf präventive Kontrollen beschränkt, sondern schließt nachträgliche Maßnahmen wie laufende Kontrollen in einer privaten Betätigung ein.[702]

Der Treuhändereinsatz zeigt deutliche Parallelen zur funktionalen Privatisierung. Indem der Treuhänder die Überwachung der Implementierung der Verpflichtungszusagen vornimmt und entsprechende Maßnahmen festlegt, übernimmt er im Wesentlichen jenen Teil des Fusionskontrollverfahrens, der sich an die Freigabeentscheidung anschließt. Die Kommission, die den Treuhänder anweist und seine regelmäßigen und außerordentlichen Berichte empfängt, kann sich darauf zurückziehen, den Fortgang der Implementierung anhand der Be-

---

694 Vgl. *Schoch*, DVBl. 1994, 961, 962: »Einen einheitlichen Privatisierungsbegriff gibt es nicht.«; *Wolff/Bachof/Stober*, VerwR, Bd. 3, Vor § 90 III 1, Rn. 10.
695 *Wolff/Bachof/Stober*, VerwR, Bd. 3 Vor § 90 III 1, Rn. 16.
696 *Burgi,* Funktionale Privatisierung und Verwaltungshilfe, S. 146.
697 *Bauer*, VVDStRL 54 (1995), S. 243, 252; *Schuppert*, Verwaltungswissenschaft, S. 371.
698 *Jochum* in: Grabitz/Hilf, Das Recht der Europäischen Union, B 7 Liefer- und Dienstleistungsverträge, 2008, Rn. 57.
699 *Weiß,* Privatisierung und Staatsaufgaben, S. 36.
700 Ausführlich und m.w.N.: *Wolff/Bachof/Stober* Band 3 Vor § 90 III 1, Rn. 16.
701 *Burgi*, Funktionale Privatisierung und Verwaltungsaufgaben, S. 96 f.; *Hoffmann-Riem*, DVBl. 1996, S. 225 ff.; *Wolff/Bachof/Stober*, VerwR Bd. 3, Vor § 90 III 1, Rn. 18 m.w.N.
702 Vgl. *Hoffmann-Riem*: Verfahrensprivatisierung als Modernisierung in: Hoffmann-Riem/Schneider (Hrsg.) Verfahrensprivatisierung im Umweltrecht, S. 9, 13.

5. Kapitel Rechtliche Einordnung der Treuhänderpraxis

richte zu verfolgen und sie gegebenenfalls als Entscheidungsgrundlage heranzuziehen.[703] Wesentliche Aufgaben werden auf den Treuhänder ausgelagert und damit zwischen ihm und der Kommission mit im Einzelfall unterschiedlicher Reichweite aufgeteilt bzw. im »kooperativen Verbund«[704] wahrgenommen. Dennoch bleibt die rechtliche Verantwortung formal allein bei der Kommission. Hier besteht ein entscheidender Unterschied zu anderen ebenfalls anerkannten Privatisierungsformen, insbesondere der materiellen Privatisierung oder der Aufgabenprivatisierung. Dem Privaten wird dort auch die Verantwortung für die Aufgabenerledigung von der öffentlichen Hand übertragen.[705]

Funktionale Privatisierung tritt in Gestalt übereinstimmend anerkannter Rechtsinstitute in Erscheinung. Zu diesen zählt der Verwaltungshelfer.[706] Eine weitere Ausprägung der funktionalen Privatisierung bildet darüber hinaus die Indienstnahme. Mit beiden Rechtsfiguren wird der Treuhändereinsatz aufgrund deutlicher Ähnlichkeiten nachfolgend verglichen.

a) Der Treuhänder als Verwaltungshelfer

Nach herrschendem deutschen Rechtsverständnis beschreibt Verwaltungshilfe eine Organisationsform, bei der eine Privatperson als außerordentlicher Organwalter im weiteren Sinne einer Behörde für diese als Hilfsorgan tätig wird und dabei in die Erledigung hoheitlicher Aufgaben eingeschaltet wird.[707] Anders als etwa bei einem Beliehenen werden dem Verwaltungshelfer dabei keine Befugnisse zur Ausübung von Staatsgewalt verliehen.[708]

Je nach Abhängigkeit des Verwaltungshelfers wird unterschieden zwischen unselbständiger und selbständiger Verwaltungshilfe. Beide Formen beschreiben typische Anwendungsfälle einer funktionalen Privatisierung.[709] Bei der unselbständigen Verwaltungshilfe handelt der Private als »verlängerter Arm« der

---

703 Vgl. zur Bestätigung dieser Praxis DG COMP, Merger Remedies Study (o. Fn. 127), S. 63, Rn. 28 a.E. Die Kommission erklärt dort, dass aufgrund des aufgrund des unzureichenden Monitorings des Treuhänders auf etwaige Problem nicht aufmerksam gemacht worden sei und deshalb nicht habe einschreiten können.
704 Vgl. *Hoffmann-Riem*: Verfahrensprivatisierung als Modernisierung in: Hoffmann-Riem/Schneider (Hrsg.) Verfahrensprivatisierung im Umweltrecht, S. 9, 13.
705 *Montag/Leibenath* in: Heidenhain, Handbuch des Europäischen Beihilferechtes, 1. Aufl. 2003, § 28, Rn. 4; *Wolff/Bachof/Stober*, VerwR Bd 3, Vor § 90 III 1, Rn. 13.
706 *Montag/Leibenath* in: Heidenhain,§ 28, Rn. 3.
707 Vgl. *Schmitz* in: Stelkens/Bonk/Sachs, § 1, Rn. 134; *Wolff/Bachof/Stober*, VerwR, Bd. 3, § 90a I 2, Rn. 1.
708 Vgl. *Schmitz* in: Stelkens/Bonk/Sachs, § 1, Rn. 256; zu den Formulierungen einiger früherer Kommissionsentscheidungen, die ein Durchsetzungsrecht unterstellt haben und damit eine Kompetenzübertragung nahegelegt haben s. oben 2. Kapitel, VI.
709 *Wolff/Bachof/Stober*, VerwR, Bd. 3, § 90a I 2, Rn. 1 u. § 90 a II 2, Rn. 14; Funktionelle Privatisierung und Verwaltungshilfe offenbar gleich setzen: *Schmitz* in: Stelkens/Bonk/Sachs, § 1, Rn. 134 und *Weiß*, S. 36.

I. Der Treuhändereinsatz als Form der Verwaltungsprivatisierung

Verwaltung im Auftrag und nach Weisung.[710] Eine unmittelbare Rechtsbeziehung zu Dritten besteht nicht. Bei der erst später anerkannten selbständigen Verwaltungshilfe kann auch der selbständig handelnde Private Helfer sein. Kennzeichnend in beiden Fällen dieser funktionalen Privatisierung ist die Unterstützung der Verwaltung bei der Erfüllung der ihr allein zustehenden und von ihr ausgeübten hoheitlichen Befugnisse.[711]

Die Tätigkeit des Treuhänders entspricht allen wesentlichen Merkmalen der Verwaltungshilfe. Der Treuhänder unterstützt die Kommission bei der Erfüllung ihrer Überwachungsaufgaben. Er nimmt ihr das Tagesgeschäft der Überwachung ab und vollzieht damit einen durchführenden Teil ihrer Aufgabe. Durch seine Berichte bereitet er die Kommission auf etwaige Entscheidungen vor. Darunter fällt insbesondere die Bewertung des Käufers. Dass die Unterstützung bis zu einer faktisch ersetzenden Aufgabenwahrnehmung reichen kann[712], ändert nichts an der rechtlichen Einordnung als Verwaltungshelfer. Aufgabenzuständigkeit und -verantwortung verbleiben bei der Kommission. Das bei der Beschreibung des Verwaltungshelfers typischerweise verwendete Bild des Verwaltungshelfers als »verlängerter Arm«[713] der Verwaltung kehrt in vergleichbarer Form wieder in der Bezeichnung des Treuhänders als »Auge und Ohr« der Kommission in der Mitteilung Abhilfemaßnahmen.[714] Auch die Formulierung, der Treuhänder handele »im Namen der Kommission«[715], zeugt vom Verständnis des Treuhänders als einer für die Kommission jedenfalls unterstützend tätig werdenden Person. Ebenso ist die im Treuhändermandat vorgesehene Möglichkeit der Anweisung typisches Merkmal für eine Verwaltungshilfe.

Unklar erscheint, ob als konstitutives Merkmal der Verwaltungshilfe ein privatrechtliches Vertragsverhältnis (oder sonstiges Rechtsverhältnis) zwischen dem Verwaltungshelfer und der Behörde bestehen muss. Die in Rechtsprechung und im Schrifttum als Verwaltungshilfe behandelten Fälle setzen dies als selbstverständlich voraus.[716] Dies überrascht nicht, da sich andernfalls die Frage stellt, auf welchem Weg die Verwaltungshilfe sonst begründet werden sollte. Ein privatrechtliches Innenverhältnis für die Einschaltung eines privaten Dritten ist damit zumindest als typisches Element anzusehen.[717] Zwischen der Kommission und dem Treuhänder fehlt es an einem solchen unmittelbaren privatrechtlichen Rechtsverhältnis. Die Unterstützung der Kommission durch den Treuhänder

---

710 *Burgi*, Funktionale Privatisierung und Verwaltungshilfe, S. 390; *Maurer*, Allg. VerwR, § 23, Rn. 60.
711 *Wolff/Bachof/Stober*, VerwR Bd. 3, § 90a II 1, Rn. 12 a.E.
712 S. o. 2. Kapitel, V. sowie 3. Kapitel, IV.2.
713 So etwa *Burgi*, Funktionale Privatisierung und Verwaltungshilfe, S. 390; *Kopp/Ramsauer*, § 2, Rn. 59; *Maurer*, Allg VerwR, § 23, Rn. 60.
714 Mitteilung Abhilfemaßnahmen, ABl. 2008 Nr. C 267/1.
715 Commission Model Text for Trustee Mandate (o. Fn. 9), Rn. 4.
716 Vgl. *Wolff/Bachof/Stober*, VerwR Bd. 3, § 90a, I 2 – II 1 m.w.N.
717 Vgl. *Wolff/Bachof/Stober*, VerwR Bd. 3, § 90a II 1, Rn. 13.

sowie die Möglichkeit der Kommission, den Treuhänder anzuweisen, wird einerseits in der Kommissionsentscheidung, andererseits im Treuhändermandat festgelegt. Die Freigabeentscheidung der Kommission erzeugt nur gegenüber den beteiligten Unternehmen Rechtswirkungen, denn diese sind – anders als der zum Zeitpunkt der Entscheidung regelmäßig noch nicht bekannte Treuhänder – Adressaten des Verwaltungsaktes. Das Treuhändermandat entspricht inhaltlich zwar einem privatrechtlichen Dienstvertrag, wie er zur Einschaltung eines Privaten in die unterstützende öffentliche Auftragserfüllung in Betracht käme, doch sind an dem Vertrag lediglich die Unternehmen und der Treuhänder, nicht die Kommission Beteiligte.[718] Auch in der späteren Bestätigung des vorgeschlagenen Treuhänders durch die Kommission ist kein Auftrag zu sehen. Dies gilt auch für den Fall, dass die Kommission den beteiligten Unternehmen bei fehlender Einigung vorschreibt, wen sie beauftragen sollen. Die beteiligten Unternehmen kommen damit lediglich einer Voraussetzung innerhalb der Treuhänderauflage nach.

Sieht man eine unmittelbare, die Verwaltungshilfe jedenfalls kennzeichnende Rechtsbeziehung zwischen Behörde und privatem Dritten als konstitutiv an, ist der Treuhänder nach den Maßstäben des deutschen Verwaltungsrechts nicht als Verwaltungshelfer anzusehen. Stellt man demgegenüber auf das tatsächliche Ergebnis ab, d.h. dass ein Privater einvernehmlich die Verwaltung bei der Wahrnehmung ihrer Aufgaben unterstützt, ist aus der Perspektive des deutschen Verwaltungsrechts die Verwaltungshelfereigenschaft in der Person des Treuhänders gegeben. Für diese Auffassung spricht, dass die Kommission in ihrer Mitteilung Abhilfemaßnahmen und ihren Standardformularen und damit in jedem einzelnen Fall unmissverständlich zum Ausdruck bringt, dass und wie sie von einem Privaten bei ihrer Aufgabenwahrnehmung entlastet werden möchte. Dagegen spricht, dass trotz des Einflusses der Kommission der Treuhänder rechtlich ein Beauftragter der Unternehmen ist und bleibt, nicht der Kommission. Nicht für die Beurteilung der rechtlichen Zulässigkeit, wohl aber für die Abgrenzung und Bestimmung der Treuhändereigenschaft gegenüber anderen Formen der Privatisierung, wie der nachfolgenden Indienstnahme, sollte dies ausschlaggebend sein. Damit entfallen zwangsläufig die Rechtsfolgen, die sich anschlössen, wenn der Treuhänder als Verwaltungshelfer angesehen werden könnte. Dies gilt insbesondere für die öffentlich-rechtliche Bindung des Privaten in Ausübung seiner Tätigkeit sowie eine mögliche Amtshaftung für den behördlich eingesetzten, nach außen zurechenbar tätig werdenden Privaten. Aus der Perspektive des deutschen Privatrechts gelingt damit über den Treuhändereinsatz, was bei der Verwaltungshilfe vermieden werden soll: eine »Flucht ins Privatrecht«. Die Nähe des Treuhändereinsatzes zur Verwaltungshilfe und die sich daran für die Verwaltung ergebenden möglichen Rechtsfolgen hat auch das Bundeskartellamt offenbar gesehen. In seinen zuletzt veröffentlichten Mus-

---

718 Zur Kommission als Begünstigte eines Vertrags zugunsten Dritter sogleich unter II.

tertexten für Nebenbestimmungen schließt es die Haftung des Bundeskartellamts für den Treuhänder ausdrücklich aus.[719]

b) Treuhänder als Beauftragter einer Indienstnahme

Bei der Indienstnahme oder Inpflichtnahme werden Verwaltungsaufgaben auf Privatpersonen abgewälzt, indem ihnen bestimmte Handlungs- oder Leistungspflichten zugunsten eines Hoheitsträgers auferlegt werden.[720] Vornehmliches Anwendungsgebiet ist die Wirtschaftsüberwachung oder Wirtschaftsaufsicht. Unmittelbar Pflichtiger ist das Unternehmen selbst, sodass eine Form staatlich veranlasster Eigenüberwachung gegeben ist. Die Auferlegung der eigentums- oder unternehmensbezogenen Pflichten dient Gemeinwohlinteressen und entlastet zugleich die staatliche Überwachung. Zusätzliche Rechte erhält der Indienstgenommene nicht.[721] Die Indienstnahme erfolgt regelmäßig auf gesetzlicher Grundlage.[722] Eine vertragliche Indienstnahme ist jedoch nicht ausgeschlossen.[723]

aa) Indienstnahme am Beispiel der betrieblichen Selbstüberwachung

Das Instrument der Indienstnahme zur betrieblichen Selbstüberwachung wird vor allem im Umweltrecht verwendet. Die §§ 53–58 Bundesimmissionsschutzgesetz (BImSchG) sowie die 64 ff. Wasserhaushaltsgesetz (WHG) etwa schreiben für Betreiber besonderer Anlagen (§ 53 Abs. 1 BImSchG) bzw. Gewässerbenutzer ab einem bestimmten Umfang (§ 64 Abs. 1 WHG) zwingend die Bestellung und den Einsatz eines Beauftragten vor.[724] Der Beauftragte wird als Betriebsbeauftragter für den Gewässerschutz (Gewässerschutzbeauftragter) bzw. Betriebsbeauftragter für den Immissionsschutz (Immissionsschutzbeauftragter) bezeichnet. Der Gewässerschutzbeauftragte berät den Gewässerbenutzer in allen für den Gewässerschutz relevanten Angelegenheiten. Er ist berechtigt und verpflichtet, die Einhaltung von Vorschriften, Nebenbestimmungen und Anordnungen im Interesse des Gewässerschutzes zu überwachen, insbesondere durch regelmäßige Kontrolle der Abwasseranlagen im Hinblick auf die Funktionsfähigkeit und den ordnungsgemäßen Betrieb. Dem Gewässerbenutzer hat er

---

719 Mustertext auflösende Bedingungen, aufschiebende Bedingunge sowie Auflagen, jeweils Rn. 7: »Das Bundeskartellamt haftet nicht für evtl. Schäden, die der Sicherungstreuhänder oder einer seiner Mitarbeiter verursachen.« (Text verfügbar auf der Seite des Bundeskartellamtes: www.bundeskartellamt.de.).
720 *Wolff/Bachof/Stober*, VerwR, Bd. 3, § 90a VI 2, Rn. 61 ff.
721 *Wolff/Bachof/Stober*, VerwR, Bd. 3, § 90a VI 2, Rn. 66.
722 *Ipsen*, Öff. WirtschaftsR, S. 232 (234); *Wolff/Bachof/Stober*, VerwR Bd 3, § 90 a VI 1, Rn. 62.
723 *Kirchhof, F.*, DVBl. 1984, S. 657, 659.
724 Parallele Regelungen finden sich etwa auch in den §§ 56 f. KrW/AbfG.

festgestellte Mängel mitzuteilen und Maßnahmen zu ihrer Beseitigung vorzuschlagen, § 65 Abs. 1 Nr. 1 WHG. Ferner ist er verpflichtet, auf die Anwendung geeigneter Abwasserbehandlungsverfahren und Verwertungsverfahren hinzuweisen, § 65 Abs. 1 Nr. 2 WHG. Über seine Tätigkeit erstattet er dem Gewässerbenutzer jährlich einen schriftlichen Bericht, § 65 Abs. 2 WHG. § 54 BImSchG enthält mit sachlichen Anpassungen eine im Wesentlichen wortgleiche Aufgabenbeschreibung für den Immissionsschutzbeauftragten.

Für das Verhältnis zwischen Gewässerschutzbeauftragen zum Gewässerbenutzer verweist § 66 WHG auf die entsprechenden Vorschriften zum Immissionsschutzbeauftragten in §§ 55 bis 58 BImSchG. Der Beauftragte ist danach vom Benutzer bzw. Betreiber schriftlich zu bestellen. Die Bestellung wie auch die Abberufung ist der Behörde anzuzeigen, § 55 Abs. 1 BImSchG. Als Beauftragter kommt nur in Frage, wer über die zur Erfüllung der ihm obliegenden Aufgaben erforderliche Fachkunde und Zuverlässigkeit verfügt. Bei dem Beauftragten muss es sich nicht zwangsläufig um einen Betriebsangehörigen handeln.[725] Für den Immissionsschutzbeauftragten regelt § 5 Abs. 1 5. BImSchV, dass auf Antrag die Bestellung auch einer betriebsfremden Person gestattet werden soll, wenn die Aufgabenerfüllung dadurch nicht behindert wird. Werden der Behörde Tatsachen bekannt, aus denen sich ergibt, dass der Beauftragte die erforderliche Fachkunde und Zuverlässigkeit nicht besitzt, kann sie verlangen, dass der Benutzer/Betreiber einen anderen Beauftragten bestellt, § 55 Abs. 2 BImSchG. Benutzer und Betreiber haben den Beauftragten bei der Erfüllung seiner Aufgaben zu unterstützen und ihm gegebenenfalls Hilfspersonal, Räume, Einrichtungen, Geräte und Mittel zur Verfügung zu stellen, § 55 Abs. 4 BImSchG.

Die Regelungen zeigen, dass der Immissionsschutz- und Gewässerschutzbeauftragte allein Hilfsorgan des Benutzers/Betreibers, nicht der zuständigen Behörde ist.[726] Der Beauftragte wird weder von der Behörde ernannt noch von ihr bestätigt. Vielmehr liegt die Bestellung beim Benutzer/Betreiber und ist der Behörde lediglich anzuzeigen. Die Berichte des Beauftragten und seine Anregungen von Maßnahmen richten sich an den Benutzer/Betreiber, nicht an die Behörde. Diese Pflichten hat der Beauftragte allein gegenüber dem Benutzer/Betreiber. Er leitet seine Befugnisse von diesem ab. Das Rechtsverhältnis zwischen Beauftragtem und Benutzer/Betreiber ist dementsprechend privatrechtlicher Natur.[727] Für den Beauftragten ergeben sich die in §§ 53 bis 58 BImSchG niedergelegten Rechte im Verhältnis zum Benutzer/Betreiber nur

---

725 Vgl. *Czychowski/Reinhardt*, WHG, § 66, Rn. 5.
726 So, für den Immissionsschutzbeauftragten und unter Hinweis darauf, dass in den Vorarbeiten zu §§ 53-58 BImSchG der Immissionsschutzbeauftragte z.T. noch als Hilfsorgan der Behörde vorgesehen war: *Jarass*, BImSchG, § 53, Rn. 3.
727 *Czychowski/Reinhardt*, WHG, § 66, Rn. 5; *Jarass*, BImSchG, § 53, Rn. 3.

dann, wenn diese dem Beauftragten auch vertraglich eingeräumt werden. Hiervon ist im Zweifel auszugehen.[728]

Außerhalb der gesetzlich vorgeschriebenen Immissions- und Gewässerschutzbeauftragten kann die zuständige Behörde die Bestellung von als Betriebsbeauftragen bezeichneten Personen nach § 53 Abs. 2 BImSchG bzw. § 13 Abs. 2 Nr. 3 WHG auch dann anordnen, wenn die Voraussetzungen für den Einsatz der gesetzlich zwingenden Beauftragten zwar nicht vorliegen, aber aus anderen Gründen, etwa Art und Umfang der Gewässerbenutzung oder der von der Anlage ausgehenden Emissionen, angezeigt ist. Die fakultative Bestellung entspricht dem historischen Vorbild der Eigenüberwachung im Umweltrecht. Bereits § 4 Abs. 2 Nr. 2 WHG a.F. (nunmehr § 13 Abs. 2 Nr. 3 WHG) sah mit Inkrafttreten des Wasserhaushaltsgesetzes vor, als Auflage einer wasserrechtlichen Erlaubnis oder Bewilligung den Begünstigen zur Bestellung verantwortlicher Betriebsbeauftragter zu verpflichten.

Die konkreten Aufgaben und die Rechtsstellung der behördlich aufgegebenen Betriebsbeauftragten sind im Unterschied zu den gesetzlich zwingenden Beauftragten im WHG und im BImSchG nicht näher geregelt. Der Umfang der Überwachung und die Art der Kontrollmaßnahmen ebenso wie alle Rechte und Pflichten des Betriebsbeauftragten müssen sich daher aus der Erlaubnis oder Bewilligung bzw. der Genehmigung ergeben. Die Behörde kann allgemein anordnen, dass die entsprechenden Vorschriften des Gewässerschutzbeauftragten (§§ 64–66 WHG) oder des Immissionsschutzbeauftragten (§§ 54–58 BImSchG) gelten.[729] Anders als bei den gesetzlich vorgeschriebenen Beauftragten muss die Erforderlichkeit des Betriebsbeauftragten im Einzelfall nach pflichtgemäßem Ermessen von der Behörde bestimmt werden.[730] Wie die gesetzlich zwingend vorgesehenen Beauftragten hat auch der Betriebsbeauftragte keine behördlichen, sondern nur innerbetriebliche Funktionen. Die Behörde kann ihn nicht anweisen. Sie muss sich gegebenenfalls an den Benutzer bzw. Betreiber halten.[731]

bb) Indienstnahme vs. Treuhändertätigkeit

Im Unterschied zur Verwaltungshilfe knüpft die Indienstnahme rechtlich nicht unmittelbar an den eingeschalteten Dritten an, sondern an den verwaltungsrechtlich Verpflichteten. Die rechtliche Konstruktion für den Einsatz des Betriebsbeauftragten ist damit identisch mit der Verpflichtung zur Einsetzung des Treuhänders. Besonders deutlich ist dies, wenn die Bestellung des Beauftragten zum Gegenstand der Auflage gemacht wird. Weitere auffällige Übereinstimmungen

---

728 Siehe *Jarass*, BImSchG, § 53, Rn. 6.
729 Für den Betriebsbeauftragten *Czychowski/Reinhart*, WHG, § 13, Rn. 132.
730 *Czychowski/Reinhart*, WHG, § 13 Rn. 126; *Jarass*, BImSchG, § 53, Rn. 16.
731 So für Betriebsbeauftragten nach § 13 WHG *Czychowski/Reinhardt*, WHG, § 13, Rn. 133.

zeigen sich bei den Aufgabenbeschreibungen und den Mitwirkungspflichten. Treuhänder und Betriebsbeauftragte kontrollieren und dokumentieren die Einhaltung der rechtlichen Verpflichtungen ihrer Auftraggeber und schlagen ihnen gegebenenfalls Maßnahmen vor. Beiden ist Zugang zu den erforderlichen Quellen und Mitteln zu gewähren und ihnen Räumlichkeiten zur Verfügung zu stellen. Hinsichtlich des Zwecks des Einsatzes ergeben sich zumindest teilweise Überschneidungen. Der Einsatz beider dient übergeordneten öffentlichen Interessen, im Fusionskontrollrecht, der Aufrechterhaltung des Wettbewerbs, im Immissionsschutz- und Wasserschutzrecht der Wahrung des Umweltschutzes. Die unmittelbare Funktion des Betriebsbeauftragten besteht darin, als interne Kontrollinstanz durch die Erfüllung genau niedergelegter Aufgabenfelder die Unternehmensführung auf umweltschutzrelevante Handlungsweisen aufmerksam machen und das Verhalten des Betreibers bzw. Benutzers so lenkend zu beeinflussen, dass Verstöße gegen Umweltvorschriften vermieden werden. *Jarass* geht davon aus, dass für die Betriebsleitung umweltrechtliche Belange häufig nicht im Vordergrund stehen. Notwendig sei deshalb auch eine Vertrauensbeziehung zwischen der Leitung und dem Beauftragten.[732]

Das Ziel (Vermeidung von Rechtsverstößen) und die Rahmenbedingungen (eingeschränktes Interesse der Unternehmensführung an besonderen verwaltungsrechtlichen Verpflichtungen) lassen sich zwar auf den Einsatz von Treuhändern übertragen, doch bleiben wesentliche Unterschiede zwischen Betriebsbeauftragtem und Treuhänder. Der Betriebsbeauftragte wird entsprechend dem privatrechtlichen Verhältnis tatsächlich allein für seinen privatrechtlichen Auftraggeber tätig. Der Treuhänder wird – trotz eines ebensolchen Rechtsverhältnisses – für die Behörde tätig. Der Betriebsbeauftragte erhält keine Weisungen und ist nicht »Auge und Ohr« der Behörde, sondern das »Gewissen« des Betreibers oder Benutzers.[733] Der Treuhänder entlastet die Behörde unmittelbar, indem er ihr wesentliche Teile der Aufgabenerfüllung abnimmt. Darin liegt der wesentliche Zweck der Treuhändertätigkeit. Die Umweltschutzbehörden werden lediglich indirekt dadurch entlastet, dass es aufgrund des Betriebsbeauftragten im Zweifel zu weniger relevanten Verstößen kommt.

Der Vergleich mit dem Betriebsbeauftragten veranschaulicht zugleich die Rechtbeziehungen, wenn die Tätigkeit eines Dritten auf der Grundlage einer privatrechtlichen Beauftragung des Verwaltungsadressaten erfolgt. Auch wenn dies vom Treuhänder, den beteiligten Unternehmen und der Kommission gewünscht ist, hat die Kommission gegenüber dem Treuhänder – wie die Behörde gegenüber dem Betriebsbeauftragten – kein Recht, diesen anzuweisen. Etwas anderes kommt nur dann in Betracht, wenn das Treuhändermandat so ausgelegt wird, dass der Kommission ein Weisungsrecht unmittelbar zustehen soll.[734] Der

---

732 *Jarass*, BImSchG, § 53 Rn. 5.
733 Siehe *Jarass*, BImSchG, § 53 Rn. 5: »Immissionsschutzgewissen«.
734 Dazu sogleich im Abschnitt II. »Das Treuhändermandat als Vertrag zugunsten Dritter«.

Treuhänder kann sich allerdings gegenüber den beteiligten Unternehmen im Treuhändermandat privatrechtlich verpflichten, den Weisungen der Kommission Folge zu leisten. Ansonsten gilt, dass sich die Kommission – genauso wie die zuständigen Behörden für den Gewässer- und Immissionsschutz – an den Pflichtigen bzw. das Unternehmen halten muss.

4. Zwischenergebnis

Die Rolle des Treuhänders kann exemplarisch mit den anerkannten Kategorien des deutschen Verwaltungsrechts nur ansatzweise erfasst werden. Der Unterschied zum Verwaltungshelfer liegt im fehlenden Auftragsverhältnis zwischen der Kommission und dem Treuhänder. In dem Sinne, dass der Treuhänder die Kommission bei ihrer Aufgabenwahrnehmung helfend unterstützt, entspricht seine Tätigkeit allerdings weitgehend den Merkmalen der Verwaltungshilfe. Materiell – jedoch nicht formal – kann der Treuhändereinsatz daher als Verwaltungshilfe angesehen werden. Die Indienstnahme weist vor allem in ihren Rechtsbeziehungen Übereinstimmungen mit dem Einsatz des Treuhänders auf: Ein Unternehmen wird zur eigenen Überwachung herangezogen und beauftragt hierzu eine Person, die in einem privatrechtlichen Verhältnis zum Unternehmen, nicht aber in einem verwaltungsrechtlichen Verhältnis zur Behörde steht. Im klassischen Anwendungsfall der Indienstnahme, dem Einsatz von Betriebsbeauftragten, wird der Betriebsbeauftragte jedoch, entsprechend dem privatrechtlichen Verhältnis zum Unternehmen allein für dieses tätig, nicht für die Behörde. Er kann von der Behörde daher auch nicht wie ein Verwaltungshelfer angewiesen werden. Beim Treuhändereinsatz wird somit zwar die rechtliche Konstruktion der Indienstnahme verwendet, inhaltlich aber eine Verwaltungshilfe bezweckt.

II. Das Treuhändermandat als Vertrag zugunsten Dritter

Mit den Kategorien des Verwaltungsrechts lässt sich die rechtliche Einordnung des Treuhändereinsatzes insoweit vornehmen, als dieser in wesentlichen Punkten der Verwaltungshilfe entspricht. Es gelingt jedoch keine befriedigende Erklärung des Rechtsverhältnisses zwischen Kommission und Treuhänder. Weder liegt zwischen beiden ein Verwaltungsrechtsverhältnis vor noch ein unmittelbares privatrechtliches Auftragsverhältnis. Das Treuhändermandat zwischen Treuhänder und Unternehmen kann allerdings jene privatrechtliche Rechtsbeziehung zwischen Kommission und Treuhänder vermitteln, an der es unmittelbar zur Begründung der Verwaltungshilfe fehlt. Das Treuhändermandat als Vertrag zwischen den beteiligten Unternehmen und dem Treuhänder begünstigt vor allem die Kommission. Damit kann das Rechtsverhältnis als Vertrag zugunsten

Dritter zu beurteilen sein, aus dem die Kommission gegenüber dem Treuhänder unmittelbar forderungsberechtigt ist.

1. Der Vertrag zugunsten Dritter im europäischen Recht

Das Standardformular des Treuhändermandates überlässt es ausdrücklich den Vertragsparteien, nach welchem Recht sie kontrahieren.[735] Der Vertrag dürfte regelmäßig dem Recht des Staates folgen, in dem entweder der Treuhänder hauptsächlich eingesetzt wird oder das Unternehmen seinen Sitz hat. Die meisten europäischen Rechtsordnungen kennen einen Vertrag zugunsten Dritter.[736] Selbst das dieses Vertragsverhältnis lange Zeit ablehnende Recht des Vereinigten Königreichs lässt Verträge zugunsten Dritter mittlerweile zu.[737] Schließlich sehen auch die Grundregeln eines europäischen Vertragsrechts in Art. 6:110 einen Vertrag zugunsten Dritter vor.[738] Das Prinzip des Vertrags zugunsten Dritter ist somit im Unionsrecht und dem Recht seiner Mitgliedstaaten anerkannt. Die nachfolgenden Betrachtungen erfolgen vor diesem Hintergrund exemplarisch auf der Grundlage der deutschen Vorschriften zum Vertrag zugunsten Dritter gemäß §§ 328 ff. BGB.

2. Begünstigung der Kommission im Treuhändermandat

§ 328 Abs. 1 BGB regelt, dass durch Vertrag eine Leistung an einen Dritten mit der Wirkung vereinbart werden kann, dass der Dritte unmittelbar das Recht erwirbt, die Leistung zu fordern. Die Drittbegünstigung ist dabei kein eigener Vertragstyp, sondern atypische inhaltliche Ausgestaltung des jeweiligen Vertragsverhältnisses. Gegenstand eines Vertrags zugunsten Dritter kann jede Leistung, also jede Zuwendung eines wirklichen oder vermeintlichen Vorteils[739] sein, die auch Gegenstand eines Schuldverhältnisses sein kann.[740] Das Vertragsverhältnis, das Treuhändermandat, entspricht in seinen wesentlichen Zügen einem Dienstvertrag im Sinne von §§ 611 ff. BGB. Der Treuhänder verspricht gegenüber seinem Vertragspartner sein Tätigwerden, das Unternehmen eine entsprechende Vergütung. Dass die Begünstigung der Kommission beim Treu-

---

735 Commission Model Trustee Mandate (o. Fn. 9), Rn. 33.
736 *Gottwald* in: MünchKomm BGB, § 328 Rn. 2; *Zweigert/Kötz*, S. 465 f.; zu einzelnen Rechtsordnungen *Jagmann* in: Staudinger, Vorbem. § 328, Rn. 14 ff.
737 Vgl. *Graf v. Bernstorff*, RIW 2000, S. 435 ff.; *W. Lorenz*, JZ 1997, S. 105 ff.
738 Übersetzte Fassung der Grundregeln des europäischen Vertragsrechts der Kommission für Europäisches Vertragsrecht, abgedruckt in ZeuP 2000, S. 675, 692.
739 *Grüneberg* in: Palandt, § 241 BGB, Rn. 4.
740 Vgl. *Gottwald* in: MünchKomm BGB, § 328, Rn. 21; *Jagmann* in: Staudinger, § 328, Rn. 9.

II. Das Treuhändermandat als Vertrag zugunsten Dritter

händermandat nicht atypisch, sondern Wesensmerkmal des Treuhändervertrages ist, hat keinen Einfluss auf die rechtliche Beurteilung. Es ist möglich, dass die den Vertrag als Ganzes betreffenden Rechte einem Dritten zustehen sollen.[741] Die im Treuhändermandat genannten, allein die Kommission begünstigenden Pflichten des Treuhänders können daher unmittelbar die Kommission berechtigen. Im Einzelnen zählt hierzu die Verpflichtung,

- die Kommission bei der Überprüfung des Veräußerungsprozesses und bei der Bewertung vorgeschlagener Käufer zu unterstützen,[742]
- der Kommission eine begründete Einschätzung zur Eignung und Unabhängigkeit des vorgeschlagenen Käufers vorzulegen,[743]
- der Kommission monatlich einen schriftlichen Bericht über die eigene Tätigkeit zu übermitteln,[744]
- der Kommission auf Nachfrage schriftlich oder mündlich zu berichten.[745]

Neben diesen Verpflichtungen des Treuhänders, die sich nicht anders darstellen, als wenn die Kommission selbst einen Dienstvertrag mit dem Treuhänder abgeschlossen hätte, treten weitere Abreden wie die grundsätzliche Vereinbarung, dass der Treuhänder im Namen der Kommission handelt[746] und diese den Treuhänder aufgrund eigener Initiative anweisen kann.[747] Auch die Möglichkeit der Vertragsbeendigung als Gestaltungsrecht steht dogmatisch der Drittbegünstigung und damit der Annahme eines Vertrags zugunsten Dritter nicht entgegen.[748] Das Recht der Kommission zur einseitigen Beendigung des Vertrages

---

741 Vgl. *Grüneberg* in: Palandt, § 328 BGB, Rn. 8.
742 Commission Model Text for Trustee Mandate (o. Rn. 9), Rn 7: »*The Monitoring Trustee shall assist the Commission in reviewing the Divestiture process and assessing proposed purchasers*«.
743 Vgl. Commission Model Text for Trustee Mandate (o. Rn. 9), Rn. 8: »*[…] the Trustee shall, within one week after receipt of the documented proposal by the Parties, submit to the Commission a reasoned opinion as to the suitability and independence of the proposed purchaser […]*«.
744 Commission Model Text for Trustee Mandate (o. Rn. 9), Rn. 14: »*Within 15 days of the end of each month or as otherwise agreed withe the Commission, the Monitoring Trustee shall submit a written report to the Commission, […]*«.
745 Commission Model Text for Trustee Mandate (o. Fn. 9), Rn.16: »*At any time, the Trustee will provide the Commission, at its request (or on the Trustee's own initiative), a written or oral report on matters falling within the Trustee's Mandate*«.
746 Vgl. Commission Model Text for Trustee Mandate (o. Fn. 9), Rn. 4: »*The Trustee shall act on behalf of the Commission to ensure [X's] compliance with the Conditions and Obligations […]*«.
747 Vgl. Commission Model Text for Trustee Mandate (o. Fn. 9), Rn. 4: »*The Comission may, on its own initiative or at the request of the Trustee or [X], give any orders or instructions to the Trustee […]*«.
748 *Grüneberg* in: Palandt, § 328, Rn. 5.

durch »Kündigung« des Treuhänders kann daher ebenso wie das Recht auf Abänderung des Mandatsvertrages Gegenstand der Drittbegünstigung sein.

3. Die Kommission als Dritte

Begünstigtes Rechtssubjekt des Vertrages zugunsten Dritter können nicht nur natürliche, sondern auch juristische Personen sowie Träger öffentlicher Rechte ein.[749] Leistungen, die ein Träger öffentlicher Rechte sich selbst nicht ausbedingen kann, darf er allerdings auch nicht durch einen Vertrag zu seinen Gunsten erwerben.[750] Da die Kommission sich die Rechte, die ihr aus dem Treuhändervertrag zustehen, auch in einem unmittelbar zwischen ihr und dem Treuhänder geschlossenen Vertrag einräumen lassen könnte, sind Einschränkungen nicht gegeben.

4. Begründung eines selbständigen Forderungsrechts

Das Einräumen eines eigenen Forderungsrechts muss Ziel der Vertragsparteien sein. Nur dann begründet das Treuhändermandat ein Schuldverhältnis zwischen der Kommission und dem Treuhänder. Andernfalls wäre das Treuhändermandat lediglich als »unechter« oder ermächtigender Vertrag zugunsten der Kommission anzusehen, bei dem die Vereinbarungen zugunsten der Kommission wirken sollen, ohne dieser ein eigenes Forderungsrecht neben dem des Unternehmens zuzugestehen. § 328 Abs. 2 BGB normiert zu dieser Frage eine Auslegungsregel, die allerdings lediglich die allgemeinen Grundsätze zur Vertragsauslegung wiederholt und insofern nur deklaratorischen Charakter hat. Entscheidend für die Beteiligung des Dritten an einem Leistungsversprechen ist der erkennbare Parteiwille. Dabei darf nicht allein auf den Vertragswortlaut zurückgegriffen werden.[751] Vielmehr sind der Vertragszweck[752] und alle sonstigen Umstände des Einzelfalls zu berücksichtigen.[753]

---

749 Vgl. Gottwald in: MünchKomm BGB, § 328, Rn. 24, Grüneberg in: Palandt, § 328, Rn. 2.
750 BGH NJW 1975, S. 1019; Gottwald in: MünchKomm BGB, § 328, Rn. 5.
751 Gottwald in: MünchKomm BGB, § 328, Rn. 33; Grüneberg in: Palandt, § 328, Rn. 3.
752 Vgl. BGH Urt. v. 10.1.1971 (NJW 1971, 1702) unter Berufung auf § 328 Abs. 2 u. § 329 BGB; BGH Urt. v. 16.10.1990 (NJW 1991, S. 2209); Gottwald in: MünchKomm BGB, § 328, Rn. 33; Grüneberg in: Palandt, § 328, Rn. 3.
753 Gottwald in: MünchKomm BGB, § 328, Rn. 33; weniger deutlich BGH, Urt. v. 23.2.1977 (NJW 1977, S. 847).

II. Das Treuhändermandat als Vertrag zugunsten Dritter

a) Wortlaut des Treuhändermandats

Wenn die Kommission den Treuhänder aufgrund »eigener Initiative« »anweisen« kann[754], der Treuhänder zu jeder Zeit »auf Anforderung der Kommission« einen schriftlichen oder mündlichen Bericht erstattet[755] und die Vertragsparteien übereinstimmen, dass die Kommission die Wiedereinsetzung des Treuhänders zu jeder Zeit »verlangen« kann, spricht dies deutlich für eine unmittelbare Alleinberechtigung der Kommission. An anderer Stelle ist der Wortlaut offener. Hierzu gehören Formulierungen, nach denen der Treuhänder die Kommission bei der Bewertung des Veräußerungsprozesses und Einschätzung potentieller Käufer unterstützt,[756] der Kommission seine begründete Bewertung des vorgeschlagenen Käufers übersendet[757] sowie die regelmäßige allgemeine Berichterstattung des Treuhänders an die Kommission.[758] Diese Formulierungen lassen es denkbar erscheinen, dass allein das Unternehmen berechtigt sein soll.[759] Offen für beide Alternativen erscheint auch die Formulierung, dass der Treuhänder der Kommission notwendige Maßnahmen für den Fall vorschlagen soll oder dass das Unternehmen den Vorschlägen des Treuhänders innerhalb des von ihm gesetzten Zeitraumes nicht folgt.[760] Eine dritte Kategorie von Formulierungen im Treuhändermandat spricht wiederum für eine unmittelbare Berechtigung der Kommission. Hierzu zählt die Zustimmung der Kommission zur Ernennung von Beratern des Treuhänders für den Fall, dass das Unternehmen nicht eingewilligt hat, sowie Klauseln zur Beendigung und Änderung des Mandats.[761] Außerdem

---

754 Commission Model Text for Trustee Mandate (o. Fn. 9), Rn. 4. »*The Commission may, on its own initiative [...] give any orders or instructions to the Trustee in order to ensure compliance with the Conditions and Obligations*«.
755 Commission Model Text for Trustee Mandate (o. Fn. 9), Rn. 14.
756 Commission Model Text for Trustee Mandate (o. Fn. 9), Rn. 7: »*The Monitoring Trustee shall assist the Commission in reviewing the divestiture process and assessing the proposed purchaser*«.
757 Commission Model Text for Trustee Mandate, Rn. 8: »*The Trustee shall, within one week after receipt of the documented proposal by the Parties, submit to the Commission a reasoned opinion [...] of the proposed purchaser [...]*«.
758 Commission Model Text for Trustee Mandate (o. Fn. 9), Rn. 14: »*Within 15 days of the end of each month or as otherwise agreed with the Commission, the Monitoring Trustee shall submit a written report to the Commission*«.
759 Im Fall der allgemeinen Berichtspflicht ergibt sich allerdings aus der Formulierung im Mandat (Rn. 14): »*or as otherwise agreed with the Commission*«, dass die Kommission die Leistungszeit (mit-)bestimmen kann. Die Bestimmung der Leistungszeit steht typischerweise dem Forderungsinhaber zu und spricht daher eher für die Annahme, dass an dieser Stelle von einem echten Vertrag zugunsten Dritter auszugehen ist.
760 Commission Model Text for Trustee Mandate (o. Fn. 9), Rn. 5: »*The Trustee shall propose necessary measures to the Commission in the event that [...] does not comply with the Trustee's proposals with the timeframe set by the Trustee [...]*«.
761 Commission Model Text for Trustee Mandate (o. Fn. 9), Rn. 27-30 u. 32.

5. Kapitel Rechtliche Einordnung der Treuhänderpraxis

zählt hierzu die Verpflichtung, dass der Treuhänder oder ein Mitglied des Treuhänderteams ohne Zustimmung der Kommission seinem Vertragspartner oder den mit ihm verbundenen Unternehmen während der Laufzeit des Mandates und innerhalb eines Jahres danach keine Dienste anbieten darf.[762] Nach dem Wortlaut ist somit überwiegend von einem eigenständigen Forderungsrecht der Kommission und damit echten Vertrag zugunsten Dritter auszugehen.

b) Vertragszweck

Die Annahme eines echten Vertrags zugunsten Dritter liegt nahe, wenn die Leistung ausschließlich oder primär im Interesse des Dritten liegt.[763] Auch wenn die Unternehmen mit dem Abschluss des Treuhändermandates ihrer Zusage im Verwaltungsverfahren entsprechen wollen, liegen die Leistungen des Treuhänders und der gesamte Vertragsinhalt im Interesse der Kommission. Wäre die Beauftragung des Treuhänders freiwillig in dem Sinne, dass sich aus einer gegenteiligen Entscheidung für die Unternehmen keine Folgen ergeben könnten, würden diese keinen Vertrag abschließen. Ein eigenes, von der Kommission abgrenzbares Interesse der Unternehmen besteht an der Treuhändertätigkeit nicht. Allerdings besteht auch dann, wenn von einem überwiegenden Drittinteresse ausgegangen wird, keine gesetzliche Vermutung dahin, dass es sich um einen echten Vertrag zugunsten Dritter handelt, der den Dritten nicht nur begünstigen soll, ohne ihn mit einem eigenen Anspruch auszustatten.[764]

c) Besondere Umstände des Einzelfalls

Das Außergewöhnliche des Treuhändermandates liegt zum einen darin, dass die Kommission als Begünstigte dieses Vertrages gleichzeitig in einem Verwaltungsrechtsverhältnis zum Versprechensempfänger steht. Das Tätigwerden des Treuhänders für die Kommission ist ebenso Gegenstand der Auflage der Genehmigungsentscheidung. Da die Kommission davon ausgehen kann, dass das Unternehmen aufgrund seiner öffentlich-rechtlichen Verpflichtung aus dem Verwaltungsakt – und den im Fall des Verstoßes drohenden Rechtsfolgen – dafür sorgen wird, dass der Treuhänder seinen Aufgaben und Pflichten in dem vereinbarten Umfang nachkommt, ist für die Kommission eine unmittelbare

---

762 Commission Model Text for Trustee Mandate (o. Fn. 9), Rn. 23: »*The Trustee undertakes that, during the term of the Mandate and for a period of one year following termination of the Mandate, members of the Trustee Team shall not provide services to the Parties or Affiliated Untertakings without first obtaining the Commission's prior approval*«.
763 Vgl. BGH Urt. v. 16.10.1990 (NJW 1991, S. 2209); *Gottwald* in: MünchKomm BGB, § 328, Rn. 33.; nach Fallgruppen differenzierend *Bayer*, S. 135 ff.
764 BGH Urt. v. 9.11.1966 (NJW 1967, S. 101); *Grüneberg* in: Palandt, § 328 BGB, Rn. 3; *Jagmann* in: Staudinger, § 328 BGB, Rn. 66.

Berechtigung aus dem Treuhändervertrag nicht notwendig. Die Tatsache, dass die Kommission ein eigenes Forderungsrecht nicht »braucht«, kann sich nur dann auf die Abgrenzungsfrage auswirken, wenn die Vertragsparteien mit diesem Bewusstsein von der Vereinbarung einer unmittelbaren Drittberechtigung absehen. Dafür bestehen jedoch keine Anhaltspunkte.

Der zweite besondere Umstand liegt darin, dass die Vertragsparteien über den Vertragsinhalt nicht frei entscheiden, sondern dieser im Wesentlichen von der Kommission vorgegeben wird. Das Unternehmen muss den Vertrag mit dem Inhalt abschließen, den die Genehmigungsentscheidung vorgibt. Von dem von der Kommission bereitgestellten Mustermandat können die Vertragsparteien kaum abweichen, weil die Kommission dem Treuhändermandat vor dem Vertragsabschluss zustimmen muss. Dies hat Auswirkungen auf die Motivation der Parteien und ihren Empfängerhorizont bei Abschluss des Treuhändermandates. Von einem freien Willen und einer bewussten Abwägung der Frage, wie die Rechte und Pflichten des Treuhänders gegenüber der Kommission ausgestaltet sind, ist somit nicht auszugehen. Dadurch beschränkt sich die Frage nach Motivation und Empfängerhorizont darauf, ob die Parteien bei der Unterzeichnung erwarten, dass durch den Vertrag nicht nur sie selbst, sondern auch die Kommission unmittelbar berechtigt werden soll. Für die Unternehmen ist erkennbar, dass der Treuhänder für die Kommission tätig werden, von ihr angewiesen werden und ihrem Namen handeln soll. Die Rolle der Unternehmen beschränkt sich nach dem Vertrag im Wesentlichen auf die Unterstützung des Treuhänders bei der Erfüllung seiner Aufgaben und seiner Vergütung. Für die Unternehmen stellt sich vor diesem Hintergrund das Treuhändermandat als echter Vertrag zugunsten Dritter dar. Spiegelbildlich verhält es sich für den Treuhänder. Er sieht vor allem die Verpflichtung zur Leistung gegenüber der Kommission, in ihrem Namen zu handeln und ihren Anweisungen Folge zu leisten. Im Verhältnis zu seinem Vertragspartner sind lediglich die Regelungen zur Vergütung und zum Haftungsausschluss von Bedeutung.

5. Rechtsfolgen

Formulierung, Vertragszweck, die besonderen Umstände und der Empfängerhorizont der Vertragsparteien bei Abschluss des Treuhändermandates sprechen dafür, dass es sich beim Treuhändermandat um einen echten Vertrag zugunsten Dritter handelt. Die Kommission erhält danach, ohne Vertragspartei zu sein,[765] ein abgrenzbares, rechtsgeschäftlich eigenständiges Forderungsrecht gegenüber

---

765 Das Vollzugsverhältnis ist kein Vertragsverhältnis, vgl. BGH Urt. v. 9.4.1970 (NJW 1970, 2157); BGH NJW 2005, 3778; *Gottwald* in: MünchKomm BGB, § 328, Rn. 30.

dem Treuhänder. Dadurch entsteht zwischen ihr und dem Treuhänder eine vertragsähnliche Beziehung.[766]

Der Erwerb des unmittelbaren Rechts wird sich in der Praxis kaum bemerkbar machen. Der Treuhänder wird auch dann an die Kommission leisten und sich von ihr anweisen lassen, wenn dieser keine eigenen Forderungsrechte gegenüber dem Treuhänder zustehen. Kommt der Treuhänder seinen Pflichten nicht in dem Umfang nach, wie dies vertraglich vereinbart wurde, ergeben sich bei einem Vertrag zugunsten Dritter grundsätzlich Sekundärrechte. Auch diese dürften für das Verhältnis zwischen Kommission und Treuhänder nicht in Betracht kommen. Zu den Forderungsrechten hinzu treten nach h.M. etwa Schadensersatzansprüche aus Verzug gemäß §§ 280 Abs. 1 und 2 i.V.m § 286 BGB. Abhängig vom Parteiwillen ist auch die Annahme eines eigenständigen Rücktrittsrechts gemäß § 323 BGB denkbar.[767]

Diese Rechtsfolgen erscheinen für das Verhältnis zwischen Kommission und Treuhänder fremd. Die Durchsetzung der Primärleistung wie auch der Rechte aus einer Leistungsstörung müsste auf dem Zivilrechtsweg erfolgen. Dabei wäre die Kommission bei einer Klage an den zwischen den Parteien vereinbarten Gerichtsstand gebunden. Es ist aus tatsächlichen und rechtlichen Gründen nicht vorstellbar, dass die Kommission diesen Weg jemals beschreiten würde. Die Kommission kann ihre Ziele zum einen einfacher über das Verwaltungsrechtsverhältnis zu den Unternehmen erreichen: Sollte der Treuhänder seine Pflichten aus dem Mandatsvertrag nicht wie vorgesehen erfüllen, – also etwa Berichte nicht oder nicht rechtzeitig an die Kommission übermitteln, nur unzureichende Informationsgrundlagen anbieten, den Anweisungen der Kommission nicht Folge leisten oder sich einem Interessenkonflikt aussetzen – kann die Kommission vom Unternehmen verlangen, den Treuhänder zu ersetzen.[768] Kommt das Unternehmen dem Verlangen der Kommission nicht nach, widerspricht es seiner Verpflichtung aus der Zusage. Es erfüllt dann die inhaltlichen Anforderungen der Auflage nicht und setzt sich den Rechtsfolgen eines Auflagenverstoßes aus.

Eine solche Durchsetzung dürfte zum anderen auch aus rechtlichen Gründen entfallen: Der Schaden, den die Kommission im Falle einer Schlechtleistung oder einer verspäteten Leistung des Treuhänders erleidet, wird kaum zu beziffern sein. Eine unzureichende oder nicht rechtzeitige Überwachung beeinträch-

---

766 *Grüneberg* in: Palandt, Einf. v. § 328, Rn. 5; *Gottwald* in: MünchKomm BGB, § 328, Rn. 31.
767 befürwortend: *Hadding* in: Soergel, § 328 Rn. 42 ff.; differenzierend nach dem Auslegungsergebnis: *Grüneberg* in: Palandt, § 328, Rn. 5.
768 Vgl. Commission Model Text for Trustee Mandate (o. Fn. 9), Rn. 30 mit dem Verweis auf den Commission Model Text for Divestiture Commitments Zusagen (o. Fn. 9), Rn. 31: »*If the Trustee ceases to perform its functions under the Commitments or for any other good cause, including the exposure of a conflict of interest (a) the Commission may, after hearing the Trustee, require [X] to replace the Trustee*«.

tigt den Wettbewerb, nicht die Kommission als Rechtssubjekt. Darüber hinaus ist zwischen den Parteien ein Haftungsausschluss für den Treuhänder vereinbart. Dieser wird nicht dadurch aufgehoben oder eingeschränkt, dass der Anspruch außerdem von einem Dritten geltend gemacht werden kann.

Praktische Auswirkungen könnten sich bei der Entlassung des Treuhänders ergeben, wenn das Treuhändermandat – abweichend von der aktuellen Fassung des Standardformulars – so formuliert wäre, dass die Kommission unter denselben Voraussetzungen wie die Unternehmen den Treuhänder von seinen Aufgaben entbinden kann. Da es sich bei der Ausübung des Kündigungsrechts um ein Gestaltungsrecht und Verfügungsgeschäft handelt, käme es auch auf die fern liegende Beschreitung des Zivilrechtsweges durch die Kommission nicht an. Gegenwärtig kann die Kommission, wenn der Treuhänder nicht mehr den Anforderungen der Zusage entspricht, von den Unternehmen lediglich im Verwaltungsrechtsverhältnis verlangen, sich vom Treuhänder zu trennen. Im Fall der Begünstigung ohne eigenes Recht bliebe sie – wie bisher – auf die Mitwirkung der Unternehmen angewiesen.

Wohl nur theoretische Auswirkungen ergeben sich schließlich dadurch, dass sich für den Dritten aus der Wahrnehmung seiner Rechte im Rahmen des vertragsähnlichen Verhältnisses Sorgfalts- und Verhaltenspflichten sowie sonstige Nebenpflichten ergeben. Er kann sich etwa seinerseits nach §§ 280, 282 BGB schadensersatzpflichtig machen oder Obliegenheiten begründen.[769]

6. Zwischenergebnis

Angesichts des klaren Zuschnitts des Treuhändermandates auf die Interessen der Kommission kann nach deutschem Recht von einem echten Vertrag zugunsten Dritter im Sinne des § 328 BGB ausgegangen werden. Konsequenz ist die Begründung unmittelbarer Rechte der Kommission und ein vertragsähnliches Verhältnis zwischen ihr und dem Treuhänder.

Die Rechtsfolgen bleiben bei Zugrundelegung des Inhalts des Standardformulars für das Treuhändermandat für die Praxis irrelevant. Die Kommission wird den Treuhänder, unabhängig davon, ob ihr ein eigenes Recht nach dem Vertrag zusteht, zu dem gewollten Verhalten bewegen können. Aufgrund des Verwaltungsverhältnisses zum Unternehmen kann die Kommission ihre Vorstellungen zur Umsetzung einfacher durchsetzen.

---

769 *Gottwald* in: MünchKomm BGB, § 328, Rn. 31; *Jagmann* in: Staudinger, § 328 BGB, Rn. 44.

III. Der Treuhänder im Vergleich zum Insolvenzverwalter nach deutschem Recht

Der Treuhänder ist bei der Ausübung seiner Tätigkeit unterschiedlichen Parteien gegenüber verantwortlich und dabei gegenläufigen Interessen ausgesetzt. Wie der Treuhänder ist auch der Insolvenzverwalter grundsätzlich unabhängiger Dritter, steht jedoch zugleich in einem besonderen Verhältnis zu drei Parteien. Im Fall des Insolvenzverwalters sind dies das Insolvenzgericht, die Gläubiger und schließlich die Schuldner. Ausgehend von der konzeptionell vergleichbaren Grundkonstellation wird der Treuhänder dem Insolvenzverwalter gegenübergestellt, um darzulegen, wie in einer vergleichbaren Konstellation einzelne Fragen gelöst werden.

1. Einsetzung und Anforderungen

Während sich bei der Einsetzung erkennbare Unterschiede ergeben, zeigen sich vor allem bei den Anforderungen an die Unabhängigkeit Parallelen.

a) Auswahl

Der Insolvenzverwalter wird vom Insolvenzgericht nach § 21 Abs. 2 Nr. 1 bzw. § 56 InsO ernannt. Seine Auswahl liegt im Ermessen des Gerichts und erfolgt grundsätzlich aus einer bei Gericht geführten Liste.[770] Vorschläge seitens der Gläubiger oder Schuldner kommen in der Praxis zwar vor, sind jedoch nicht Bestandteil des Einsetzungsverfahrens.[771]

Beim Treuhänder verhält es sich umgekehrt: Im Regelfall suchen die Parteien einen geeigneten Treuhänder aus und schlagen ihn der Kommission vor. Es kann allerdings davon ausgegangen werden, dass auch innerhalb der Kommission die Namen von als zuverlässig und geeignet anerkannter Treuhänder weiter gegeben werden.

Die bei den Gerichten geführte Liste muss schon wegen der durch Art. 12 GG gewährleisteten Berufsfreiheit offen sein. Ein »closed shop« wäre unzulässig.[772] Die Kommission nimmt grundsätzlich die Vorschläge der Parteien auf. Als Wettbewerbsbehörde sollte sie sich in besonderem Maße dem Wettbewerbsgedanken verpflichtet führen, wenn sie selbst Treuhänder empfiehlt und vorgeschlagene Treuhänder ablehnt.

---

770 *Uhlenbruck* in: Uhlenbruck, InsO, § 56, Rn. 6.
771 Zur Problematik von Vorschlägen der Gläubiger: *Graeber* in: MünchKomm InsO, § 56, Rn. 127 ff.
772 *Uhlenbruck* in: Uhlenbruck, InsO, § 56, Rn. 7.

b) Natürliche Person als Insolvenzverwalter

Als Insolvenzverwalter können nur natürliche Personen bestellt werden, § 56 Abs. 1 InsO.[773] Es soll vermieden werden, dass der tatsächliche Träger der Aufgaben, also regelmäßig das Organ der juristischen Person, ohne Beteiligung der Gläubiger und des Gerichts ausgewechselt werden kann. Auch kann nur eine natürliche Person Träger des besonderen Vertrauens sein, welches mit der Ausübung des Amtes verbunden ist.[774] Unbedenklich erscheint hingegen die Ernennung einer natürlichen Person, die in einer juristischen Person Funktionsträger ist.[775]

Die Best Practices der Kommission lassen demgegenüber sowohl natürliche als auch juristische Personen zu. In der Praxis werden sich allerdings kaum Unterschiede zeigen. Die Kommission kann, wenn sie eine juristische Person als Vertragspartner des beteiligten Unternehmens zulässt, in der Regel erkennen, welche Funktionsträger als Treuhänder oder als Mitglieder des Treuhänderteams ausgewählt wurden. Im Treuhändermandat wird entsprechend vereinbart, dass die namentlich benannten Personen die Aufgaben wahrnehmen, auch wenn die juristische Person als Vertragspartei auftreten sollte.

c) Höchstpersönlichkeit

Das Amt des Insolvenzverwalters ist höchstpersönlich. Der Insolvenzverwalter ist nicht berechtigt, die Verfahrensabwicklung auf Dritte zu übertragen.[776] Das schließt nicht aus, dass Aufgaben an Mitarbeiter oder Dritte delegiert werden. Aufgaben wie die Erklärung nach § 103 InsO, die Anfechtung von Rechtshandlungen nach §§ 129 ff. InsO oder die Prozessaufnahmeerklärung nach §§ 85, 86 InsO sollen weder delegiert noch übertragen werden.[777] Für den Bundesgerichtshof steht außerhalb eines kleinen Kernbereichs nicht fest, welche Aufgaben der Insolvenzverwalter delegieren darf. Der Umfang der Delegationsbefugnis richtet sich nach dem Bundesgerichtshof nach den Umständen. Zu berücksichtigen sind insbesondere der Aufwand des Verfahrens und die gleichzeitige Tätigkeit des Insolvenzverwalters in weiteren Verfahren.[778]

Auch der Treuhänder kann Aufgaben an Mitglieder des Treuhänderteams und damit an seine Mitarbeiter delegieren. Ungeklärt ist, ob es bestimmte Aufgaben gibt, die der Treuhänder nur höchstpersönlich ausüben darf. Als hervorgehobe-

---

773 Kritisch: *Braun*, BB 1993, S. 2172 ff.; *Kind* in: Braun, InsO, § 56, Rn. 2.; *Pape*, ZIP 1993, S. 737 (739).
774 *Graeber* in: MünchKomm InsO, § 56, Rn. 15 f.
775 *Pape*, ZIP 1993, S. 737, 738.
776 *Graeber* in: MünchKomm InsO, § 56, Rn. 70; Uhlenbruck in: Uhlenbruck, InsO, § 56, Rn. 19.
777 *Uhlenbruck* in: Uhlenbruck, InsO, § 56, Rn. 20.
778 Vgl. BGH, Urt. v. 24.1.1991, ZIP 1991, 324 (325); LG Stendal, Beschl. v. 26.2.1999, ZIP 2000, 982 ff. ; *Graeber* in: MünchKomm InsO, § 56, Rn. 150.

ne Aufgaben kommen die Entscheidung über die Abberufung von Verwaltungsratsmitgliedern, die Entsendung von Personen in die jeweiligen Gremien sowie die abschließende Bewertung eines potentiellen Käufers in Betracht. Auch hier dürften sich in der Praxis in der Regel keine Unterschiede ergeben. Der Treuhänder wird sich den Inhalt wesentlicher Entscheidungen, Bewertungen und Berichte durch seine Unterschrift zu eigen machen.

Dagegen, dass bestimmte Aufgaben nur höchstpersönlich ausgeübt werden dürfen, spricht, dass juristische Personen ausdrücklich zugelassen sind. Darüber hinaus geht das Treuhändermandat im Abschnitt über die Ernennung von einem Treuhänderteam aus. Damit sollten zumindest Personen des Teams sämtliche Handlungen im Rahmen der Aufgabenerfüllung uneingeschränkt wahrnehmen können; auch weil sie der Kommission bei der Genehmigung bekannt gemacht werden.[779]

d) Fachkenntnis

Der Insolvenzverwalter muss neben einschlägigen rechtlichen und wirtschaftlichen Kenntnissen vor allem praktische Erfahrung nachweisen können.[780] Um erstmalig als Insolvenzverwalter berücksichtigt zu werden, kann zuvor Erfahrung über die Kooperation mit anderen Insolvenzverwaltern gesammelt werden.[781]

Die Anforderungen an den Treuhänder werden hinsichtlich der Erfahrung weniger streng sein müssen. Das Erfordernis umfassender praktischer Erfahrung würde viele grundsätzlich geeignete Kandidaten ausschließen. Der Merger Remedies Study lässt zudem erkennen, dass es – jedenfalls im Untersuchungszeitraum in den Jahren 1996 bis 2000 – nicht immer möglich war, einen Treuhänder mit einschlägigen Erfahrungen zu finden.[782]

e) Unabhängigkeit

Die Anforderungen an die Unabhängigkeit des Insolvenzverwalters sind gleichfalls hoch. Bereits die Gefahr oder die Besorgnis der Abhängigkeit genügt.[783] Besorgnis der Abhängigkeit besteht bei jeder gegenwärtigen oder vergangenen wirtschaftlichen oder tatsächlichen Verflechtung des Insolvenzverwalters mit dem Insolvenzschuldner oder einem Insolvenzgläubiger.[784] Von einer Unabhän-

---

779 S. Commission Model Text for Trustee Mandate (o. Fn. 9), Rn. 3.
780 Vgl. LG Neuruppin DZWIR 2006, S. 258; *Graeber* in: MünchKomm InsO, § 56, Rn. 18; *Stapper*, NJW 1999, S. 3441, 3443; Eine langjährige Praxis (mind. 3 Jahre) forden *Hess/Ruppe*, NZI 2004, S. 641, 642.
781 Vgl. *Uhlenbruck* in: Uhlenbruck, § 56, Rn. 18.
782 DG COMP Merger Remedies Study, S. 91, Rn. 18 u. S. 158, Rn. 89.
783 *Graeber* in: MünchKomm InsO, § 56, Rn. 25; *Kind* in: Braun, InsO, § 56, Rn. 4.
784 *Graeber* in: MünchKomm InsO, § 56, Rn. 25.

III. Der Treuhänder im Vergleich zum Insolvenzverwalter nach deutschem Recht

gigkeit im Sinne von § 56 Abs. 1 InsO kann bereits dann nicht mehr ausgegangen werden, wenn der Insolvenzverwalter mit dem Schuldner Geschäfte getätigt hat, sofern diese nicht ausnahmsweise geringfügig waren.[785]

Nach dem Verhaltenskodex der Mitglieder des Arbeitskreises der Insolvenzverwalter hat der Insolvenzverwalter die Übernahme einer Tätigkeit abzulehnen, wenn er, einer seiner Sozien oder eine andere mit ihm zur gemeinsamen Berufsausübung verbundene Person innerhalb von fünf Jahren vor Beantragung des Insolvenzverfahrens den Schuldner bzw. dessen Gesellschafter, gesetzlichen Vertreter oder nahe Angehörige des Schuldners ständig vertreten oder beraten hat.[786] Die »Empfehlungen der Kommission zur Vorauswahl und Bestellung von Insolvenzverwaltern sowie Transparenz, Aufsicht und Kontrolle in Insolvenzverfahren« (sog. »Uhlenbruck-Kommission«) gehen in diesem Zusammenhang immerhin noch von vier Jahren aus.[787] Unabhängigkeit liegt regelmäßig auch dann nicht mehr vor, wenn der betreffende Insolvenzverwalter den Schuldner außergerichtlich beraten hat.[788] Unbedenklich ist jedoch, wenn ein Wirtschaftsprüfer oder Rechtsanwalt mit einem Insolvenzverfahren betraut wird, der das Unternehmen sanieren sollte, aufgrund der vorgenommenen Prüfung aber zu dem Ergebnis gelangt, dass eine gesetzliche Insolvenzantragspflicht besteht.[789] Auf eine bestehende oder drohende Interessenkollision hat der Insolvenzverwalter von sich aus hinzuweisen.[790]

Die Anforderungen an die Unabhängigkeit sind beim Treuhänder ähnlich, dürften aber auch hier insgesamt weniger streng sein. Der Maßstab, der beim Insolvenzverwalter angelegt wird, lässt sich bei Wirtschaftsprüfungsgesellschaften als eine häufig für das Treuhänderamt gewählte Gruppe nur schwer durchhalten. Ein Wirtschaftsprüfungsunternehmen, das vor mehreren Jahren bei den beteiligten Unternehmen die Abschlussprüfung vorgenommen hat, kann im Zweifel nicht allein deshalb als nicht unabhängig angesehen werden. Das Prob-

---

785 *Graeber* in: MünchKomm InsO, § 56, Rn. 27.
786 Verhaltenskodex der Mitglieder des Arbeitskreises der Insolvenzverwalter Deutschland e.V., Nr. 1.1, abgedruckt bei *Uhlenbruck* in: Uhlenbruck (Voraufl.), InsO, § 56, Rn. 44 ff.
787 Zusammenfassung der Empfehlungen der Kommission bei: *Uhlenbruck* in: Uhlenbruck, § 56, Rn. 29.
788 OLG Celle ZInsO 2001, S. 1107 zum Vertreter des Schuldners im außergerichtlichen Schuldenbereinigungsverfahren; *Gottwald/Klopp* in: Gottwald, InsRHdbB, § 22, Rn. 10 f.; *Graeber* in: MünchKomm, § 56, Rn. 31; *Uhlenbruck* in: Uhlenbruck, InsO, § 56, Rn. 21; differenzierend. *Kadletz*, ZIP 2000, S. 117, 118; *Paulus*, ZGR 2005, S. 309, 323.
789 So *Uhlenbruck* in: Uhlenbruck, InsO, § 56, Rn. 21 mit Verweis auf die »Richtlinien für die Berufsausübung der Wirtschaftsprüfer und vereidigten Buchprüfer«, zurückhaltender *Eickmann* in: Kreft, InsO, §56, Rn. 13, sogar dann, wenn sich die Vorbefassung im naturgemäß notwendigen Entwurf eines Insolvenzplanes erschöpft.
790 *Stapper*, NJW 1999, S. 3441, 3443; *Uhlenbruck* in: Uhlenbruck, InsO, § 56, Rn. 20.

lem einer möglichen zukünftigen Verflechtung kann sich zwar auch beim Insolvenzverwalter stellen, ist jedoch beim Treuhänder von größerer Bedeutung. Dass die Treuhändertätigkeit der Einstieg in ein sich anschließendes, gegebenenfalls längerwährendes Beratungsverhältnis sein kann, wird gegenwärtig im Treuhändermandat nur insoweit berücksichtigt, als innerhalb eines Jahres nach Beendigung des Mandats die Aufnahme einer Tätigkeit für die Parteien nur mit Zustimmung der Kommission zulässig ist. Zu dem Zeitpunkt, in dem die Klausel relevant werden könnte, ist das Vertragsverhältnis bereits beendet. Zwar bestimmt das Mandat, dass die Klausel auch nach Beendigung des Mandates fortgilt, doch werden mit dem Unternehmen und dem Treuhänder lediglich jene Parteien gebunden, die ein Interesse daran haben könnten, übereinstimmend abzuweichen.[791] Die Regelung zur Fortgeltung im Treuhändermandat wird im Standardformular der Verpflichtungszusagen nicht aufgeführt. Sie ist damit nicht Gegenstand der Genehmigungsentscheidung. Die Kommission kann danach bei einer Aufnahme von geschäftlichem Kontakt zwischen dem Unternehmen und dem Treuhänder innerhalb eines Jahres keinen Auflagenverstoß feststellen.

2. Aufgaben und Funktion

Die Aufgaben von Insolvenzverwaltern und Treuhändern sind offensichtlich unterschiedlich. Parallelen gibt es im Hinblick auf die Berichtspflicht. Kommission und Insolvenzgericht (§ 58 Abs. 1 S. 1 InsO) können jederzeit einzelne Auskünfte oder Mitteilungen vom Treuhänder bzw. Insolvenzverwalter verlangen.

3. Verhältnis des Insolvenzverwalters zum Gericht, zu Gläubigern und Schuldnern

Die Rechtsstellung des Insolvenzverwalters und dessen Verhältnis zum Gericht und den Gläubigern und Schuldnern war schon unter der Konkursordnung umstritten. Nach den früher vertretenen Vertretertheorien handelt der Insolvenzverwalter als Vertreter der Gläubiger bzw. der Schuldner. Nach der Gläubigervertretungstheorie handelt der Insolvenzverwalter als Vertreter oder Organ der Gläubigerschaft.[792] Die Schuldnervertretungstheorie sieht den Insolvenzverwalter als gesetzlichen Vertreters des Schuldners an.[793] Beide Vertretertheorien werden heute mit der Begründung abgelehnt, dass der Insolvenzverwalter nicht einseitig die Interessen der Gläubiger oder des Schuldners wahrnimmt, sondern

---

791 Vgl. Commission Model Text for Trustee Mandate (o. Fn. 9), Rn. 23 u. 31.
792 *Uhlenbruck* in: Uhlenbruck, InsO, § 56, Rn. 68.
793 *Uhlenbruck* in: Uhlenbruck, InsO, § 56, Rn. 68 m.w.N.

III. Der Treuhänder im Vergleich zum Insolvenzverwalter nach deutschem Recht

die Interessen aller Beteiligten.[794] Der Insolvenzverwalter handele überdies objekt-, nicht subjektbezogen.[795] Auch wenn der Treuhänder überwiegend im Interesse der Kommission handelt und deren Interesse regelmäßig mit den Interessen begünstigter Drittunternehmen übereinstimmen, berücksichtigt der Treuhänder auch das ihn beauftragende Unternehmen. Die Begründung, eine Vertretung scheide aus, weil unterschiedliche gegenläufige Interessen gleichzeitig vertreten werden, gilt auch für den Treuhänder. Eine Vertretung der Kommission, der Unternehmen oder Dritten durch den Treuhänder im rechtstechnischen Sinn liegt bereits deshalb nicht vor, weil der Treuhänder nicht in fremdem Namen handelt – auch wenn die Formulierungen der Kommission teilweise anderes nahe legten.[796]

Nach der Organtheorie handelt der Insolvenzverwalter als Organ für die Masse als selbständiges Rechtssubjekt.[797] Der Vorteil der Organtheorie wird darin gesehen, dass sie auf eine einseitige Bindung an Gläubiger oder Schuldner verzichtet.[798] Gegen sie wird eingewandt, dass die Insolvenzmasse nach geltendem Recht kein selbstständiges Rechtssubjekt ist.[799] Die Verfahrenseröffnung bewirkt nicht, dass das Eigentum an den zur Insolvenzmasse gehörenden Gegenständen dem Schuldner genommen und auf einen anderen übertragen wird.[800] Der hinter der Organtheorie stehende Gedanke der Interessenvertretung der Masse findet sich im Verhältnis des Treuhänders zum Veräußerungsgegenstand wieder. Aufgabe des Treuhänders ist es in Veräußerungsfällen, durch Überwachung des Unternehmens dafür zu sorgen, dass die wirtschaftliche Lebens- und Wettbewerbsfähigkeit des Veräußerungsgegenstandes während der Umsetzungsphase erhalten bleibt. Unmittelbar fällt diese Aufgabe den Unternehmen zu. Die gegen die Organtheorie vorgebrachten Bedenken gelten ebenso beim Treuhänder im Verhältnis zum Veräußerungsgegenstand. Dieser fällt nicht dadurch aus dem Eigentum des Unternehmens heraus, dass der Treuhänder zur Überwachung der Veräußerung eingesetzt wird.

Die Theorie vom neutralen Handeln geht davon aus, dass der Insolvenzverwalter objektbezogen als Verwalter fremden Vermögens handelt.[801] Danach handelt er weder in fremdem noch in eigenem Namen, auch nicht auf Weisung Dritter. Dieses Ergebnis ist der deutschen Rechtsordnung fremd.[802] Die Theorie

---

794 *Uhlenbruck* in: Uhlenbruck, InsO, § 56, Rn. 68 m.w.N.
795 *Graeber* in: MünchKomm InsO, § 56, Rn. 144.
796 Siehe o. 2. Kapitel, VI.
797 *Graeber* in: MünchKomm InsO, § 56, Rn. 145; *Stürner*, ZZP 1981, S. 263.
798 *Uhlenbruck* in: Uhlenbruck, InsO, § 56, Rn. 69.
799 Vgl. BGHZ 88, 331, 334, *Graeber* in MünchKomm InsO, § 56 Rn. 145; *Uhlenbruck* in: Uhlenbruck, InsO, § 56, Rn. 69.
800 *Graeber* in: MünchKomm InsO, *Uhlenbruck* in: Uhlenbruck, InsO, § 56, Rn. 69.
801 *Uhlenbruck* in: Uhlenbruck, InsO, § 56, Rn. 70.
802 *Jauernig*, § 8 Rn. 67; *Uhlenbruck* in: Uhlenbruck, InsO, § 56, Rn. 70.

ist auch nicht auf den Treuhänder übertragbar. Der Treuhänder handelt im eigenen Namen, gegebenenfalls auf Weisung der Kommission.

Nach der heute herrschenden Amtstheorie übt der Insolvenzverwalter kraft des ihm übertragenen Amtes die Verwaltungs- und Verfügungsbefugnis über die Insolvenzmasse im eigenen Namen aus.[803] Das Amt des Insolvenzverwalters ist privat, nicht öffentlich. Der Insolvenzverwalter hat keine staatliche Macht, er übt keine staatliche Zwangsgewalt aus.[804] Als Gehilfe des Gerichts, dem die Durchführung des Insolvenzverfahrens übertragen worden ist, nimmt er Hoheitsrechte wahr.[805] Dies verschafft ihm eine amtsähnliche Stellung, die er unter der Aufsicht des Insolvenzgerichts ausführt. Die Legitimation leitet der Insolvenzverwalter vom Insolvenzgericht ab, welches ihn ernennt.[806] Die Befugnisse ergeben sich aus der Insolvenzordnung. Der Aufgabenbereich ist »mehrseitig fremdbestimmt«.[807] Zwischen dem Insolvenzverwalter und den Verfahrensbeteiligten besteht hingegen allein ein Schuldverhältnis bürgerlichen Rechts.[808]

Die Amtstheorie, die als »offene und wandelbare Theorie sehr deskriptiven Charakters«[809] bezeichnet worden ist, verdeutlicht Parallelen zwischen Insolvenzverwalter und Treuhänder. Während der Insolvenzverwalter als Gehilfe des Gerichts gilt, erscheint der Treuhänder als Gehilfe der Kommission bei der Überwachung der Umsetzung. Der Treuhänder erfüllt einen privatrechtlichen Auftrag unter der Aufsicht der (und im Ergebnis für die) Kommission. Dadurch, dass er im Aufgabenbereich der Kommission tätig wird, sich den Weisungen der Kommission unterwirft und den Weisungsinhalt gegenüber den Parteien vollzieht, genießt er eine hervorgehobene Position. Diese ähnelt der amtsähnlichen Stellung des Insolvenzverwalters. Besondere Legitimation erlangt der Treuhänder überdies dadurch, dass seine Einsetzung durch die Kommission bestätigt wird.

Zum Selbstverständnis des Insolvenzverwalters im Spannungsfeld zwischen Gericht, Schuldner und Gläubigern und damit zum Verhältnis des Insolvenzverwalters zu den Genannten äußern sich die Richtlinien des Deutschen Anwaltvereins und des Arbeitskreises der Insolvenverwalter in Deutschland:[810] Der Insolvenzverwalter hat sich danach weder als Vertreter der Gläubiger noch des Gemeinschuldners zu verstehen. Als Amtswalter muss er die berechtigten Inte-

---

803 BGHZ 88, 331, 334; *Graeber* in: MünchKomm InsO, § 56, Rn. 146; *Uhlenbruck* in: Uhlenbruck, InsO, § 56, Rn. 72 a.E.; ausführlich, kritisch *K. Schmidt* KTS 1984, 345, 356 ff.
804 *Graeber* in: MünchKomm InsO, § 56, Rn. 142. *Uhlenbruck* in: Uhlenbruck, InsO, § 56, Rn. 66.
805 *Graeber* in: MünchKomm InsO, § 56, Rn. 143; *Schick*, NJW 1991, S. 1328, 1329); *Wellensiek*, NZI 1999, S. 169, 171.
806 *Graeber* in: MünchKomm InsO, § 56, Rn. 143; *Schick* NJW 1991, S. 1328.
807 *Uhlenbruck* in: Uhlenbruck, InsO, § 56, Rn. 66.
808 *Uhlenbruck* in: Uhlenbruck, InsO, § 56, Rn. 66.
809 *Uhlenbruck* in: Uhlenbruck, InsO, § 56, Rn. 73.
810 Abgedruckt bei: Uhlenbruck, InsO, § 56, Rn. 34–41.

III. Der Treuhänder im Vergleich zum Insolvenzverwalter nach deutschem Recht

ressen aller am Verfahren Beteiligten nach streng objektiven Gesichtspunkten wahren und abwägen.[811]

Nach dem in den einschlägigen Veröffentlichungen der Kommission zum Ausdruck kommenden Verständnis darf sich der Treuhänder nicht als Vertreter der Unternehmen verstehen. Vielmehr soll er sich als Vertreter der Kommission fühlen, die wiederum das Allgemeininteresse an der Aufrechterhaltung eines funktionierenden Wettbewerbs vertritt. Die berechtigten Interessen der Unternehmen bleiben dabei zwar nicht unberücksichtigt, doch erscheint die Rolle des Treuhänders so angelegt, dass Unternehmensinteressen nachrangige Berücksichtigung finden. Sie werden damit nicht gleichberechtigt mit den Interessen der Kommission bzw. des Wettbewerbs abgewogen.

4. Vergütung

Der Insolvenzverwalter hat gemäß § 63 Abs. 1 S. 1 InsO Anspruch auf Vergütung für seine Geschäftsführung und auf Erstattung angemessener Auslagen. Umfang und Schwierigkeit der Insolvenzverwaltung finden dabei Berücksichtigung, § 6 Abs. 1 S. 3 InsO. Die Einzelheiten regelt die auf der Grundlage des § 65 InsO erlassene Insolvenzverfahrensverordnung (InsVV).

Bei der Vergütung von durch den Insolvenzverwalter beauftragten Dritten zur Bearbeitung von Sonderaufgaben, etwa im Rahmen eines größeren Insolvenzverfahrens, kann der Insolvenzverwalter Dienst- oder Wertverträge für das Insolvenzunternehmen abschließen und damit eine Masseverbindlichkeit im Sinne von § 55 Abs. 1 Nr. 1 InsO begründen.[812] Umstritten ist, ob der Insolvenzverwalter die Erfüllung dieser Verbindlichkeiten unmittelbar laufend aus der Masse bestreiten kann.[813] Schließt der Insolvenzverwalter selbst Verträge mit Dritten ab, treten diese in keine Rechtsbeziehungen zur Masse. Der Insolvenzverwalter hat daher die Kosten grundsätzlich selbst zu tragen. Er ist nicht berechtigt, die Löhne und Gehälter für solche Hilfskräfte der Masse zu entnehmen.[814]

Der Treuhänder begründet mit Abschluss von Verträgen mit Dritten, insbesondere Rechts- oder Finanzberatern, ausschließlich eigene Verbindlichkeiten. Die Zustimmung der Unternehmen signalisiert lediglich, dass die entstehenden Kosten als zulässige Auslagen angesehen werden. Sie bilden die Rechtfertigungsgrundlage für die Rechnungsstellung des Treuhänders gegenüber den Unternehmen. Dort, wo das Unternehmen seine Zustimmung verweigert, die Zustimmung aber durch die Kommission ersetzt wird, kann sich das Unternehmen

---

811 Siehe Uhlenbruck, InsO, § 56, Rn. 39.
812 *Nowak* in: MünchKomm, InsO, § 4 InsVV, Rn. 6, 8, ebenso zum vorläufigen Insolvenzverwalter: LG Braunschweig ZInsO 2001, 552.
813 So etwa *Lüke* in: Kübler/Prütting/Bork, InsO, § 63, Rn. 15; *Schilken* in: Jaeger, InsO, § 63; zweifelnd dagegen *Uhlenbruck* in: Uhlenbruck, InsO, § 56, Rn. 28.
814 *Uhlenbruck* in: Uhlenbruck, InsO, § 56, Rn. 28.

der Kostentragungspflicht nicht entziehen, da es sich im Treuhändermandat einer Zustimmung der Kommission unterworfen hat.[815] Im Ergebnis werden somit sämtliche Sonderausgaben über den Treuhänder, nicht unmittelbar über das Unternehmen abgewickelt.

5. Haftung

Der Insolvenzverwalter ist den Beteiligten gegenüber schadensersatzpflichtig, wenn er schuldhaft die Pflichten verletzt, die ihm nach der Insolvenzordnung obliegen, § 60 Abs. 1 S. 1 InsO. Grundlage der Haftung ist nach überwiegender Auffassung ein gesetzliches Schuldverhältnis zwischen Insolvenzverwalter und den Beteiligten.[816] Maßgeblich ist die Sorgfalt eines ordentlichen und gewissenhaften Insolvenzverwalters, § 60 Abs. 1 S. 2 InsO. Für hinzugezogene Gehilfen haftet der Insolvenzverwalter wie für eigenes Verschulden gemäß § 278 BGB. Für Angestellte des Schuldners, die der Insolvenzverwalter zur Erfüllung der ihm obliegenden Aufgaben im Rahmen ihrer bisherigen Tätigkeiten einsetzen muss, haftet der Verwalter – im Falle ihres Verschuldens – dagegen nicht nach § 278 BGB. Verantwortlich ist er allerdings für deren Überwachung und deren Entscheidungen, sofern diese besondere Bedeutung haben, § 60 Abs. 2 InsO.

Der Treuhänder ist von der Haftung für eigenes und zurechenbares Mitarbeiterverschulden weitgehend freigestellt. Seine Haftung beschränkt sich nach dem Treuhändermandat allein auf Vorsatz und grobe Fahrlässigkeit.[817] Präzisierungen des Begriffs »grobe Fahrlässigkeit« dürften den Treuhändermandaten regelmäßig zugrunde liegen.

6. Ersetzung und Entlassung

Das Insolvenzgericht kann den Insolvenzverwalter aus wichtigem Grund aus dem Amt entlassen, § 59 Abs. 1 S. 1 InsO. Die Entlassung erfolgt unmittelbar ohne Hinzuziehung der Gläubigerversammlung oder des Gläubigerausschusses. Dass dem Insolvenzgericht die Abberufung allein möglich ist, ist eine Reaktion auf § 84 Abs. 1 S. 2 KO. Das Gericht konnte den Insolvenzverwalter nach der ersten Gläubigerversammlung nur auf Antrag der Gläubigerversammlung oder des Gläubigerausschusses aus seinem Amt entlassen. Es musste zur Herbeiführung eines entsprechenden Antrags eine weitere Gläubigerversammlung mit dem Vorschlag einberufen, einen Entlassungsantrag zu stellen.[818] Ein Konkurs-

---

815 Siehe Commission Model Text for Trustee Mandate (o. Fn. 9), Rn. 19.
816 Ausführlich, m.w.N. *Gerhardt* in: Jaeger, InsO, § 60 Rn. 13 ff. m.w.N.
817 Commission Model Text for Trustee Mandate (o. Fn. 9), Rn. 25.
818 LG Frankfurt Rpfleger 1998, S. 474; LG Stuttgart ZIP 1989, S. 1585; *Uhlenbruck* in: Uhlenbruck, InsO, § 59, Rn. 1.

verwalter konnte daher auch bei erheblichen Pflichtverletzungen oder offensichtlich fehlender Eignung nicht sofort abberufen werden, sondern musste blieb bis zur Entscheidung über den Entlassungsantrag im Amt.[819]

Die Kommission kann einen offensichtlich ungeeigneten oder pflichtwidrig handelnden Treuhänder nicht eigenmächtig entlassen. Sie kann die Entlassung vom beauftragenden Unternehmen nach dem Treuhändermandat lediglich verlangen. Das Unternehmen zu ersuchen, den Treuhänder von seinen Aufgaben zu entbinden, ist zeitlich zwar weniger aufwändig als die Einberufung einer Gläubigerversammlung oder eines Gläubigerausschusses, doch kann es zu Verzögerungen und Verlängerungen des Einsatzes eines ungeeigneten oder pflichtwidrig handelnden Treuhänder kommen, wenn das Unternehmen die Auffassung der Kommission nicht teilt. Das Unternehmen dürfte die Treuhänderauflage nur dann verletzen, wenn pflichtwidriges Verhalten und mangelnde Eignung offenkundig sind.

Für das Insolvenzgericht besteht die Entlassungsmöglichkeit, wenn ein »wichtiger Grund« vorliegt. Auch die Kommission kann die Entlassung aus jedem guten Grund verlangen, so bei Einstellung der Tätigkeit für die Kommission oder bei Interessenkonflikten. Rechtsprechung und Schrifttum haben den Begriff des wichtigen Grundes konkretisiert. Mangelnde Eignung[820] kommt ebenso in Betracht wie eine Pflichtwidrigkeit.[821] Nicht jede Pflichtwidrigkeit rechtfertigt allerdings zugleich auch eine Entlassung.[822] Ein Entlassungsgrund ist gegeben, wenn sich nachträglich herausstellt, dass die Voraussetzungen für die Bestellung nach § 56 Abs. 1 InsO nicht vorgelegen haben oder entfallen sind.[823] Auch eine nicht angezeigte Interessenkollision kann Entlassungsgrund sein.[824] Eine Schlechterfüllung von Verwalterpflichten kann ausreichen und soll bereits dann gegeben sein, wenn der Insolvenzverwalter seinen Berichtspflichten gegenüber dem Gericht nur mit unangemessener Verzögerung nachkommt.[825] Die Rechtsprechung hat einen Entlassungsgrund jedenfalls bei Nichterfüllung der Berichtspflicht angenommen.[826]

Außerhalb der Verfahrenspflichten des Insolvenzverwalters gegenüber dem Gericht dürfte eine Schlechterfüllung bei der eigentlichen Insolvenzverwaltung nur im Ausnahmefall eine Entlassung rechtfertigen. Die wirtschaftlichen Ent-

---

819 *Uhlenbruck* in: Uhlenbruck, InsO, § 59, Rn. 1.
820 Vgl. LG Stendal DZWIR 2004, 261; LG Halle EWiR 1995, 1091; MünchKomm InsO, § 59, Rn. 17 *Kind* in: FK InsO, § 59, Rn. 7.
821 Vgl. AG Bonn, ZInsO 2002, 641 f. sowie zu einer Pflichtwidrigkeit durch Begehung einer Straftat LG Göttingen NZI 2003, 499.
822 LG Mainz, Beschl. v. 9.6.1986, RPfleger 1986, 490; *Uhlenbruck* in: Uhlenbruck, InsO, § 59, Rn. 7.
823 *Gerhardt* in: Jaeger, InsO, § 59, Rn. 4; *Graeber* in: MünchKomm, InsO, § 59, Rn. 20; *Kind* in: FK InsO, § 59, Rn. 7.
824 *Uhlenbruck* in: Uhlenbruck, InsO, § 59, Rn. 9.
825 *Graeber* in: MünchKomm InsO, § 59, Rn. 28.
826 LG Göttingen ZInsO 2003, 858.

scheidungen des Insolvenzverwalters, die zum originären Bereich seiner Tätigkeit gehören, sind der Beurteilung des Gerichts weitgehend entzogen. Zweifel des Gerichts an der Zweckmäßigkeit des Handelns genügen daher grundsätzlich nicht.[827] Etwas anderes kann gelten, wenn der Insolvenzverwalter (wiederholt) offensichtlich wirtschaftlich unzweckmäßig handelt.[828] Auch ein zerrüttetes Verhältnis zwischen Verwalter und Insolvenzgericht soll ausreichen können.[829]

Die Voraussetzungen, unter denen das Insolvenzgericht die Entlassung des Insolvenzverwalters vornehmen kann, lassen sich zum Teil auf den Treuhänder übertragen. Auch im Fall des Treuhänders wird nicht jede Pflichtwidrigkeit, etwa die verspätete Berichterstattung außerhalb der vorgesehenen Frist, ausreichen. Die Entlassungsvoraussetzungen für den Treuhänder sind gegeben, wenn die Voraussetzungen für die Bestellung nicht vorlagen. Schwieriger zu beurteilen ist die Frage des Vertrauensverhältnisses. Hat die Kommission ihre Entscheidungen auf der Grundlage der Aussagen und Berichte des Treuhänders trifft, kein Vertrauen mehr hat, wäre eine sinnvolle und effiziente Aufgabenwahrnehmung nicht mehr gewährleistet. Die Voraussetzungen für eine Entlassung dürften dann vorliegen.

7. Sonderfall: Haftung für Auswahlverschulden

Für Auswahlverschulden des Insolvenzrichters bei der Bestellung eines Insolvenzverwalters (culpa in eligendo) hat der Staat nach § 839 BGB iVm Art. 34 GG einzustehen. Jedenfalls dann, wenn die Kommission den Treuhänder mangels geeigneter Vorschläge der Parteien selbst aussucht, könnte grundsätzlich eine entsprechende Amtshaftung der Kommission in Betracht kommen.[830] Problematisch ist jedoch die Bestimmung des oder der potentiell Anspruchsberechtigten. Während im Insolvenzverfahren durch die Gläubigerversammlung oder den Gläubigerausschuss eine Gruppe hervorgehoben wird, müsste diese für einen Anspruch gegen die Kommission erst im Einzelfall bestimmt werden. Wird eine dritte Partei durch die Genehmigungsentscheidung erkennbar begünstigt, zum Beispiel in einer »up-front buyer« Entscheidung, könnte von deren Anspruchsberechtigung auszugehen sein.

---

827 LG Stendal ZInsO 1999, 233, *Graeber* in: MünchKomm, InsO, § 59, Rn. 30.
828 Vgl. *Graeber* in: MünchKomm InsO, § 59, Rn. 30.
829 *Andres* in: Andres/Leithaus, InsO, § 59, Rn. 2; *Eickmann* in: Kreft, InsO, § 59 Rn 3.
830 Zur Verwaltungshilfe und der sich daraus ergebenden Amtshaftung der Kommission siehe in diesem Kapitel II.2.a (a.E).

8. Zwischenergebnis

Insolvenzverwalter und Treuhänder sehen sich bei der Wahrnehmung ihrer Aufgaben im Spannungsfeld entgegengesetzter Interessen. Während das Gericht den Insolvenzverwalter auswählt bestätigt die Kommission im Regelfall lediglich die Auswahl des Treuhänders. Parallelen zwischen Insolvenzverwalter und Treuhänder bestehen bei den Anforderungen an die jeweilige Unabhängigkeit. Die Anforderungen an den Insolvenzverwalter erscheinen noch strenger, obwohl die Gefahr der Beeinträchtigung der Unabhängigkeit aufgrund eines möglichen zukünftigen Kontaktes sich auch beim Treuhänder ergeben dürfte. Die Rechtsstellung und das Verhältnis des Insolvenzverwalters zum Gericht, den Schuldnern und den Gläubigern lassen sich mit der heute herrschenden Amtstheorie lediglich beschreiben: Der Insolvenzverwalter übt ein privates Amt in amtsähnlicher Stellung unter der Aufsicht des Insolvenzgericht aus.

Dies entspricht dem Bild des Treuhänders, wie es sich aus den einschlägigen Veröffentlichungen der Kommission ergibt. Der Treuhänder erfüllt einen privatrechtlichen Auftrag unter der Aufsicht der Kommission. Dadurch, dass er im Aufgabenbereich der Kommission tätig wird, sich den Weisungen der Kommission unterwirft und den Weisungsinhalt gegenüber den Parteien vollzieht, kann seine hervorgehobene Stellung bisweilen als amtsähnlich beschrieben werden.

Die Abberufung und Ersetzung des Insolvenzverwalters kann das Insolvenzgericht – anders als noch unter der Konkursordnung – unmittelbar selbst vollziehen. Die Kommission kann die Entlassung lediglich veranlassen, bleibt aber auf die Mitwirkung der Parteien angewiesen.

Die Haftung des Treuhänders ist – anders als die des Insolvenzverwalters – weitgehend vertraglich ausgeschlossen. Eine Haftung des Insolvenzgerichts wird im Fall seines Auswahlverschuldens (culpa in eligendo) angenommen. Auch für die Kommission kommt ein solches Auswahlverschulden jedenfalls in den Fällen in Betracht, in denen bei fehlender Einigung mit den Parteien die Auswahl allein durch die Kommission erfolgt.

IV. Zusammenfassung

Seine Vereinbarkeit mit den Rechtsgrundlagen und der Systematik der FKVO und der DVO-FKVO vorausgesetzt, stellt sich der im Einzelfall erforderliche Treuhändereinsatz nach den exemplarisch herangezogenen Maßstäben des deutschen Verwaltungsrechts materiell als Verwaltungshilfe gegenüber der Kommission dar. Aufgrund der fehlenden Beauftragung des Treuhänders durch die Kommission ist Verwaltungshilfe im formellen Sinne nicht gegeben. Sie hätte eine mögliche Amtshaftung zur Folge.

5. Kapitel Rechtliche Einordnung der Treuhänderpraxis

In seinen Rechtsbeziehungen weist der Treuhändereinsatz vor allem Übereinstimmungen mit einer Indienstnahme auf: Wie bei der Indienstnahme wird das Unternehmen zur eigenen Überwachung herangezogen und beauftragt hierzu eine Person (im Umweltrecht etwa den so genannten Betriebsbeauftragten), die in einem privatrechtlichen Verhältnis zum Unternehmen, nicht aber in einem verwaltungsrechtlichen Verhältnis zur Behörde steht. Der Betriebsbeauftragte wird jedoch im Unterschied zum Treuhänder, entsprechend dem privatrechtlichen Verhältnis zum Unternehmen allein für dieses tätig, nicht für die Behörde. Er wird von der Behörde daher auch nicht wie ein Verwaltungshelfer angewiesen. Beim Treuhändereinsatz wird somit zwar die rechtliche Konstruktion der Indienstnahme verwendet, inhaltlich aber eine Verwaltungshilfe erreicht.

Das Treuhändermandat kann aus der Perspektive des deutschen Vertragsrechts als echter Vertrag zugunsten Dritter angesehen werden. Die Kommission ist aus dem Treuhändermandat unmittelbar gegenüber dem Treuhänder forderungsberechtigt. Praktisch relevante Unterschiede ergeben sich aus dieser unmittelbaren Forderungsberechtigung nicht. Über das Verwaltungsrechtsverhältnis zu den Unternehmen besteht für die Kommission eine einfachere und nahe liegendere Möglichkeit, Rechte durchzusetzen.

Ebenso wie die Rechtsstellung des Insolvenzverwalters zum Insolvenzgericht, den Gläubigern und den Schuldnern, lässt sich auch das Verhältnis des Treuhänders zur Kommission, den Unternehmen und Dritten eher beschreiben als rechtlich klar definieren. Wie der Insolvenzverwalter genießt der Treuhänder im Verfahren eine hervorgehobene Stellung. Aufgrund der Nähe zur Kommission, der Anlehnung seiner Aufgaben an jene der Kommission sowie seiner Unterworfenheit unter die Weisungen der Kommission erscheint er in einer amtsähnlichen Funktion.

Eine Haftung der Kommission für Verschulden bei der Auswahl des Treuhänders (culpa in eligendo) ist jedenfalls in den Fällen, in denen sie den Treuhänder infolge mangelnder Einigung der Parteien allein bestimmt, nicht ausgeschlossen.

6. Kapitel   Ergebnisse der Arbeit in 16 Thesen

1. Seit 1994 setzt die Kommission bei der Überwachung von materiellen Verpflichtungszusagen regelmäßig Treuhänder ein. Durch den Einsatz von Treuhändern lagert die Kommission Teile der ihr obliegenden Aufgabe, den Wettbewerb zu sichern, hinsichtlich der Überwachung von Verpflichtungszusagen auf private Dritte aus. Sie entlastet sich dadurch sowohl personell als auch finanziell.
2. Der Treuhändereinsatz ist in der Fusionskontrollverordnung nicht ausdrücklich geregelt, sondern wird durch die Praxis der Kommission bestimmt. Die am Zusammenschluss beteiligten Unternehmen bieten der Kommission den Einsatz von Treuhändern wie materielle Zusagen im Fusionskontrollverfahren an.
3. Der Einfluss der Kommission auf die beteiligten Unternehmen ist beim Einsatz von Treuhändern größer als bei anderen angebotenen Maßnahmen. Der Inhalt der Treuhänderzusage richtet sich nach den rechtlich nicht verbindlichen Best Practices der Kommission. Er wird den beteiligten Unternehmen faktisch vorgegeben.
4. Es ist rechtlich zweifelhaft, ob der Treuhändereinsatz in der Fusionskontrollverordnung eine ausreichende Rechtsgrundlage hat. Nach ihrem Wortlaut erscheinen Art. 6 Abs. 2 und Art. 8 Abs. 2 FKVO auf eine Veränderung des Zusammenschlusses durch materielle Zusagen beschränkt. Die Treuhänderzusage hingegen verändert die Überwachungsaufgabe der Kommission bei der Umsetzung.
5. Die Systematik von Art. 8 FKVO, die insoweit auch für die Parallelvorschrift Art. 6 FKVO gilt, deutet darauf hin, dass sicherstellende Maßnahmen wie der Einsatz von Treuhändern nur dann vorgesehen sind, wenn es um die Auflösung eines Zusammenschlusses oder die anderweitige Wiederherstellung des früheren Zustands geht. Diese systematische Wertung des Gesetzgebers umgeht die Kommission, wenn sie den Treuhändereinsatz als sicherstellende Maßnahme schon bei der Umsetzung von Verpflichtungszusagen faktisch anordnet, indem sie auf eine entsprechende Zusage der Parteien besteht.
6. Der Sinn und Zweck von Art. 6 Abs. 2 und Art. 8 Abs. 2 FKVO besteht in der Eröffnung der Möglichkeit, einen verfahrensökonomischen Ausweg bei einem wettbewerbsrechtlich problematischen Zusammenschluss zu beschreiten; andererseits stellt sich der unter Auflagen und Bedingungen genehmigte Zusammenschluss für den Adressaten gegenüber einer Untersa-

gungsentscheidung als verhältnismäßige Lösung dar. Der Treuhändereinsatz berührt beide Zielsetzungen nicht.

7. Art. 20a DVO-FKVO normiert, dass Unternehmen der Kommission vorschlagen können, sich auf ihre Kosten von einem Treuhänder überwachen zu lassen. Die Vorschrift erscheint aus systematischen und historischen Gründen mit Art. 23 Abs. 1 lit. c) FKVO nicht vereinbar. Art. 23 FKVO ermächtigt die Kommission zum Erlass von Durchführungsbestimmungen, nicht zur Vorgabe des Inhalts von Verpflichtungszusagen. Nur der zwingende Einsatz von Treuhändern könnte als Durchführungsbestimmung angesehen werden. Dies stellt aber eine Kompetenzerweiterung dar und geht über das hinaus, was die Kommission selbst auf der Grundlage des Art. 23 FKVO regeln darf. Historisch ist die Regelung problematisch, weil über Art. 20a DVO-FKVO eine Kostenbelastung erfolgt, die im Widerspruch zu den Vorstellungen der Fusionskontrollverordnung steht. In der Entstehungsgeschichte von Art. 23 FKVO wurde eine Kostentragungspflicht der Parteien erwogen, im Ergebnis aber verworfen.

8. Das Unionsrecht weist der Kommission die Aufgabe zu, die Umsetzung von Verpflichtungsmaßnahmen zu überwachen. Hierzu sind der Kommission zahlreiche Befugnisse eingeräumt, von denen sie bislang in der Umsetzungsphase keinen Gebrauch gemacht hat. Zwar steht das Unionsrecht einer Aufgabendelegation an Private nicht grundsätzlich entgegen, doch muss sich diese nach der Rechtsprechung des Gerichtshofs auf genau umgrenzte Ausführungsbefugnisse ohne Ermessensspielraum beschränken. Auch einvernehmlich kann eine Aufgabendelegation daher nicht unbegrenzt erfolgen. Die Aufgabenwahrnehmung muss vollumfänglich von der delegierenden Behörde beaufsichtigt werden. Der Treuhändereinsatz in seiner gegenwärtig praktizierten Form ist mit diesen Vorgaben in der Regel nicht vereinbar. Der Treuhänder ersetzt faktisch die Kommission bei der Durchführung der Überwachung. Die Kommission beschränkt sich auf eine Plausibilitäts- und Vollständigkeitsprüfung der Aussagen und Berichte des Treuhänders. Damit überlässt sie dem Treuhänder für den Umsetzungserfolg relevante im Ermessen stehende Entscheidungen. Ermessensentscheidungen, die bei der Kommission verbleiben, können nur auf einer fremd- und vorbestimmten Grundlage getroffen werden.

9. Die Entscheidung *Microsoft* zeigt eine Ablehnung des Gerichts gegenüber dem Einsatz eines Treuhänders, der Funktionen wahrnimmt, die in den unmittelbaren Verantwortungsbereich der Kommission fallen. Diese Ablehnung gilt unabhängig davon, ob die Wahrnehmung einvernehmlich erfolgt. Die Kosten des Treuhänders sieht das Gericht als Teil der Kosten an, die die Kommission bei der Wahrnehmung ihrer Untersuchungs- und Durchführungsbefugnisse zu tragen hat, nicht als Bestandteil der von den Unternehmen zu tragenden Kosten der Umsetzung des Zusammenschlusses.

10. Der Treuhändereinsatz stellt sich als Eingriff in die unternehmerische Freiheit im Sinne des Art. 16 GRC sowie das Recht auf Anhörung (Art. 41 Abs. 2, 1. Var. GRC), das Recht auf Entscheidungsbegründung (Art. 41 Abs. 2, 3. Spiegelstrich GRC) und das Recht auf Schutz vor Selbstbelastung (Art. 41 iVm. Art. 48 GRC) jeweils als Ausprägung des Rechts auf eine gute Verwaltung dar. Überdies greift der Treuhändereinsatz in das Recht auf gerichtlichen Rechtsschutz im Sinne von Art. 48 GRC ein. Grundsätzlich ist jedoch davon auszugehen, dass die beteiligten Unternehmen in sämtliche Beschränkungen der betroffenen Rechte freiwillig einwilligen.

11. Der Treuhändereinsatz ist, wenn man seine rechtliche Vereinbarkeit mit den Rechtsgrundlagen der Fusionskontrollverordnung, ihrer Durchführungsverordnung und der Zuweisung der Überwachungsaufgabe von Verpflichtungszusagen unterstellt, in der Regel verhältnismäßig. Die Erforderlichkeit des Einsatzes eines Treuhänders für die Umsetzung der Verpflichtungszusagen kann allerdings nicht generalisierend beantwortet werden. Zweifel an der Erforderlichkeit können damit begründet werden, dass die Kartellbehörden in der Bundesrepublik Deutschland, im Vereinigten Königreich und in den Vereinigten Staaten jedenfalls das Department of Justice wesentlich seltener auf den Einsatz von Treuhändern zurückgreifen. Für die Erforderlichkeit im Regelfall spricht, dass viele Umsetzungsschwächen erst durch den Einsatz von Treuhändern offenbar werden. Jedenfalls in der ganz überwiegenden Zahl der Fälle stellt der Einsatz eines Treuhänders einen Mehrwert dar. Die Erforderlichkeit des Einsatzes von Treuhändern muss jedoch ebenso wie eine materielle Auflage oder Bedingung einzelfallabhängig entschieden und begründet werden. Derartige Erwägungen sind in der bisherigen Verwaltungspraxis der Kommission nicht erkennbar.

12. Die Treuhänderauflage kann isoliert gerichtlich angefochten werden. Anders als materielle Auflagen und Bedingungen ist sie regelmäßig nicht untrennbar mit der übrigen Entscheidung verbunden. Aus Gründen des Rechtsschutzes ist die isolierte Anfechtbarkeit geboten, da ansonsten der Rechtsschutz gegen Treuhänderauflagen praktisch ausgeschlossen wäre.

13. Nach den Maßstäben des deutschen Verwaltungsrechts stellt sich der Treuhändereinsatz materiell als Verwaltungshilfe gegenüber der Kommission dar. Aufgrund der fehlenden Beauftragung des Treuhänders durch die Kommission ist Verwaltungshilfe im formellen Sinne nicht gegeben. Sie hätte eine mögliche Amtshaftung zur Folge.

14. Die Rechtsbeziehungen des Treuhänders zur Kommission einerseits und den beteiligten Unternehmen andererseits weisen Übereinstimmungen mit einer Indienstnahme im Sinne des deutschen Verwaltungsrechts auf: Wie bei der Indienstnahme wird bei einer Zusagenentscheidung das Unternehmen zur eigenen Überwachung herangezogen und beauftragt hierzu eine Person (im Umweltrecht etwa den so genannten Betriebsbeauftragten), die in einem

privatrechtlichen Verhältnis zum Unternehmen, nicht aber in einem verwaltungsrechtlichen Verhältnis zur Behörde steht. Der Betriebsbeauftragte wird jedoch im Unterschied zum Treuhänder, entsprechend dem privatrechtlichen Verhältnis zum Unternehmen allein für dieses tätig, nicht für die Behörde. Er wird von der Behörde daher auch nicht wie ein Verwaltungshelfer angewiesen. Beim Treuhändereinsatz wird somit zwar die rechtliche Konstruktion der Indienstnahme verwendet, inhaltlich aber eine Verwaltungshilfe erreicht.

15. Das Treuhändermandat kann aus der Perspektive des deutschen Vertragsrechts als echter Vertrag zugunsten Dritter angesehen werden. Die Kommission ist aus dem Treuhändermandat unmittelbar gegenüber dem Treuhänder forderungsberechtigt. Praktisch relevante Unterschiede ergeben sich aus dieser unmittelbaren Forderungsberechtigung nicht. Über das Verwaltungsrechtsverhältnis zu den Unternehmen besteht für die Kommission eine einfachere und nahe liegendere Möglichkeit, Rechte durchzusetzen.

16. Wie der Insolvenzverwalter im deutschen Recht genießt der Treuhänder im Verfahren eine hervorgehobene Stellung. Aufgrund der Nähe zur Kommission, der Anlehnung seiner Aufgaben an jene der Kommission sowie seiner Unterworfenheit unter die Weisungen der Kommission erscheint er in einer amtsähnlichen Funktion.

Literatur

Andres, D./ Leithaus, R./ Dahl, M.	Insolvenzordnung, Kommentar, 2. Auflage, München 2011.
Areeda, P./ Kaplow, L./ Edlin, A.	Antitrust analysis: problems, text and cases, 6. Auflage, New York 2004.
Bartosch, A.	Die neuen Mitteilungen in der europäischen Fusionskontrolle, in: BB 2001, S. 2013.
Bayer, W.	Der Vertrag zugunsten Dritter, Tübingen 1995.
Bauer, H.	Privatisierung von Verwaltungsaufgaben, VVDStRL 54 (1995), S. 243.
Bechtold, R./ Bosch, W./ Brinker, I./ Hirsbrunner	EG-Kartellrecht; Kommentar, 2. Auflage, München 2009.
Bellamy, C./ Child, G. D.	European Community law of competition, 6. Auflage, London 2008.
Berg, W.	Zusagen in der Europäischen Fusionskontrolle, in: EuZW 2003, S. 362.
ders.	Die neue Fusionskontrollverordnung, in: BB 2004, S. 561.
Berg, W./ Fisch, S./ Schmitt Glaeser, W./ Schoch, F./ Schulze-Fielitz, H. (Hrsg.)	Regulierte Selbstregulierung als Steuerungskonzept des Gewährleistungsstaates, Berlin 2001.
Bergmann, H.	Settlements in EC Merger Control Proceedings: A Summary of EC enforcement practice and a comparison with the United States, in: Antitrust Law Journal 1993, S. 47.
von Bernstorff, C.	Großbritannien: Neues Gesetz zum Vertrag zugunsten Dritter, in: RIW 2000, S. 435.
Borchardt, K.-D.	Die rechtlichen Grundlagen der Europäischen Union: eine systematische Darstellung für Studium und Praxis, 4. Auflage, Heidelberg 2010.
Bork, R.	Die Unabhängigkeit des Insolvenzverwalters – ein hohes Gut, ZIP 2006, S. 58.

Braun, E.	Die Bedrohung der Konkurs-Kultur durch Berufsgesellschaften mit beschränkter Haftung als Konkursverwalter, in: BB 1993, S. 2172.
Ders.	(Hrsg.), Insolvenzordnung, 4. Auflage, München 2010.
Breed, M./ Michnal, D. J.	Merger Remedies: The DoJ's New Guide to old Differences, Antitrust, Spring 2005, S. 37.
Broberg, M.	Commitments in phase one merger proceedings: the commission's power to accept and enforce phase one commitments, in: CMLR 1997, S. 845.
Burgi, M.	Funktionale Privatisierung und Verwaltungshilfe, Tübingen 1999.
Calliess, C./ Ruffert, M. (Hrsg.)	EUV/EGV: Das Verfassungsrecht der Europäischen Union mit Europäischer Grundrechtecharta; Kommentar, 3. Auflage, München 2007.
Cook, C. J./ Kerse, C. S.	E.C. merger control, 5. Auflage, London 2009.
Czychowski, M./ Reinhardt, M.	Wasserhaushaltsgesetz: unter Berücksichtigung der Landeswassergesetze; Kommentar, 10. Auflage, München 2010.
Däubler, W.	EU-Grundrechte-Charta und kollektives Arbeitsrecht, in: AuR 2001, S. 380.
Dederichs, M.	Die Methodik des Gerichtshofes der Europäischen Gemeinschaften, EuR 2004, S. 345.
Dittert, D.	Die Reform des Verfahrens in der neuen EG-Fusionskontrollverordnung, WuW 2004, S. 148.
von Danwitz, T.	Verwaltungsrechtliches System und Europäische Integration, Tübingen 1996.
Ehlers, D. (Hrsg.)	Europäische Grundrechte und Grundfreiheiten, 3. Auflage, Berlin 2009.
Ehricke, U.	Vermerke der Kommission zur Umsetzung von Richtlinien, EuZW 2004, S. 359.
Emmerich, V.	Kartellrecht, 11. Auflage, München 2008.
Ersbøll, N. C.	Commitments under the Merger Regulation, in: ECLR, 2001, S. 357.
Erichsen, H.-U./ Ehlers, D. (Hrsg.)	Allgemeines Verwaltungsrecht, 14. Auflage, Berlin 2010.
Ezrachi, A.	Behavioural Remedies in EC Merger Control – Scope and Limitations, in: World Competition 2006, S. 459.
Fuchs, A.	Widerruf der Genehmigung und nachträgliche Untersagungsmöglichkeit nach der Fusionskontrollverordnung, EuZW 1996, S. 263.

Literatur

ders.	Zusagen, Auflagen und Bedingungen in der europäischen Fusionskontrolle, in: WuW 1996, S. 269.
Furse, M.	The law of merger control in the EC and the UK, Oxford u. Portland, Oregon, 2007.
Gottwald, P. (Hrsg.)	Insolvenzrechts-Handbuch, 4. Auflage, München 2010.
Grabbe, H.	Nebenabreden in der Europäischen Fusionskontrolle, Baden-Baden 2000.
Grabitz, E./ Hilf, M. (Hrsg.)	Das Recht der Europäischen Union, Band III/IV, EUV/EGV, München, Stand: Mai 2011.
Graeber, T.	Auswahl und Bestellung des Insolvenzverwalters, in: DZWIR 2005, S. 177.
Gramm, C.	Privatisierung und notwendige Staatsaufgaben, Berlin 2001.
von der Groeben, H./ Thiesing, J./ Ehlermann, C.-D. (Hrsg.)	Kommentar zum EU/EG-Vertrag, Baden-Baden 1999.
von der Groeben, H./ Schwarze J. (Hrsg.)	Kommentar zum EU/EG-Vertrag, Baden-Baden 2004.
Grunwald, J.	Die nicht-völkerrechtlichen Verträge der Europäischen Gemeinschaften, in: EuR 1984, S. 227.
Haarmann, E. M.	Die Verpflichtungszusage im Europäischen Wettbewerbsrecht, Baden-Baden 2006.
Harmjanz, J. D.	Auflagen und Bedingungen: eine vergleichende Darstellung des EG-Fusionskontrollrechts und des US-amerikanischen Antitrustrechts zu consent decrees, Baden-Baden 1999.
Heidenhain, M.	Handbuch des Europäischen Beihilferechts, München 2003.
ders.	Zusagenpraxis in der EG-Fusionskontrolle, in: EuZW 1994, S. 235.
Heithecker, J. C.	Wettbewerbssicherung in der europäischen Fusionskontrolle durch Zusagen, Berlin 2002.
Heukamp, F. A.	Schiedszusagen in der Europäischen Fusionskontrolle zur Nutzung privater Streitbeilegungsverfahren durch die Exekutive, Köln, Berlin, München 2006.
Hess, H./Ruppe, N.	Auswahl und Einsetzung des Insolvenzverwalters und die Justiziabilität des Nichtzugangs zur Insolvenzverwaltertätigkeit, NZI 2004, S. 641.
Hirsbrunner, S.	Neue Entwicklungen der Europäischen Fusionskontrolle in den Jahren 2003/2004, in: EuZW 2005, S. 519.

ders.	Entwicklungen der Europäischen Fusionskontrolle im Jahr 2005, in: EuZW, 2006, S. 711.
Hirsch, G./ Montag, F./ Säcker, F. J. (Hrsg.)	Münchener Kommentar zum Europäischen und Deutschen Wettbewerbsrecht, Band 1: Europäisches Wettbewerbsrecht, München 2007.
Hoffmann-Riem, W.	Verfahrensprivatisierung als Modernisierung, in: Hoffmann-Riem, W./Schneider, J.-P. (Hrsg.): Verfahrensprivatisierung im Umweltrecht, Baden-Baden 1996, S. 9.
ders.	Verfahrensprivatisierung als Modernisierung, DVBl. 1996, S. 225.
Hösch, U.	Die Zulässigkeit von öffentlich-rechtlichen Verträgen im Rahmen der Zusammenschlusskontrolle, in: BB 1995, S. 1917.
Immenga, U./ Mestmäcker, E.-J. (Hrsg.)	Wettbewerbsrecht, EG/Teil 2, 4. Auflage, München 2007.
Ipsen, H. P.	Europäisches Gemeinschaftsrecht, Tübingen 1972.
ders.	Öffentliches Wirtschaftsrecht: Entwicklungsbeiträge unter dem Grundgesetz, Tübingen 1985.
Jaeger, G. (Begr.)	Insolvenzordnung, 2. Band, § 56–102 InsO, Berlin 2007.
Jarass, H. D.	Bundes-Immissionsschutzgesetz, Kommentar, 8. Auflage, München 2010
ders.	EU-Grundrechte, München 2005.
ders.	Pieroth, B., Grundgesetz für die Bundesrepublik Deutschland, 11. Auflage, München 2011.
Josten, Y.	Six-week period in case of commitments? – The EC Commission may miss the time-limits under the Merger Control Regulation, in: World Competition, 2000, S. 8.
Kadletz, A.	Der vorinsolvenzlich tätige Rechtsanwalt als sanierender Insolvenzverwalter, in: ZIP 2000, S. 117.
Kämmerer, J. A.	Privatisierung: Typologie – Determinanten – Rechtspraxis – Folgen, Tübingen 2001.
Kanska, K.	Towards Administrative Human Rights in the EU. Impact of the Charter of Fundamental Rights, ELJ 2004, S. 296.
Keller, U.	Insolvenzrecht, München 2006.
Kirchhof, F.	Private Breitbandkabelanlagen und Postmonopol, DVBl. 1984, S. 657.

Kirchhof H.-P./   Münchener Kommentar zur Insolvenzordnung,
Lwowski, H.-J./   2. Auflage, München 2007.
Stürner, R.

Klees, A.   Europäisches Kartellverfahrensrecht (mit Fusionskontrollverfahren), Köln, Berlin, München, 2005.

Körber, T.   Die Konkurrentenklage im Fusionskontrollrecht der USA, Deutschlands und der Europäischen Union, Baden-Baden 1996.

Kötz, H.   Europäisches Vertragsrecht, Tübingen 1996.

Kopp, F. O. (Begr.)/   Verwaltungsverfahrensgesetz, 11. Auflage, München
Ramsauer, U.   2010.

Krause, H.   Article 6 (1) b EC Merger Regulation: Improving the Reliability of Commitments, in: ECLR 1994, S. 209.

Kreft, G. (Hrsg.)   Heidelberger Kommentar zur Insolvenzordnung, 5. Auflage, Heidelberg 2008.

Kreuzer, K. F. (Hrsg.)   Privatisierung von Unternehmen, Baden-Baden 1995.

Kübler, B. M./   Kommentar zur Insolvenzordnung, (Loseblattausgabe,
Prütting, H./   Stand: Mai 2010) Köln.
Bork, R. (Hrsg.)

Kühling, J.   Die Zukunft des Europäischen Agentur(un)wesens – oder: Wer hat Angst vor Meroni?, EuZW 2008, S. 129.

Lando, O./   The principles of European contract law, 1999; in
Beale, H.   deutscher Übersetzung in ZeuP 2000, S. 675.

Langen, E./   Kommentar zum deutschen und europäischen Kartell-
Bunte, H.-J. (Hrsg.)   recht, Band 2, 11. Auflage, München 2010.

Leibenath, C.   Die Rechtsprobleme der Zusagenpraxis in der europäischen Fusionskontrolle, Baden-Baden, 2000.

Levy, N.   EU Merger Control: From Birth to Adolescence, in: World Competition 2003, S. 195.

Lévêque, F./   Merger remedies in American and European Union
Shelanski, H. (Hrsg.)   competition law, Cheltenham 2003.

Löffler, H. F.   Kommentar zur europäischen Fusionskontrollverordnung, Neuwied-Kriftel-Berlin 2001.

Loewenheim, U./   Kartellrecht, 2. Auflage, München 2009.
Meessen, K. M./
Riesenkampff, A. (Hrsg.)

dies. (Hrsg.)   Kartellrecht, Band 1, Europäisches Kartellrecht, München 2005.

Lorenz, W.   Die Reform des englischen Vertragsrechts: Verträge zugunsten Dritter und schadensrechtliche Drittbeziehungen, in: JZ 1997, S. 105.

Lutter, M. Die Auslegung des angeglichenen Rechts, in: JZ 1992, S. 593.

Mäger, T. (Hrsg.) Europäisches Kartellrecht, Baden-Baden 2006.

Maudhuit, S./ Soames, T. Changes in EU Merger Control: Part 3, in: ECLR, 2005, S. 144.

Maurer, H. Allgemeines Verwaltungsrecht, 17. Auflage, München 2009.

Merten, J. Benannte Stellen: Private Vollzugsinstanzen eines Europäischen Verwaltungsrechts, in: DVBl. 2004, S. 1211.

Mestmäcker, E.-J./ Schweitzer, H. Europäisches Wettbewerbsrecht, 2. Auflage, München 2004.

Meyer, J. Charta der Grundrechte der Europäischen Union, 3. Auflage Baden-Baden 2010.

Meyer-Ladewig, J. Europäische Menschenrechtskonvention, 2. Auflage Baden-Baden 2006.

Middleton, K./ Rodger, B. J./ MacCulloch, A. Cases and materials on UK and EC competition law, Oxford 2003.

Miersch, G. Die europäische Fusionskontrolle: Inhalt und Problematik der EG-Fusionskontroll-VO Nr. 4064/89 in materieller und wettbewerbspolitischer Sicht, Regensburg 1991.

Mülbert, P. O. »Zusagen im deutschen und europäischen Fusionskontrollrecht« in: ZIP 1995, S. 699.

Niemeyer, H.-J. Die Europäische Fusionskontrollverordnung, Heidelberg 1991.

Paas, K. Non-structural remedies in EU Merger Control, in: ECLR, 2006, S. 209.

Palandt, O. (Begr.) Bürgerliches Gesetzbuch, 70. Auflage, München 2011.

Papandropulos, P./ Tajana, A. The Merger Remedies Study – In divestiture we trust, in: ECLR 2006, S. 443.

Pape, G. Konkursverwalter mit beschränkter Haftung?, in: ZIP 1993, S. 737.

Paulus, C. G. Die Insolvenz als Sanierungschance – ein Plädoyer, in: ZGR 2005, S. 309.

Prümmer, F. Verhältnismäßigkeitsaspekte der Zusagenpraxis in der Europäischen Fusionskontrolle: eine Darstellung anlässlich der jüngeren Rechtsprechung der Gerichte, Baden-Baden 2007.

Prütting, H., Wegen, G., Weinreich, G.	Bürgerliches Gesetzbuch Kommentar, 6. Auflage, Köln 2011.
Rabenschlag, K.	Die Zusagenpraxis im System der Zusammenschlusskontrolle, Frankfurt a. M. 1995.
Rengeling, H.-W./ Szczekalla, P.	Grundrechte in der Europäischen Union – Charta der Grundrechte und Allgemeine Rechtsgrundsätze, Köln 2004.
Säcker, F. J./ Rixecker, R. (Hrsg.)	Münchener Kommentar zum Bürgerlichen Gesetzbuch, Band 2, München 2007.
Scheel, K.-C.	Privater Sachverstand im Verwaltungsvollzug des europäischen Rechts, Berlin 1999.
ders.	»Benannte Stellen«: Beliehene als Instrument für die Verwirklichung des Binnenmarktes, in: DVBl. 1999, S. 442.
Schick, W.	Der Konkursverwalter – berufsrechtliche und steuerrechtliche Aspekte, in: NJW 1991, S. 1328.
Schmidt, Karsten	Der Konkursverwalter als Gesellschaftsorgan und als Repräsentant des Gemeinschuldners – Versuch einer Konkursverwaltertheorie für heute und morgen, in: KTS 1984, S. 345.
Schoch, F.	Privatisierung und Verwaltungsaufgaben, in: DVBl. 1994, S. 961.
Schroeder, D. u.a. (Hrsg.)	Frankfurter Kommentar zum Kartellrecht (Stand: Mai 2011), Köln.
Schröter, H./ Jakob, T./Mederer, W. (Hrsg.)	Kommentar zum europäischen Wettbewerbsrecht, Baden-Baden 2003 (zitiert als: *Bearbeiter* in: Schröter/Jakob/Mederer).
Schuppert, G. F.	Verwaltungswissenschaft: Verwaltung, Verwaltungsrecht, Verwaltungslehre, Baden-Baden 2000.
Schulte, J. L. (Hrsg.)	Handbuch Fusionskontrolle, 2. Auflage, Köln 2010.
Schwarze, J. (Hrsg.)	Instrumente zur Durchsetzung des europäischen Wettbewerbsrechts: Regelungstechniken, Kontrollverfahren und Sanktionen, Baden-Baden 2002.
ders.	Der Grundrechtsschutz für Unternehmen in der Europäischen Union, EuZW 2001, S. 517.
ders.	Die Bedeutung des Grundsatzes der Verhältnismäßigkeit bei der Behandlung von Verpflichtungszusagen nach der europäischen Fusionskontrollverordnung, in: EuZW 2002, S. 741.

Literatur

ders.	Europäisches Verwaltungsrecht: Entstehung und Entwicklung im Rahmen der Europäischen Gemeinschaft, 2. Auflage, Baden-Baden 2005.
Schweda	Die Bindungswirkung von Bekanntmachungen und Leitlinien der Europäischen Kommission, WuW 2004, 1133.
Soergel	Bürgerliches Gesetzbuch mit Einführungsgesetz und Nebengesetzen, Kommentar, Band 5/3 (Stand: August 2009), Stuttgart, Berlin, Köln.
Staebe, E.	Unzulässige Verhaltensauflagen zu fusionskontrollrechtlichen Freigabeentscheidungen, in: WRP 2004, S. 66.
ders./ Denzel, U.	Die neue Europäische Fusionskontrollverordnung (VO 139/2004), EWS 2004, S. 194.
Stapper, F.	Neue Anforderungen an den Insolvenzverwalter, in: NJW 1999, S. 3441.
Staudenmeyer, D.	Das Verhältnis der Art. 85, 86 EG zur EG Fusionskontrolle, in: WuW 1992, S. 475
von Staudinger, J.	Kommentar zum Bürgerlichen Gesetzbuch mit Einführungsgesetz und Nebengesetzen, Buch 2, Recht der Schuldverhältnisse, §§ 328–345, Berlin 2009.
Stelkens, P./ Bonk, H. J./ Sachs, M.	Verwaltungsverfahrensgesetz, Kommentar, 7. Auflage, München 2008.
Stich, R.	Die Betriebsbeauftragen für Immissionsschutz, Gewässerschutz und Abfall, in: GewArch 1976, S. 145.
Strehle, E. P.	Die Nichterfüllung von Zusagen im Rahmen des europäischen Fusionskontrollverfahrens, Jena 2001.
Stürner, R.	Aktuelle Probleme des Konkursrechts, in: ZZP 1981, S. 263
Tettinger, P. J./ Stern, K.	Kölner Gemeinschaftskommentar zur Europäischen Grundrechte-Charta, München 2006.
Turnbull, S./ Holmes, S.	Remedies in Merger Cases: Recent Developments, in: ECLR, 2002, S. 499.
Uhlig, T.	Zusagen, Auflagen und Bedingungen im Fusionskontrollverfahren: eine Untersuchung zum deutschen und europäischen Recht, Sinzheim 1996.
Uhlenbruck, W.	Insolvenzordnung: Kommentar, 13. Auflage, München 2010.
ders.	Insolvenzordnung: Kommentar, 12. Auflage, München 2003.

Weiß, W.	Privatisierung und Staatsaufgaben: Privatisierungsentscheidungen im Lichte einer grundrechtlichen Staatsaufgabenlehre unter dem Grundgesetz, Tübingen 2002.
ders.	Das Leitlinien(un)wesen der Kommission verletzt den Vertrag von Lissabon, EWS 2010, S. 257.
Wellensiek, J.	Die Fachanwaltschaft für Insolvenzrecht, NZI 1999, S. 169.
Went, D.	The Acceptability of Remedies under the EC Merger Regulation: Structural versus Behavioural, in: ECLR 2006, S. 455.
Which, R.	Competition Law, 6. Auflage, London 2008.
Wiedemann, H. (Hrsg.)	Handbuch des Kartellrechts, 2. Auflage, München 2008.
Willis, P. R.	»You have the right to remain silent...«, or do you? The privilege against self-incrimination following Mannesmannröhren-Werke and other recent decisions, in: ECLR 2001, S. 313.
Wimmer, K. (Hrsg.)	Frankfurter Kommentar zur Insolvenzordnung, Köln 2009.
Winckler, A.	Some Comments on Procedure and Remedies under EC Merger Control Rules: Something Rotten in the Kingdom of the EC Merger Control?, in: World Competition 2003, S. 219.
Windthorst, J. E.	Vertrag zugunsten Dritter und Drittwirkung einer Schiedsvereinbarung im englischen Wirtschaftsrecht, in: RIW 2005, S. 900.
Wolf, D.	Probleme der Zusagenpraxis im Fusionskontrollverfahren, in: Ulrich Immenga (Hrsg.), Festschrift für Ernst-Joachim Mestmäcker, Baden-Baden 1996, S. 801.
Wolf, H. J./ Bachof, O./ Stober, R.	Verwaltungsrecht Band 3, München 2003.
Ysewyn, J.	The Commission's Commitment, in: ECLR 2001, S. 253.
Zhu, S.	Converge? Diverge? A Comparison of Horizontal Merger Laws in the United States and European Union, in: World Competition 2006, S. 635.
Zweigert, K./ Kötz, H.	Einführung in die Rechtsvergleichung, 3. Auflage, Tübingen 1996.

Sachregister

Kernpassagen im Fettdruck.

Anfechtung (Treuhänderzusage) 183 ff., 207
Amtshaftung 96, 192, 216 f.
Amtsähnliche Funktion (des Treuhänders) 212, 217 f.

Betriebsbeauftragter 193, 195.
Bundeskartellamt 42, **93 ff.**, 118, 173, 192 f.

Carve-out 62, 70, 113
Competition Commission 43, 99, 101 f, 104 ff., 118

Department of Justice (DoJ) 44, **114**, 118, 173 f.
Drittbegünstigung 198 ff.

Eignung (des Treuhänders) 55, 58, 60, 64, 171, 176, 199

Federal Trade Commission (FTC) 44, **107 ff.**, 173 f.

Grundrechte 121, **156 ff.**
Grundrechte-Charta 158, 163

Hold-separate-manager 39, 68, 117, 144

Indienstnahme 190, 192 f., **195**, 195, 197, 218
Insolvenzverwalter 60, 187, **206 ff.**
Interessenkonflikt 56 f., 59, 171, 204, 215

Investmentbank 58 ff., 85, 116, 171

Mandatserweiterung 55
Mediator 82
Merger Remedies Study 52, 58, 60 f., 69 ff., 79 f., 82 f., 85 f., 89, 117, 144, 172, 208
Meroni 141 ff.
Microsoft 120, **145 ff.**, 181

Office of Fair Trading (OFT) 43, 99 f., 102 f., 105 f., 118

Privatisierung 141, **187 ff.**

Treuhänderteam **56 f.**, 60, 67, 117, 202, 207

Unabhängigkeit (des Treuhänders) 55 ff., 64, 70, 84 f., 97, 100, 106, 116 f., 154, 171, 199, 206, 208 f., 217.
Up-front buyer 40, 92, 216

Veräußerungstreuhänder 40 f., 47, 50, 58, 64, **66 ff.**, 70 f., 99, 117
Verhältnismäßigkeit 35, 47, 98, 121, 126, 149, 151, 154, 157, 168, **175 ff.**, 183
Vertrag zugunsten Dritter 187, **197 ff.**, 201 f., 217 f.
Verwaltungshilfe 96, **190 ff.**, 195, 197, 217 f.

Wirtschaftsprüfer 56, 137, 172, 209

KÖLNER SCHRIFTEN ZUM EUROPARECHT

Herausgegeben
bis Band 37 von Prof. Dr. Karl Carstens und Prof. Dr. Bodo Börner
ab Band 38 bis Band 42 von Prof. Dr. Jürgen F. Baur und Prof. Dr. Bodo Börner,
ab Band 43 von Prof. Dr. Ulrich Ehricke

Band 15 **Die Erweiterung der Europäischen Gemeinschaften**
Die Anwendung des Rechts der Europäischen Gemeinschaften in Dänemark, Großbritannien, Irland und Norwegen. Arbeitssitzung der wissenschaftlichen Gesellschaft für Europarecht auf der Tagung für Rechtsvergleichung am 23. September 1971 in Mannheim.
1972; 16,2 x 22,9 cm; VII, 122 Seiten; Leinen

Band 16 **Technische Vereinbarungen und Unternehmensgesellschaften im Verkehrskartellrecht der EWG** (Eisenbahn-, Straßen- und Binnenschiffsverkehr)
von Dr. Gerd Saupe
1972; 16,2 x 22,9 cm; XVI, 184 Seiten; Leinen

Band 17 **Studien zum deutschen und europäischen Wirtschaftsrecht**
von Prof. Dr. Bodo Börner
1973; 16,2 x 22,9 cm; V, 526 Seiten; Leinen

Band 18 **Verkehr und Gemeinschaftsrecht**
Wissenschaftliches Kolloquium am 1. und 2. April 1971 in Bad Ems. Veranstaltet von der Wissenschaftlichen Gesellschaft für Europarecht.
1972; 16,2 x 22,9 cm; VII, 109 Seiten; Leinen

Band 19 **Die rechtlichen Grundlagen für die gemeinsame Zoll- und Handelspolitik der EWG**
von Dr. Michael d'Orville
1973; 16,2 x 22,9 cm; XI, 138 Seiten; Leinen

Band 20 **Die Anwendung von Art. 85 des EWG-Vertrages auf Gemeinschaftsunternehmen**
von Dr. Hellmut Wißmann
1974; 16,2 x 22,9 cm; XII, 161 Seiten; Leinen

Band 21 **Die Vereinbarkeit des Vertrages zur Gründung der Europäischen Wirtschaftsgemeinschaft mit der britischen Verfassung**
von Dr. Klaus Thelen
1973; 16,2 x 22,9 cm; X, 283 Seiten; Leinen

Band 22 **Die institutionelle Entwicklung der Europäischen Gemeinschaften in den siebziger Jahren**
1973; 16,2 x 22,9 cm; VII, 105 Seiten; Leinen

KÖLNER SCHRIFTEN ZUM EUROPARECHT

Herausgegeben
bis Band 37 von Prof. Dr. Karl Carstens und Prof. Dr. Bodo Börner
ab Band 38 bis Band 42 von Prof. Dr. Jürgen F. Baur und Prof. Dr. Bodo Börner,
ab Band 43 von Prof. Dr. Ulrich Ehricke

Band 23   **Die Konstituierung des Europäischen Parlaments – Zur Reform des Berufungsverfahrens der Abgeordneten**
von Dr. Harald G. Kundoch
1974; 16,2 x 22,9 cm; XIII, 193 Seiten; Leinen

Band 24   **Die Europäische Rechtsprechung nach zwanzig Jahren Gemeinschaftsleben**
Internationaler Kongreß vom 24. bis 26. Mai 1973 in Luxemburg.
Veranstaltet von der Fédération Internationale pour le Droit Européen.
1976; 16,2 x 22,9 cm; IL, 1121 Seiten; Leinen

Band 25   **Die Außenbeziehungen der Europäischen Gemeinschaft**
Wissenschaftliches Kolloquium am 4. und 5. April 1974 in Bad Ems.
Veranstaltet von der Wissenschaftlichen Gesellschaft für Europarecht.
1975; 16,2 x 22,9 cm; VII, 150 Seiten; Leinen

Band 26   **Studien zum deutschen und europäischen Wirtschaftsrecht II**
von Prof. Dr. Bodo Börner
1977; 16,2 x 22,9 cm; V, 537 Seiten; Leinen

Band 27   **Rechtsgrundsätze beim Verwaltungsvollzug des Europäischen Gemeinschaftsrechts**
Zu den Grundlagen des Verwaltungsvollzuges sowie zur Theorie und Konkretisierung der Rechtsgrundsätze unter besonderer Berücksichtigung der Rechtsvergleichung
von Dr. Hans-Werner Rengeling
1977; 16,2 x 22,9 cm; XXII, 353 Seiten; Leinen

Band 28   **Schutzmaßnahmen im Gemeinsamen Markt**
V. Wissenschaftliches Kolloquium am 1. und 2. April 1976 in Bad Ems.
Veranstaltet von der Wissenschaftlichen Gesellschaft für Europarecht.
1977; 16,2 x 22,9 cm; VII, 97 Seiten; Leinen

Band 29   **Subventionen im Gemeinsamen Markt**
Arbeitssitzung der Fachgruppe für vergleichendes öffentliches Recht und der Fachgruppe für Europarecht auf der Tagung für Rechtsvergleichung am 15. und 16. September 1977 in Münster
1978; 16,2 x 22,9 cm; VIII, 412 Seiten; Leinen

KÖLNER SCHRIFTEN ZUM EUROPARECHT
Herausgegeben
bis Band 37 von Prof. Dr. Karl Carstens und Prof. Dr. Bodo Börner
ab Band 38 bis Band 42 von Prof. Dr. Jürgen F. Baur und Prof. Dr. Bodo Börner,
ab Band 43 von Prof. Dr. Ulrich Ehricke

Band 30 Studien zum deutschen und europäischen Wirtschaftsrecht III
von Prof. Dr. Bodo Börner
1980; 16,2 x 22,9 cm; V, 620 Seiten; Leinen

Band 31 Territorial beschränkte Lizenzen bei parallelen Patenten im Gemeinsamen Markt
von Dr. Brigitte Günzel
1980; 16,2 x 22,9 cm; XI, 176 Seiten; Leinen

Band 32 Recht und Praxis der Beihilfen im Gemeinsamen Markt
von Prof. Dr. Bodo Börner und Dr. Konrad Neundörfer
1984; 16,2 x 22,9 cm; VII, 179 Seiten; Leinen

Band 33 Studien zum deutschen und europäischen Wirtschaftsrecht IV
von Prof. Dr. Bodo Börner
1985; 16,2 x 22,9 cm; V, 603 Seiten; Leinen

Band 34 Allgemeinverbindlicherklärungen nach europäischem Marktordnungsrecht
von Dr. Klaus-Jörg Heynen
1985; 16,2 x 22,9 cm; IX, 166 Seiten; Leinen

Band 35 Die Unzulässigkeit einer Steuer auf Nichtbutterfette nach dem EWGV
von Prof. Dr. Bodo Börner
1987; 16,2 x 22,9 cm; XI, 80 Seiten; Leinen

Band 36 Preismißbrauch nach Artikel 86 EWG-Vertrag
von Dr. Christian Weiser
1987; 16,2 x 22,9 cm; XII, 331 Seiten; Leinen

Band 37 Studien zum deutschen und europäischen Wirtschaftsrecht V
von Prof. Dr. Bodo Börner
1988; 16,2 x 22,9 cm; VII, 468 Seiten; Leinen

Band 38 Technische Normen und freier Warenverkehr in der EWG
Deutsche überbetriebliche Normen und ihre staatliche Rezeption als Maßnahmen gleicher Wirkung wie mengenmäßige Einfuhrbeschränkungen gemäß Art. 30 und 36 EWG-Vertrag
von Dr. Peter Michael Mohr
1990; 16,2 x 22,9 cm; X, 170 Seiten; Leinen

KÖLNER SCHRIFTEN ZUM EUROPARECHT

Herausgegeben
bis Band 37 von Prof. Dr. Karl Carstens und Prof. Dr. Bodo Börner
ab Band 38 bis Band 42 von Prof. Dr. Jürgen F. Baur und Prof. Dr. Bodo Börner,
ab Band 43 von Prof. Dr. Ulrich Ehricke

Band 39   Franchising im EG-Kartellrecht
          Eine kartellrechtliche Analyse nach Art. 85 EWGV
          von Dr. Ortwin Weltrich
          1992; 16,2 x 22,9 cm; XI, 389 Seiten; Leinen

Band 40   Die Stellung der Betroffenen im EG-Kartellverfahren
          Reichweite der Akteneinsicht und Wahrung von Geschäfts-
          geheimnissen
          von Dr. Marcus Girnau
          1993; 16,2 x 22,9 cm; XIV, 208 Seiten; Leinen

Band 41   Europa auf dem Weg zu einer Bildungs- und Kulturgemeinschaft
          von Dr. Hermann-Josef Blanke
          1994; 16,2 x 22,9 cm; XVI, 126 Seiten; Leinen

Band 42   Medienmarkt und Fusionskontrolle
          Die Anwendung der Europäischen Fusionskontrollverordnung auf
          den Mediensektor
          von Dr. Astrid Ablasser
          1998; 16,2 x 22,9 cm; XVI, 274 Seiten; Leinen

Band 43   Gemeinwirtschaftliche Dienste im Europäischen Beihilferecht
          von Dr. Bernhard Kreße
          2006; 14,8 x 21,0 cm; X, 193 Seiten; kartoniert

Band 44   Vergabe von Dienstleistungskonzessionen
          Unter besonderer Berücksichtigung der Entsorgungs- und
          Verkehrswirtschaft
          von Dr. Roderic Ortner
          2007; 14,8 x 21,0 cm; XVII, 321 Seiten; kartoniert

Band 45   Vergaberechtliche Aspekte des In-House-Geschäfts
          Unter besonderer Berücksichtigung der beihilfenrechtlichen
          Vorschriften des EG-Vertrages
          von Dr. Björn Kupczyk, LL.M.
          2008; 14,8 x 21,0 cm; XVII, 250 Seiten; kartoniert

Band 46   Die Staatsbürgschaft im Europäischen Beihilfenrecht
          von Dr. Sebastian-Alexander Kampe
          2008; 14,8 x 21,0 cm; XIV, 178 Seiten; kartoniert

KÖLNER SCHRIFTEN ZUM EUROPARECHT

Herausgegeben
bis Band 37 von Prof. Dr. Karl Carstens und Prof. Dr. Bodo Börner
ab Band 38 bis Band 42 von Prof. Dr. Jürgen F. Baur und Prof. Dr. Bodo Börner,
ab Band 43 von Prof. Dr. Ulrich Ehricke

Band 47 Bindungswirkungen ungeregelter Vollzugsinstrumente
der EU-Kommission
von Dr. Daisy Karoline Walzel
2008; 14,8 x 21,0 cm; XVIII, 476 Seiten; kartoniert

Band 48 Die Anwendung der §§ 1,2 GWB auf Sachverhalte mit
fehlender Eignung zur Beeinträchtigung des Handels zwischen
Mitgliedsstaaten der EG
von Dr. Björn Herbers, MBL
2009; 14,8 x 21,0 cm; XVIII, 267 Seiten; kartoniert

Band 49 Die Vereinbarkeit des kommunalen Örtlichkeitsprinzips
mit dem EG-Recht
von Prof. Dr. Ulrich Ehricke LL.M. (London),
2009; 14,8 x 21,0 cm; XIV, 178 Seiten; kartoniert

Band 50 Die Europäischen Grundfreiheiten als Rechtsgrundlage von
Leistungsansprüchen
Zum Problem des Bestehens originärer Leistungsansprüche aus
den europäischen Grundfreiheiten
von Dr. Lioba Riem
2010; 14,8 x 21,0 cm; XXIV, 378 Seiten; kartoniert

Band 51 Die kartellrechtliche Flankierung des EWR-weiten
Erschöpfungsgrundsatzes
von Dr. Lisa Herbrechtsmeier
2010; 14,8 x 21,0 cm; XIV, 256 Seiten; kartoniert

Band 52 Nebenbestimmungen im Europäischen Beihilfenrecht
von Dr. Thomas Becker
2010; 14,8 x 21,0 cm; XVII, 319 Seiten; kartoniert

Band 53 Der Nachweis eines Kartellrechtsverstoßes bei eigenständigen
Klagen im Rahmen der privaten Geltendmachung von
Ansprüchen wegen der Verletzung des Kartellverbots nach
europäischem Recht
von Dr. Nils Ellenrieder
2010; 14,8 x 21,0 cm; XIII, 234 Seiten; kartoniert

KÖLNER SCHRIFTEN ZUM EUROPARECHT
Herausgegeben
bis Band 37 von Prof. Dr. Karl Carstens und Prof. Dr. Bodo Börner
ab Band 38 bis Band 42 von Prof. Dr. Jürgen F. Baur und Prof. Dr. Bodo Börner,
ab Band 43 von Prof. Dr. Ulrich Ehricke

Band 54 Städtebauliche Investorenverträge im Lichte des
GWB-Vergaberechts
von Dr. Jens Christoph Tilse
2011; 14,8 x 21,0 cm; XIII, 200 Seiten; kartoniert

Band 55 Der Beseitigungsanspruch im Kartellrecht
Tatbestand – Rechtsfolge – Durchsetzung
von Dr. G. Hendrik van Echten
2011; 14,8 x 21,0 cm; XVI, 242 Seiten; kartoniert

Band 56 Gemeinschaftsrechtliche Infrastrukturverantwortung
der Mitgliedstaaten im Rahmen des Wettbewerbs
Zum Verhältnis der EG-Vertragstitel über transeuropäische
Netze und staatliche Beihilfen
von Dr. Volker Köhler
2011; 14,8 x 21,0 cm; XIII, 240 Seiten; kartoniert

Band 57 Der Treuhänder in der europäischen Fusionskontrolle
von Dr. Jonas S. Brückner
2012; 14,8 x 21,0 cm; XVI, 215 Seiten; kartoniert